Zahradnik/Richter-Schöller (Hrsg)

Praxishandbuch Nachhaltige Finanzierung

W0053879

Praxishandbuch Nachhaltige Finanzierung

herausgegeben von

Dr. Andreas Zahradnik
Rechtsanwalt in Wien

Dr. Christian Richter-Schöller
Rechtsanwalt in Wien

Zitiervorschlag: *Autor:in* in *Zahradnik/Richter-Schöller* (Hrsg), Praxishandbuch Nachhaltige Finanzierung (2023) Seite

---

Bibliografische Information der Deutschen Nationalbibliothek

Die Deutsche Nationalbibliothek verzeichnet diese Publikation in der Deutschen Nationalbibliografie; detaillierte bibliografische Daten sind im Internet über http://dnb.d-nb.de abrufbar.

Hinweis: Aus Gründen der leichteren Lesbarkeit wird auf eine geschlechtsspezifische Differenzierung verzichtet. Entsprechende Begriffe gelten im Sinne der Gleichbehandlung für alle Geschlechter.

ISBN 978-3-7073-4818-7

© Linde Verlag Ges.m.b.H., Wien 2023
1210 Wien, Scheydgasse 24, Tel.: 01/24 630
www.lindeverlag.at

Druck: Hans Jentzsch & Co GmbH
1210 Wien, Scheydgasse 31
Dieses Buch wurde in Österreich hergestellt.

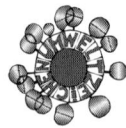

Gedruckt nach der Richtlinie des
Österreichischen Umweltzeichens
„Druckerzeugnisse", Druckerei
Hans Jentzsch & Co GmbH,
UW-Nr. 790

PRINTED IN
AUSTRIA

Vorwort

Der Finanz- und Kapitalmarkt ist mittlerweile untrennbar mit den drei Buchstaben ESG verbunden. Wer am Markt Finanzierungen anbietet, sucht auch anhand von ESG-Kriterien nach geeigneten Investitionsmöglichkeiten. Wer am Markt Finanzierungen aufnimmt, legt offen, ob und wenn ja welche ESG-Kriterien erfüllt werden.

Bis vor einiger Zeit geschah das fast ausschließlich auf freiwilliger Basis. Manche erhofften sich durch die Erfüllung von ESG-Kriterien einen günstigeren Zinssatz; andere eine positive Schlagzeile; wieder andere investierten grün aus Überzeugung. So oder so: Für die allermeisten Unternehmen in den allermeisten Fällen war nichts davon rechtlich verpflichtend, sondern Ausfluss eines (mehr oder minder) freiwilligen Zugeständnisses an eine sich ändernde wirtschaftliche Umgebung aufgrund der Anforderungen von Kund:innen und Geldgeber:innen.

Diese Zeiten sind vorbei. Der seit Jahren verfolgte Zugang des EU-Gesetzgebers, den Finanz- und Kapitalmarkt durch freiwillige Anreize zu regeln, geht seinem Ende zu. Den Anfang machte – wie so häufig im Aufsichtsrecht – die ohnehin schon dicht regulierte Bank- und Finanzdienstleistungsindustrie mit weitgehenden Informations- und Berichtspflichten unter anderem nach der Offenlegungs-VO und der Taxonomie-VO. Mit der Corporate Sustainability Reporting Directive treffen diese Berichtspflichten auch Nicht-Banken und sogar KMU. Und die Corporate Sustainability Due Diligence Directive bringt zukünftig noch einmal eine ganz neue Qualität der ESG-Regulierung, weil sie erstmals nicht nur zum Bericht von ESG-Daten verpflichtet, sondern auch zum Handeln, wenn die ESG-Daten negative Auswirkungen auf Umwelt oder Menschenrechte zeitigen.

Kurz: Die Frage, ob das Kürzel ESG dem – zumindest europäischen – Finanz- und Kapitalmarkt „nachhaltig" erhalten bleiben wird, ist beantwortet. ESG wird nicht nur weiterhin ein Thema sein. Es wird sich um das bestimmende Thema der nächsten Jahre handeln. Der Finanz- und Kapitalmarkt soll vollständig transformiert werden. Was als „Incentive-System" begann (wer grün ist, wird vom Markt belohnt), wandelt sich zunehmend in ein klassisches repressives Aufsichtssystem (wer nicht grün ist, wird von der Aufsichtsbehörde oder durch zivilrechtliche Haftungen bestraft). ESG im Finanz- und Kapitalmarkt ist damit vollständig als weitere regulatorische Dimension angekommen. Die Regulierung des nachhaltigen Kapitalmarkts wird sozusagen erwachsen.

Wenn Kinder erwachsen werden, handelt es sich dabei in aller Regel um einen zwar bereichernden, aber oft auch langwierigen, mühsamen Prozess. Verfolgt man die Genese der ESG-Regulierung auf EU-Ebene der letzten Jahre, ist man stark versucht, hier Parallelen zu ziehen. Entwürfe werden veröffentlicht und wenige

Wochen darauf komplett zurückgezogen, nur um diesen Prozess über Monate und Jahre zu wiederholen, ohne zu einem finalen Dokument zu gelangen. Andere Regelungsmaterien erscheinen plötzlich wie aus dem Nichts mit blitzartiger Konsultationszeit und gelten dann ohne jegliche Übergangsfrist. Selbst eifrige Beobachter:innen des nachhaltigen Finanz- und Kapitalmarkts können oft nicht mehr Schritt halten.

Hinzu kommt, dass es praktisch keinen Marktstandard gibt. Die EU wollte ursprünglich den grünen „Wilden Westen" einfangen und durch verbindliche Regeln Vertrauen in den Markt stärken. Das ist ein hehres Ziel. Das kann aber nur gelingen, wenn die Vorgaben hinreichend klar sind, um die Entwicklung eines über Mitgliedstaaten hinweg geltenden Marktstandards zu erlauben. Das ist nach Ansicht der Herausgeber jedenfalls bisher noch in keinem einzigen Bereich des nachhaltigen Finanz- und Kapitalmarkts geschehen. Unternehmen setzen die Vorschriften in aller Regel unter Aufbringung größter Ressourcen nach bestem Wissen und Gewissen um – die Auffassung darüber, was darunter zu verstehen ist, geht aber trotzdem so weit auseinander, dass eine auch nur annähernd einheitliche Praxis und damit Vergleichbarkeit nicht gegeben ist.

Vor diesem Hintergrund tritt dieses Buch an. Wir wollen allen Unternehmen, die Finanzierungen anbieten, und allen Unternehmen, die Finanzierungen suchen, einen Kompass an die Hand geben, um an ihr Ziel zu gelangen. Das betrifft nachhaltige und nicht nachhaltige Finanzierungen gleichermaßen. Die meisten Kapitel in diesem Buch beschäftigen sich mit verpflichtenden Regeln, die unabhängig davon einzuhalten sind, ob man selbst grün ist oder nicht. Das betrifft aber in besonderem Maß natürlich an ESG-Kriterien ausgerichtete Finanzierungen. Diese können am meisten von dem in diesem Buch geschilderten Rahmen profitieren, zum Beispiel durch günstigere Refinanzierung.

Das Buch tritt deshalb auch an, eine Brücke zwischen finanzierenden und finanzierten Unternehmen zu bauen. Nur wer die Sprache des anderen versteht, kann ihm auch antworten. Wer versteht, wonach Banken suchen, begreift auch, warum er diese lästigen Fragebögen vor der Kreditvergabe ausfüllen muss. Wer versteht, womit Unternehmen heute kämpfen, wenn sie ein Projekt als „nachhaltig" einstufen wollen, begreift auch, warum viele Fragen in diesen Fragebögen keine eindeutigen Antworten haben.

Die Beiträge wurden deshalb mit besonderem Blick darauf ausgewählt, dass sie den Alltag von Finanzierern und Unternehmen treffen. Wir hoffen, dass dieses Buch beiden ein guter Ratgeber sein kann.

Wien, im August 2023
Andreas Zahradnik
Christian Richter-Schöller

Herausgeber/Autorinnen und Autoren

Herausgeber

Dr. Christian Richter-Schöller ist Rechtsanwalt bei DORDA Rechtsanwälte GmbH und Co-Leiter der Sustainability Group. Seine Spezialisierungen sind Sustainable Finance und Regeln rund um Lieferketten/Wertschöpfungsketten. Er ist Autor und Herausgeber einschlägiger Fachliteratur und Standardwerke zu ESG-Recht. Außerdem spricht er sehr häufig bei nationalen und internationalen Veranstaltungen, Organisationen (zB United Nations oder International Bar Association) und Universitäten zu ESG-Themen.

Dr. Andreas Zahradnik ist seit 1996 Partner im Bank- und Kapitalmarktrecht bei DORDA Rechtsanwälte GmbH sowie Co-Leiter der Sustainability Group. Er dissertierte in Rechtswissenschaften an der Universität Wien, wo er zuvor auch als Universitätsassistent am Institut für Öffentliches Recht tätig war. Weiters ist er Autor von Büchern und Artikeln zu Bank- und Kapitalmarktrecht sowie EU-Recht.

Autorinnen und Autoren

Dr. Axel Anderl, LL.M. (IT-Law), ist Managing-Partner bei DORDA Rechtsanwälte GmbH. Er leitet dort seit 2005 die IT/IP und Datenschutzgruppe. Er führt ebenso die teamübergreifende Digital Industries Group an, mit der DORDA über juristische Fachgrenzen hinweg Digitalisierungs- und technikaffine Projekte rechtlich begleitet. Er ist in diversen Anwaltsrankings als Leading Individual für IT, IP und Datenschutz ausgewiesen und für IT-Recht in die Legal 500 „Hall of Fame" aufgenommen. Daneben wurde er zehnmal mit dem ILO Client Choice Award für E-Commerce bzw IT-Recht ausgezeichnet. Er trägt an diversen Universitäten und Fachhochschulen vor und ist Autor sowie Herausgeber zahlreicher einschlägiger Beiträge und Werke im IT- und IP- Bereich.

MMag. Stefan Artner, MRICS, ist geschäftsführender Gesellschafter bei DORDA Rechtsanwälte GmbH und Leiter der Real Estate Practice Group. Er ist Experte für nationale und internationale Immobilien-Transaktionen, Developmentprojekte und gewerbliches Miet- und Immobilienrecht. Renommierte internationale Anwaltsverzeichnisse wie JUVE und Chambers Europe listen ihn laufend als führenden Immobilienanwalt, Legal500 hat ihn in die „Hall of Fame" für Real Estate aufgenommen. Er studierte Rechtswissenschaften an der Universität Wien und Handelswissenschaften an der Wirtschaftsuniversität Wien; Ausbildung an der European Business School zum Immobilien-Sachverständigen/Internationale Immobilienbewertung. Er ist Chartered Surveyor und Mitglied der Royal Institution of Chartered Surveyors.

Siba Auf, LL.B., studiert Betriebswirtschaftslehre und Wirtschaftsrecht im Master an der Wirtschaftsuniversität Wien und ist zusätzlich als Studienassistentin am Juridicum tätig. Zuvor war sie Trainee bei DORDA Rechtsanwälte GmbH in den Bereichen Bank- und Kapitalmarktrecht sowie Finanzierungen.

Mag. Christoph Brogyányi ist Partner bei DORDA Rechtsanwälte GmbH. Er berät in- und ausländische Unternehmen und Investoren in den Bereichen Gesellschaftsrecht, Umgründungen, transaktionelles und regulatorisches Kapitalmarkt- und Börserecht sowie M&A. Er ist Autor einschlägiger Fachliteratur und Vortragender bei Seminaranbietern und an akademischen Einrichtungen.

Mag. David Choma, PM, ist juristischer Mitarbeiter bei DORDA Rechtsanwälte GmbH. Zuvor war er bei der österreichischen Finanzmarktaufsicht (FMA) und der Europäischen Kommission (DG FISMA D3) tätig. Er studierte Rechtswissenschaften an der Universität Wien und Financial Supervision an der Wirtschaftsuniversität Wien. Weiters trägt er als externer Lehrbeauftragter an der Universität Wien zum Bankenabwicklungsrecht vor.

Mag. Alexandra Ciarnau ist Rechtsanwältin im IT-, IP- und Datenschutzrecht sowie Co-Leiterin der Digital Industries Group bei DORDA Rechtsanwälte GmbH. Ihr Fokus liegt auf neuen Technologien (KI, Blockchain, VR etc), datengetriebenen Geschäftsmodellen und Green IP/IT. Die in diversen Anwaltsrankings ausgezeichnete Anwältin publiziert neben ihrer Vortragstätigkeit an Universitäten, Konferenzen und Seminaren auch regelmäßig in ihren Fachgebieten. Sie ist unter anderem Co-Autorin des Praxishandbuchs UWG (2021) im LINDE Verlag. Darüber hinaus ist sie im Verein Circular Economy Forum Austria aktiv und gestaltet auch darüber den Marktstandard im Bereich Kreislaufwirtschaft und Recht mit.

Maximilian Cojocea, BSc, absolvierte sein Studium an renommierten Wirtschaftshochschulen in Großbritannien und Schweden mit einem Schwerpunkt in nachhaltiger Unternehmensentwicklung. Danach arbeitete er als Unternehmensberater mit Branchenfokus Immobilienmanagement und öffentliche Verwaltung für eine Wiener Managementberatung. Aktuell verantwortet er als Stabsstelle des Vorstands der S IMMO AG ein konzernweites Nachhaltigkeitsmanagement und ESG-Reporting. Darüber hinaus betreut er Projekte im Bereich Datenqualitätsmanagement, Digitalisierung und ESG-Risikomanagement.

Mag. Brigitte Frey, Wirtschaftsprüferin, war langjährige Partnerin bei einem Unternehmen der Big Four. Sie ist stellvertretende Vorsitzende des Fachsenats für Unternehmensberichterstattung in der Kammer der Steuerberater:innen und Wirtschaftsprüfer:innen (KSW) und leitet den Fachbereich Nachhaltigkeitsberichterstattung. Weiters ist sie KSW-Delegierte und Mitglied der Sustainability Policy Group bei Accountancy Europe sowie Vorsitzende einschlägiger Fachjurys.

Dr. Philipp Jaud ist Rechtsanwaltsanwärter in einer renommierten Innsbrucker Wirtschaftsrechtskanzlei. Er war Dissertant am Institut für Theorie und Zukunft des Rechts und Doktoratsstipendiat aus der Nachwuchsförderung der Universität Innsbruck. Er promovierte mit einer europarechtlichen Arbeit zur wirtschaftlichen Verwendung personenbezogener Daten. Seine Tätigkeitsschwerpunkte liegen im Datenschutzrecht, im Europarecht und im Recht der Digitalisierung.

Mag. Alfred Lejsek leitet seit 2002 die Gruppe Finanzmärkte im Bundesministerium für Finanzen, die sich intensiv auf internationaler wie auch auf nationaler Ebene mit dem Thema der „nachhaltigen Finanzierung" beschäftigt. Er ist weiters als Vorsitzender des Aufsichtsrates der Finanzmarktaufsichtsbehörde und der Oesterreichischen Bundesfinanzierungsagentur mit Themen der Nachhaltigkeit auf den Kapitalmärkten sowie in der Risikobegrenzung befasst. Als Lehrbeauftragter an der Universität Wien beschäftigt er sich gleichfalls mit europarechtlichen Rahmenbedingungen und mit Fragen der Risikobegrenzung infolge des Klimawandels.

Univ.-Prof. Thomas Lindner, PhD, ist Professor für Betriebswirtschaftslehre an der Universität Innsbruck, mit Lehraufträgen an der Copenhagen Business School, der New York University und der Wirtschaftsuniversität Wien. Er beschäftigt sich in seiner Forschung mit Strategiethemen, künstlicher Intelligenz und internationaler Finanzwissenschaft. Seine Forschungspapiere sind in einigen der führenden Zeitschriften für Management (zB Academy of Management Journal), internationale Betriebswirtschaft (zB Journal of International Business Studies) und Finanzwissenschaften (zB Journal of Finance) erschienen.

Dr. Peter Linzner verantwortet als Managing Partner der denkstatt GmbH die Servicebereiche Sustainable Finance, ESG und Nachhaltigkeit. Sein Fachgebiet und Verantwortungsbereich umfasst die Begleitung und Implementierung von Nachhaltigkeitslösungen unter Berücksichtigung der gegebenen regulatorischen Anforderungen wie der EU-Taxonomie. Der promovierte Experte mit Fokus auf Nachhaltigkeitsstrategien, nachhaltigen Finanzprodukten und ESG-Ratings blickt auf über 25 Jahre internationale Berufserfahrung in der Finanz-, Industrie- und Energiewirtschaft zurück. Nach seiner langjährigen Tätigkeit als Lektor an verschiedenen Universitäten in den Bereichen Informatik und Risikomanagement wirkt er aktuell unter anderem im Ausbildungsprogramm zum zertifizierten Nachhaltigkeitsmanager.

Priv.-Doz. Dr. Bernhard Müller ist seit 2008 bei DORDA Rechtsanwälte GmbH und leitet den Bereich Öffentliches Wirtschaftsrecht. Er hält regelmäßig Vorträge an Universitäten und Konferenzen zum öffentlichen Wirtschaftsrecht und ist Mitglied vieler nationaler und internationaler Vereinigungen. Seit 2009 lehrt und forscht er an der Universität Wien auf dem Gebiet des öffentlichen Rechts und verbindet damit hohe akademische Standards mit pragmatischen Lösungen.

Mag. Stefan Selden ist bei der riskine GmbH, einem Wiener Fintech, welches IT-Lösungen im Finanzbereich anbietet, für den Bereich Nachhaltigkeit mit Fokus auf Banken zuständig. Nach seinem Studium der Handelswissenschaften in Wien und den USA arbeitete er in Österreich, Kasachstan und SEE. Er bekleidete Führungspositionen in der UniCredit Bank Austria, Hypo-Alpe-Adria und war Risikovorstand der Addiko Bank Gruppe. Danach baute er mit Partnern einen Boutique-Berater, -Investor und -Asset Manager auf. Er unterstützt Banken, Versicherungen und Investoren beim Management von Kreditrisiken – seit einigen Jahren mit Schwerpunkt auf nachhaltigem Finanzieren. Dabei liegt naturgemäß ein relevanter Fokus auf der praktischen und pragmatischen Umsetzung regulatorischer Vorgaben. Regelmäßig hält er Fachvorträge und Trainings für Banken.

PD Dr. Thomas Stern, MBA, leitet die Abteilung für Bankenabwicklung in der FMA Liechtenstein. Er ist außerdem Privatdozent an der Universität Liechtenstein, Lehrbeauftragter an der Paris Lodron Universität Salzburg und Mitglied diverser europäischer Regulierungsgremien.

Dr. Tibor Varga ist seit 1996 bei DORDA Rechtsanwälte GmbH und leitet als Partner den Bereich Finanzierungen. Sein Fokus liegt auf allen Aspekten der Unternehmensfinanzierung – von Bank- und Kapitalmarktrecht bis zu öffentlichen Übernahmen. Zuvor arbeitete er in der Bankenprüfung bei KPMG in Wien. Er ist Absolvent der Universität Wien (Dr. iur.). Weiters publiziert er zu Bank-, Gesellschafts- und Steuerrecht und trägt regelmäßig bei Seminaren und Konferenzen vor.

Inhaltsverzeichnis

Abkürzungsverzeichnis

aA	anderer Ansicht
ABGB	Allgemeines bürgerliches Gesetzbuch
ABl	Amtsblatt der Europäischen Union
Abs	Absatz
AcP	(deutsches) Archiv für die civilistische Praxis
AEUV	Vertrag über die Arbeitsweise der Europäischen Union
AG	Aktiengesellschaft; Die Aktiengesellschaft (deutsch)
AktG	Aktiengesetz
ARaktuell	Fachinformation für die verantwortungsvolle Kontrolle und Beratung von Unternehmen und Stiftungen
Art	Artikel
B2B	Business to Business
B2C	Business to Customer
BAFA	(deutsches) Bundesamt für Wirtschaft und Ausfuhrkontrolle
BaFin	Bundesanstalt für Finanzdienstleistungsaufsicht
BAK	Bundesarbeiterkammer
BG	Bundesgesetz
BGBl	Bundesgesetzblatt
BGH	Bundesgerichtshof
BIS	Bank for International Settlements
BKR	(deutsche) Zeitschrift für Bank- und Kapitalmarktrecht
BMK	Bundesministerium für Klimaschutz, Umwelt, Energie, Mobilität, Innovation und Technologie
BörseG	Börsegesetz
bspw	beispielsweise
B-VG	Bundes-Verfassungsgesetz
BWG	Bankwesengesetz
bzw	beziehungsweise
ca	zirka
CapEx	Capital Expenditures (Investitionsausgaben)
CB	Compliance-Berater (deutsche Fachzeitschrift)
CCZ	Corporate Compliance Zeitschrift
COP	Conference of the Parties (Vertragsstaatenkonferenz)

CRD	Capital Requirements Directive 2013/36/EU
CRIM-MAD	Marktmissbrauchsrichtlinie
CRR	Capital Requirements Regulation
CSDDD	Corporate Sustainability Due Diligence Directive
CSRD	Corporate Sustainability Reporting Directive
DB	Der Betrieb (deutsch)
DelVO	Delegierte Verordnung
dh	das heißt
DNSH	Do No Significant Harm
DSGVO	Datenschutz-Grundverordnung
EBA	European Bank Authority
ECB	European Central Bank
ecolex	Fachzeitschrift für Wirtschaftsrecht
EFRAG	European Financial Reporting Advisory Group
EFTA	Europäische Freihandelsassoziation
EFTA-GH	EFTA-Gerichtshof
EG	Europäische Gemeinschaft(en)
EIOPA	European Insurance and Occupational Authority
EMIR	European Market Infrastructure Regulation
EO	Exekutionsordnung
ErwGr	Erwägungsgrund
ESAP	European Single Access Point
ESG	Environmental, Social and Governance (Umwelt, Soziales und Unternehmensführung)
ESMA	European Securities and Markets Authority
ESPAS	European Strategy and Policy Analysis System
ESRS	European Sustainability Reporting Standards
etc	et cetera
EU	Europäische Union
EuGB	European Green Bond
EuGB-VO	European Green Bond Verordnung (noch unveröffentlicht)
EUR	Euro
EWG	Europäische Wirtschaftsgemeinschaft
EWG	Erneuerbare-Wärme-Gesetz
EZB	Europäische Zentralbank
f	und der, die folgende

FAQ	Frequently Asked Questions
ff	und der, die folgenden
FMA	Finanzmarktaufsicht
FNG	Forum Nachhaltige Geldanlagen
FS	Festschrift
FSB	Financial Stability Board Bank for International Settlements
GBP	Green Bond Principles
gem	gemäß
GesRZ	Der Gesellschafter, Zeitschrift für Gesellschafts- und Unternehmensrecht
GFA	Green Finance Agenda
ggf	gegebenenfalls
GHG	Green House Gas
GLP	Green Loan Principles
GmbH	Gesellschaft mit beschränkter Haftung
GmbHG	Gesetz über Gesellschaften mit beschränkter Haftung
GRCaktuell	Fachzeitschrift für nachhaltige Unternehmensführung
HJ	Halbjahr
hL	herrschende Lehre
HLEG	High Level Expert Group on Sustainable Finance
Hrsg	Herausgeber
IAASB	International Auditing and Assurance Standards Board
ICMA	International Capital Market Authority
ICU	Input Capture Unit
idF	in der Fassung
ie	id est
IFRS	International Financial Reporting Standards
iHv	in Höhe von
IKS	Internes Kontrollsystem
ILO	International Labor Organization
immolex	Neues Miet- und Wohnrecht
insb	insbesondere
IOSCO	International Organization for Securities Commissions
IPCC	Intergovernmental Panel on Climate Change
IPSF	International Platform on Sustainable Finance
IRA	Inflation Reduction Act

iS	im Sinne
iSd	im Sinne der, des
ISSB	International Sustainability Standards Board
iVm	in Verbindung mit
IVSC	International Valuation Standards Council
IWF	Internationaler Währungsfonds
iZm	im Zusammenhang mit
JZ	(deutsche) Juristenzeitung
Kap	Kapitel
kg	Kilogramm
KMG	Kapitalmarktgesetz
KMU	Klein- und Mittelunternehmen
KPI	Key Performance Indicator(s)
KRI	Key Risk Indicator(s)
KSchG	Konsumentenschutzgesetz
kWh	Kilowattstunde
leg cit	legis citatae
LG	Landesgericht
lit	litera
LkSG	(deutsches) Lieferkettensorgfaltspflichtengesetz
LMA	Loan Market Association
M&A	Mergers and Acquisitions
MAR	Marktmissbrauchsverordnung
min	Minute
Mio	Million(en)
MR	Medien und Recht
Mrd	Milliarde(n)
MRG	Mietrechtsgesetz
mwN	mit weiteren Nachweisen
NaBeG	Nachhaltigkeitsberichtsgesetz
NACE	Nomenclature of Economic Activities
NaDiVeG	Nachhaltigkeits- und Diversitätsverbesserungsgesetz
NEKP	Nationaler Energie- und Klimaplan
NFRD	non-financial reporting directive
NGEU	NextGenerationEU
no	number

Nr	Nummer
NR	Nationalrat
NZ	Österreichische Notariats-Zeitung
NZG	(deutsche) Neue Zeitschrift für Gesellschaftsrecht
ÖBA	Österreichisches Bankarchiv
ÖBl	Österreichische Blätter für gewerblichen Rechtsschutz und Urheberrecht
OeBFA	Österreichische Bundesfinanzierungsagentur
OECD	Organisation for Economic Co-operation and Development
OeNB	Oesterreichische Nationalbank
OGH	Oberster Gerichtshof
ÖGNI	Österreichische Gesellschaft für Nachhaltige Immobilienwirtschaft
OLG	Oberlandesgericht
OpEx	Operational Expenditures (Betriebsausgaben)
pa	per annum, pro anno
PCAF	Partnership for Carbon Accounting Financials
PD	Probability of Default
RdU	Recht der Umwelt
RL	Richtlinie
Rn	Randnummer
RRF	Recovery and Resilience Facility
Rsp	Rechtsprechung
RWZ	Österreichische Zeitschrift für Rechnungswesen
Rz	Randzahl, Randziffer
S	Satz
SBTi	Science Based Target Initiative
SDGs	Sustainable Development Goals
SEB	Skandinaviska Enskilda Banken AB
SFDR	Sustainable Finance Disclosure Regulation
SFF	Sustainable Finance Framework
SFTR	Securities Financing Transactions Regulation
SMEs	Small and Medium-sized Enterprises
sog	sogenannt, -e, -er, -es
SREP	Supervisory Review and Evaluation Process
StGB	Strafgesetzbuch
TCFD	Task Force on Climate-related Financial Disclosures

TEG	Technical Expert Group
TS	Teilsatz
ua	und andere, -es; unter anderem
UGB	Unternehmensgesetzbuch
UGP-RL	Richtlinie über unlautere Geschäftspraktiken
UN	United Nations (Vereinte Nationen)
UNO	United Nations Organization
US	United States
USD	US-Dollar
uvam	und viele andere mehr
UWG	BG gegen den unlauteren Wettbewerb
VbR	Zeitschrift für Verbraucherrecht
VfGH	Verfassungsgerichtshof
vgl	vergleiche
VKI	Verein für Konsumenteninformation
VO	Verordnung
vol	volume
vs	versus
wbl	wirtschaftsrechtliche blätter
WBCSD	World Business Council for Sustainable Development
WK	Wiener Kommentar
WM	(deutsche) Zeitschrift für Wirtschafts- und Bankrecht
WPg	Die Wirtschaftsprüfung
WRI	World Resources Institute
Z	Zahl, Ziffer
zB	zum Beispiel
ZfPW	(deutsche) Zeitschrift für die gesamte Privatrechtswissenschaft
ZFR	Zeitschrift für Finanzmarktrecht
ZIA	Zentraler Immobilien Ausschuss
ZIP	(deutsche) Zeitschrift für Wirtschaftsrecht
ZRP	(deutsche) Zeitschrift für Rechtspolitik

Grundzüge des nachhaltigen Kapitalmarkts

Alfred Lejsek

1. Gedanken zur Nachhaltigkeit

Nachhaltigkeit wird gewöhnlich anhand der Achsen Umwelt, Soziales und gute Unternehmensführung gemessen. Der Nachhaltigkeitsgedanke insbesondere zum Schutz unserer Umwelt hat in den vergangenen Jahren hohe Bedeutung erlangt und an Dynamik gewonnen; es handelt sich jedoch um kein neues Thema, das erst jüngst auf die Tagesordnung genommen wurde. Historisch betrachtet konnte man immer schon Klimaveränderungen beobachten, man denke an Nordafrika, das einst die Kornkammer des Römischen Reiches war. Jetzt allerdings müssen die nordafrikanischen Staaten Getreide importieren und es waren beispielsweise gestiegene Brotpreise, die im Jahr 2010 den „Arabischen Frühling" auslösten. Wenn wir noch kurz in der historischen Betrachtung bleiben, so sehen wir allerdings auch positive Veränderungen der Umwelt. Das durch die Luftverschmutzung bedingte Waldsterben der 1980er Jahre konnte weitgehend gestoppt werden. Zu großer Optimismus in der Entwicklung des Waldes ist jedoch auch nicht angebracht, da wir heute mit einer anderen Form des „Waldsterbens" konfrontiert sind: Die Klimaerwärmung und die Trockenheit fördern die Verbreitung des Borkenkäfers – und dies verdeutlicht uns, dass beispielsweise Fichtenmonokulturen in geringen Höhenlagen zwar schnell wachsend und kurzfristig ertragreich, jedoch nicht der richtige Baumbestand sind, um eine nachhaltige Holzwirtschaft zu gewährleisten.[1]

Tabellen und Statistiken liefern Daten über die Klimaerwärmung, die in den vergangenen Jahren exponentiell angestiegen ist und die – visuell dargestellt – den roten Bereich erreicht hat. Es besteht somit dringender Handlungsbedarf, um die Folgen des Klimawandels nicht noch stärker zu spüren, als es bereits der Fall ist. Klimaziele werden meist in Form der Begrenzung des Temperaturanstiegs gesetzt,

---

[1] Der Nachhaltigkeitsbericht 2022 der Österreichischen Bundesforste weist mit 50 % einen zwar abnehmenden, jedoch immer noch sehr hohen Schadholzanteil am Holzeinschlag aus; https://www.bundesforste.at/fileadmin/bundesforste/Zahlen___Fakten/2023/OEBf_NHB2022.pdf.

die aktuellen Werte liegen bei einem maximalen Temperaturanstieg von 1,5 Grad und der Erreichung der Klimaneutralität bis 2050.[2] Wesentlicher Hebel zur Erreichung dieser Klimaziele ist die Reduktion des CO_2-Ausstoßes, der primär für den Klimawandel verantwortlich gemacht wird. Außer Acht lassen sollte man jedoch nicht, dass auch andere Gase, etwa Methan, den Klimawandel begünstigen oder Feinstaubemissionen ebenso negative Umweltauswirkungen zeigen.

Soll der CO_2-Ausstoß reduziert werden, wird zunächst von der öffentlichen Hand gefordert, Verbote zu erlassen, Emissionsgrenzen zu setzen oder umweltschädliche Begünstigungen entfallen zu lassen. Als mögliche Maßnahmen eignen sich auch Anreizsysteme, um steuernd einzugreifen. Solche Eingriffe weisen jedoch vielfache Nachteile auf. Sie müssen mit Steuergeldern finanziert werden, es bedarf einer effektiven Kontrolle und es sind Umverteilungsaspekte zu berücksichtigen, da etwa das Verursacherprinzip nicht korrekt abgebildet werden kann oder aber bestimmte Zielgruppen dadurch unberechtigte Vorteile erzielen können. Alle diese Schritte sind in einem demokratischen und letztlich auch politischen Prozess zu realisieren, der im Regelfall von Kompromissen geprägt ist, die mitunter die intendierte Wirkung verringern. Zudem wirken viele Maßnahmen nur langfristig, während Eingriffe, die mit Belastungen für die Bevölkerung verbunden sind, sofort in den Fokus der Öffentlichkeit rücken.

Es ist allgemein anerkannter Wissensstand, dass staatliche Maßnahmen und die Bereitstellung finanzieller Mittel leider nicht in ausreichendem Volumen möglich sind, um angestrebte Klimaziele zu erreichen. Es bedarf zusätzlich hoher Summen privater Gelder, die von der Bevölkerung und der Realwirtschaft aufzubringen sind. Dies inkludiert auch die Bereitschaft, weitere Kosten in Kauf zu nehmen oder Erträge zumindest kurzfristig nicht erwirtschaften zu können. Staatliche Gelder vermögen hier, etwa in Form einer Hebelfinanzierung, Anreize zu schaffen.

Aus den bisherigen Ausführungen lassen sich zwei Schlussfolgerungen ziehen: Die budgetäre Last kann nicht alleine aus öffentlichen Mitteln getragen werden und auch die finanziellen Ressourcen der Realwirtschaft sind beschränkt. Hier kann die Finanzwirtschaft aktiv werden, um Mittel beizusteuern und lenkend einzugreifen. Deren Rolle lässt sich unter den umfassenden Begriff „Sustainable Finance" subsumieren. Die Finanzwirtschaft ist jedoch nicht nur über Finanzierungsaspekte angesprochen, sie ist selbst auch Umweltrisiken ausgesetzt, beispielsweise über das Kreditportefeuille der Banken oder das (versicherte) Katastrophenrisiko der Versicherungswirtschaft. Nicht unwesentliche Aspekte in der Finanzindustrie sind wachstumspolitische Überlegungen, die zu „Greenwashing"[3] verleiten, wenn etwa

---

2   Siehe: https://de.wikipedia.org/wiki/UN-Klimakonferenz_in_Paris_2015.
3   „Greenwashing": Die falsche Etikettierung nicht grüner Produkte und damit die Irreführung der Anleger und der Öffentlichkeit. Die Vermeidung von Greenwashing ist auch explizit im Regierungsprogramm 2020–2024 genannt.

nachfragebedingt Finanzinstrumente verkauft werden, die nicht den Klimakriterien entsprechen.

Die Initiativen und Aktivitäten dafür sind zahlreich und vielfältig; die folgenden Abschnitte widmen sich den wichtigsten dieser Maßnahmen.

2. Internationale Initiativen

Die Klimakrise macht vor Landesgrenzen nicht Halt, es bedarf daher neben europäischen und nationalen Initiativen einer weltweit möglichst harmonisierten Vorgangsweise und gezielter Maßnahmen zur Bekämpfung der Klimaveränderung. Dieses Vorhaben gestaltet sich schwierig, da die Ausgangslage der Staaten, deren spezifische Betroffenheit, die verfügbaren Instrumente zur Erreichung einer CO_2-armen Wirtschaft[4] und die zur Verfügung stehenden Finanzmittel höchst unterschiedlich sind. Hier stellt sich oft die Frage, ob das von Europa verfolgte Konzept einer Vorreiterrolle in der Bekämpfung des Klimawandels das Richtige ist. Zahlreiche Länder und Regionen können kurzfristig die europäischen Standards nicht erreichen und die Vorreiterrolle Europas birgt die Gefahr, dass außereuropäische Staaten selbst keine adäquaten Maßnahmen setzen – in der Erwartung, andere Staaten würden ohnehin diese Rolle übernehmen. Diese Einwände sind grundsätzlich berechtigt, sie lassen sich jedoch weder einfach noch in einem kurzfristigen Betrachtungszeitraum entkräftigen. Dennoch sollte im Bestreben einer glaubhaften Zielerreichung der europäische Weg des „mit gutem Beispiel Vorangehens" weiterhin beschritten werden.

Erster und wichtigster Ansatz weltweiter Initiativen sind die **Sustainable Development Goals (SDGs)** der Vereinten Nationen (UN), die **17 Ziele** für eine **nachhaltige Entwicklung** definieren. Die SDGs sind politische Zielsetzungen, um weltweit die nachhaltige Entwicklung auf ökonomischer, sozialer und ökologischer Ebene zu sichern. Begonnen wurden die Arbeiten an den SDGs im Wesentlichen im Juni 1992 mit dem UN „Earth Summit" in Rio de Janeiro, in dessen Rahmen 178 Staaten eine Erklärung für einen Aktionsplan und für eine gemeinsame Vorgangsweise im Sinne einer nachhaltigen Entwicklung abgegeben haben.[5] Dies führte über mehrere Zwischenschritte zur **„2030 Agenda for Sustainable Development"**, die auch die 17 SDGs beinhaltet. Deren Verabschiedung erfolgte dann im September 2015 beim UN-Sustainable-Development-Gipfel in New York.[6]

---

4   Einzelne Staaten verfügen über unterschiedliche Möglichkeiten der Energiegewinnung, die sich in einer Bandbreite von kohlebasierter Energiegewinnung aufgrund billig verfügbarer Energieträger bis hin zur Atomenergie bewegen. Dies beeinflusst den ökologischen Fußabdruck wie auch die Möglichkeiten des Ausstiegs aus fossilen Energieträgern.
5   https://www.un.org/en/conferences/environment/rio1992.
6   https://sdgs.un.org/goals.

Der UN-Initiative folgend hat Frankreich im Dezember 2015 zur UN-Klima-konferenz[7] (COP21) eingeladen, anlässlich derer das **Pariser Abkommen** verabschiedet wurde. Dieses legt in seinem Art 2 Nr 1 lit c fest, dass die Finanzmittelflüsse mit einer emissionsarmen und gegenüber Klimaänderungen widerstandsfähigen Entwicklung in Einklang zu bringen sind.[8] Das Abkommen, das das Ziel einer maximalen Erwärmung von 1,5 Grad im Vergleich zur vorindustriellen Phase festlegt, bildet den Ausgangspunkt für zahlreiche ambitionierte internationale Initiativen[9] und hebt auch deutlich die Rolle der Finanzwirtschaft hervor, die ihr in der Klimapolitik zukommt.

An dieser Stelle ist ein Rückblick auf die Jahre 2008/2009 erforderlich: Das **Financial Stability Board (FSB)** wurde anlässlich des G20-Gipfels 2009 in London als ein Gremium geschaffen, in dem die wesentlichen internationalen Institutionen und Wirtschaftsnationen vertreten sind und das ausgehend von den Erfahrungen aus der Finanzkrise das globale Finanzsystem beobachtet und Empfehlungen zu spezifischen Entwicklungen abgibt. Das FSB veröffentlichte im Juli 2021 ein Dokument[10] zur Klimaveränderung, das den Risikoaspekt für die Finanzwirtschaft hervorhebt. Adressiert werden Veröffentlichungspflichten auf Unternehmensebene, die die Grundlage für das Risikomanagement und die Preisbildung darstellen. Weitere Themen sind die Verfügbarkeit interner und externer Daten der Finanzwirtschaft, die Analyse der Verwundbarkeiten der Finanzsektoren sowie die Regulierungs- und Aufsichtspraktiken einschließlich der hiefür verfügbaren Instrumente. Jährliche Fortschrittsberichte sollen die Entwicklungen in den jeweiligen Finanzsektoren und spezifischen Themengebieten zeigen.[11]

Dies leitet zu zwei europäischen Initiativen über, deren Horizont bewusst über Europa hinausgeht. Zum einen hat die **Europäische Kommission** am 18. Oktober 2019 die **International Platform on Sustainable Finance (IPSF)** initiiert, deren Ziel ein Dialog der politischen Entscheidungsträger ist, wie privates Kapital für eine nachhaltige Entwicklung eingesetzt werden kann.[12] Dieses derzeit 17 Länder umfassende Forum wendet sich an „Drittstaaten",[13] die sich das Ziel gesetzt haben, ambitioniert und rascher die Pariser Klimaziele zu erreichen.

---

7   Siehe: https://www.bmk.gv.at/themen/klima_umwelt/klimaschutz/int_klimapolitik/klimaverhand-lungen/2015_cop21_paris.html.
8   Siehe: https://unfccc.int/process-and-meetings/the-paris-agreement.
9   Hier wäre auf eine Untersuchung der Universität Hamburg hinzuweisen, die am 1. Februar 2023 vorgestellt wurde und darlegt, dass die Klimaziele sehr ambitioniert sind und deren Erreichung nicht plausibel ist; ferner werden die Faktoren des Klimawandels über- und unterschätzt: https://www.cliccs.uni-hamburg.de/about-cliccs/news/2023-news/2023-01-31-pm-climate-futures-outlook.html#:~:text= According%20to%20the%20Hamburg%20Climate%20Futures%20Outlook%2C%20especially,are%20 supporting%20efforts%20to%20meet%20the%20climate%20goals.
10   FSB Roadmap for Addressing Climate-Related Financial Risk vom 7.7.2021; https://www.fsb.org/ 2021/07/fsb-roadmap-for-addressing-climate-related-financial-risks/.
11   Fortschrittsbericht FSB 2022; https://www.fsb.org/2022/10/progress-report-on-climate-related-disclosures/.
12   https://finance.ec.europa.eu/sustainable-finance/international-platform-sustainable-finance_en.
13   Drittstaaten: Staaten, die nicht Mitglied der Europäischen Union oder des Europäischen Wirtschaftsraums (EWR) sind.

Die zweite hervorzuhebende Initiative ist die **Coalition of Finance Ministers for Climate Action**, die 2019 gegründet wurde, der auch Österreich angehört und die derzeit 90 Mitgliedsländer umfasst. Diese Initiative, die von Chile und Finnland gesetzt wurde, verfolgt das Ziel der Umsetzung der sechs „Helsinki-Prinzipien".[14] Die Überlegungen richten sich darauf, dass die Finanzminister:innen über Budgetmittel verfügen und diese zielgerichtet einsetzen können, um beispielsweise im Abgabenbereich über CO_2-Steuern Präferenzen für eine schadstoffärmere Politik zu setzen. Weiters können Finanzminister:innen gemeinsame Strategien und Initiativen mit dem Privatsektor entwickeln. Diese Gedanken wurden in einem am 17. November 2022 veröffentlichten Dokument, das die den Finanzminister:innen zugedachte Rolle und deren Möglichkeiten näher beleuchtet, vertieft.[15]

3. Europäische Initiativen

Welchen Weg beschreitet nun Europa, um die signalisierte Vorreiterrolle in der Bekämpfung des Klimawandels tatsächlich einzunehmen, und welche Schritte werden gesetzt, um diese Strategie glaubhaft umzusetzen? Eine bedeutende Rolle kommt der Europäischen Kommission zu: Diese hat zur Umsetzung der Ziele des Übereinkommens von Paris im März 2018 einen Aktionsplan zum Thema der nachhaltigen Finanzierung, „Financing Sustainable Growth", veröffentlicht und damit eine umfassende Strategie für ein nachhaltiges Finanzwesen auf den Weg gebracht.[16] In einer über den Finanzsektor hinausgehenden Initiative haben sich zudem die EU-Mitgliedstaaten verpflichtet, dass Europa bis zum Jahr 2050 der erste klimaneutrale Kontinent wird. Um dieses Ziel zu erreichen, sollen die Emissionen bis zum Jahr 2030 um zumindest 55 %, verglichen mit dem Niveau von 1990, reduziert werden.[17]

Die Arbeiten und Maßnahmen auf europäischer Ebene erfordern eine gemeinsame Sprache für das nachhaltige Finanzwesen in Form eines einheitlichen EU-Klassifikationssystems, der sogenannten **Taxonomie**.[18] Diese legt den Begriff der Nachhaltigkeit in Bezug auf die Umwelt fest und nennt jene Bereiche, in denen ökologisch nachhal-

---

14 Helsinki Principles; siehe https://www.financeministersforclimate.org/helsinki-principles.
15 The Coalition of Finance Ministers for Climate Action: Climate Change Adaptation and Role of the Coalition of Finance Ministers for Climate Action; https://www.financeministersforclimate.org/sites/cape/files/inline-files/Climate%20Change%20Adaptation%20and%20Role%20of%20CFMCA.pdf.
16 Aktionsplan und Renewed Sustainable Finance Strategy: https://eur-lex.europa.eu/legal-content/EN/TXT/PDF/?uri=CELEX:52018DC0097&from=EN und https://finance.ec.europa.eu/publications/renewed-sustainable-finance-strategy-and-implementation-action-plan-financing-sustainable-growth_en.
17 European Green Deal, https://commission.europa.eu/strategy-and-policy/priorities-2019-2024/european-green-deal/delivering-european-green-deal_en.
18 TaxonomieVO: Verordnung (EU) 2020/852 des Europäischen Parlaments und des Rates vom 18. Juni 2020 über die Einrichtung eines Rahmens zur Erleichterung nachhaltiger Investitionen und zur Änderung der Verordnung (EU) 2019/2088.

tige Investitionen größtmögliche Wirkung entfalten können. Als weitere Legislativvorhaben hat die Europäische Kommission im Mai 2018 Vorschläge für eine Disclosures-Verordnung[19] und eine Änderung der Benchmarks-Verordnung[20] vorgelegt. Letztere definiert die Kriterien für die Bildung von Referenzwerten („Benchmarks") für grüne Veranlagungen, womit Vergleichsmaßstäbe geschaffen werden sollen, um zu vermeiden, dass falsche Informationen an den Markt gesendet werden.

Strukturell umfassen die TaxonomieVO und die DisclosuresVO nur den Rahmen einer materiellen Regelung, die Inhalte werden in sogenannten Delegierten Rechtsakten der Europäischen Kommission festgelegt, die in den Mitgliedstaaten unmittelbar anwendbar sind. Als Berater der Europäischen Kommission fungieren die in der TaxonomieVO vorgesehene „Plattform für ein nachhaltiges Finanzwesen" und die „Sachverständigengruppe der Mitgliedstaaten für nachhaltiges Finanzwesen".[21] In aufsichtsrelevanten Themen erfolgt diese Beratung durch die Europäischen Aufsichtsbehörden EBA, ESMA und EIOPA, die sogenannte „Advices" an die Europäische Kommission richten und zur Vorbereitung dieser Marktkonsultationen durchführen.

Kernpunkt der **TaxonomieVO** sind die sechs Umweltziele

1. Klimaschutz
2. Anpassung an den Klimawandel
3. Nachhaltige Nutzung und Schutz von Wasser- und Meeresressourcen
4. Übergang zu einer Kreislaufwirtschaft
5. Verminderung der Umweltverschmutzung sowie
6. Schutz und Wiederherstellung der Biodiversität und der Öko-Systeme.

Bislang hat die Europäische Kommission zu den ersten beiden Umweltzielen Delegierte Rechtsakte erlassen, weitere Rechtsakte zu den Umweltzielen 3. bis 6. befinden sich derzeit in Ausarbeitung.[22] Insbesondere der sogenannte „Ergänzende Delegierte Rechtsakt" vom Dezember 2021 ist aus österreichischer Sicht kontroversiell, da er, zwar innerhalb einer sehr langen Übergangsfrist, die Energiegewin-

---

19   Disclosures-Verordnung: Verordnung (EU) 2019/2088 des Europäischen Parlaments und des Rates vom 27. November 2019 über nachhaltigkeitsbezogene Offenlegungspflichten im Finanzdienstleistungssektor.

20   Konsolidierte Fassung der Verordnung (EU) 2016/1011 des Europäischen Parlaments und des Rates (vom 8. Juni 2016) über Indizes, die bei Finanzinstrumenten und Finanzkontrakten als Referenzwert oder zur Messung der Wertentwicklung eines Investmentfonds verwendet werden, https://eur-lex.europa.eu/legal-content/DE/TXT/PDF/?uri=CELEX:02016R1011-20220101&qid=1676838634283&from=EN.

21   Artikel 20 und 24 der Verordnung (EU) 2020/852 des Europäischen Parlaments und des Rates vom 18. Juni 2020 über die Einrichtung eines Rahmens zur Erleichterung nachhaltiger Investitionen und zur Änderung der Verordnung (EU) 2019/2088.

22   Die „Platform on Sustainable Finance" hat im März 2022 ihren ersten Bericht zu den Umweltzielen 3 bis 6 vorgelegt, Adressatin ist die Europäische Kommission; https://finance.ec.europa.eu/system/files/2022-04/220330-sustainable-finance-platform-finance-report-remaining-environmental-objectives-taxonomy_en.pdf.

nung mittels Atomkraft und fossilem Gas im Sinne einer Übergangstechnologie als taxonomiekonform festlegt.[23]

Abgeleitet aus dem Aktionsplan, dem Green Deal und den Umweltzielen der Taxonomie hat die Europäische Kommission ein umfangreiches Arbeitsprogramm entwickelt, das der Logik **Informationsbereitstellung – Transparenz – (weitgehende) elektronische Unterstützung – Standardisierung – Prüfung und Aufsicht** folgt. Exemplarisch sollen nun jene Initiativen hervorgehoben werden, die diese Zielsetzungen abbilden.

Entsprechend der Anforderung der **Informationsbereitstellung** haben Unternehmen, die verpflichtet sind, nichtfinanzielle Angaben nach Artikel 19a oder Artikel 29a der Richtlinie 2013/34/EU[24] zu veröffentlichen, in ihre nichtfinanzielle Berichterstattung Angaben aufzunehmen, wie und in welchem Umfang die Tätigkeiten des Unternehmens mit Wirtschaftstätigkeiten verbunden sind, die als ökologisch nachhaltig im Sinne der TaxonomieVO einzustufen sind. Transparenz und Informationsbereitstellung sind auch Schwerpunkte der CSRD,[25] die den Kreis der berichtspflichtigen Unternehmen gegenüber der bisherigen Nachhaltigkeitsberichterstattung wesentlich ausweitet und eine Prüfung dieser Berichterstattung bei Erstellung des Jahresabschlusses verpflichtend vorsieht. Der Berichtsumfang selbst wird wesentlich erweitert, da Unternehmen, unter Berücksichtigung der abgestuften Anwendungszeitpunkte der Richtlinie, in der nichtfinanziellen Berichterstattung dem Prinzip der doppelten Wesentlichkeit folgend darzulegen haben, wie sich Nachhaltigkeitsaspekte auf ihr Geschäftsergebnis, ihre Unternehmenslage und ihren Geschäftsverlauf auswirken („Outside-in-Perspektive") und welche Auswirkungen diese Aspekte auf Mensch und Umwelt haben („Inside-out-Perspektive").

Weiters haben zur Information und Transparenz Vermögensverwalter und institutionelle Investoren gemäß Disclosures-Verordnung das Kriterium der Nachhaltigkeit bei den Investitionsabläufen zu berücksichtigen und die Offenlegungs-

---

23 Delegierte Verordnung (EU) 2022/1214 der Kommission vom 9. März 2022 zur Änderung der Delegierten Verordnung (EU) 2021/2139 in Bezug auf Wirtschaftstätigkeiten in bestimmten Energiesektoren und der Delegierten Verordnung (EU) 2021/2178 in Bezug auf besondere Offenlegungspflichten für diese Wirtschaftstätigkeiten.

24 Konsolidierte Fassung der Richtlinie 2013/34/EU des Europäischen Parlaments und des Rates vom 26. Juni 2013 über den Jahresabschluss, den konsolidierten Abschluss und damit verbundene Berichte von Unternehmen bestimmter Rechtsformen und zur Änderung der Richtlinie 2006/43/EG des Europäischen Parlaments und des Rates und zur Aufhebung der Richtlinien 78/660/EWG und 83/349/EWG des Rates; https://eur-lex.europa.eu/legal-content/DE/TXT/PDF/?uri=CELEX:02013L0034-20141211&from=LT.

25 Vorschlag der Europäischen Kommission vom 21.4.2021 für eine Richtlinie des Europäischen Parlaments und des Rates zur Änderung der Richtlinien 2013/34/EU, 2004/109/EG und 2006/43/EG und der Verordnung (EU) Nr 537/2014 hinsichtlich der Nachhaltigkeitsberichterstattung von Unternehmen; Begründung 1; CSRD – Corporate Social Sustainability Directive, Veröffentlichung der Richtlinie im Amtsblatt der EU, L 322/15 am 16.12.2022. Vgl den Beitrag von *Müller/Richter-Schöller* in diesem Band 159.

vorschriften zu beachten. Diese Aufforderung wendet sich an Banken, Wertpapierfirmen, Vermögensverwalter und Versicherungsunternehmen, die ihre Kunden über Nachhaltigkeitspräferenzen zu befragen haben. Diese Präferenzen sind dann in der Veranlagungsberatung zu berücksichtigen.

Die **elektronische Unterstützung** der Melde- und Berichtspflichten soll durch das Vorhaben **„ESAP" (European Single Access Point)** ermöglicht werden.[26] ESAP ist ein Teil der Vorhaben im Rahmen der Kapitalmarktunion, und über dieses Legislativvorhaben soll ein einheitlicher Zugangspunkt zu finanziellen und nichtfinanziellen Unternehmensinformationen, beispielsweise über Webportale und den Einsatz einer maschinenlesbaren Schrift, geschaffen werden.

Im Bereich der **Standardisierung** hat die Europäische Kommission einen Vorschlag für einen **Green-Bond-Standard** veröffentlicht, der aktuell im Trilog mit dem Europäischen Parlament verhandelt wird und über dessen wesentliche Inhalte bereits eine vorläufige politische Einigung gefunden wurde.[27] Dessen Zielsetzung ist es, hochwertige Anforderungen an Emittenten grüner Wertpapiere festzulegen. Der Standard kann freiwillig von staatlichen und privaten Emittenten angewendet werden, er soll sich aber jedenfalls als höchstwertiger und allgemein akzeptierter Marktstandard herausbilden.[28] Dieser Zielsetzung folgend ist hohe Transparenz vor einer Emission aber auch danach gefordert und es sind die zu veröffentlichenden Dokumente einer externen Prüfung zu unterziehen. Die Ex-post-Emissionsberichterstattung erfolgt über den „Allocation Report" sowie den „Impact Report", die im Fall grenzüberschreitender Emissionen von einem von der ESMA konzessionierten externen Reviewer zu prüfen sind.[29]

Im Aktionsplan 2018 der Europäischen Kommission ist auch die Schaffung eines **EU-Kennzeichens** für „grüne" Finanzprodukte auf der Grundlage der Taxonomie vorgesehen, allerdings ist dieses Vorhaben eines europäischen Markenzeichens noch nicht in den europäischen Legislativprozess eingeflossen. Somit stehen im Wesentlichen nur nationale Initiativen der EU-Mitgliedstaaten für die Produktkennzeichnung zur Verfügung.[30]

---

26 Vorschlag der Kommission vom 25.11.2021 für eine Verordnung des Europäischen Parlaments und des Rates zur Einrichtung eines zentralen europäischen Zugangsportals für den zentralisierten Zugriff auf öffentlich verfügbare für Finanzdienstleistung, Kapitalmärkte und Nachhaltigkeit relevante Informationen; COM(2021) 723 final.

27 Vgl. European Green Bond Standard; https://finance.ec.europa.eu/publications/commission-proposal-european-green-bond-standard_en. Vgl den Beitrag von *Frey/Brogyányi* in diesem Band 125.

28 ICMA – International Capital Market Association, The Green Bond Principles (GBP) 2021 (with June 2022 Appendix 1); https://www.icmagroup.org/sustainable-finance/the-principles-guidelines-and-handbooks/green-bond-principles-gbp/.

29 Bei grenzüberschreitend angebotenen Emissionen können auch qualifizierte, nicht von der ESMA zugelassene nationale Prüfer beauftragt werden.

30 Das EU-Ecolabel dient als grenzüberschreitendes Umweltgütesiegel zur einheitlichen Kennzeichnung von Produkten und Dienstleistungen, es umfasst derzeit noch keine Finanzprodukte. Investmentfonds können sich nach dem österreichischen Umweltzeichen zertifizieren lassen.

Die Einbeziehung von **Nachhaltigkeitsaspekten in die Aufsichtsvorschriften** schreitet voran, es ist jedoch evidenzbasiert vorzugehen und es sind derzeit noch nicht alle zu berücksichtigenden Faktoren erhoben. Weiter fortgeschritten sind hingegen die Ansätze zur Erhebung jener Klimarisiken, denen Banken und Versicherungsunternehmen ausgesetzt sind. Die Aufsichtsbehörden haben hiezu Guidelines entwickelt, wie die Institute im Risikomanagement und die Aufsichtsbehörden bei Prüfung der Risikoerfassung und Risikobegrenzung vorzugehen haben.[31] Ergänzend werden, um ein möglichst korrektes Bild der Exponiertheit von Banken und Versicherungen gegenüber Klimarisiken zu erhalten, von den europäischen Aufsichtsbehörden Klima- und Stress-Tests durchgeführt.[32]

Kontroversiell verläuft die **Diskussion** zu einem **„Green Supporting Factor"**, worunter die spezifische Berücksichtigung von Klimarisiken in der Berechnung des Eigenkapitalerfordernisses von Kreditinstituten verstanden wird. Diskutiert wird auch der konträre Ansatz, die Möglichkeit, einen Klimarisikozuschlag in Form eines „Brown Penalising Factor" vorzusehen. Die europäischen Institutionen sind im Sinne einer evidenzbasierten Vorgangsweise und unter Berücksichtigung der Risikoperspektive angehalten, die Machbarkeit verringerter Kapitalanforderungen für nachhaltige Veranlagungen der Banken zu prüfen und hiebei auf die Wahrung der Finanzmarktstabilität zu achten. Diesem Auftrag entsprechend hat die Europäische Kommission die EBA im November 2022 ersucht, im Rahmen eines sogenannten „Call for Advice" grüne Kredite und Hypotheken zu definieren und Instrumente für eine mögliche Begünstigung zu entwickeln. Die EBA hat hiezu am 13. Februar 2023 eine Marktkonsultation in die Wege geleitet.[33]

4. Nationale Initiativen

Nationale Maßnahmen gegen den Klimawandel werden bereichsübergreifend gesetzt, wodurch aufgrund der Verzahnung der Aktivitäten auf Verwaltungsebene mehrere Ressorts befasst sind. Der nationale Arbeitsauftrag ist im Regierungsprogramm 2020–2024[34] festgehalten und bedarf somit einer der Abstimmung und einer gemeinsamen Vorgangsweise des jeweiligen Fachressorts mit dem Bundesministerium für Finanzen, aber auch mit den gesetzgebenden Organen, da vielfach Materiengesetze zu ändern sind und meist auch das „Budget" tangiert ist.[35] Diese

---

31   Vgl EZB Guide on climate-related and environmental risks; https://www.bankingsupervision.europa.eu/ ecb/pub/pdf/ssm.202011finalguideonclimate-relatedandenvironmentalrisks~58213f6564.en.pdf.

32   Vgl EZB 2022 climate risk stress test; https://www.bankingsupervision.europa.eu/ecb/pub/pdf/ ssm.climate_stress_test_report.20220708~2e3cc0999f.en.pdf.

33   Vgl EBA seeks input from credit institutions on green loans and mortgages, https://www.eba.europa.eu/ eba-seeks-input-credit-institutions-green-loans-and-mortgages.

34   Aus Verantwortung für Österreich. Regierungsprogramm 2020–2024; https://www.bmkoes.gv.at/ Ministerium/Regierungsprogramm.html.

35   Aus budgetärer Sicht sind im Wesentlichen das Bundeshaushaltsgesetz 2013, das jeweilige (jährliche) Bundesfinanzgesetz und das Bundesfinanzrahmengesetz für den vierjährigen Planungszeitraum relevant.

Verzahnung beschränkt sich jedoch nicht auf Österreich, sondern weist auch eine europäische und internationale Dimension auf. Einerseits erfolgt ein Monitoring der österreichischen Klimapolitik durch internationale Organisationen, andererseits können über die Einbindung in europäische Initiativen verfügbare Mittel in Anspruch genommen werden.[36]

Die österreichische Bundesregierung hat Ende 2019 einen umfassenden Plan zur Erreichung der Klimaziele 2030, den **„Nationalen Energie- und Klimaplan"** (NEKP), an die Europäische Kommission übermittelt.[37] Die Bundesregierung bekennt sich darin nachdrücklich zu den Klimaschutzzielen des Pariser Abkommens sowie dem (damaligen) österreichischen CO_2-Reduktionsziel von 36 %. Der NEKP ist ein umfassender Plan, der den Weg zur Erreichung der Energie- und Klimaziele Österreichs bis 2030 aufzeigt und speziell jene Sektoren umfasst, die nicht dem EU-Emissionshandelssystem unterliegen, wie beispielsweise Verkehr, Landwirtschaft oder Bauwirtschaft. Nach einer umfassenden Konsultation wurden knapp 300 Maßnahmen erarbeitet, eine Wirkungsfolgenabschätzung durchgeführt und der Investitionsbedarf ermittelt. Der Plan, der auch die Einbindung des Finanzsektors vorsieht, wurde 2019 erstellt und ist den europäischen Vorgaben entsprechend im Jahr 2023 zu aktualisieren.

Die gleichfalls im Regierungsprogramm 2020–2024 angeführte **österreichische Green Finance Agenda** (GFA) soll den Weg zu einer klimafreundlichen, ökologisch nachhaltigen Finanzwirtschaft beschreiben.[38] Sie identifiziert strategische Maßnahmen und Handlungsfelder, die eine Skalierung innovativer Finanzinstrumente für klimafreundliche Investitionen ermöglichen. Dabei spielt die Einhaltung der Pariser Klimaziele eine wesentliche Rolle. Die Agenda adressiert konkrete Empfehlungen an die Finanzwirtschaft, die drei zentrale Handlungsfelder abdecken: Kapital für den Klimaschutz und für ein nachhaltiges Österreich zu mobilisieren, klimarelevante Risiken in den Sorgfaltspflichten zu verankern und entsprechend zu managen sowie Transparenz und Langfristigkeit im Kapitalmarkt zu fördern. Die GFA wurde maßgeblich durch die Zusammenarbeit der Focal Group Green Finance unterstützt. In diesem Beratungsgremium sind rund 25 Institutionen des Banken- und Versicherungswesens, staatsnahe Finanzinstitutionen, wissenschaftliche Einrichtungen sowie Interessenverbände und Unter-

---

36   Der Internationale Währungsfonds führt einmal jährlich seine sog. Artikel-IV-Konsultation durch, bei der regelmäßig auch auf die Aktivitäten Österreichs zum Klimawandel Bezug genommen wird, zuletzt am 2.9.2022; https://www.imf.org/en/Publications/CR/Issues/2022/08/31/Austria-2022-Article-IV-Consultation-Press-Release-Staff-Report-522764.

37   Integrierter nationaler Energie- und Klimaplan für Österreich, Periode 2021–2030; https://www.bmk.gv.at/themen/klima_umwelt/klimaschutz/nat_klimapolitik/energie_klimaplan.html#:~:text=Der%20NEKP%20ist%20ein%20umfassender,beispielsweise%20Verkehr%2C%20Landwirtschaft%20oder%20Geb%C3%A4ude.

38   Regierungsprogramm 2020–2024, 75; https://www.bundeskanzleramt.gv.at/bundeskanzleramt/die-bundesregierung/regierungsdokumente.html; eine Finalisierung und Veröffentlichung der GFA ist noch für 2023 vorgesehen.

nehmen der Privatwirtschaft vertreten. Über einen von der Focal Group geführten Dialogprozess konnten zahlreiche weitere Stakeholder eingebunden werden. Die GFA weist den Weg zu einer klimafreundlichen, ökologisch nachhaltigen Finanzwirtschaft und zielt darauf ab, dass Österreich als nachhaltiger Finanzplatz in Europa sichtbar wird.

Die **Recovery and Resilience Facility** (RRF) der Europäischen Kommission wurde als Maßnahme zur Bewältigung der COVID-19-Pandemie eingerichtet, sie hat jedoch auch die Herausforderungen und Möglichkeiten des grünen Übergangs im Fokus. Dementsprechend hat Österreich die GFA als eine der umzusetzenden Maßnahmen der Europäischen Kommission notifiziert.[39]

Österreich finanziert sich wie die meisten anderen Staaten auch auf den weltweiten Kapitalmärkten und hat die erste **Green-Bond-Emission** des Bundes im Mai 2022 am Markt platziert. In Vorbereitung dieser Emission musste eine neue Kapitalmarktdokumentation erstellt, diese extern überprüft sowie ein Ratingprozess durchlaufen werden. Der Bund hat sich in der Folge entschlossen, aufbauend auf dieser Emission ein weitreichendes „grünes" Emissionsprogramm aufzulegen, das neben Anleihen auch Treasury Bills, Commercial Papers und die Entgegennahme grüner Darlehen umfasst. Marktusancen und der (europäische) Rechtsrahmen bestimmen die Vorgangsweise, darüber hinaus ist die jeweilige Marktlage zu berücksichtigen sowie auf die Wahrung der Reputation zu achten. Dieser kommt eine besondere Bedeutung zu, da bei Nichtentsprechen nicht nur die jeweilige Green-Bond-Emission, sondern sämtliche Emissionsprogramme der Republik Österreich gefährdet wären. Die Verzahnung von Emissionsprogramm, Maßnahmen gegen den Klimawandel und den eingesetzten budgetären Mitteln wird in den Berichtspflichten abgebildet. Spätestens ein Jahr nach der Emission ist ein Allocation Report und nach zwei Jahren ein Impact Report zu erstellen.[40]

Der Klimawandel verstärkt die Risiken für Wirtschaft und Gesellschaft, wobei auch von der Finanzmarktaufsichtsbehörde (FMA) beaufsichtigte Finanzinstitute Nachhaltigkeitsrisiken ausgesetzt sind.[41] Diese Risiken beschränken sich nicht nur auf den Umweltbereich, sondern umfassen genauso den Sozialbereich und die Unternehmensführung. Weithin gebräuchlich ist hier der Begriff „Environment, Social and Governance (ESG) Risks". Diese können sich nicht nur negativ

---

39 Recovery and Resilience Facility; https://commission.europa.eu/business-economy-euro/economic-recovery/recovery-and-resilience-facility_en.

40 Die Green-Bond-Emission der Republik Österreich folgt den ICMA-Standards, die diese Berichtspflichten vorsehen; The Green Bond Principles (GBP) 2021 (with June 2022 Appendix 1); https://www.icmagroup.org/sustainable-finance/the-principles-guidelines-and-handbooks/green-bond-principles-gbp/.

41 Soweit Klimarisiken des Finanzsektors adressiert sind, ist die FMA explizit als die dafür in Österreich zuständige Behörde definiert; BGBl I 2022/36 bestimmt die FMA als zuständige Behörde für den Vollzug der Bundesgesetze, für die die Disclosures-Verordnung (Verordnung [EU] 2019/2088) Veröffentlichungspflichten vorsieht.

auf die Performance einzelner Vermögenswerte und Finanzmarktteilnehmer auswirken, sondern auch die Finanzmarktstabilität generell gefährden. Über die Risikoausweitung auf unterschiedliche Branchen und Sektoren entlang von Wertschöpfungsketten kann sich eine negative Wirkung auf die Gesamtwirtschaft und das Wirtschaftswachstum entfalten. Die **FMA** hat daher im Juli 2020 einen **Leitfaden zum Umgang mit Nachhaltigkeitsrisiken**, der in intensiver Zusammenarbeit mit der Oesterreichischen Nationalbank erstellt wurde, veröffentlicht. Diesem Leitfaden kommt einerseits eine Präventionsfunktion zu, da er den Beaufsichtigten Hinweise zur Behandlung der Klimarisiken gibt, andererseits ist er auch Maßstab für die Aufsichtstätigkeit.[42]

5. Resümee und Ausblick

Welches Resümee lässt sich aus den Initiativen zur Bekämpfung des Klimawandels ziehen und welche Botschaften können daraus abgeleitet werden? Die folgende Zusammenstellung der Themenbereiche mit Konnex zu „Sustainable Finance" kann als eine – naturgemäß nicht abschließende – Gedankensammlung angesehen werden:

- Klimarisiken sind regionsbezogen und bedürfen daher in ihrer Bewertung unterschiedlicher Ansätze.
- Der grenzüberschreitende Informationsaustausch über Klimarisiken, Klimapolitiken, Maßnahmenkataloge und verfügbare Umsetzungsinstrumente ist essenziell, eine harmonisierte gemeinsamen Vorgangsweise ist anzustreben.
- Die Erarbeitung von Maßnahmenkatalogen ist ein wichtiger erster Schritt, noch wichtiger ist allerdings die Umsetzung dieser Maßnahmen!
- Budgetäre Mittel allein sind nicht ausreichend, um allen Finanzierungserfordernissen gerecht zu werden, es bedarf in signifikantem Ausmaß auch der Beiträge der Privatwirtschaft und des Finanzsektors.
- Maßnahmen gegen den Klimawandel sind kostspielig, budgetäre Aspekte sind zu beachten und bereits bei Implementierung einer Maßnahme ist über die Effizienz und die Effizienzmessung nachzudenken.
- Der Finanzsektor kann aktiv über den Einsatz und die Steuerung der Finanzmittel den Klimawandel beeinflussen. Finanzmittel müssen jedoch auch für einen geordneten Übergangsprozess zur Verfügung stehen und einen solchen ermöglichen, um nicht (zu hohe) „stranded costs" entstehen zu lassen.
- Der Finanzsektor ist selbst Klimarisiken ausgesetzt; diese sind in das Risikomanagement zu integrieren und dürfen nicht isoliert betrachtet und gesteuert werden.
- Den Fokus auf Klimarisiken zu legen ist richtig, die Existenz anderer banktypischer Risiken, die es zu steuern und begrenzen gilt, ist zu beachten.

---

42   FMA-Leitfaden zum Umgang mit Nachhaltigkeitsrisiken, https://www.fma.gv.at/fma/fma-leitfaeden/.

- Finanzdienstleister können über ihre Beratungstätigkeit wertvolle Unterstützung für die Realwirtschaft mit der Bereitstellung von Informationen leisten, damit diese ihre Transparenzanforderungen erfüllen kann.
- Der Mitwirkung des Finanzsektors in seiner Informationsbereitstellungs- und Steuerungsfunktion sind jedoch auch Grenzen gesetzt, schon um den administrativen Aufwand erklärbar zu halten.[43]
- Die Nachfrage der Anleger und Investoren nach grünen Finanzprodukten ist groß, zudem ist in der Finanzberatung explizit das Kundeninteresse an nachhaltigen Produkten abzufragen und darauf aufbauend sind die Kund:innen entsprechend zu beraten. Der beobachtbare Nachfrageüberhang vergrößert allerdings auch das Risiko des „Greenwashing".
- Gleiche Wettbewerbsbedingungen für alle Marktteilnehmer, ein sogenanntes „Level Playing Field", sind zu bewahren; dies umfasst eine möglichst breite Anwendung der Regularien auf alle Finanzsektoren, die Vermeidung einer Besserstellung einer bestimmten Branche und die Berücksichtigung der Proportionalität bezüglich Institutsgröße und adäquater Maßnahmen.
- Gefordert ist auch die aufsichtsrechtliche Neutralität: Um unterschiedliche Regelungen und Anforderungen an Finanzdienstleister zu vermeiden, arbeiten die Europäischen Aufsichtsbehörden EBA, EIOPA, ESMA im „Joint Committee" zum Erreichen von Konvergenz und Harmonisierung zusammen.[44]

Zusammenfassend betrachtet stellen sich große Herausforderungen, die einer gemeinsamen Anstrengung bedürfen, um dem Klimawandel wirksam entgegenzutreten. Ob Aktivitäten zu spät und zu wenig effektiv oder doch rechtzeitig und mit dem erforderlichen Mitteleinsatz erfolgen, lässt sich derzeit nicht seriös beantworten. Sämtliche vorliegende Daten und bereits die schlichte Beobachtung unserer Umweltbedingungen signalisieren jedenfalls dringenden Handlungsbedarf.

---

43 Als Beispiel sei die „Deforestation-Verordnung" (Verordnung [EU] 2023/1115 des Europäischen Parlaments und des Rates vom 31. Mai 2023 über die Bereitstellung bestimmter Rohstoffe und Erzeugnisse, die mit der Entwaldung und Waldschädigung in Verbindung stehen, auf dem Unionsmarkt und ihre Ausfuhr aus der Union sowie zur Aufhebung der Verordnung [EU] Nr 995/2010) genannt: Grundsätzlich ist unbestritten, dass keine Unternehmen finanziert werden sollen, die zur Vernichtung des Regenwaldes beitragen, doch ist eine Abgrenzung zu anderen Formen der Waldnutzung und diese finanzierenden Unternehmen schwierig, https://eur-lex.europa.eu/legal-content/DE/TXT/PDF/?uri=CELEX:32023R1115.

44 https://www.esma.europa.eu/about-esma/governance-structure/joint-committee.

Nachhaltige Finanzierung und Bedeutung für den Kapitalmarkt

Philipp Jaud/Thomas Lindner

1. Was ist nachhaltiges Investieren?

Klimawandel und Umweltzerstörung zählen zu den zentralen globalen Herausforderungen unserer Zeit. Aufgrund dieser Herausforderungen erarbeiteten die Mitgliedstaaten der Vereinten Nationen im Jahr 2012 ein Dokument, in dem sie sich einigten, Ziele für nachhaltige Entwicklung zu entwerfen.[1] Dieses Dokument bildete unter anderem die Grundlage für die Ziele für nachhaltige Entwicklung der Vereinten Nationen. Diese nachhaltigen Entwicklungsziele (Sustainable Development Goals) der Vereinten Nationen zielen darauf ab, bis zum Jahr 2030 ein Umfeld zu schaffen, das eine nachhaltig positive Entwicklung für einen möglichst großen Teil der Menschheit sicherstellt. Zum Erreichen dieser Ziele sind konservativen Schätzungen zufolge Investitionen im Ausmaß von fünf bis sieben Billionen (7.000.000.000.000) USD pro Jahr notwendig, was etwa sieben Prozent der jährlichen globalen Wirtschaftsleistung entspricht.[2] Da eine Finanzierungslücke in dieser Größenordnung nur schwer durch öffentliche Investitionen alleine zu schließen ist, liegt das Augenmerk der Vereinten Nationen, der Europäischen Kommission und anderer führender Organisationen auf privaten Investitionen, die neben finanziellen Zielen auch Nachhaltigkeitsziele verfolgen.[3]

Nachhaltige Investitionsprodukte erfreuen sich spätestens seit der Finanzkrise von 2008 bis 2011 substanziellen Investoreninteresses. Diese Finanzprodukte, die überwiegend im Eigenkapitalmarkt angesiedelt sind, stellen neben einer finanzi-

---

1 *United Nations*, The Future We Want (sustainabledevelopment.un.org/content/documents/733Future-WeWant.pdf) (24.6.2023).
2 *Cunha/Meira/Orsato*, Sustainable finance and investment: Review and research agenda, Business Strategy & the Environment 2021, 3821 (https://doi.org/10.1002/bse.2842).
3 *Losse/Geissdoerfer*, Mapping socially responsible investing: A bibliometric and citation network analysis, Journal of Cleaner Production 2021, 1 (https://doi.org/10.1016/j.jclepro.2021.126376).

ellen Rendite auch auf das Erreichen von Nachhaltigkeitszielen ab.[4] Über die Jahre entstanden unterschiedliche Mischprodukte, wie „Nachhaltigkeitsfonds", „Klimafonds", „ESG-Fonds" (Environment, Social, Governance), „Green Bonds", und „Social Impact Bonds". Diese Produkte unterscheiden sich im Wesentlichen durch die Art, wie Investitionen ausgewählt werden und wie wichtig der Nachhaltigkeitsaspekt im Vergleich zur finanziellen Rendite ist. Die Investitionsprodukte können in Form von (gehandelten) Krediten, Eigenkapital, einer Spende oder im Austausch gegen eine materielle oder andere nichtmonetäre Gegenleistung erfolgen.[5]

In gewisser Weise war das aggressive Verfolgen von Renditen in den Jahren vor 2008 der Ursprung des Trends zu nachhaltigem Investieren. Die Umwandlung von traditionellen Bankprodukten wie Hypotheken in handelbare Wertpapiere wurde in der Aufarbeitung der Finanzkrise teilweise als Überkapitalisierung von Produkten gesehen, die neben einer finanziellen historisch auch eine soziale Bedeutung (zB die Schaffung von Wohnraum) hatten. In diesem Sinn kann nachhaltiges Investieren als Ausgleichsmechanismus gesehen werden, auch weil es langfristige Ziele gegenüber kurzfristiger Rendite in den Vordergrund stellt.[6]

Aus theoretischer Sicht stellt nachhaltiges Investieren eine neue Spielart, aber keine vollkommen unbekannte Variante der Bepreisung von Externalitäten dar. Unter Externalitäten im Allgemeinen versteht man Charakteristika von Finanzprodukten, die nicht mit Risiko oder Rendite eines Finanzprodukts in direktem Zusammenhang stehen.[7] Ein klassisches Beispiel für eine negative Umweltexternalität ist ein Finanzprodukt eines Unternehmens, dessen Fabrik einen Fluss verschmutzt, wodurch sich die Qualität des Wassers, das die Menschen flussabwärts nutzen, verschlechtert und das Ökosystem wahrscheinlich geschädigt wird. Alle Verbraucher werden durch die Umweltverschmutzung schlechter gestellt, aber der Markt entschädigt sie nicht für diesen Schaden. Die Berücksichtigung von Externalitäten erfolgt oft durch regulatorische Zwänge, aber durchaus auch durch informelle Prozesse im Markt. Während zum Beispiel das weitreichende Verbot von Optionenhandel für Privatkunden in Europa einen regulatorischen Eingriff darstellt, ist die vergleichsweise schwache Bewertung von Unternehmen im Kohleabbau mehr den Marktkräften geschuldet, die Investorenpräferenzen für weniger umweltschädliche Investitionsprodukte widerspiegeln. Bei manchen ESG-Faktoren (insbesondere im Bereich Environmental) gibt es Externalitäten, die relativ offen-

4   *Andrikopoulos*, Delineating social finance, International Review of Financial Analysis 2020, 1 (https://doi.org/10.1016/j.irfa.2020.101519).

5   Ebenda.

6   *Ahlström/Monciardini*, The Regulatory Dynamics of Sustainable Finance: Paradoxical Success and Limitations of EU Reforms, Journal of Business Ethics 2021, 193 (https://doi.org/10.1007/s10551-021-04763-x).

7   *Andreoni*, Giving with impure altruism: Applications to charity and Ricardian equivalence, Journal of Political Economy 1989, 1447 (https://econweb.ucsd.edu/~jandreoni/Publications/JPE89.pdf).

sichtlich mit dem Unternehmenswert zusammenhängen: zum Beispiel das Risiko von Überflutungen, die Lieferketten oder Produktionsbetriebe unterbrechen können. Es gibt aber auch weniger offensichtliche Faktoren (insbesondere im Social- und Governance-Bereich), wo der Effekt auf den Unternehmenswert weniger offensichtlich ist: zum Beispiel die Beschäftigung von Menschen mit Behinderungen.

Der Grad der Integration von ESG-Faktoren in die Bewertung von Unternehmen – und damit in die Rendite und das Risiko von Investitionsportfolios – ist momentan stark in Bewegung. Einerseits existieren regulatorische Initiativen, wie die Verordnung zu nachhaltigkeitsbezogenen Veröffentlichungspflichten im Finanzsektor (SFDR). Andererseits gibt es unterschiedliche Marktsegmente, die unterschiedlich viel Wert auf Nachhaltigkeit im Investitionsportfolio legen und dadurch den Markt sozusagen von innen zur Berücksichtigung von ESG-Faktoren bewegen. Wenn man entsprechend nachhaltige Finanzprodukte in ihren unterschiedlichen Spielarten betrachtet, erhält man ein Kontinuum von Präferenzen, die von hauptsächlich finanziellen Motiven bis hin zu Philanthropie reichen.

Abb 1: Übersicht über Spielarten von nachhaltigen Investitionen[8]

Aus Abb 1 ist ersichtlich, wie breit das Spektrum von nachhaltigen Investitionsprodukten ist. Die Größe des jeweiligen Marktes nimmt von links (konventionelle Finanzprodukte) nach rechts (Philanthropie) ab, wobei Philanthropie als eigene Kategorie noch einige Jahre größer bleiben wird als „Impact zuerst" (aus dem Englischen „Impact first"). Neben tendenziell von links nach rechts abnehmenden Renditen unterscheiden sich die einzelnen Kategorien auch durch die Anlageziele und die daraus abgeleiteten Anlagestrategien.

---

8   Adaptiert von *Alfandary*, Environmental, Social, and Governance (ESG) Investing: Why ESG Matters. GAMCO Asset Management (2018).

Bei konventionellen Investitionsprodukten steht traditionell das Verhältnis von erwarteter Rendite zu erwartetem Risiko (Sharpe-Ratio) im Vordergrund.[9] Investitionsprodukte, die soziale Verantwortung ins Zentrum stellen, arbeiten üblicherweise mit Negativfiltern, durch die Investitionen in bestimmten Branchen (zB Gentechnik, Atomenergie) ausgeschlossen werden. ESG-Anlagen gehen einen Schritt weiter und schließen auch Unternehmen aus, die in einem weiteren Sinn negativ zu (wahrgenommenen) gesellschaftlichen Problemen beitragen. Thematische fokussierte Anlageprodukte drehen den Spieß sozusagen um und schließen alle Investitionsprodukte aus, die nicht zum Erreichen eines bestimmten Nachhaltigkeitsziels beitragen. „Impact-zuerst"-Investitionen blenden finanzielle Renditen weitgehend (wenn auch nicht vollständig) aus und stellen die positiven Auswirkungen auf Nachhaltigkeitsziele in den Vordergrund. Philanthropie, schlussendlich, stellt in ihrer reinen Ausprägung nicht auf finanzielle Renditen ab.

Im Sinne der Schließung der eingangs angesprochenen Finanzierungslücke wird es eine Kooperation zwischen staatlichen Stellen und Kapitalinvestoren geben müssen. Derartige Zusammenarbeit ist bei Infrastrukturinvestitionen nicht unüblich. Im Rahmen von Projektfinanzierung entstehen beispielsweise oft sogenannte Public-Private-Partnerships, insbesondere über Fremdkapitalkonstruktionen durch international aktive Banken.[10] Bei solchen Kooperationen steht, zumindest implizit über die staatliche Beteiligung, auch ein soziales Ziel (zB die Verbesserung der Infrastruktur) im Zentrum der Investition. Bei „Green Bonds" oder „Social Impact Bonds" wird die Kombination von Nachhaltigkeitszielen mit finanziellen Renditen vertraglich festgehalten. Dabei entsteht eine Abhängigkeit zwischen sozialen und finanziellen Zielen, die zum Beispiel die Auszahlung von Rendite an die Erreichung von Einsparungen bei der Emission von klimaschädlichen Gasen koppelt.[11]

2. Der Markt für nachhaltige Investitionen

Der weltweite Markt für nachhaltige Investitionen hatte per Anfang 2020 ein Volumen von ca 35 Billionen USD, was etwa einem Drittel des Gesamtvolumens an professionell betreutem Anlagekapital entspricht.[12] Eines der größten Investmenthäuser im Nachhaltigkeitsbereich, JP Morgan, berichtete von einem 55-%-Wachstum im

---

9   *Sharpe*, Mutual fund performance, The Journal of Business 1966, 119 (https://www.jstor.org/stable/2351741).

10   *Dorobantu/Lindner/Müllner*, Political risk and alliance diversity: A two-stage model of partner selection in multipartner alliances, Academy of Management Journal 2020, 1775 (https://journals.aom.org/doi/abs/10.5465/amj.2017.0265).

11   *Flammer*, Corporate green bonds, Journal of Financial Economics 2021, 499 (https://doi.org/10.1016/j.jfineco.2021.01.010).

12   Global Sustainable Investment Alliance (GSIA), Global Sustainable Investment Review 2020 (http://www.gsi-alliance.org/wp-content/uploads/2021/08/GSIR-20201.pdf) (24.6.2023).

Anlagevolumen von 2020 auf 2021[13]. Ein Abschwächen des Wachstums ist nicht in Sicht. Auch wenn das weltweite Portfolio langsamer wachsen sollte, ergibt sich daraus ein Nettozufluss in substanziellem Ausmaß.

Sowohl auf globaler als auch auf nationaler Ebene liegt der Schwerpunkt von Nachhaltigkeitsinvestitionen im Energiebereich. Das Ziel, die Wirtschaft der Europäischen Union auf Schadstoffneutralität umzustellen, führt zu entsprechend ambitionierten Vorgaben und daraus resultierenden Investitionslücken. Das Umweltbundesamt[14] geht für die Jahre 2022 bis 2030 von einem Investitionspotenzial in Österreich von ca EUR 145 Milliarden aus, um die Ziele der Klimaneutralität zu erreichen. Dabei liegt der Schwerpunkt der Investitionen in den Bereichen Energie, Industrie, Gebäude und Verkehr. Das Umweltbundesamt verweist in seinem Bericht explizit auf die kritische Rolle von privatem Investitionskapital (sowie Bankkrediten) zur Schließung der Kapitallücke. Umgerechnet auf das Bruttoinlandsprodukt entspricht das Investitionsvolumen in den genannten Bereichen Mehrinvestitionen von ca 4,2 % der jährlichen Wirtschaftsleistung.

Im Sinne der von der Bundesregierung im integrierten Energie- und Klimaplan für Österreich vorgegebenen Ziele[15] liegt der Großteil des Investitionsbedarfs für Österreich im Bereich Verkehr (EUR 7,5 Milliarden pro Jahr). Privates Investitionskapital wird insbesondere für den Ausbau von Schieneninfrastruktur und den Umstieg auf elektrische Antriebstechnologien benötigt. Das Umweltbundesamt schätzt, dass die Investitionen im Bereich Verkehr ca 39.000 Vollzeitäquivalente jährlich an neuen Arbeitsplätzen schaffen und eine zusätzliche Wertschöpfung von etwa EUR 4,7 Milliarden pro Jahr induzieren. Neben der Verkehrsinfrastruktur wird die Erzeugung von erneuerbarer Energie eine kritische Rolle im Klimapfad spielen. Hierzu werden laut Umweltbundesamt jährliche Investitionen von EUR 4,9 Milliarden pro Jahr notwendig sein, um Kapazitäten über das Erneuerbaren-Ausbau-Gesetz hinaus schaffen zu können. Auf der Habenseite sollten diese Investitionen jährlich Arbeitsplätze im Ausmaß von 13.000 Vollzeitäquivalenten schaffen und eine Wertschöpfung von EUR 2,4 Milliarden pro Jahr induzieren.

Damit (teilweise) renditegetriebene Anleger die Investitionslücke schließen können, benötigt es Investitionsstrukturen, die gesellschaftliche Ziele (insbesondere in der Klimapolitik, aber auch darüber hinaus im Sinne der Bandbreite der 17 SDGs) mit finanziellen Zielen kombinieren. Die Kombination von Zielen erzeugt eine

---

13   *Wu*, ESG outlook 2022: The future of ESG investing (2.1.2022) (https://am.jpmorgan.com/dk/en/asset-management/liq/investment-themes/sustainable-investing/future-of-esg-investing/) (24.6.2023).

14   *Rebernig*, Potenzialanalyse der Investitionskosten (bis 2030) für die Transformation zur Klimaneutralität (17.5.2022) (https://www.wko.at/branchen/bank-versicherung/folien-pk-investitionskosten-transformation.pdf) (24.6.2023).

15   Federal Ministry for Sustainability and Tourism, Integrated National Energy and Climate Plan for Austria (18.12.2019) (https://energy.ec.europa.eu/system/files/2020-03/at_final_necp_main_en_0.pdf) (24.6.2023).

Reihe von negativen Nebeneffekten, weil die Anreize weniger klar sind als in traditionellen Investitionsprodukten. Für Fondsmanager ergibt sich dann eine Interessenkollision, wenn sie nach finanziellen Renditen bezahlt werden, die Fonds aber (auch) Nachhaltigkeitsziele verfolgen. Insbesondere dann entsteht eine Dissonanz, wenn Nachhaltigkeitsziele und Renditeziele im (teilweisen) Widerspruch zueinander stehen. Das daraus resultierende „Multitasking-Problem"[16] führt mittelfristig zur Verwässerung von Nachhaltigkeitszielen zu Gunsten von Renditezielen. Zur Lösung von derartigen Zielkonflikten schlägt die Literatur vor, die Governance von Nachhaltigkeitsfonds weniger an finanziellen Zielen auszurichten[17], sondern schwerer messbare Nachhaltigkeitskriterien im Rahmen von qualitativen Bewertungen der Investitionsperformance von Fondsmanagern finanziell zu würdigen.[18]

Investoren haben selbst natürlich auch Einfluss darauf, wie sehr und welche Nachhaltigkeitsinvestitionen finanziert werden können. Die Literatur beschäftigt sich in diesem Zusammenhang unter anderem mit der Frage, inwieweit „Externalitäten", also nichtfinanzielle Konsequenzen, in Investitionsentscheidungen einfließen.[19] Hierbei entsteht ein Spannungsfeld zwischen aktiven und passiven Nachhaltigkeitsinvestitionen. Passive Nachhaltigkeitsinvestoren bevorzugen Investitionen in Unternehmen und Projekte, die geringe negative Externalitäten erzeugen, also zum Beispiel Investitionen in Photovoltaikanlagen.[20] Aktive Nachhaltigkeitsinvestoren hingegen präferieren Investitionen in Unternehmen, die große negative Externalitäten erzeugen, und versuchen durch aktive Teilnahme an der Governance der Unternehmen die negativen Externalitäten zu reduzieren.[21] Im Lichte der Einordnung in Abb 1 lassen sich aktive Nachhaltigkeitsinvestoren tendenziell dem rechten Ende des Wirkungsspektrums eingliedern, passive Nachhaltigkeitsinvestoren hingegen eher dem mittleren Bereich des Spektrums.

Ein zentrales Problemfeld im vergleichsweise jungen Markt für nachhaltige Investitionen ist die Messbarkeit von Nachhaltigkeitszielen. Ein möglicher Ansatz zur Messung nachhaltiger Investitionen formuliert „Impact Frontiers" anhand von fünf Kriterien:

(1) zu welchem Ergebnis die Investition beiträgt, ob es positiv oder negativ ist, und wie wichtig das Ergebnis für die Beteiligten ist;

---

16 *Holmstrom/Milgrom*, Multitask principal-agent analyses: incentive contracts, asset ownership, and job design, Journal of Law, Economics, & Organization 1991, 24 (https://heinonline.org/HOL/LandingPage?handle=hein.journals/jleo7&div=31&id=&page=).

17 *Geczy/Jeffers/Musto/Tucker*, Contracts with (social) benefits: The implementation of impact investing, Journal of Financial Economics 2021, 697 (https://doi.org/10.1016/j.jfineco.2021.01.006).

18 *Gilson/Sabel/Scott*, Braiding: the interaction of formal and informal contracting in theory, practice, and doctrine, Columbia Law Review 2010, 1377 (https://www.jstor.org/stable/27896300).

19 *Pedersen/Fitzgibbons/Pomorski*, Responsible investing: The ESG-efficient frontier, Journal of Financial Economics 2021, 572 (https://doi.org/10.1016/j.jfineco.2020.11.001).

20 *Pástor/Stambaugh/Taylor*, Sustainable investing in equilibrium, Journal of Financial Economics 2021, 550 (https://doi.org/10.1016/j.jfineco.2020.12.011).

21 *Green/Roth*, The allocation of socially responsible capital (30.11.2020) (https://papers.ssrn.com/sol3/papers.cfm?abstract_id=3737772) (24.6.2023).

(2) welche Interessengruppen das Ergebnis erfahren und wie unzureichend sie in Bezug auf das Ergebnis versorgt sind;

(3) wie viele Beteiligte das Ergebnis erfahren haben, welchen Grad der Veränderung sie erfahren haben und wie lange sie das Ergebnis erfahren haben;

(4) ob die Investitionen zu Ergebnissen führten, die wahrscheinlich besser waren als das, was sonst eingetreten wäre;

(5) die Wahrscheinlichkeit, dass die Auswirkungen anders als erwartet ausfallen werden.[22]

Investitionen könnten anhand dieser Kriterien bemessen werden. Ein europäischer oder sogar internationaler Standard für Kenngrößen fehlt jedoch.

Hinzu kommt die Gefahr, dass wenig nachhaltige Investitionsprodukte als nachhaltig vermarktet werden. Dieses Problemfeld spielt im Kapitalmarkt und schon länger im Rahmen von Corporate Social Responsibility eine Rolle[23] und ist in der Literatur als „Greenwashing" bekannt. „Greenwashing" hat in den vergangenen Dekaden deutlich zugenommen und ist heute noch ausgefeilter.[24]

Standardisierte Reportingvorgaben, ähnlich wie die Corporate Sustainability Reporting Directive (RL 2022/2464/EU), versuchen „Greenwashing" zu reduzieren. Diese Vorgaben unterliegen jedoch wiederum dem politischen Druck von Interessenvertretungen, die Anreize haben, Richtlinien und Verordnungen so aufzuweichen, dass weitgehend alle Investitionsprodukte als „nachhaltig" gekennzeichnet werden. Die Taxonomieverordnung (TaxonomieVO)[25] zur Erleichterung nachhaltiger Investitionen ist medial als Beispiel für diesen Zielkonflikt kritisiert worden.

Das Gegenstück zu „Greenwashing" ist „Brownwashing". Hier werden bescheidene Angaben über die Nachhaltigkeit von Produkten gemacht oder sogar angegeben, dass eigentlich nachhaltige Investitionsprodukte nicht nachhaltig sind. „Brownwashing" vermeidet, auf zusätzliche (rechtliche) Anforderungen zu reagieren.[26] Zudem wird durch „Brownwashing" vermieden, dass ein Unternehmen mit höheren Erwartungen der Stakeholder konfrontiert wird, die zusätzliche Investitionen nach

---

22 *Impact Frontiers*, What is impact? (www.impactfrontiers.org/norms/five-dimensions-of-impact/) (24.6.2023).

23 *Fiechter/Hitz/Lehmann*, Real effects of a widespread CSR reporting mandate: Evidence from the European Union's CSR Directive, Journal of Accounting Research 2022, 1499 (https://doi.org/10.1111/1475-679X.12424).

24 *Gatti/Seele/Rademacher*, Grey zone in – greenwash out. A review of greenwashing research and implications for the voluntary-mandatory transition of CSR, International Journal of Corporate Social Responsibility 2019, 2 mit Verweis auf *Walker/Wan*, The harm of symbolic actions and green-washing: Corporate actions and communications on environmental performance and their financial implications, Journal of Business Ethics (2012) 227–242 sowie *The Guardian* 20.8.2016 (https://www.theguardian.com/sustainable-business/2016/aug/20/greenwashing-environmentalism-lies-companies) (24.6.2023).

25 VO (EU) 2020/852 ABl L 2020/198, 13.

26 *Huang/Francoeur/Brammer*, What drives and curbs brownwashing? Business Strategy and the Environment (2022) 2518–2532.

---

sich ziehen könnten.[27] Schließlich ist „Brownwashing" auch eine Strategie, um potenzielle negative finanzielle Effekte von Konzentration auf Nachhaltigkeitsziele im Kapitalmarkt zu umgehen.

3. Nachhaltigkeit in der Unternehmensbewertung

Durch die Signifikanz von nachhaltigen Investitionen für den Kapitalmarkt ergibt sich auch eine dementsprechende Relevanz für die Bewertung einzelner Unternehmen. Da sich der Marktwert eines Unternehmens im Wesentlichen daran bemisst, was Investoren bereit sind, dafür zu bezahlen, unterstellt die Kapitalmarkttheorie im „Capital Asset Pricing Model"[28], dass der Börsenwert eines Unternehmens durch die Wahrnehmung von Nachhaltigkeitsinitiativen beeinflusst werden muss. Dem zugrunde liegt ein Verständnis dafür, dass Investoren neben reinen finanziellen Faktoren auch zusätzliche Externalitäten in die Bewertung einfließen lassen. Solche Externalitäten können, wie eingangs besprochen, vielfältige Formen annehmen. Im Nachhaltigkeitsbereich geht es jedoch weitgehend um moralische Vorstellungen davon, was nachhaltige Investitionen ausmacht.

Analog zur Unterscheidung zwischen aktiven und passiven Nachhaltigkeitsinvestoren im vorigen Kapitel (2. Der Markt für nachhaltige Investitionen) ergibt sich im Sinne der Investitionstypen eine Unterscheidung zwischen Investoren mit „Werteausrichtung" („value-alignment")[29] und Investoren mit Impact-Absicht.[30] Im Allgemeinen erfolgt die Unterscheidung zwischen diesen beiden Gruppen danach, ob sie Negativkriterien oder (auch) Positivkriterien bei der Portfoliozusammensetzung anlegen. Erstere Gruppe schließt gewisse Unternehmen aus ihren Portfolios aus (Werteausrichtung). Zweitere Gruppe stellt Portfolios nur aus solchen Investitionen zusammen, von denen Investoren erwarten, dass sie eine positive Auswirkung auf die Gesellschaft (im weiten Sinne) haben werden (Impact-Absicht). Aus kapitalmarkttheoretischer Sicht ergeben sich aus der Aktivität der beiden Investorengruppen unterschiedliche Effekte auf die Unternehmensbewertung: Wertausrichtung führt zu zusätzlicher Nachfrage nach entsprechenden Unternehmensaktien und einem höheren Aktienpreis[31] im Vergleich zu „schmutzigen" Alternativen, und Impact-Absicht führt zu Aktionärsaktivismus in wenig nach-

---

27   Ebenda.
28   *Lintner*, The Valuation of risk assets and the selection of risky investments in stock portfolios and capital budgets, The Review of Economics and Statistics 1965, 13 (https://doi.org/10.2307/1926735); *Sharpe*, Capital asset prices: A theory of market equilibrium under conditions of risk, The Journal of Finance 1964, 425 (https://doi.org/10.1111/j.1540-6261.1964.tb02865.x).
29   *Heinkel/Kraus/Zechner*, The effect of green investment on corporate behavior, Journal of Financial and Quantitative Analysis 2001, 431 (https://doi.org/10.2307/2676219).
30   *Barber/Morse/Yasuda*, Impact Investing, Journal of Financial Economics 2020, 162 (https://doi.org/10.1016/j.jfineco.2020.07.008).
31   *Pedersen/Fitzgibbons/Pomorski*, Journal of Financial Economics 2021, 572 (https://doi.org/10.1016/j.jfineco.2020.11.001).

haltigen Unternehmen, was allerdings weniger klare Bewertungsimplikationen hat.[32] Experimentelle Evidenz zeigt, dass Investoren zwar starke Präferenzen für Nachhaltigkeitskomponenten haben (im experimentellen Beispiel höhere Zahlungen für soziale Zwecke), dass aber diese Präferenzen unabhängig davon sind, ob die Nachhaltigkeitsinitiative wegen der Investition oder ohnehin gesetzt worden wäre.[33] Diese Unterscheidung ist zwar bei realen Investitionen schwer zu treffen, allerdings scheint sich die Erklärung gut in die Literatur zu „warm glow" einzufügen,[34] die Präferenzen für wahrgenommene prosoziale Aktivitäten unabhängig vom kausalen Zusammenhang dokumentiert. Bei „warm glow" erleben Menschen ein Gefühl der Freude und Befriedigung, wenn sie einen Beitrag leisten, um prosoziale Aktivitäten zu fördern. Diese Zufriedenheit („warm glow") steht für das egoistische Vergnügen, das sich aus dem „guten Tun" ergibt, unabhängig von den tatsächlichen Auswirkungen der eigenen Großzügigkeit.[35]

Frei von der Motivation hinter nachhaltigen Investitionen ergibt sich also eine Auswirkung auf die Unternehmensbewertung. Um diesen Zusammenhang zu isolieren, ist es notwendig, die Portfolioebene zu verlassen und einzelne Investitionen zu betrachten.[36] Bei entsprechenden Vergleichen der Renditeerwartung von normalen gegenüber Impact-Investitionen findet die Literatur erstaunlich große Unterschiede. In einer Untersuchung der Zahlungsbereitschaft von Venture-Capital-Fonds ergibt sich eine Reduktion der erwarteten Rendite für Unternehmen mit Impact-Absicht von 2,5 bis 3,7 Prozentpunkten.[37] Bei einer durchschnittlichen Renditeerwartung von etwa 8 % ist dieser Unterschied substanziell. Allerdings scheint es auch hier eher eine Frage dessen zu sein, ob ein Unternehmen als nachhaltig (oder als mit Impact-Absicht) eingestuft wird, und weniger, wie viel Impact das Unternehmen dann am Ende erzielt.[38]

Unter den Annahmen der typischen Unternehmensbewertung im Capital Asset Pricing Model hat die Renditeerwartung von Investoren eine starke Auswirkung auf die Kapitalisierung eines Unternehmens und damit auf den Aktienpreis. Wenn man als Barwert eines Unternehmens die abgezinsten zukünftigen Geldflüsse an die Aktionäre annimmt (was dem Capital Asset Pricing Model entspricht), ergibt sich ein klares Bild. Ein Zahlungsstrom bestehend aus zehn jährlichen Zahlungsflüssen von

---

32 *Berk/van Binsbergen*, The impact of impact investing (23.8.2021) (https://papers.ssrn.com/sol3/papers.cfm?abstract_id=3909166) (24.6.2023).

33 *Bonnefon/Landier/Sastry/Thesmar*, The moral preferences of investors: Experimental evidence (https://www.nber.org/system/files/working_papers/w29647/w29647.pdf) (24.6.2023).

34 *Ottoni-Wilhelm/Vesterlund/Xie*, Why Do People Give? Testing Pure and Impure Altruism, American Economic Review 2017, 3617 (https://doi.org/10.1257/aer.20141222).

35 *Andreoni*, Impure Altruism and Donations to Public Goods: A Theory of Warm-Glow Giving, Economic Journal 1990, 464–477.

36 *Cameron/James*, Efficient estimation methods for closed ended contingent valuation survey data, The Review of Economics and Statistics 1987, 269 (https://doi.org/10.2307/1927234).

37 *Barber/Morse/Yasuda*, Journal of Financial Economics 2020.

38 *Heeb/Kölbel/Paetzold/Zeisberger*, Do investors care about impact? (13.1.2021) (https://papers.ssrn.com/sol3/papers.cfm?abstract_id=3765659) (24.6.2023).

EUR 1.000, abgezinst mit 8 % pro Jahr, hat einen Barwert von EUR 6.710. Wenn, aufgrund einer Impact-Absicht, die Renditeerwartung um drei Prozentpunkte sinkt, ergibt sich eine Bewertung von EUR 7.721, also ein Bewertungszuwachs von etwa 15 %. Durch diesen substanziellen Unterschied entsteht ein Anreiz für Unternehmen, mehr für die Nachhaltigkeit zu unternehmen.

Insgesamt unterliegt der Kapitalmarkt natürlich nicht nur geldflussbasierten Bewertungsmethoden, wie im vorhergehenden Beispiel beschrieben. Trends und Moden spielen im Kapitalmarkt auch eine wesentliche Rolle, und gerade Nachhaltigkeitsprodukte erfreuen sich in den letzten Jahren (in Wellen) immer wieder großer Beliebtheit, die auch in einer hohen bzw ggf Überbewertung von Investitionsprodukten münden. Insbesondere im Einzelkundengeschäft setzen Fondsgesellschaften gelegentlich auf derartige Trends, um Verkaufschancen durch scheinbar seltene Kaufgelegenheiten zu erhöhen.

Abschließend stellt sich noch die Frage, welche konkreten Attribute Investoren tatsächlich dazu bringen, ihre Renditeerwartungen anzupassen und Unternehmen in die mentale Kategorie „Impact-Absicht" aufzunehmen. In einer Analyse von 4.296 Investitionsentscheidungen zeigt sich, dass die bedeutendsten Kriterien die Authentizität der handelnden Personen (im Experiment: Unternehmensgründer), die Wichtigkeit des gesellschaftlichen Problems, das adressiert wird, und die finanzielle Stabilität der Investition sind.[39] Wenn eine (potenzielle) Investition dementsprechend aufgebaut ist, sind die Chancen auf Einordnung als nachhaltige Investition groß, und die Renditeerwartung wird entsprechend angepasst, was zu einer Erhöhung der Unternehmensbewertung führt.

4. Nachhaltige Investitionen und die Gesellschaft

Nachhaltige Investitionen bieten also Wachstumspotenziale für Investoren, Vermarktungschancen für Fondsmanager und Bewertungschancen für Unternehmer. Allerdings ist nicht jede Investition, die auf dem Papier nachhaltig erscheint, auch ein tatsächlicher Gewinn für die Gesellschaft, wie die Diskussion rund um Greenwashing zeigt. Daher stellt sich naturgemäß die Frage nach der Evidenz für den Zusammenhang zwischen nachhaltigen Investitionen und Ergebnissen, die positiv zur gesellschaftlichen Entwicklung beitragen.

Da nachhaltige Investitionen sowohl finanzielle als auch Nachhaltigkeitsziele verfolgen, ergibt sich in der Mittelausstattung ein Unterschied zwischen Nachhaltigkeitszielen, die hohe finanzielle Renditen bieten, und Nachhaltigkeitszielen, die niedrige finanzielle Renditen gewähren. Ein Beispiel hierfür ist ein Investitionsschwerpunkt auf den Zielen SDG07 (bezahlbare und saubere Energie), SDG11

---

39 *Block/Hirschmann/Fisch*, Which criteria matter when impact investors screen social enterprises? Journal of Corporate Finance 2021, 1 (https://doi.org/10.1016/j.jcorpfin.2020.101813).

(nachhaltige Städte und Gemeinden) und SDG17 (Partnerschaften zur Erreichung der Ziele).[40] Zusätzlich zum Schwerpunkt der Investitionen ist die vertragliche Ausgestaltung von nachhaltigen Investitionen im Sinne einer Nachhaltigkeitsbepreisung entscheidend. Damit gesellschaftliche Ziele tatsächlich erreicht werden können – und insbesondere zur Vermeidung von Greenwashing–, braucht es die konkrete Verknüpfung von Nachhaltigkeitszielen mit finanziellen Zielen in konkreten Investitionsprojekten. Wenn derartige Verknüpfungen bestehen, verbessert sich empirisch gesehen sowohl die finanzielle Rendite als auch die Zielgenauigkeit der Nachhaltigkeitsmaßnahme.[41]

Neben seiner zentralen Rolle für die finanzielle Rendite von Nachhaltigkeitsinvestitionen spielt das SDG07 (bezahlbare und saubere Energie) auch eine Hauptrolle in der Diskussion um die Erreichung der im Paris-Agreement vereinbarten Klimaziele. Um die hierfür notwendigen finanziellen Mittel aufzustellen, ist privates Investitionskapital unumgänglich. Eine typische Vertragsform, die hierbei zum Einsatz kommt, sind Green Bonds. Diese Anleihen kombinieren finanzielle Rendite mit der Erzeugung von nachhaltiger (und leistbarer) Energie. Aufgrund der guten Messbarkeit von Energieerzeugung einerseits und dem Ausstoß von klimaschädlichen Gasen andererseits sind Green Bonds mit Fokus auf SDG07 auch eine der wenigen Quellen für solide Daten zu Auswirkungen auf die Gesellschaft. Bei einem Finanzierungsvolumen von 44 Milliarden USD in den Jahren 2008 bis 2017 haben derartige Anleihen die Installation von ca 57.000 Gigawattstunden (jährlich) finanziert, was zur Reduktion von ca 109 Megatonnen CO_2-Äquivalenten geführt hat.[42] Um die Klimaziele des Paris-Agreements zu erreichen, werden ca tausendmal so große Investitionen (bis zum Jahr 2035) notwendig sein.

Neben Green Bonds können auch „grüne Kredite" eine Finanzierungsform bilden. Es gibt keine allgemeine Definition für „grüne Kredite". „Grün" kann ein Kredit sein, wenn eine Investition für umweltschonende oder klimaschützende Ziele getätigt wird. Kreditvergaben an Unternehmen ohne nachhaltige Geschäftsmodelle könnten ein Risiko für Banken bilden, da unter anderem strengere Regulierungen und die ablehnende Haltung der Konsumenten den Erfolg der Unternehmen beeinträchtigen könnten.[43] Zudem sind auch Banken unter Umständen aus Überzeugung darauf bedacht, Nachhaltigkeit zu fördern.[44]

40   *Paetzold/Busch/Utz/Kellers*, Between impact and returns: Private investors and the sustainable development goals, Business Strategy and the Environment 2022, 1 (https://doi.org/10.1002/bse.3070).
41   *Geczy/Jeffers/Musto/Tucker*, Journal of Financial Economics 2021, 697 (https://doi.org/10.1016/j.jfineco.2021.01.006).
42   *Tolliver/Keeley/Managi*, Green bonds for the Paris agreement and sustainable development goals, Environmental Research Letters 2019, 1 (https://iopscience.iop.org/article/10.1088/1748-9326/ab1118/meta).
43   Süddeutsche Zeitung, Kredit dank Kita (7.5.2021) (https://www.sueddeutsche.de/wirtschaft/kredite-nachhaltigkeit-1.5277889) (24.6.2023).
44   Ebenda.

Nachhaltige Finanzierung hat nicht nur Auswirkungen auf die Gesellschaft, sondern auch gesellschaftliche Entwicklungen können nachhaltige Finanzierung beeinflussen. Dies zeigt jüngst der Ukraine-Krieg auf. Angesichts der vielen Toten mag nachhaltige Finanzierung als trivial erscheinen, ganz außer Acht sollen die Auswirkungen des Krieges auf nachhaltige Finanzierung für diesen Beitrag jedoch auch nicht gelassen werden. Um Russland unter anderem eine Geldquelle zu nehmen, hatte sich die EU darauf geeinigt, die meisten Ölimporte aus Russland bis Jahresende 2022 zu stoppen.[45] Hier könnte eine Chance bestehen, sich erneuerbaren Energien, Energieeffizienz und der Energiespeicherung zu widmen. Die infolge der russischen Invasion und der Sanktionen steigenden Erdöl- und Erdgaspreise und Sorgen der Bevölkerung haben jedoch dazu geführt, dass beispielsweise US-amerikanische Fracking-Unternehmen mehr Öl pumpen.[46] Ebenso forderte US-Präsident Biden, dass Saudi-Arabien mehr Öl produzieren soll.[47] Deutschland wird wieder Kohlekraftwerke in Betrieb nehmen, um Erdgas zu sparen.[48]

Ein weiterer Bereich, der vereinzelt einer Neubewertung unterzogen wird, ist die Waffenproduktion. Viele Staaten haben die Ukraine mit Waffen versorgt, damit sie sich gegen Russland verteidigen kann. In diesem Sinne haben Analysten der Citigroup behauptet, dass *„die Verteidigung der Werte liberaler Demokratien und die Schaffung einer Abschreckung, die den Frieden und die globale Stabilität bewahrt, Waffenproduzenten für ESG-Fonds geeignet macht“*.[49] Auch die schwedische SEB hat ihre Anforderungen entsprechend angepasst.[50]

Für den Wiederaufbau der Ukraine werden signifikante Investitionen notwendig sein. Die OECD hat einen Ausblick auf einen grünen Wiederaufbau der Ukraine gegeben, bei dem eine nachhaltige Finanzierung von entscheidender Bedeutung sein wird.[51] In diesem Zusammenhang fordert die OECD, dass die Finanzströme für Wiederaufbauinvestitionen ordnungsgemäß überwacht und analysiert werden

45   Tagesschau, EU-Staaten vereinbaren Öl-Embargo (31.5.2022) (https://www.tagesschau.de/ausland/europa/oel-embargo-eu-103.html) (24.6.2023).
46   *Eaton*, Shale Companies Drilling More, but Oil Output Growing Little (21.3.2022) (https://www.wsj.com/articles/shale-companies-drilling-more-but-oil-output-growing-little-11647855002?mod=article_inline) (24.6.2023).
47   *Lefebvre*, OPEC+ agrees to pump more oil ahead of possible Biden Middle East trip (2.6.2022) (https://www.politico.com/news/2022/06/02/opec-agrees-to-pump-more-oil-ahead-of-possible-biden-middle-east-trip-00036694) (24.6.2023).
48   *Eddy*, Germany will fire up coal plants again in an effort to save natural gas (19.6.2022) (https://www.nytimes.com/2022/06/19/world/europe/germany-russia-gas.html) (24.6.2023).
49   *Sommer*, Russia's War Prompts a Pitch for ‚Socially Responsible' Military Stocks (4.3.2022) (https://www.nytimes.com/2022/03/04/business/military-stocks-russia-ukraine.html) (24.6.2023).
50   *Ballard*, Sweden's SEB Changes Course on Defense Stocks as War Tests ESG Rules (2.3.2022) (https://www.wsj.com/articles/swedens-seb-changes-course-on-defense-stocks-as-war-tests-esg-rules-11646253384?mod=article_inline) (24.6.2023).
51   OECD, Environmental impacts of the war in Ukraine and prospects for a green reconstruction (1.7.2022) (https://www.oecd.org/ukraine-hub/policy-responses/environmental-impacts-of-the-war-in-ukraine-and-prospects-for-a-green-reconstruction-9e86d691/#boxsection-d1e541) (24.6.2023).

sollen, um zu gewährleisten, dass sie auch zur Erreichung von Umwelt- und grünen Zielen beitragen.[52] Dabei wird bemerkenswerterweise die EU-Taxonomie als nützlicher Maßstab erwähnt.[53]

5. Juristischer Ausblick

Nachhaltige Finanzierung ist ein wesentlicher Bestandteil des „Europäischen Grünen Deals"[54], mit dem die Europäische Union bis 2050 klimaneutral werden möchte. Im Rahmen des „European Green Deal" wurde der „Investitionsplan für ein zukunftsfähiges Europa"[55] vorgestellt. Dieser sieht vor, dass in den nächsten Jahren eine Billion Euro für nachhaltige Investitionen bereitgestellt wird.[56] Öffentliche und private Investitionen sollen zu einer klimaneutralen und nachhaltigen Wirtschaft beitragen.[57] Es überrascht daher nicht, dass auf EU-Ebene einige Rechtsakte betreffend nachhaltige Finanzierung geändert, erlassen und vorgeschlagen wurden. Nachfolgend werden mit der OffenlegungsVO, der TaxonomieVO und dem Vorschlag für Europäische Green Bonds zentrale Rechtsakte überblicksmäßig dargestellt.

Die OffenlegungsVO[58] führte nachhaltigkeitsbezogene Offenlegungspflichten im Finanzdienstleistungssektor ein. Diese Verordnung soll insbesondere Informationsasymmetrien abbauen, indem Finanzdienstleister zu vorvertraglichen Informationen und stetigen Offenlegungen gegenüber Anlegern bezüglich Nachhaltigkeitsthemen verpflichtet werden.[59] Im Wesentlichen sollen Finanzprodukte für Anleger transparenter und vergleichbarer gestaltet werden.[60] Dies soll erreicht werden, indem Informationen zu den Strategien bei Investitionsentscheidungsprozessen und deren Nachhaltigkeitsrisiken auf der Internetseite des Finanzdienstleisters veröffentlicht werden.[61] Zudem muss ebenfalls auf der Internetseite bekanntgegeben werden, ob und wie Investitionsentscheidungen Nachhaltigkeitsfaktoren und potenziell negative Auswirkungen berücksichtigen.[62] Im Zuge vorvertraglicher Informationen ist anzugeben, dass Nachhaltigkeitsrisiken sowie

---

52 Ebenda.
53 Ebenda.
54 Mitteilung der Kommission an das Europäische Parlament, den Rat, den Europäischen Wirtschafts- und Sozialausschuss und den Ausschuss der Regionen, Der europäische Grüne Deal, COM(2019) 640 final.
55 Mitteilung der Kommission an das Europäische Parlament, den Rat, den Europäischen Wirtschafts- und Sozialausschuss und den Ausschuss der Regionen, Investitionsplan für ein zukunftsfähiges Europa, COM(2020) 21 final.
56 Ebenda 4.
57 Ebenda.
58 VO (EU) 2019/2088 ABl L 2019/317, 1
59 Erwägungsgrund 10 OffenlegungsVO.
60 *Wellerdt*, Europäische Entwicklungen zur Förderung einer nachhaltigen Unternehmenstätigkeit, Neue Zeitschrift für Gesellschaftsrecht 2021, 1344 (1347).
61 Artikel 3 OffenlegungsVO.
62 Artikel 4 OffenlegungsVO.

wesentliche negative Nachhaltigkeitsauswirkungen von Finanzprodukten berücksichtigt wurden.[63] Zudem müssen beworbene ökologische oder soziale Aspekte und nachhaltige Investitionen durch vorvertragliche Informationen, Informationen auf Internetseiten und regelmäßige Berichte erläutert werden.[64]

Aus Rechtsanwendersicht wäre es wünschenswert gewesen, dass die OffenlegungsVO die Unternehmen zu detaillierteren Angaben und konkreten Hinweisen zu Risiken für die Nachhaltigkeit verpflichtet, da dies sicherlich die praktische Umsetzung, Transparenz und Vergleichbarkeit gefördert hätte.[65] Nichtsdestotrotz stellen die bestehenden Offenlegungspflichten Finanzmarktteilnehmer und Finanzberater vor Herausforderungen, da neue Abläufe und Prozesse erst geschaffen werden müssen.[66]

Einen weiteren wesentlichen Beitrag zum Europäischen Grünen Deal soll die TaxonomieVO leisten. Die Adressaten der TaxonomieVO sind die EU und die Mitgliedstaaten, Finanzmarktteilnehmer und Unternehmen, die eine nichtfinanzielle Erklärung abgeben müssen.[67] Diese umfasst unter anderem Angaben zu Umwelt-, Sozial- und Arbeitnehmerbelangen sowie zur Achtung der Menschenrechte und zur Korruptionsbekämpfung. Zudem haben die EU und die Mitgliedstaaten Anforderungen an Finanzprodukte oder Unternehmensanleihen festzulegen.[68] Für Finanzmarktteilnehmer werden Transparenzpflichten statuiert, welche die Bestimmungen der OffenlegungsVO ergänzen.[69] Ebenso haben Unternehmen in ihren nichtfinanziellen Erklärungen transparent vorzugehen.[70]

Die TaxonomieVO enthält Kriterien für ökologisch nachhaltige Wirtschaftstätigkeit, anhand derer die ökologische Nachhaltigkeit einer Investition ermittelt werden kann.[71] Eines dieser Kriterien ist, dass die Wirtschaftstätigkeit einen wesentlichen Beitrag zur Verwirklichung eines oder mehrerer der Umweltziele des Artikels 9 TaxonomieVO leistet.[72] Zu diesen Umweltzielen zählen Klimaschutz, Anpassung an den Klimawandel, nachhaltige Nutzung und Schutz von Wasser- und Meeresressourcen, Übergang zu einer Kreislaufwirtschaft, Vermeidung und Verminderung der Umweltverschmutzung sowie Schutz und Wiederherstellung der Biodiversität und der Ökosysteme.[73] Zur Erreichung dieser Ziele stellen, wie oben beschrieben, Investoren mit Impact-Absicht Mittel zur Verfügung. Diese Umweltziele dürfen zudem nicht erheblich beeinträchtigt werden.[74] Der Klima-

---

63   Artikel 6 und 7 OffenlegungsVO.
64   Artikel 8, 10 und 11 OffenlegungsVO.
65   Siehe auch *Wellerdt*, Neue Zeitschrift für Gesellschaftsrecht 2021, 1344 (1348).
66   *Lange*, Sustainable Finance: Nachhaltigkeit durch Regulierung? (Teil 2), Zeitschrift für Bank- und Kapitalmarktrecht 2020, 261 (264).
67   Artikel 1 Abs 2 TaxonomieVO.
68   Artikel 4 TaxonomieVO.
69   Siehe Artikel 5–7 TaxonomieVO.
70   Artikel 8 TaxonomieVO.
71   Siehe Artikel 1 TaxonomieVO.
72   Siehe Artikel 3 lit a TaxonomieVO.
73   Artikel 9 TaxonomieVO.
74   Artikel 3 lit b TaxonomieVO.

schutz ist beispielsweise erheblich beeinträchtigt, sollte eine Wirtschaftätigkeit zu erheblichen Treibhausgasemissionen führen.[75] Ein weiteres Kriterium ist, dass ein Mindestschutz bezüglich Menschenrechten sowie Prinzipien und Rechten bei der Arbeit durch die Unternehmen eingehalten wird.[76]

Das letzte Kriterium ist, dass die technischen Bewertungskriterien der delegierten Rechtsakte beachtet werden.[77] Ein erster delegierter Rechtsakt der EU-Kommission, der solche Bewertungskriterien festlegt, betrifft Klimaschutz und Anpassung an den Klimawandel.[78] Hierin werden Kriterien für Wirtschaftätigkeiten festgelegt, anhand deren bestimmt werden kann, ob ein wesentlicher Beitrag zum Klimaschutz und zur Anpassung an den Klimawandel geleistet werden kann. Ein weiterer delegierter Rechtsakt wurde zur Ergänzung von Artikel 8 der TaxonomieVO veröffentlicht und ist seit Januar 2022 anwendbar.[79] Dieser legt unter anderem den Inhalt und die Darstellung der Informationen fest, die von Finanz- und Nichtfinanzunternehmen über den Anteil ökologisch nachhaltiger Wirtschaftätigkeiten an ihrer Geschäftätigkeit, ihren Investitionen oder ihrer Kreditvergabe offenzulegen sind. Im Februar 2022 einigte sich die EU-Kommission auf einen ergänzenden delegierten Rechtsakt betreffend Kernenergie- und Gastätigkeiten.[80] Dieser nimmt bestimmte Übergangätigkeiten im Bereich der Kern- und Gasenergie in die Liste der von der EU-Taxonomie erfassten Wirtschaftätigkeiten auf.

Diese Kriterien sind kumulativ zu erfüllen.[81] Es ist grundsätzlich zu begrüßen, dass Kriterien zu nachhaltiger Finanzierung in den Fokus des Unionsgesetzgebers rücken. Diese schaffen ein gemeinsames Klassifizierungssystem für nachhaltige Wirtschaftätigkeiten, sodass Investitionen transparent für nachhaltige Projekte zur Verfügung gestellt werden. Jedoch stellt die TaxonomieVO Unternehmen vor finanzielle, zeitliche und rechtliche Herausforderungen.[82] Zudem sind die inhaltlichen Erfordernisse der Nachhaltigkeitskriterien sehr allgemein gehalten und eröffnen einen Interpretationsspielraum.[83] Einige Autoren kritisieren außerdem die vereinfachte Binarität „nachhaltig/nicht nachhaltig" und sehen die Gefahr von „Greenwashing".[84] Hinzu kommt, dass die Einstufung bestimmter

---

75   Artikel 17 Abs 1 lit a TaxonomieVO.
76   Artikel 3 lit c TaxonomieVO iVm Artikel 18 TaxonomieVO.
77   Artikel 3 lit d TaxonomieVO.
78   Delegierte VO (EU) 2021/2139 ABL L 2021/442, 1.
79   Delegierte VO (EU) 2021/2178 ABl L 2021/443, 9.
80   Delegierte Verordnung (EU) der Kommission vom 9.3.2022 zur Änderung der Delegierten Verordnung (EU) 2021/2139 in Bezug auf Wirtschaftätigkeiten in bestimmten Energiesektoren und der Delegierten Verordnung (EU) 2021/2178 in Bezug auf besondere Offenlegungspflichten für diese Wirtschaftätigkeiten, C(2022) 631 final.
81   Siehe auch *Lange*, Zeitschrift für Bank- und Kapitalmarktrecht 2020, 261 (265).
82   *Cudlik*, EU-Taxonomie: Viel Aufwand, fragwürdiger Nutzen? ecolex 2022, 257 (260).
83   Ebenda; *Schöller/Pichler*, Sustainable Finance (II), ecolex 2020, 834 (835).
84   *Ekkenga/Schirrmacher/Schneider*, Offene Frage zur rechtlichen Steuerung nachhaltigen Unternehmertums, Neue Juristische Wochenschrift 2021, 1509 (1511).

Kernenergie- und Gastätigkeiten kritisch zu betrachten ist.[85] Anhand dieser Bedenken verdeutlicht sich, dass die TaxonomieVO noch optimierungsfähig ist.[86] Es bleibt somit abzuwarten, welchen tatsächlichen Einfluss die sie auf nachhaltige Finanzierung haben wird.

Der Vorschlag über europäische grüne Anleihen[87] ergänzt die Agenda der Europäischen Kommission für ein nachhaltiges Finanzwesen. Wie oben dargestellt, kombinieren „Grüne Anleihen" („Green Bonds") finanzielle Rendite mit der Erzeugung von nachhaltiger und leistbarer Energie.[88] Der Vorschlag stellt Bedingungen für die Verwendung der Bezeichnung „europäische grüne Anleihe" auf. So sollen beispielsweise die Erlöse aus Anleihen für Wirtschaftstätigkeiten verwendet werden, die mit der Taxonomie-VO in Einklang stehen.[89] Dieser Bezug auf die TaxonomieVO führt zu einer begrüßenswerten Harmonisierung.[90] Zudem sieht der Vorschlag detaillierte Berichtspflichten zu europäischen grünen Anleihen vor.[91] Alle europäischen grünen Anleihen sollen von einem externen Bewerter überprüft werden, um die Einhaltung der Verordnung und die Konformität der Taxonomie zu gewährleisten.[92] Externe Bewerter europäischer grüner Anleihen sollen sich laut Vorschlag bei der Europäischen Wertpapier- und Marktaufsichtsbehörde (ESMA) registrieren und werden von dieser beaufsichtigt.[93]

Im Zusammenspiel mit der OffenlegungsVO und der TaxonomieVO sollen die Regelungen zu europäischen grünen Anleihen Greenwashing unterbinden, Vergleichbarkeit von Finanzprodukten steigern und den Kapitalmarkt transparenter gestalten.[94] Hier besteht im Detail jedoch noch Abstimmungsbedarf, sodass kein in sich widersprüchliches Rahmenwerk entsteht.[95]

Das von der Europäischen Kommission vorgeschlagene „Lieferkettengesetz"[96] befindet sich in einem ähnlichen Stadium. Dieses soll Unternehmen dazu verpflichten, in ihrer gesamten globalen Wertschöpfungskette negative Auswirkungen

---

85　Siehe hierzu *Joeres*, Ein Supergau für das Klima (2.1.2022) (https://www.zeit.de/politik/ausland/2022-01/eu-taxonomie-gruene-energie-atomenergie) (24.8.2022).

86　Siehe ebenso *Wellerdt*, Neue Zeitschrift für Gesellschaftsrecht 2021, 1344 (1347); *Cudlik*, ecolex 2022, 257 (260).

87　Vorschlag für eine Verordnung des Europäischen Parlaments und des Rates über europäische grüne Anleihen, COM(2021) 391 final.

88　Vgl näher den Beitrag von *Zahradnik/Varga/Choma/Auf* in diesem Band 33.

89　Artikel 6 GreenBond-Vorschlag.

90　Siehe auch *Wellerdt*, Legislativvorschlag für eine Verordnung zu Europäischen Green Bonds, Europäische Zeitschrift für Wirtschaftsrecht 2021, 834 (839).

91　Artikel 9 GreenBond-Vorschlag.

92　Ebenda.

93　Artikel 14–17 GreenBond-Vorschlag.

94　*Wellerdt*, Europäische Zeitschrift für Wirtschaftsrecht 2021, 834 (834).

95　Siehe ähnlich *Ekkenga/Schirrmacher/Schneider*, Neue Juristische Wochenschrift 2021, 1509 (1511).

96　Vorschlag für eine Richtlinie des Europäischen Parlaments und des Rates über die Sorgfaltspflichten von Unternehmen im Hinblick auf Nachhaltigkeit und zur Änderung der Richtlinie (EU) 2019/1937, COM(2022) 71 final. Vgl näher den Beitrag von *Müller/Richter-Schöller* in diesem Band 159.

auf Menschenrechte und Umweltschutz zu verhindern.[97] Wie Unternehmen diese Verpflichtungen entlang der Wertschöpfungskette erfüllen sollen, ist anhand des Vorschlages noch unklar. Jedenfalls werden die betroffenen Unternehmen eine umfassende ESG-Risikobewertung durchführen müssen.

Übergeordnet stellt sich die Frage, inwiefern Rechtsinstrumente, welche Nachhaltigkeit berühren, effektiv sind. Bei der traditionellen Regulierung ordnet der Gesetzgeber direkt die Verringerung des Verschmutzungsgrades an und kontrolliert die Einhaltung anhand vorgegebener Kriterien. Dem gegenüber stehen Instrumente, die positive oder negative Anreize für Verursacher setzen, beispielsweise durch Besteuerung umweltschädlicher Aktivitäten, eben diese zu verringern. Hinzu kommen informationsbasierte Instrumente, die ein umweltfreundliches Verhalten durch Informationen von und an Unternehmen und Einzelpersonen fördern sollen. Eine Studie, welche die Luftschadstoffemissionen von 14 OECD-Ländern über einen Zeitraum von 25 Jahren untersucht hat, zeigt auf, dass die traditionellen Regulierungsinstrumente systematisch mit einer Verringerung der Luftschadstoffemissionen in Verbindung gebracht werden können.[98] Im Gegensatz dazu zeigten anreiz- und informationsbasierte Instrumente keinen signifikanten Einfluss auf die Verringerung der Luftschadstoffemissionen.[99] Dies kann als klares Plädoyer für einen „grünen Leviathan" und für ein ausgeprägtes staatliches Eingreifen im Bereich der Nachhaltigkeitspolitik verstanden werden.[100] Jedoch müssen auch hier die Strukturen so gestaltet sein, dass sie eine konsequente Anwendung grüner Rechtsinstrumente gewährleisten.[101]

6. Conclusio

Nachhaltige Investitionen bieten nicht nur Chancen für Investoren, Fondsmanager und Unternehmer, sondern können auch einen positiven Beitrag zur gesellschaftlichen Entwicklung leisten. Der Markt für nachhaltige Investitionen wird weiterhin wachsen. Der Großteil des Marktvolumens liegt im Bereich erneuerbarer Energie, der aktuell auch auf globaler Ebene im Rampenlicht steht. Die Kombination von finanziellen mit nachhaltigen Zielen zur Schließung etwaiger Investitionslücken kann jedoch zu Interessenkonflikten führen, und zwar insbesondere dann, wenn Nachhaltigkeitsziele und Renditeziele im (teilweisen) Widerspruch zueinander stehen. Hinzu kommt, dass sich in diesem kleinen Markt vor allem die Interessen von Großunternehmen durchsetzen könnten.

---

97 Siehe Artikel 1 Vorschlag Lieferkettengesetz.
98 *Steinebach*, Regulation and Governance 2022, 225–242.
99 Ebenda 237.
100 Ebenda 238.
101 Ebenda.

Für jede nachhaltige Investition braucht es Investoren. Investoren mit Impact-Absicht investieren in Produkte, die einen positiven nachhaltigen Einfluss auf gesellschaftliche Entwicklungen haben. Allerdings ist die Messung von Impact schwierig, da dessen Bepreisung noch in den Kinderschuhen steckt und folglich auch ein Standard für Kenngrößen fehlt. Außerdem ist ein Markt für Impact-Risiko (ähnlich Derivaten im Kapitalmarkt) derzeit kaum vorstellbar.

Zur Schaffung eines Standards für Kenngrößen wurden auf EU-Ebene Rechtsakte verabschiedet, die unter anderem eine klare Definition des Begriffs „nachhaltig" festzulegen versuchen. Durch diese Rechtsakte soll die Vergleichbarkeit von Finanz-produkten gesteigert, der Kapitalmarkt transparenter gestaltet und Greenwashing unterbunden werden. Regulatorisch verordnete Standards bergen nach dem der-zeitigen Stand aber die Gefahr, dass nachhaltig „draufsteht, aber nicht drinnen ist". Die politische Diskussion rund um Erdgas und Nuklearenergie unter dem Schlagwort „Brückentechnologien" kann als Paradebeispiel für den Zielkonflikt zwischen politischen Akteuren und wissenschaftlich fundierten Nachhaltigkeits-kriterien dienen. Außerdem könnte die momentan substanzielle Dynamik in der Investitionsbranche durch Überregulierung zum Erliegen kommen, weil unter anderem empfindliche Strafen eine potenzielle Abschreckung sein können. Es bleibt somit abzuwarten, welche Bedeutung nachhaltige Investitionen langfristig für den Kapitalmarkt haben werden.

European Green Bond Standard – Entwurf für eine Verordnung über europäische grüne Anleihen und aktuelle Rechtspraxis

Andreas Zahradnik/Tibor Varga/David Choma/Siba Auf

1. Einleitung

1.1. Überblick

Grüne Anleihen (Green Bonds) sind Anleihen, bei denen der Emissionserlös zur Finanzierung konkreter umweltfreundlicher Projekte, Vermögenswerte oder Geschäftstätigkeiten verwendet wird.[1] Diese Mittelverwendung wird auch im Prospekt bzw im jeweiligen Angebotsdokument erwähnt und so an Investoren transportiert. Die Mittelverwendung für grüne Projekte und die Bezeichnung als grüne Anleihe sind zwei wesentliche Unterscheidungsmerkmale im Vergleich zu regulären Anleihen.[2]

In Abgrenzung zu grünen Anleihen ist bei einem **Sustainability-Linked Bond** die Mittelverwendung nicht an spezielle grüne Projekte gebunden, sondern es soll allgemein die **Nachhaltigkeit des Emittenten** gesteigert werden. Die Messung der Nachhaltigkeit erfolgt mittels vom Emittenten individuell festzulegender Key Performance Indicators („KPI").[3] Falls diese KPI verfehlt werden – also das Nachhaltigkeitsziel nicht erreicht wurde –, muss der Anleiheemittent idR höhere Zinsen zahlen.[4]

Grüne Anleihen werden als eines der wichtigsten Instrumente für die Finanzierung von Investitionen in grüne Technologien, Energieeffizienz und Ressourceneffizienz sowie in nachhaltige Verkehrs- und Forschungsinfrastruktur bezeichnet.[5] Es ist zu beobachten, dass sich als ESG-konform vermarktete Investmentprodukte großer Nachfrage erfreuen.[6]

Verschiedene private Stakeholdergruppen haben aufgrund des Marktinteresses **freiwillige Standards für grüne Anleihen** bzw nachhaltige Investmentprodukte veröffentlicht. Auf internationaler Ebene sind beispielsweise die 2014 veröffentlichten Green Bonds Principles („**GBP**") der International Capital Markets Association („**ICMA**") zu erwähnen – welche in weiterer Folge auch kurz dargestellt werden – oder der Climate Bond Standard der Climate Bonds Initiative („**CBI**"). Auf österreichischer Ebene gibt es etwa das Umweltzeichen 49 (UZ 49) für nachhaltige Finanzprodukte, das auch für grüne Anleihen vergeben werden kann.[7]

---

1 Vgl *Assadi/Ségur-Cabanac*, Wenn Anleihen grün werden – ein Überblick über den „Green Bonds"-Rechtsrahmen, RdU 2019/104 (105).

2 Siehe dazu die Beschreibung der Kernbestandteile grüner Anleihen in *Vorndran*, Nachhaltigkeitsbezogene Finanzierungsinstrumente als Baustein in der Unternehmensfinanzierung, BKR 2022, 777 (781).

3 Vgl dazu auch die Beschreibung hins öffentlicher Emittenten bei *Giráledz/Fontana*, Sustainability-linked bonds: the next frontier in sovereign financing, Capital Markets Law Journal 2022/17, 8.

4 Siehe dazu *Varga/Aigner/Keinrath*, Nachhaltige Unternehmensfinanzierung, in *Zahradnik/Richter-Schöller* (Hrsg), Handbuch Nachhaltigkeitsrecht (2021) 185 (Rz 10.54–10.67).

5 Vgl *Rat der EU*, Pressemitteilung – Nachhaltiges Finanzwesen: Vorläufige Einigung über europäische grüne Anleihen (2023) consilium.europa.eu/de/press/press-releases/2023/02/28/sustainable-finance-provisional-agreement-reached-on-european-green-bonds/ (abgefragt 16.6.2023).

6 Vgl *BIS*, Quarterly Review September 2021 – Sustainable finance: trends valuations and exposures, bis.org/publ/qtrpdf/r_qt2109v.htm (abgefragt 16.6.2023).

7 *Österreichisches Umweltzeichen*, Richtlinie zu 49 Nachhaltige Produkte Version 5.1 (2022) umweltzeichen.at/file/Richtlinie/UZ%2049/Long/UZ 49%20Nachhaltige%20Finanzprodukte%202020.pdf (abgefragt 16.6.2023).

Dieses Marktinteresse birgt aber auch das Risiko, dass Emittenten sich mit in der Realität nicht oder nicht in diesem Ausmaß bestehenden Umweltaspekten rühmen – dies wird auch als **„Greenwashing"** bezeichnet.[8] Grüne Anleihen können in der Regel bessere Konditionen (etwa einen niedrigeren Zinssatz) erzielen, was auch als **„Greenium"** bezeichnet wird.[9] Darüber hinaus führt ihre Emission zu einem **„Signaling-Effekt"**, welcher regelmäßig einen positiven Effekt auf den Aktienkurs des Emittenten hat.[10] Dieser Effekt könnte zusätzlich den Anreiz für bzw die Gefahr des Greenwashing verstärken.

Im Juni 2023 veröffentlichte die EBA einen Progress Report on Greenwashing. Dieser zeigt, dass die Anzahl der in **Europa gemeldeten Greenwashing-Fälle seit 2012 stark angestiegen ist** – wobei nicht abschließend festgestellt werden konnte, ob die Anzahl der Fälle prinzipiell gestiegen ist oder ob Kunden es nun verstärkt bemerken.[11] Bis Mai 2024 wird die EBA einen finalen Report an die EK übermitteln,[12] welcher erfahrungsgemäß (zumindest mittelfristig) zur Anpassung des regulatorischen Rahmenwerks führen wird.

Auf Grundlage dieser Ergebnisse **veröffentlichte die EK 2021 einen Vorschlag über eine Verordnung über europäische grüne Anleihen** (European Green Bond – idF **„EuGB-VO"**).[13] Als Begründung nennt die EK die Mannigfaltigkeit der verschiedenen anwendbaren Marktstandards, die damit einhergehende Schwierigkeit für Investoren, festzustellen, welche Projekte als nachhaltig gelten, und damit potenziell verbundene Greenwashing-Vorwürfe.[14] Um diese Probleme zu adressieren, setzt die EuGB-VO auf eine **starke Verzahnung mit der TaxonomieVO**[15] **und verpflichtende Prüfungen durch externe Bewerter.**

1.2. Internationale und europäische Entwicklung

Die **EuGB-VO bettet sich in die internationale und europäische Entwicklung** verschiedener wirtschaftspolitischer Maßnahmen ein, um dem Klimawandel zu begegnen.

---

8 Vgl dazu auch *Anderl/Ciarnau*, Green & Blue Washing – Die Grenzen des Marketings, in *Zahradnik/Richter-Schöller* 73 (75); *Assadi/Ségur-Cabanac*, Greenwashing am Kapitalmarkt – ein Problemaufriss, RdU 2020, 137 (138).
9 Siehe *Pietsch/Salakhova*, Pricing of green bonds: drivers and dynamics of the greenium, ECB Working Paper Series 2022/2728.
10 *Flammer*, Corporate Green Bonds, Journal of Financial Economics 2021, 499 (500); für eine weitere Analyse der finanziellen Vorteile siehe auch *Müller/Kunze*, Das Risiko-Rendite-Profil Grüner Anleihen – Eine Übersicht, Corporate Finance 2023/01-02, 1.
11 *EBA*, Progress Report on Greenwashing Monitoring and Supervision, EBA/REP/2023/16.
12 Vgl *EBA*, The EBA Roadmap on Sustainable Finance, EBA/REP/2022/30 (68).
13 *EK*, Vorschlag für eine VO des Europäischen Parlaments und des Rates über europäische grüne Anleihen, COM(2021) 391 final.
14 Vgl *EK*, Vorschlag grüne Anleihen 1–3.
15 VO (EU) 2020/852 des Europäischen Parlaments und des Rates vom 18. Juni 2020 über die Einrichtung eines Rahmens zur Erleichterung nachhaltiger Investitionen und zur Änderung der Verordnung (EU) 2019/2088, ABl L 2020/198, 13.

Auf **internationaler Ebene** bilden die 2015 veröffentlichte UN-Agenda 2030 mit ihren 17 Nachhaltigkeitszielen (Sustainable Development Goals – „SDG")[16] sowie das 2017 veröffentliche Pariser Klimaschutzübereinkommen[17] den globalen politischen Rahmen für eine weltweit nachhaltige Entwicklung. Sowohl die EU[18] als auch Österreich[19] haben das Pariser Klimaschutzübereinkommen ratifiziert.

Die maßgeblichen **internationalen Organisationen** zur Regulierung und Zusammenarbeit der (Finanz-)Aufsichtsbehörden sind ebenfalls nicht untätig geblieben. Das Financial Stability Board („FSB") gründete 2015 die „Task Force on Climate-Related Financial Disclosure",[20] die Bank für Internationalen Zahlungsausgleich (Bank for international Settlements – „BIS") gründete 2020 die „Task Force on Climate-Related Financial Risks".[21]

Auf **europäischer Ebene** baut die EK auf die soziale und umweltpolitische Dimension in den EU-Verträgen auf, um Gesetzgebungsakte zu erlassen.[22] Sie anerkennt die Schlüsselrolle der Finanzbranche für eine nachhaltigere Zukunft, über die Geldströme zu nachhaltigen Investments umgeleitet werden sollen.[23] 2018 veröffentlichte die EK den **„Aktionsplan: Finanzierung nachhaltigen Wachstums"** (Financing Sustainable Growth).[24] Dieser zielte insbesondere darauf ab, Kapitalflüsse auf nachhaltige Investitionen umzulenken, sich aus dem Klimawandel ergebende finanzielle Risiken zu bewältigen und Transparenz und Langfristigkeit in der Finanz- und Wirtschaftätigkeit zu fördern.[25]

Von diesen Aktionsplänen abgesehen stellte die EK 2018 auch das **„Green-Finance"-Gesetzespaket** vor, welches schlussendlich in drei Verordnungen mündete: die Offenlegungs-VO (EU) 2019/2088,[26] welche Offenlegungspflichten im Finanzdienst-

---

16 *UNO*, Transforming our world: the 2030 Agenda for sustainable development, Oct 21, 2015, A/RES/70/1.

17 *UNO*, Paris Agreement to the United Nations Framework Convention on Climate Change, Dec 12, 2015, T.I.A.S. No 16-1104.

18 Beschluss (EU) 2016/590 des Rates vom 11. April 2016 über die Unterzeichnung des im Rahmen des Rahmenübereinkommens der Vereinten Nationen über Klimaänderungen geschlossenen Übereinkommens von Paris im Namen der Europäischen Union, ABl L 2016/103, 1.

19 Übereinkommen von Paris BGBl III 2016/197.

20 Siehe dazu *FSB*, Task Force on Climate-related Financial Disclosures, fsb-tcfd.org/about/ (abgefragt 16.6.2023).

21 *BIS*, High-level summary: BCBS TFCR industry workshop on climate-related financial risks (2020) bis.org/bcbs/events/201012_tcfr_workshop.htm (abgefragt 16.6.2023).

22 Siehe Art 3 Abs 3 EUV hinsichtlich Umweltschutz und Verbesserung der Umweltqualität sowie Art 21 EUV hinsichtlich der internationalen Zusammenarbeit; für eine Beschreibung der generellen Strategie siehe auch *Grünwald*, Das Nachhaltigkeitskonzept der EU – Trendwende in der internationalen Politik? in *Slid* (Hrsg), Potentiale und Grenzen europäischer Integration (2022) 239.

23 *EK*, Strategie zur Finanzierung einer nachhaltigen Wirtschaft, COM(2021) 390 final 1; für eine wissenschaftliche des Joint Research Centre der EK siehe *Fatica/Panzica*, Green bonds as a tools against climate change, Business Strategy and the Environment 2021, 2688.

24 *EK*, Aktionsplan: Finanzierung nachhaltigen Wachstums, COM(2018) 97 final.

25 Vgl *EK*, Aktionsplan: Finanzierung nachhaltigen Wachstums 2–3.

26 VO (EU) 2019/2088 des Europäischen Parlaments und des Rates vom 27. November 2019 über nachhaltigkeitsbezogene Offenlegungspflichten im Finanzdienstleistungssektor, ABl L 2019/317, 1.

---

leistungssektor normiert, die VO (EU) 2019/2089,[27] welche die Referenzwerte-VO (EU) 2016/1011 um Klimaaspekte ergänzt, und die TaxonomieVO (EU) 2020/852.[28] Diese Gesetzeswerke sollen Kapitalflüsse zu nachhaltigen Investitionen lenken.[29]

Dabei ist zu beachten, dass die **Gesetzgebungsakte im Bereich der Finanzdienstleistungen nur ein Teil der Nachhaltigkeitsbestrebungen der EU sind.** Dazu zählen vor allem der „europäische Green Deal" (European Green Deal),[30] welcher eine Wachstumsstrategie für die EU darstellt, damit im Jahr 2050 keine Netto-Treibhausemissionen freigesetzt **werden, das Europäische Klimagesetz,[31] welches dies rechtlich festschreibt, und das Programm „Fit for 55",[32]** das ein breites Maßnahmenbündel für die Erreichung dieser Ziele beinhaltet. Auch die **Budgetpolitik der EU ist mit diesen Maßnahmen konzertiert**: mindestens 37 % der Aufbau- und Resilienzfazilität müssen in ökologische Projekte investiert werden[33] – diese Fazilität stellt das Kernstück des aus der Corona-Pandemie hervorgehenden Aufbauplans NextGenerationEU („NGEU") dar. Zusätzlich sicht auch der Mehrjährige Finanzrahmen 2021–2027 der EU umfangreiche Mittel für Investitionen in nachhaltige Projekte vor.[34]

Auch die **europäischen Finanzmarktaufsichtsbehörden sind im Nachhaltigkeitsrecht aktiv**. Die EZB hat bspw im ersten Halbjahr 2022 den ersten Klimastresstest durchgeführt, welcher ua zum Ergebnis hatte, dass der Großteil der Banken noch keinen robusten Rahmen für Klimastresstests haben und nicht genügend einschlägige Daten besitzen.[35] Auch die OeNB hat bereits erste Analysen dazu veröffentlicht, welche Auswirkungen eine steigende CO_2-Bepreisung auf die österreichischen Banken hätte.[36]

---

27   VO (EU) 2019/2089 des Europäischen Parlaments und des Rates vom 27. November 2019 zur Änderung der VO (EU) 2016/1011 hinsichtlich EU-Referenzwerten für den klimabedingten Wandel, hinsichtlich auf das Übereinkommen von Paris abgestimmter EU-Referenzwerte sowie hinsichtlich nachhaltigkeitsbezogener Offenlegungen für Referenzwerte, ABl 2019/317, 17.

28   VO (EU) 2020/852 des Europäischen Parlaments und des Rates vom 18. Juni 2020 über die Einrichtung eines Rahmens zur Erleichterung nachhaltiger Investitionen und zur Änderung der VO (EU) 2019/2088, ABl L 2020/198, 13.

29   Vgl ErwGr 8 VO (EU) 2019/2089; ErwGr 9 VO (EU) 2020/852.

30   Siehe *EK*, Der Europäische Grüne Deal, COM/2019/640 final; *Lenhard*, Finanzierungsrolle der Banken/ EU Green Bond Standard, in *Hysek* (Hrsg), Nachhaltigkeitsrecht für Banken (2023) 314.

31   VO (EU) 2021/1119 des Europäischen Parlaments und des Rates vom 30. Juni 2021 zur Schaffung des Rahmens für die Verwirklichung der Klimaneutralität und zur Änderung der Verordnungen (EG) Nr 401/2009 und (EU) 2018/1999 („Europäisches Klimagesetz"), ABl L 2021/243, 1.

32   *EK*, „Fit für 55": auf dem Weg zur Klimaneutralität – Umsetzung des EU-Klimaziels für 2030, COM(2021) 550 final.

33   Vgl Art 18 Abs 4 lit e VO (EU) 2021/241 des Europäischen Parlaments und des Rates vom 12. Februar 2021 zur Einrichtung der Aufbau- und Resilienzfazilität, ABl L 2021/57, 17.

34   Siehe dazu auch *Selmayr*, Grüne Finanzen für ein nachhaltiges, stärkeres Europa, NR 2021, 290.

35   *EZB*, 2022 climate risk stress test, bankingsupervision.europa.eu/ecb/pub/pdf/ssm.climate_stress_ test_report.20220708~2e3cc0999f.en.pdf (abgefragt 16.6.2023); diesen zusammenfassend *Rudorfer*, Newsline, ÖBA 2022, 551.

36   *OeNB*, climate risk stress test – modeling a carbon price shock for the Austrian banking sector, Financial Stability Report 2021/42.

1.3. Umfang des nachhaltigen Anleihemarktes

Der aktuelle **Umfang des nachhaltigen Anleihemarktes ist schwer abzuschätzen**, die verfügbaren Quellen und Zahlen divergieren erheblich. Aufgrund des Vorliegens verschiedener Marktstandards ist dies aber nicht weiter verwunderlich.

Gemäß CBI fand **2007 die weltweit erste Emission einer grünen Anleihe statt.**[37] Bis zum Jahresende 2022 wurde ein kumulatives Volumen iHv rund USD 2.200 Mrd von 2.500 Emittenten in 85 Ländern und 49 Währungen emittiert.[38] **Im Jahr 2022 wurde insgesamt ein Volumen von rund EUR 500 Mrd emittiert**, was einen Rückgang um rund USD 100 Mrd gegenüber 2021 darstellt. Dafür erhöhte sich das durchschnittliche Emissionsvolumen um rund USD 15 Mio auf USD 140 Mio.[39] Die volumenmäßig größten Emittenten waren die EU (als juristische Person), Italien und Deutschland.[40]

Nach der EK wurde **2020 knapp die Hälfte der weltweit emittierten grünen Anleihen iHv EUR 250 Mrd in Euro denominiert.** In den Jahren 2015 bis 2020 konnten sie ein jährliches Wachstum iHv 50 % feststellen, bezogen sowohl auf die Anzahl der Emissionen als auch auf das Volumen. Insgesamt sieht die EK einen Investitionsbedarf von rund EUR 340 Mrd pro Jahr bis 2030, **was einen Wert von 2,3 % des europäischen Bruttoinlandsprodukts ausmacht.** Für 2023 erwartet die EK ein Marktvolumen von EUR 430 Mrd für nachhaltige europäische Anleihen.[41]

Der **IWF analysierte wiederum die grüne Emissionstätigkeit von öffentlichen Stellen** (Sovereign Bonds). Laut dieser Analyse befindet sich der geografische Schwerpunkt für grüne Emissionen in Europa, mit einem kumulativen Emissionsvolumen in den Jahren 2016 bis 2021 von EUR 161 Mrd. Frankreich nimmt hier eine Spitzenrolle mit einem Emissionsvolumen von EUR 48 Mrd ein. Im Verhältnis zum Bruttoinlandsprodukt hat Chile mit einem Volumen von 2,37 % am meisten emittiert – im Wesentlichen also der Zielwert, den die EK anstrebt. **Im Verhältnis zum gesamten Emissionsvolumen öffentlicher Stellen hat sich der Anteil von grünen Bonds auf 3,2 % des jährlichen Emissionsvolumens gesteigert.**[42]

Auch in **Österreich gibt es verschiedene Initiativen**, um den Nachhaltigkeitsmarkt zu fördern. 2005 wurde bspw von der Wiener Börse der VÖNIX als einer der ersten österreichische Nachhaltigkeitsindizes auf den Markt gebracht; auf CEE-

---

37 Siehe *CBI*, Explaining green bonds, climatebonds.net/market/explaining-green-bonds (abgefragt 16.6.2023).
38 Vgl *CBI*, Sustainable Debt Global State of the Markt 2022 (2) climatebonds.net/files/reports/cbi_sotm_2022_03e.pdf (abgefragt 16.6.2023).
39 Vgl *CBI*, Global State of the Market 5.
40 Vgl *CBI*, Global State of the Market 6.
41 Siehe *EK*, Impact Assessment Report on European green bonds, SWD(2021) 181 final 5–6.
42 Vgl *IWF*, Sovereign Climate Debt Instruments: An Overview of the Green and Catastrophe Bond Markets, Staff Climate Note 2022/004.

Ebene ist noch der Index CECE Socially Responsible Investment zu erwähnen.[43] 2018 führte die Wiener Börse eine eigene Plattform für „Green and Social Bonds" ein und 2022 startete im MTF (ehemals „Dritter Markt") der Wiener Börse das „Vienna ESG-Segment",[44] in dem auch die erste grüne Bundesanleihe[45] der Republik Österreich notiert.[46]

Das **Volumen an grünen Anleihen** spielt aber auch im österreichischen Finanzmarkt noch eine untergeordnete Rolle. 2019 belief sich das Markvolumen auf EUR 2,97 Mrd, wobei EUR 2,3 Mrd davon von ausländischen Investoren gehalten wurden und sich die inländischen Investoren hauptsächlich aus institutionellen Investoren zusammensetzen.[47] 2021 betrug der Umfang des grünen Anleihenmarktes bereits rd EUR 5,5 Mrd, was aber im Verhältnis zum Gesamtemissionsvolumen von EUR 120 Mrd am österreichischen Anleihemarkt lediglich einem Anteil von rund 4,5 % entspricht.

Zusammenfassend bedeutet dies, dass der Markt für grüne Anleihen prozentuell gesehen zwar stark im Steigen ist, aber noch immer einen vergleichsweisen kleinen Anteil des gesamten Emissionsvolumens ausmacht. Die Zeit wird zeigen, ob sich der vielfach politische und gesellschaftlich gewünschte Fokus auf diese Emissionstätigkeit auch in der wirtschaftlichen Realität widerspiegelt.

1.4. Green Bond Principles der ICMA

Wie bereits erwähnt, haben sich **internationale Markstandards für grüne Anleihen entwickelt**, wie die Green Bond Principles („GBP") der ICMA[48] und der Climate Bond Standard des CBI.[49] In Europa sind die **GPB der führende Standard**,[50] weshalb sie im Folgenden kurz dargestellt werden:[51]

---

43 Siehe *VÖNIX*, Über den VÖNIX, voenix.at/; *Wiener Börse*, Nachhaltiges Investieren, wienerborse.at/ueber-uns/nachhaltigkeit-und-soziales/nachhaltiges-investieren (beide abgefragt 16.6.2023).

44 Siehe *Wiener Börse*, Vienna ESG Segment, wienerborse.at/listing/anleihen/vienna-esg-segment/ (abgefragt 16.6.2023).

45 Vgl *OEBFA*, Press release on the inaugural Green Bond issuance of the Republic of Austria, oebfa.at/en/dam/jcr:5e41ce67-f0de-4dba-b683-c609d5a34034/Republic%20of%20Austria%20Green%20Bond%202049.pdf (abgefragt 16.6.2023).

46 *Wiener Börse*, Debut des Green Bonds der Republik Österreich im „Vienna ESG Segment", wienerborse.at/news/wiener-boerse-news/green-bond-republik-oesterreich-vienna-esg-segment/ (abgefragt 16.6.2023).

47 Vgl *OeNB*, Nachhaltige Investmentzertifikate und Anleihen in Österreich, Statistiken – Daten und Analysen Q2-20, oenb.at/Publikationen/Statistik/Statistiken---Daten-und-Analysen/2020/statistiken-daten-und-analysen-q2-20/statistiken-daten-q2-2020-html.html#footnote-032-7 (abgefragt 16.6.2023).

48 Siehe *ICMA*, Green Bond Principles June 2021 (with June 2022 Appendix 1), icmagroup.org/assets/documents/Sustainable-finance/2022-updates/Green-Bond-Principles-June-2022-060623.pdf (abgefragt 16.6.2023).

49 Vgl *CBI*, Climate Bonds Standard Version 4.0, climatebonds.net/climate-bonds-standard-v4 (abgefragt 16.6.2023).

50 Vgl *EK*, Impact Assessment Green Bonds 99.

51 Siehe dazu wie bereits erwähnt *Varga/Aigner/Keinrath* in *Zahradnik/Richter-Schöller* 185 (195); *Lenhard* in *Hysek* 314 (347 ff); *Assadi/Ségur-Cabanac*, RdU 2019/104, 106; *Rose*, Certifying the "Climate" in climate bonds, Capital Markets Law Journal 2019/14, 59.

Während die **GBP einen stark prozessorientierten Fokus** haben, stellen die Vorgaben des CBI auch eine Taxonomie auf – sie definieren also, was „grün" iS des Standards ist. Diese über prozessorientierte Anforderungen nicht hinausgehenden materiellen Anforderungen werden als einer der Gründe angesehen, wieso die GBP dominant sind.[52] Kurz gesprochen: Die Anforderungen sind leichter einzuhalten.

Nichtsdestotrotz sollte die Bedeutung dieses **prozessorientierten Rahmens** nicht unterschätzt werden. Die GBP dienen den Emittenten als Blaupause für das Aufsetzen einer grünen Anleihe und schaffen für Anleger zusätzliche Transparenz durch das Bewegen in einem bekannten System.

Die ICMA ist eine **freiwillige Branchenvereinigung** mit Sitz in der Schweiz, welche in Grundzügen seit 1969 existiert.[53] Das Ziel der aus 600 Mitgliedern (welche in 66 Ländern beheimatet sind) bestehenden Vereinigung ist die Förderung des Kapitalmarktes.[54] Die verabschiedeten GBP stellen somit einen freiwilligen Standard dar, der vor allem privatrechtlich relevant ist.

Die GBP wurden erstmals 2014 veröffentlicht und werden laufend aktualisiert; die aktuelle Version stammt aus dem Jahr 2021. Die GBP bauen dabei auf vier maßgeblichen Säulen auf:

- **Mittelverwendung** (Use of Proceeds)
  Der Emittent ordnet sich in eine Produktkategorie ein, welche beispielsweise erneuerbare Energie, Energieeffizienz oder sauberer Transport umfasst.
- **Projektbewertung und -auswahl** (Process for Project Evaluation & Selection)
  Dem Investor soll ua klar kommuniziert werden, welche Ziele verfolgt werden, wieso der Emittent gerade dieses Projekt ausgewählt hat, wie dieses sich in die Mittelverwendung einordnet und wie etwaige Risiken gehandhabt werden können.
- **Mittelverwaltung** (Management of Proceeds)
  Hier soll im Wesentlichen ein Controlling sicherstellen, dass die Mittelverwendung auch tatsächlich dem intendierten Zweck entspricht.
- **Berichterstattung** (Reporting)
  Der Investor soll durch zu aktualisierende Berichterstattung informiert bleiben, weshalb unter anderem ein jährliches Reporting und ein „Impact Reporting" erforderlich sind.

Ebenso werden **die Erstellung eines „Green Bond Framework" und eine externe Überprüfung** empfohlen. Das Green Bond Framework kann als übergreifendes Informationsdokument verstanden werden, welches den Investor in prägnanter

---

52   Vgl *EK*, Impact Assessment Green Bonds 99.
53   Vgl *ICMA*, History, icmagroup.org/About-ICMA/history/ (abgefragt 16.6.2023).
54   Vgl *ICMA*, About ICMA, icmagroup.org/About-ICMA/ (abgefragt 16.6.2023).

Form über die oben angeführten vier Säulen informieren soll. Die externe Prüfung durch eine geeignete Person wird empfohlen, ist aber keine Voraussetzung, um den GBP zu entsprechen.[55]

Die ICMA veröffentlichte auch ein **Guidance Handbook**[56], welches Informationen zu praktischen Anwendungsfragen der Prinzipien beinhaltet. Zusätzlich veröffentlichte die ICMA das Climate Transition Finance Handbook,[57] das Harmonised Framework for Impact Reporting[58] und Guidelines for External Reviews.[59]

Auf die Mittelverwendung abstellend haben sich bisher vier Gattungen von den GBP entsprechenden Anleihen herausgebildet, wobei erwartet wird, dass sich durch die Marktpraxis weitere Verwendungszwecke entwickeln werden: (1) Standard Green Use of Proceeds Bond (2) Green Revenue Bond (3) Green Project Bond und (4) Secured Green Bond. Diese Gattungen unterscheiden sich hinsichtlich **Struktur und Art der Verwendung der Emissionserlöse**.[60]

Der Vollständigkeit halber sei erwähnt, dass die ICMA neben den GPB **auch weitere Prinzipien zu anderen ESG-Anleihen** veröffentlicht hat.[61] Dazu zählen die Social Bond Principles (SBP), die Sustainability Bond Guidelines (SBG) und die Sustainability-Linked Bond Principles (SLBP). Wie der Name indiziert, verfolgen diese entweder soziale Zwecke (SBP), sonstige Nachhaltigkeitszwecke (SBG) oder zielen allgemein auf das Nachhaltigkeitsprofil des Emittenten ab (SLBP) – deren Messung mittels verschiedener KPI erfolgt.

2. European Green Bond Standard (EuGB-VO)

2.1. Allgemeines

Die **EuGB-VO**[62] **wird ein gesetzliches Regime für grüne Anleihen innerhalb der Europäischen Union schaffen**, wodurch ein bisher dem Markt überlassener

---

55 Vgl *ICMA*, Green bond Principles 7.
56 *ICMA*, Guidance Handbook (2022) icmagroup.org/assets/GreenSocialSustainabilityDb/The-GBP-Guidance-Handbook-January-2022.pdf (abgefragt 16.6.2023).
57 *ICMA*, Climate Transition Finance Handbook (2020) icmagroup.org/assets/documents/Regulatory/Green-Bonds/Climate-Transition-Finance-Handbook-December-2020-091220.pdf (abgefragt 16.6.2023).
58 *ICMA*, Handbook Harmonised Framework for Impact Reporting (2022) icmagroup.org/assets/documents/Sustainable-finance/2022-updates/Harmonised-Framework-for-Impact-Reporting-Green-Bonds_June-2022-280622.pdf (abgefragt 16.6.2023).
59 *ICMA*, Guidelines for Green, Social, Sustainablility and Sustainability-Linked Bonds External Reviews (2021) icmagroup.org/assets/documents/Regulatory/Green-Bonds/June-2020/External-Review-GuidelinesJune-2020-090620.pdf (abgefragt 16.6.2023).
60 Vgl *ICMA*, Green Bond Principles 10.
61 *ICMA*, Sustainable Finance, icmagroup.org/sustainable-finance/ (abgefragt 16.6.2023).
62 Dieser Beitrag basiert auf dem vom Rat am 10.5.2023 veröffentlichten Entwurf der vorläufigen Einigung über die EuGB-VO, 2021/0191 (COD) consilium.europa.eu/doc/document/ST-9074-2023-INIT/en/pdf (abgefragt 24.6.2023).

Bereich verrechtlicht wird.[63] Die Verordnung ist ein weiteres Element der Unions-gesetzgebung zur Förderung der nachhaltigen Vermögensveranlagung. Der Gesetzwerdung gingen umfangreiche Vorarbeiten voraus.[64] Startschuss war die Gründung der High-Level Expert Group on sustainable finance („HLEG") im Jahr 2016, die mit hochrangigen Vertretern der Finanzbranche und der Zivilgesellschaft besetzt wurde.[65] 2017 veröffentlichte die HLEG ihren Zwischen-bericht[66] sowie 2018 ihren finalen Bericht[67] und ein Informal Supplementary Document, welches auf vier Seiten Kernpunkte eines möglichen Green Bond Standard enthielt.[68]

Der finale Bericht der HLEG war die Grundlage des am 8.3.2018 veröffentlichten Action Plan on Financing Sustainable Growth, welcher insgesamt zehn Punkte im Workplan enthält. In diesem Rahmen wurde die Technical Expert Group („TEG") ins Leben gerufen. Diese veröffentlichte dazu im Juni 2019 einen Report,[69] den sie im März 2020 um den Usability Guide[70] ergänzte.[71]

Von 12.7.2022 bis 28.2.2023 fanden die **Trilogverhandlungen** zwischen EK, Rat und Parlament statt, welche mit einer politischen Einigung endeten.[72] Der formelle Gesetzgebungsprozess muss noch durchlaufen werden, damit die EuGB-VO in Kraft treten kann. Eine Veröffentlichung im Amtsblatt wird für 2024 erwartet. Aufgrund der politischen Einigung sind wesentliche Änderun-gen im formellen Gesetzgebungsprozess nicht mehr zu erwarten, aber dennoch möglich. Deshalb sollten die folgenden Ausführungen cum grano salis genom-men werden.

---

63 Die Probleme der bisherigen Praxis beschreibend *Freeburn/Ramsay*, Green bonds: legal and policy issues, Capital Markets Law Journal 2020/15, 418 (432–441).
64 Siehe zur Entwicklung auch *Lenhard* in *Hysek* 314.
65 *EK*, Press Release: European Commission establishes an expert group to develop a comprehensive European strategy on sustainable finance (2016) finance.ec.europa.eu/system/files/2017-04/161028-press-release_en.pdf (abgefragt 25.5.2023).
66 *HLEG*, Interim Report July 2017, finance.ec.europa.eu/system/files/2017-07/170713-sustainable-finance-report_en.pdf (abgefragt 25.5.2023).
67 *HLEG*, Final Report 2018, finance.ec.europa.eu/system/files/2018-01/180131-sustainable-finance-final-report_en.pdf (abgefragt 25.5.2023).
68 *HLEG*, Informal Supplementary Document on Green Bonds (2018), finance.ec.europa.eu/system/files/2018-02/180131-sustainable-finance-final-report-annex-1_en.pdf (abgefragt 25.5.2023).
69 *TEG*, Report on EU Green Bond Standard (2019,) ec.europa.eu/info/sites/info/files/business_econo-my_euro/banking_and_finance/documents/190618-sustainable-finance-teg-report-green-bond-stan-dard_en.pdf (abgefragt 16.6.2023).
70 *TEG*, Usability Guide – EU Green Bond Standard (2020), ec.europa.eu/info/sites/info/files/busi-ness_economy_euro/banking_and_finance/documents/200309-sustainable-finance-teg-green-bond-standard-usability-guide_en.pdf (abgefragt 16.6.2023).
71 Für weitere Details des Gesetzgebungsprozess siehe *Ségur-Cabanac/Assadi*, RdU 2019, 104.
72 *Rat*, Nachhaltiges Finanzwesen: vorläufige Einigung über europäische grüne Anleihen, consilium. europa.eu/de/press/press-releases/2023/02/28/sustainable-finance-provisional-agreement-reached-on-european-green-bonds/ (abgefragt 28.2.2023).

2.2. Übersicht über die Verordnung

Art 1 EuGB-VO beschreibt programmatisch den Inhalt der Verordnung, die explizit einen **freiwilligen Standard** für „Europäische Grüne Anleihen" oder „European Green Bonds" (**„EuGB"**) darstellen soll. Es gibt also keinerlei Verpflichtung, eine Anleihe nach den Bestimmungen der EuGB-VO auszugestalten. Bei freiwilliger Unterwerfung unter die VO sind deren Regelungen jedoch einzuhalten. Daher wird auch ein Bezeichnungsschutz eingeführt – nur wenn die Anforderungen der VO erfüllt werden, darf auch die Bezeichnung „Europäische Grüne Anleihe" oder „EuGB" verwendet werden.[73] Es wird somit ein neues Label für grüne Anleihen geschaffen.[74]

Die EuGB-VO kann auf folgende wesentliche Elemente heruntergebrochen werden:

- Erlöse aus einem EuGB sollen nur für grüne Zwecke iS der TaxonomieVO verwendet werden (**Mittelverwendung**),
- es muss *ex ante* ein Factsheet erstellt werden und es gibt während der Emission spezielle Offenlegungspflichten (**Transparenz**), welche
- von einem externen Bewerter kontrolliert werden (**externe Bewerter**).
- Die Einhaltung des Regimes der EuGB-VO wird von nationalen Behörden und der ESMA beaufsichtigt (**Aufsichtsregime**).

Wesentliche Unterschiede zu den derzeit in der Praxis vorherrschenden GBP der ICMA bestehen in der Definition, was ein grünes Projekt darstellt (= Taxonomie), der verpflichtenden Prüfung durch einen externen Bewerter sowie der Überwachung durch Aufsichtsbehörden.

Zusätzlich werden sowohl für Verbriefungen (Art 13a bis 13d) als auch für Sustainability-Linked Bonds (Art 13g bis 13h) Spezialvorschriften vorgesehen. Hinsichtlich Zweiterer wird die EK ermächtigt, Leitlinien zu erarbeiten.

Dazu im Einzelnen:

2.3. Mittelverwendung

Zentrales Element jeglichen Regelwerks für nachhaltige Anleihen ist, dass die von den Anleihezeichnern zur Verfügung gestellten Mittel von den Emittenten nur für „grüne" (oder sonstige nachhaltige) Zwecke verwendet werden dürfen. Im Fall der EuGB-VO schränkt Art 4 Abs 1 die Mittelverwendung dahingehend ein, dass der öffentliche oder private Emittent die Erlöse aus der Anleihe nur für Zwecke verwenden darf, die mit den Anforderungen der TaxonomieVO in Einklang stehen (Art 3). Die Anforderungen der TaxonomieVO umfassen dabei Folgendes:[75]

---

73 Sofern im Folgenden kein Gesetz zitiert wird, beziehen sich die Art im Folgenden auf die EuGB-VO.
74 *Lenhard* in *Hysek* 314 (319).
75 Siehe dazu auch *Varga/Aigner/Keinrath* in *Zahradnik/Richter-Schöller* 185 (Rz 10.9–10.28); *Frischer/ Glas*, Klimakrise und Biodiversitätsverlust: Relevanz für den Finanzsektor im Kontext der EU-Regulatorik in *Hysek* 17 (26 ff); *Fabian*, Sustainable Finance, in *Binder Grosswang* (Hrsg), Sustainability Law (2022) 93.

- **Es muss ein wesentlicher Beitrag zur Verwirklichung eines oder mehrerer der sechs Umweltziele nach Art 9 TaxonomieVO geleistet werden:**
  - Klimaschutz;
  - Anpassung an den Klimawandel;
  - nachhaltige Nutzung und Schutz von Wasser- und Meeresressourcen;
  - Übergang zu einer Kreislaufwirtschaft;
  - Vermeidung und Verminderung der Umweltverschmutzung; und
  - Schutz und Wiederherstellung der Biodiversität und der Ökosysteme.
- **Es darf aber keine erhebliche Beeinträchtigung eines (oder mehrerer) der anderen Umweltziele** iSd Art 17 der TaxonomieVO erfolgen. Dieses Prinzip wird auch als „Do No Significant Harm" bezeichnet.
- **Es muss dem sogenannten Mindestschutz entsprochen werden**, der die Einhaltung bestimmter sozialer Mindeststandards[76] der UNO, der ILO und der OECD gem Art 18 der TaxonomieVO beinhaltet (aufgrund der Orientierung der EuGB-VO an der TaxonomieVO gibt diese – anders als die OffenlegungsVO[77] – sonst keine sozialen oder Governance-Ziele vor, konzentriert sich also, worauf schon die Bezeichnung als grüne Anleihen hinweist, auf das „E" von ESG).
- Die Finanzierung muss den verschiedenen technischen Bewertungsstandards (in delegierten Verordnungen) der EK entsprechen, welche in Bezug auf verschiedene Wirtschaftstätigkeiten näher definieren, was einen wesentlichen Beitrag zu den jeweiligen Umweltzielen gem Art 9 TaxonomieVO darstellt.[78]

Art 4 beinhaltet **Vorschriften zur Kapitalallokation**, also wofür die Erlöse einer unter der EuGB-VO emittierten Anleihe verwendet werden dürfen. Diese unterliegen grundsätzlich einem siebenjährigen **„Grandfathering"** (Bestandsschutz) hinsichtlich der technischen Bewertungsstandards (Art 7). Das heißt, dass bei Änderungen dieser Standards noch nicht verwendete Mittel erst nach sieben Jahren entsprechend den neuen Standards verwendet werden müssen. Diese Regelung ist für die Planungssicherheit der Emittenten von EuGB wesentlich.

Der nach Abzug der Emissionskosten verbleibende Betrag darf nach Art 4 Abs 1 im Rahmen der Vorgaben der TaxonomieVO für folgende Zwecke verwendet werden:

---

76 Siehe dazu näher *Lenhard* in *Hysek* 314 (326 f).
77 Zur OffenlegungsVO siehe *Zahradnik/Richter-Schöller*, Bedeutung der Offenlegungs-VO für Kreditinstitute, in *Hysek* 249 mwN.
78 Diese technischen Bewertungsstandards haben eine hohe politische Relevanz, insb hinsichtlich der Einstufung der Atomkraft. Siehe dazu das vom BMK in Auftrag gegebene Gutachten: *Redeker/Sellner/Dahs*, Nuclear Power and the Taxonomy Regulation, bmk.gv.at/dam/jcr:22c30412-4acd-4b9f-b150-b25998e16d6c/Redeker-Sellner-Dahs_Nuclear-Power-Taxonomy-Regulation.pdf (abgefragt 16.6.2023).

- **Anlagegüter**, bei denen es sich nicht um finanzielle Vermögenswerte handelt;
- **Informationsausgaben** iS des Punktes 1.1.2.2. des Anhangs I der DelVO (EU) 2021/2178;[79]
- **Betriebsausgaben** iS des Punktes 1.1.3.2. des Anhangs I der DelVO (EU) 2021/2178, wobei diese maximal binnen drei Jahren vor Emission des EuGB angefallen sein dürfen;
- **finanzielle Vermögenswerte**, aber nicht später als fünf Jahre nach der Emission des EuGB; und
- **Vermögenswerte und Ausgaben von Haushalten.**

Abweichend von dieser Regel darf ein Emittent auch Erlöse aus einem EuGB in ein **Portfolio** von Anlagegütern oder finanziellen Vermögenswerte investieren, welches aber wiederum den Anforderungen der TaxonomieVO entsprechen muss (Art 4 Abs 1a).

Öffentliche Emittenten iS der Prospekt-VO[80] – also Mitgliedstaaten, Gebietskörperschaften und vergleichbare Entitäten eines Drittlandes – dürfen Erlöse eines EuGB abweichend von Art 4 Abs 1 EuGB-VO auch für Steuererleichterungen, Subventionen, Vorleistungen, laufende Transfers innerhalb eines Staates, die laufende internationale Zusammenarbeit oder andere Arten von öffentlichen Ausgaben verwenden, sofern die Erlöse gemäß den Anforderungen der TaxonomieVO zugewiesen werden.

Der im politischen Verhandlungsprozess eingeführte **Art 4a erlaubt eine gewisse Flexibilität dahingehend, dass 15 % der Erlöse nicht den technischen Bewertungskriterien entsprechend** verwendet werden müssen. Dies ist entweder möglich, wenn die Investition in einem Bereich erfolgen soll, für den es noch keine technische Bewertungskriterien gibt, oder wenn eine Unterstützung für Entwicklungsländer intendiert ist. Im ersteren Fall muss dies aber im Factsheet (Anhang I) beschrieben werden und das „Do-No-Significant-Harm"-Prinzip gemäß den Anlagen A, B, C und D[81] der DelVO (EU) 2021/2139[82] muss beachtet werden. Bei der Unterstützung für Entwicklungsländer (iS des Art 19 Abs 3 VO

---

79   DelVO (EU) 2021/2178 der Europäischen Kommission vom 6. Juli 2021 zur Ergänzung der VO (EU) 2020/852 des Europäischen Parlaments und des Rates durch Festlegung des Inhalts und der Darstellung der Informationen, die von Unternehmen, die unter Artikel 19a oder Artikel 29a der RL 2013/34/EU fallen, in Bezug auf ökologisch nachhaltige Wirtschaftstätigkeiten offenzulegen sind, und durch Festlegung der Methode, anhand deren die Einhaltung dieser Offenlegungspflicht zu gewährleisten ist, ABl L 2021/443, 9.
80   Art 1 Z 2b ProspektVO (EU) 2017/1129.
81   Dies umfasst (A) die Anpassung an den Klimawandel, (B) Wasser- und Meeresressourcen, (C) Chemikalien und (D) Biodiversität.
82   DelVO (EU) 2021/2139 der Europäischen Kommission vom 4. Juni 2021 zur Ergänzung der VO (EU) 2020/852 des Europäischen Parlaments und des Rates durch Festlegung der technischen Bewertungskriterien, anhand deren bestimmt wird, unter welchen Bedingungen davon auszugehen ist, dass eine Wirtschaftstätigkeit einen wesentlichen Beitrag zum Klimaschutz oder zur Anpassung an den Klimawandel leistet, und anhand deren bestimmt wird, ob diese Wirtschaftstätigkeit erhebliche Beeinträchtigungen eines der übrigen Umweltziele vermeidet, ABl L 2021/442, 1.

[EU] 2018/1999)[83] sollen die technischen Bewertungskriterien nach einem „Best-effort"-Ansatz eingehalten werden.

Auch die **Verwendung der Erlöse für Finanzanlagen wird dahingehend einge-schränkt** (Art 5), dass sie im Wesentlichen nicht „ewig" weiter in Finanzanlagen veranlagt, **sondern letztlich wieder den taxonomiekonformen Zwecken nach Art 4 zugeführt werden sollen**. Zusätzlich muss trotz Weiterveranlagung die Prüfung durch den externen Bewerter möglich sein.

Falls mit einem EuGB die Investitionsausgaben bzw Betriebsausgaben eines Projekts gedeckt werden sollen, welches erst zukünftig der TaxonomieVO entsprechen wird, muss der Emittent einen sogenannten **Taxonomiekonformitätsplan („CapEx-Plan")** erstellen (Art 6). Darin ist eine Deadline vorzusehen, bis wann die Ausgaben vollständig der TaxonomieVO entsprechen. Nach Ablauf der Deadline hat der externe Bewerter dies binnen 60 Tagen zu bestätigen. Falls der Emittent einen Prospekt veröffentlicht, hat dieser auch eine Zusammenfassung des CapEx-Plans und der wesentlichen Projekte zu beinhalten. Im Wesentlichen soll die zusätzliche Transparenz durch einen CapEx-Plan die missbräuchliche Einwerbung von Geldern (für nicht der Taxonomie-VO entsprechende Zwecke) verhindern.[84]

2.4. Transparenz

Die EuGB-VO verpflichtet den **Emittenten**, sowohl **vor der Emission als auch während der Laufzeit und** *ex post* verschiedene **Dokumente und Berichte** zu erstellen. Der Anhang der Verordnung enthält Vorlagen (Templates) für diese Dokumente und Berichte,[85] wodurch die **Vergleichbarkeit** zwischen verschiedenen Emissionen erhöht werden soll.[86]

Vor der Emission umfasst die Dokumentationspflicht ein **Factsheet** (nach Anhang I), welches die Kerninformationen zur Emission beinhaltet (Art 8). Der externe Bewerter[87] hat das Factsheet vor der Emission dahingehend zu prüfen, ob die Anforderungen hinsichtlich der Mittelverwendung (Art 4 bis 7) eingehalten werden. Zusätzlich hat er den Anhang IV auszufüllen, welcher im Wesentlichen Informationen über die Prüfung durch ihn beinhaltet.

---

83 VO (EU) 2018/1999 des Europäischen Parlaments und des Rates vom 11. Dezember 2018 über das Governance-System für die Energieunion und für den Klimaschutz, zur Änderung der VO (EG) Nr. 663/2009 und (EG) Nr. 715/2009 des EP und des Rates, der RL 94/22/EG, 98/70/EG, 2009/31/EG, 2009/73,/EG, 2010/31/EU, 2012/27/EU und 2013/30/EU des EP und des Rates, der RL 2009/119/EG und (EU) 2015/652 des Rates und zur Aufhebung der VO (EU) Nr 525/2013 des EP und des Rates, ABl L 2018/328, 1.

84 Vgl ErwGr 9, 11, 12.

85 Siehe dazu näher *Lenhard* in *Hysek* 314 (332 ff).

86 Vgl ErwGr 13, 13a.

87 Zum externen Bewerter siehe 2.5. unten.

Nach der Emission hat der Emittent **jährlich** einen Bericht über die Verwendung der Erlöse des EuGB (**Kapitalallokationsreport**) zu veröffentlichen, und zwar so lange, bis die Erlöse vollständig investiert worden sind (Art 9).

Nach vollständiger **Verwendung der Anleiheerlöse** bzw zumindest einmalig während der Laufzeit muss der Emittent einen **Wirkungsbericht** (nach Anhang III) erstellen und veröffentlichen, welcher auch (freiwillig) vom externen Bewerter geprüft werden kann (Art 10). Staatliche Stellen können hinsichtlich der Verwendung der Mittel auch auf einen staatlichen Prüfer zurückgreifen und unterliegen für diese auch nicht dem Aufsichtsregime.

Art 12 EuGB-VO stellt die **Verbindung mit dem Prospektregime her**. Es wird klargestellt, dass die Prospektpflicht sich nach der Prospekt-VO richtet. Falls ein Prospekt veröffentlicht wird, muss aus diesem klar hervorgehen, dass ein EuGB emittiert wird. Das Factsheet muss ebenso in den Prospekt einfließen. Das hat zur Folge, dass unrichtige, unvollständige oder irreführende Informationen zu einem EuGB im Prospekt auf diesem Weg auch dem Prospekthaftungsregime[88] unterliegen.

Der Emittent hat alle diese **Dokumente auf seiner Website frei zugänglich zur Verfügung zu stellen** und die nationalen Behörden und ESMA davon zu unterrichten. Externe Bewerter müssen auch die von ihnen abgegebenen Bewertungen auf ihrer Website veröffentlichen (Art 30), was eine zusätzliche Informationsquelle für Investoren darstellt.

Die EuGB-VO stellt auch ein liberales **Sprachenregime** auf; im Ergebnis können die Dokumente im Regelfall auch nur auf Englisch erstellt werden (Art 13 Abs 2). Für bestimmte Informationen ist vorgesehen, dass diese in derselben Sprache wie ein allenfalls veröffentlichter Prospekt für den betreffenden EuGB nach der Prospekt-VO zu erstellen sind (Art 13 Abs 3).

Für bestimmte Arten von EuGB gibt es **Sondervorschriften**:

- **Verbriefungen** (Securitisations): Die Art 13a ff sehen Bedingungen vor, unter denen eine Verbriefungsanleihe die Bezeichnung „Europäische grüne Anleihe" oder „EuGB" tragen darf:
  - Zunächst enthalten diese Bestimmungen verschiedene **Klarstellungen**, wie einzelne Regelungen der EuGB-VO auf Verbriefungen anzuwenden sind. Insbesondere wird klargestellt, dass bei Verbriefungen den **Originator**[89] die Verpflichtungen des Emittenten im Sinne der EuGB-VO treffen.

---

88 In Österreich nach § 22 KMG 2019.
89 Gem Art 4 Abs 1 Z 13 CRR ist Originator ein Unternehmen, das selbst oder über verbundene Unternehmen direkt oder indirekt an der ursprünglichen Vereinbarung beteiligt war, die die Verpflichtungen oder potenziellen Verpflichtungen des Schuldners bzw potenziellen Schuldners begründet und deren Forderungen nun Gegenstand der Verbriefung sind, oder Forderungen eines Dritten auf eigene Rechnung erwirbt und dann verbrieft.

– Anleihen, die zum Zweck der **synthetischen Verbriefung** begeben werden, dürfen **nicht** als EuGB bezeichnet werden.

– **Ausgeschlossen** von der Einbeziehung in EuGB sind auch Engagements zur Finanzierung der Suche und Erschließung, des Abbaus, der Gewinnung, Herstellung, Verarbeitung, Lagerung, Raffination oder Verteilung (einschließlich Transport und Handel) von **fossilen Brennstoffen**. Dies gilt aber nicht für den Fall der Stromerzeugung aus fossilen Brennstoffen, die Kraft-Wärme-Kopplung von Wärme/Kälte und Strom aus fossilen Brennstoffen oder die Erzeugung von Wärme/Kälte aus fossilen Brennstoffen, wenn diese Tätigkeiten das „Do-No-Significant-Harm"-Kriterium erfüllen.

– Um Transparenz zu den grünen Merkmalen der verbrieften Forderungen zu schaffen, muss der **Prospekt** (im Sinne der Prospekt-VO) bestimmte **ergänzende Informationen** enthalten.

- **Anleihen**, die als **ökologisch nachhaltig** (environmentally sustainable) und **nachhaltigkeitsgebunden** (sustainability-linked) **vermarktet** werden:
  – Hier ist vorgesehen, dass die EK Leitlinien für die Emittenten solcher Anleihen betreffend Vorlagen für die freiwillige Offenlegungen vor der Emission erlassen soll, wobei die EuGB-VO entsprechende Vorgaben macht, etwa Angaben hinsichtlich verfolgter Nachhaltigkeitsziele und wie die Emissionserlöse aus dem EuGB dazu beitragen sollen (Art 13g).
  – Ebenso ist vorgesehen, dass diese Emittenten spezifische regelmäßige Informationen nach der Emission in Übereinstimmung mit entsprechenden Vorlagen veröffentlichen (Art 13h).

2.5. Externer Bewerter

Die EuGB-VO verlässt sich zur **Kontrolle eines EuGB auf externe Bewerter, welche sich bei der ESMA registrieren lassen müssen** und einem Aufsichtsregime unterliegen (Art 14). Diese direkte Beaufsichtigung durch ESMA gibt es auch bei Ratingagenturen,[90] Transaktionsregistern gemäß EMIR[91] bzw SFTR[92] und den Administratoren von kritischen Referenzwerten.[93]

---

90 VO (EG) Nr 1060/2009 des Europäischen Parlaments und des Rates vom 16. September 2009 über Ratingagenturen, ABl L 2009/302, 1.

91 VO (EU) Nr 648/2012 des Europäischen Parlaments und des Rates vom 4. Juli 2012 über OTC-Derivate, zentrale Gegenparteien und Transaktionsregister, ABl L 2012/201, 1.

92 VO (EU) 2015/2365 des Europäischen Parlaments und des Rates vom 25. November 2015 über die Transparenz von Wertpapierfinanzierungsgeschäften und der Weiterverwendung sowie zur Änderung der Verordnung (EU) Nr 648/2012, ABl L 2015/337, 1.

93 VO (EU) 2016/1011 des Europäischen Parlaments und des Rates vom 8. Juni 2016 über Indizes, die bei Finanzinstrumenten und Finanzkontrakten als Referenzwert oder zur Messung der Wertentwicklung eines Investmentfonds verwendet werden, und zur Änderung der RL 2008/48/EG und 2014/17/EU sowie der VO (EU) Nr 596/2014, ABl 2016/171, 1.

Die **Anforderungen an den externen Bewerter entsprechen grundsätzlich der Systematik aus dem sonstigen europäischen Finanzmarktaufsichtsregime.** Die ESMA ist auch berechtigt, Kosten für die Registrierung und Beaufsichtigung einzuheben (Art 58), und führt auf ihrer Website ein Register mit Informationen zu den registrierten Bewertern (Art 59).

Der externe Bewerter muss sich **vor Aufnahme der Tätigkeit bei der ESMA registrieren** lassen (Art 14). Der Antrag muss bestimmte grundlegende Informationen (Rechtsform, Eigentümerstruktur, Mitarbeiter) beinhalten sowie eine Beschreibung der Verfahren zur Bewertung, zu Interessenkonflikten und zur Auslagerung (Art 15). ESMA registriert den Bewerter binnen 20 Tagen, falls eine Überprüfung der Geschäftsleitung, der Mitarbeiter und der internen Prozesse positiv ausfällt. Die Voraussetzungen für eine Registrierung umfassen beispielsweise den positiven Leumund und die ausreichende Qualifikation der Geschäftsleitung, eine ausreichende Anzahl an Mitarbeitern und die Angemessenheit und Wirksamkeit der internen Prozesse. Falls es zu Änderungen kommen sollte, trifft den Bewerter auch eine Meldepflicht an ESMA.

Die EuGB-VO enthält auch **organisatorische Anforderungen** an den externen Bewerter (Art 18 bis 29), welche auf die Eignung und Zuverlässigkeit zielen. Für die Vorschriften zur Geschäftsleitung, die Mitarbeiter, die Compliance, interne Strategie und Verfahren, Bewertungsmethoden und zur Auslagerung soll die EK eine DelVO erlassen. Ebenso wird eine Aufzeichnungspflicht angeordnet und müssen Interessenkonflikte gemanagt werden.

2.6. Aufsichtsregime

Um die Einhaltung der VO beaufsichtigen zu können, erhalten die **nationalen Behörden und die ESMA** ein Bündel an **Aufsichtskompetenzen** (Art 36 ff). Die nationalen Aufsichtsbehörden sind für die Beaufsichtigung hinsichtlich der jeweiligen Anleihe zuständig, ESMA hingegen für die Beaufsichtigung der externen Bewerter (welche wiederum die Einhaltung der Berichtspflichten der Emittenten kontrollieren). Es ist anzunehmen, dass diese beiden Aufsichtsschienen in der Praxis kommunizierende Gefäße darstellen. Diese unterschiedliche Behördenzuständigkeit könnte aber zu Schwierigkeiten im Vollzug führen.

Die **nationalen Aufsichtsbehörden** sind grundsätzlich für die Einhaltung der Transparenzanforderungen gemäß Kapitel II der EuGB-VO zuständig (auch inhaltlicher Natur). Dem jeweiligen Heimatstaat des Emittenten kommt die aufsichtsbehördliche Zuständigkeit zu (es gilt also das Herkunftslandprinzip), wobei aber im Ausnahmefall auch der Aufnahmestaat Maßnahmen setzen kann (Art 40).

Informationen können die **Aufsichtsbehörden** von der Geschäftsleitung des Emittenten oder vom externen Bewerter einholen. Auch **Vor-Ort-Prüfungen**

oder **Hausdurchsuchungen** sind denkbar. Es können bereits **aufsichtsrechtliche Maßnahmen** gesetzt werden, falls ein hinreichend begründeter Verdacht besteht, dass Bestimmungen der EuGB-VO nicht eingehalten werden. Die behördlichen Maßnahmen differenzieren dabei, ob es sich um kurzfristige Verstöße handelt oder Bestimmungen fortgesetzt nicht eingehalten werden.

Diese Maßnahmen umfassen beispielsweise auch die **Handelsaussetzung bzw den Handelswiderruf**, ein (temporäres) **Werbeverbot** oder bei nachhaltigen Verstößen auch das **Verbot, für ein Jahr neue EuGB zu emittieren** (Art 37 Abs 1). Die Richtlinie überlässt es dem nationalen Gesetzgeber, ob die Aufsichtsbehörden diese Maßnahmen selbst setzen dürfen oder auf andere Behörden (zB Justizbehörden) angewiesen sind (Art 37 Abs 2). Gegen nationale Aufsichtsmaßnahmen ist ein Rechtsmittel vorzusehen (Art 43). In Anbetracht der österreichischen Umsetzungspraxis im finanzmarktaufsichtsrechtlichen Bereich wird es sich um eine Bescheidbeschwerde an das BVwG handeln.

Auch die **ESMA enthält umfangreiche Befugnisse** zur Durchführung von Informationsersuchen (Art 47), allgemeinen Untersuchungen (Art 48) sowie Vor-Ort-Prüfungen (Art 49). ESMA kann unter anderem die **Registrierung eines Bewerters widerrufen**, ein vorübergehendes Verbot zur Tätigkeit erlassen sowie Geldstrafen und Zwangsgelder verhängen (Art 51 bis 53). Vor Verhängung von Maßnahmen sind die betroffenen Personen anzuhören (Art 56). Gegen die Strafen kann ein Rechtsmittel beim Gerichtshof der Europäischen Union erhoben werden (Art 57).

Generell haben die nationalen Aufsichtsbehörden und die ESMA bestimmte von ihnen getroffene **Maßnahmen auf ihrer Website zu veröffentlichen**. Dies umfasst beispielsweise, dass ein Emittent seinen Verpflichtungen gemäß der EuGB-VO nicht nachkommt, wobei er dann auch selbst verpflichtet ist, diese Information auf seiner Website zu veröffentlichen. Hier soll also neben Strafen auch das mit einer solchen Veröffentlichung verbundene Reputationsrisiko die Einhaltung der EuGB-VO sicherstellen (das im Aufsichtsrecht weit verbreitete Prinzip des „Naming and Shaming").

Es gibt auch eine **allgemeine Bestimmung zur Zusammenarbeit zwischen den Behörden** (Art 38). Darüber hinaus unterliegen alle zwischen den Behörden ausgetauschten Informationen der Vertraulichkeit (Art 39).

2.7. Inkrafttreten, Reviewprozess

Die EuGB-VO soll **zwanzig Tage nach Veröffentlichung im Europäischen Amtsblatt in Kraft treten und dann ein Jahr später anwendbar sein** (Art 64).[94]

---

94   Da aktuell nach wie vor lediglich ein Entwurf vorliegt, ist unklar, wann die Veröffentlichung letztlich erfolgen wird. Einige Beobachter erwarten diese noch für 2023.

Wie bei neuen Rechtsakten üblich, wird die EK verpflichtet, binnen fünf Jahren nach Inkrafttreten einen Bericht über die Anwendung zu erstellen (Art 63a). Diese Berichte sind im Regelfall der Startschuss für legistische Anpassungen. Sollte früher Handlungsbedarf identifiziert werden, könnte dies aber auch durch sogenannte Quick-Fixes passieren.

2.8. Bewertung der EuGB-VO

Aus unserer Sicht ist die Intention des europäischen Gesetzgebers **begrüßenswert, einen „grünen" Standard für Anleiheemissionen** zu etablieren, und zwar auch deshalb, weil Anleihen nicht von der Offenlegungs-VO erfasst[95] sind und es für sie in der Union daher auch keinen rechtlichen Rahmen im Nachhaltigkeitsbereich gegeben hat.[96] Kritisch ist allerdings anzumerken, dass damit **unterschiedliche Nachhaltigkeitsstandards für Veranlagungsprodukte** geschaffen werden, was Anlegern den Überblick nicht gerade erleichtert. Während die Offenlegungs-VO, die unter anderem auf Fonds zur Anwendung kommt, alle drei Buchstaben von „ESG" abdeckt, behandelt die TaxonomieVO nur das „E" (ergänzt durch soziale Mindeststandards). Da die Unterwerfung unter die EuGB-VO bei der Emission von Anleihen freiwillig erfolgt, bleibt es auch dabei, dass es für Anleihen, die keine EuGB sind, weiterhin keine spezifischen Nachhaltigkeitsregelungen gibt.

Die EuGB-VO schafft aber jedenfalls einen Rahmen für europäische und internationale grüne Anleiheemissionen und kann helfen, den identifizierten Kapitalbedarf für den „grünen Wirtschaftswandel" zu decken. Dabei ist aber zu bedenken, dass es aufgrund der komplexen Ausgestaltung der TaxonomieVO zumindest in den Anfangsphase schwer sein könnte, auch **ausreichend Projekte** zu entwickeln, die deren Anforderungen entsprechen.

Ein möglicher Ausweg bzw ein Zwischenschritt in der Entwicklung des Marktes könnten hier die in der VO – zumindest mittels Leitlinien der EK – angelegten Sustainability-Linked Bonds sein. Hier stellt sich aber die Frage, ob die Leitlinien ausreichend determiniert sein werden, um **ausreichend Marktvertrauen** zu schaffen. Selbst wenn die Leitlinien legistisch gut ausgearbeitet werden, bleibt die Frage, ob damit das wahre Problem von Sustainability-Linked Bonds gelöst wird. **Aufgrund der Messung mittels KPI**, welche stark branchen- und unternehmensabhängig sind, ist es schwer, einen objektiven Maßstab zu finden, ob tatsächlich eine grüne Anleihe iS der Gesetzesintention vorliegt.

Der Erfolg der EuGB-VO wird insbesondere davon abhängen, wie die gegenüber einer regulären Anleihe **höheren Compliance-Kosten** – vor allem auch durch die

---

95   *Zahradnik/Richter-Schöller* in *Hysek* 249 (253 f).
96   Es stand auch zur Diskussion, die Anwendbarkeit der Offenlegungs-VO auf Anleihen auszudehnen – siehe *Lenhard* in *Hysek* 314 (344).

verpflichtende externe Bewertung[97] – **wirtschaftlich abgebildet** werden können. Dieser Effekt wird zwar dadurch gedämpft, dass die Emissionskosten von den grün zu investierenden Erlösen abgezogen werden können, es könnte aber trotzdem sein, dass sich die Emission einer derartigen Anleihe nur für volumensmäßig größere Emissionen bzw am Kapitalmarkt versierte Akteure rechnet. In diesem Zusammenhang wird es auch wesentlich sein, wie sich der **Markt für externe Bewerter** entwickelt – bei den CBI-Standards teilen sich sechs Bewerter 75 % des Marktes auf.[98] Ob diese Kosten durch das erwartete „Greenium"[99] und den „Signaleffekt"[100] kompensiert werden, wird die Zeit zeigen. Nachfrageseitig wird wohl ein wesentlicher Aspekt sein, in welchem Umfang Investoren zukünftig verpflichtenden aufsichtsrechtlichen Vorgaben zur Investition in „grüne Anleihen" unterworfen sind.

Insbesondere besteht das Risiko, dass sich diese positiven Effekte ins Gegenteil verkehren, wenn es zu – wie erwähnt auch veröffentlichten – behördlichen Maßnahmen wegen Nichteinhaltung der EuGB-VO kommt, was dann den Vorwurf von Greenwashing auslösen kann – mit den damit verbundenen Reputationsrisiken und rechtlichen Risiken (etwa Prospekthaftung). Es bleibt zu hoffen, dass die Aufsichtsbehörden hier mit entsprechendem Fingerspitzengefühl vorgehen und rechtliche Unklarheiten rasch klären, weil die Emittenten sonst die EuGB meiden könnten. So haben etwa immer strengere Anforderungen der Aufsichtsbehörden und Rechtsunsicherheiten bei der Anwendung der Offenlegungs-VO dazu geführt, dass sich zahlreiche „dunkelgrüne" Art-9-Fonds auf „hellgrüne" Art-8-Fonds[101] herabgestuft sowie einige Anbieter vollständig aus dieser Kategorie zurückgezogen haben.[102]

Der Rechtsrahmen könnte aber auch **von öffentlichen Emittenten genutzt werden**. Beispielsweise könnte ein Mitgliedstaat einen EuGB emittieren, um den Ausbau von Alternativenergie oder Infrastrukturprojekten zur Förderung des öffentlichen Verkehrs (zB Bahn) voranzutreiben.

Der Erlass eines Rechtsrahmens für europäische grüne Anleihen scheint jedenfalls ein **Schritt in die richtige Richtung** zu sein. Fraglich bleibt, ob der Markt dieses Konzept annimmt und die intendierten Ziele damit erreicht werden können. Aufgrund des dem europäischen Rechtssetzungssystems inhärenten Review-Prozesses ist aber zu hoffen, dass etwaige sich in der Praxis zeigende Schwächen in der nächsten Runde behoben werden.

---

97 Siehe dazu auch *Lenhard* in *Hysek* 314 (345 f).
98 Vgl *EK*, Vorschlag für eine VO über grüne Anleihen 10.
99 Bessere Konditionen für den Emittenten (= niedriger Zinssatz) grüner Anleihen (green premium).
100 Die Emission grüner Anleihen signalisiert dem Markt, dass das emittierende Unternehmen im Umweltbereich besonders engagiert ist.
101 Zu den Produktkategorien nach der Offenlegungs-VO siehe *Zahradnik/Richter-Schöller* in *Hysek* (249) 267 ff.
102 Vgl etwa *Fondsprofessionell*, Aufseher nehmen nach Artikel-9- auch Artikel-8-Fonds ins Visier (2022) fondsprofessionell.at/news/recht/headline/aufseher-nehmen-nach-artikel-9-auch-artikel-8-fonds-ins-visier-220757/ (abgefragt 26.6.2023).

3. Aktuelle marktübliche Anleihebedingungen

3.1. Allgemeines

Nachfolgend sind **verschiedene aktuelle Emissionen** dargestellt, um den Status quo von grünen Anleihen (vor Inkrafttreten der EuGB-VO) nicht nur in der Theorie, sondern auch anhand von österreichischen Praxisbeispielen darzustellen.

Gemeinsam ist den derzeit marktüblichen Anleihebedingungen, dass die Nichterreichung von KPI oder ein Verstoß gegen ESG-Auflagen oder Selbstverpflichtungen/Zusagen für den Emittenten regelmäßig nur mit wirtschaftlich unbedeutenden finanziellen Nachteilen verbunden ist und ein Verstoß gegen ESG-Auflagen insbesondere auch keinen Kündigungsgrund darstellt.

3.2. Republik Österreich

Der EU, Deutschland, Italien, Spanien, Dänemark und Großbritannien folgend **begab Österreich am 24.5.2022 seine erste grüne Anleihe mit einem Volumen von EUR 4 Mrd und einem Kupon von 1,85 %.** Binnen zwei Jahren sollen weitere EUR 6 Mrd emittiert werden, was 3,4 % der Bundesausgaben und 1,3 % des österreichischen Bruttoinlandsprodukts entspricht.[103] Das Ordervolumen belief sich auf EUR 25,4 Mrd, wobei 70 % von grünen Investoren gezeichnet wurden.[104] Die grüne Bundesanleihe notiert im Vienna-ESG-Segment der Wiener Börse.

Aufgrund der **hohen Nachfrage** an dem am 23.5.2049 auslaufenden Wertpapier (Laufzeit: 27 Jahre) wurde der Spread von 25 auf 22 Basispunkte über dem Mid-Swap-Niveau gesenkt. **Das Ziel der Emission war die Stärkung der Beteiligung institutioneller Investoren an umwelt- und klimarelevanten Maßnahmen, indem in heimische klimarelevante Projekte**, etwa den Ausbau des öffentlichen Verkehrs und die Förderung erneuerbarer Energien und der nachhaltigen Landwirtschaft, investiert wird.[105]

Hinsichtlich Rechtsform, geltendem Recht, Emissionsart, Begebungsvolumen und Aufstockung des Wertpapiers sowie Sekundärmarktliquidität ergeben sich **keine**

---

103 *Wiener Zeitung*, Österreichs erste grüne Anleihe stößt auf hohe Nachfrage, wienerzeitung.at/nachrichten/wirtschaft/oesterreich/2148553-Oesterreichs-erste-gruene-Anleihe-stoesst-auf-hohe-Nachfrage.html (abgefragt 24.5.2022); *Die Presse*, Österreich will 2022 zum ersten Mal einen Green Bond begeben, diepresse.com/6027503/oesterreich-will-2022-zum-ersten-mal-einen-green-bond-begeben (abgefragt 16.6.2023).

104 *Wiener Börse*, Debut des Green Bonds der Republik Österreich im „Vienna ESG-Segment", wienerborse.at/news/wiener-boerse-news/green-bond-republik-oesterreich-vienna-esg-segment/ (abgefragt 16.6.2023).

105 *BMK*, Grüne Staatsanleihe – erster österreichischer Green Bond, bmk.gv.at/green-finance/finanzen/green-bond.html (abgefragt 23.4.2023); *OeBFA*, Bundesanleihe Neubegebung: Erste Grüne Bundesanleihe, oebfa.at/presse/presseuebersicht/2022/anleihe-neubegebung-11.html (abgefragt 16.6.2023); *Die Presse*, Kann man Green Bonds trauen, diepresse.com/6261328/kann-man-green-bonds-trauen (abgefragt 10.2.2023).

Unterschiede zu herkömmlichen Wertpapieren. Die Mittelverwendung, die das Hauptunterscheidungsmerkmal zu konventionellen Bundeswertpapieren darstellt, ist allerdings im Voraus im Rahmenwerk Grüne Bundeswertpapiere der Republik Österreich (Republic of Austria Green Bond Framework April 2022)[106] genau beschrieben. Dieses basiert auf den Green Bond Principles 2021 der ICMA und berücksichtigt gleichzeitig die TaxonomieVO.[107]

Es ist weiters über die ökologische Wirkung der finanzierten Projekte, die zur Etablierung und Weiterentwicklung des Marktes für Finanzierung von grünen Projekten der Republik beitragen soll, im **Allokations- und Wirkungs-Reporting zu berichten**.[108] Der Präsentation „Grüne Investoren" sind Details zum Reporting zu entnehmen. Die Berichte über die Auswirkungen werden bis zur vollständigen Zuteilung der Mittel mindestens alle zwei Jahre veröffentlicht.[109] Der erste „Grüne Investorenbericht" ist am 21.6.2023 erschienen.[110]

Die gemeinsam mit dem Rahmenwerk für Grüne Bundeswertpapiere veröffentlichte **Second Party Opinion** (= externe Bewertung) wurde von der unabhängigen Agentur ISS ESG erstellt. Darin wurde Österreich in einem Bewertungsrahmen von A+ bis D– ein Rating[111] von B erteilt, womit Österreich im internationalen Vergleich auf Platz 7 von 178 bewerteten Staaten landete.[112] Die später gemeinsam mit dem ersten „Grünen Investorenbericht" veröffentlichte Second Party Opinion stammt ebenfalls von ISS ESG und bestätigt insbesondere die fortlaufende Übereinstimmung mit dem Rahmenwerk.[113]

Die Ausgabenkategorien des Rahmenwerks Grüne Anleihen der Republik Österreich umfassen: **Sauberen Transport, erneuerbare Energie, Energieeffizienz, Vermeidung und Bekämpfung von Umweltverschmutzung, umweltverträgliche Bewirtschaftung lebender natürlicher Ressourcen und nachhaltige Flächennutzung, terrestrische und aquatische Biodiversität, nachhaltiges Wasser- und Abwassermanagement sowie Anpassung an den Klimawandel.** Die Nettoerlöse

---

106 *OeBFA*, Grüne Bundeswertpapiere, https://www.oebfa.at/finanzierungsinstrumente/green-securities.html (abgefragt 16.6.2023).

107 *OeBFA*, Republic of Austria Green Bond Framework (2022) oebfa.at/dam/jcr:5fd2c59f-fb71-4546-887d-35b97a6cc911/OeBFA_Green_Bond_Framework.pdf (abgefragt 16.6.2023); Wiener Börse, Debut des Green Bonds der Republik Österreich im „Vienna ESG-Segment".

108 *OeBFA* Austrian Treasury, Reporting, oebfa.at/finanzierungsinstrumente/green-securities/reporting-green-ragbs.html (abgefragt 16.6.2023).

109 *OeBFA*, Green Investor Presentation Update September 2022 (36) oebfa.at/dam/jcr:9bef959c-4a8a-4454-b6bd-35124f6fe222/Republic%20of%20Austria%20Investor%20Information_June23.pdf (abgefragt 16.6.2023).

110 *OeBFA*, Veröffentlichung des ersten Grünen Investorenberichts, https://www.oebfa.at/presse/presse-uebersicht/2023/green-investor-report-2022.html (abgefragt 29.6.2023).

111 Andere Ratings: S&P AA+ (positive), Moody's Aa1 (stable), Fitch: AA+ (stable), DBRS: AAA (stable).

112 *OeBFA*, Second Party Opinion, https://www.oebfa.at/dam/jcr:8edb4919-5dd1-4adf-940f-cbf06f9b6a03/SPO_Republic%20of%20Austria.pdf (abgefragt 29.6.2023).

113 *OeBFA*, Veröffentlichung des ersten Grünen Investorenberichts, https://www.oebfa.at/presse/presse-uebersicht/2023/green-investor-report-2022.html (abgefragt 29.6.2023).

des Bundeswertpapiers sollen ausgewogen auf vergangene Ausgaben (bis zu einem Jahr zurück) und laufende Ausgaben aufgeteilt werden.

Der Erfolg der ersten Grünen Bundesanleihe führte dazu, dass im April 2023 die zweite Grüne Bundesanleihe begeben wurde, mit einem Volumen von EUR 3 Mrd, einem Kupon iHv 2,952 % und einer Laufzeit von sechs Jahren.[114] 60 % der Investoren stellten Neuinvestoren dar, während 40 % auch bereits in die erste Grüne Bundesanleihe investiert hatten.[115]

Zu den im Rahmenwerk Grüne Anleihen der Republik Österreich angesprochenen Wertpapieren zählen Grüne Bundesanleihen, Grüne Treasury Bills und Grüne Commercial Papers.[116] Am 18.10.2022 emittierte die Republik Österreich erstmals einen grünen Treasury Bill. Der ATB 2023-02-23 (G) hatte ein Emissionsvolumen von EUR 1 Mrd und eine Laufzeit von vier Monaten. Diese Emission war nicht nur ein Debüt für die Republik Österreich, sondern auch eine Neuheit für den globalen ESG-Markt, da sie die erste Begebung eines Treasury Bill im grünen Format durch einen staatlichen Emittenten darstellte. Am 6.3.2023 wurde die Begebung von grünen Commercial Papers gestartet, die Republik Österreich war auch in diesem Bereich die erste staatliche Emittentin weltweit.[117]

3.3. UBM AG

Das Immobilienunternehmen UBM Development AG emittierte im Mai 2021 eine endfällige **Sustainability-Linked-Anleihe mit einem ursprünglichen Volumen von EUR 75 Mio mit einem Kupon von 3,125 %, einer fünfjährigen Laufzeit und einer Stückelung von EUR 500.**[118] Als KPI in diesem Fall wurde das ESG-Rating von zwei verschiedenen Nachhaltigkeitsratingagenturen (ISS ESG bzw EcoVadis) definiert. Falls das ESG-Rating unter einer bestimmten Schwelle liegt, erhöht sich der Rückzahlungsbetrag um EUR 0,5 pro Anleihestück.

Das Volumen wurde aufgrund der am Markt bestehenden Nachfrage schlussendlich auf EUR 150 Mio aufgestockt. Das mit dieser Anleihe verbundene Umtauschangebot an Inhaber einer davor emittierten regulären Anleihe wurde knapp von der Hälfte der Adressaten angenommen.[119]

---

114 Vgl *OeBFA*, 2,90 % Bundesanleihe 2023-209/2 (G) oebfa.at/funding/emissionskalender/emissions-details.html?auctionId=8c8e06ed-e0be-4c3b-b166-33f5afae81ed (abgefragt 20.6.2023).

115 *BMF*, Grüne Finanzierungen der Republik Österreich, bmf.gv.at/presse/pressemeldungen/2023/april/nachhaltigkeits-preise.html (abgefragt 20.6.2023).

116 *OeBFA*, Austrian Commercial Paper, oebfa.at/finanzierungsinstrumente/acp.html (abgefragt 17.6.2023).

117 *OeBFA*, Grüne Bundeswertpapiere, oebfa.at/finanzierungsinstrumente/green-securities.html (abgefragt 25.6.2023).

118 *UBM*, Eckdaten zur Neuemission 3,125 % Sustainability-Linked UBM-Anleihe 2021–2026, ubm-development.com/de/investor-relations/anleihen/3125-sustainability-linked-ubm-anleihe-2021-2026/ (abgefragt 26.6.2023).

119 *UBM*, Run on bond, ubm-development.com/press/run-on-bond-confirms-ubms-sustainability-strategy/ (abgefragt 26.6.2023).

Kurz darauf folgte im **Juni 2021 eine nachrangige Sustainability-Linked-Anleihe** mit einem Volumen von EUR 100 Mio mit einem Kupon von 5,5 % und einer „ewigen" Laufzeit. Als KPI in diesem Fall wurde ebenso wieder das ESG-Rating von ISS ESG bzw EcoVadis definiert. Für jedes Jahr, das das ESG-Rating unter C+ bzw Gold liegt (oder entzogen wurde), steigt der Zinssatz um 15 Basispunkte.[120]

Die UBM ist Teil des oben erwähnten **VÖNIX**, die beiden Anleihen auch Teil des ebenso erwähnten **ESG-Segments der Wiener Börse**.[121]

Im Jahr 2023 wurde **ein Green Bond mit einem Volumen von EUR 50 Mio emittiert, mit einem Kupon von 7 % und einer vierjährigen Laufzeit**.[122] Das dahinterliegende Green Finance Framework wurde in Übereinstimmung mit den ICMA Green Bond Principles und den LMA Green Loan Principles entwickelt.[123] UBM ordnet sich dabei in die Produktkategorien „Green Buildings" und „Renewable Energy" ein.[124] Als Bauunternehmen fokussiert es sich dabei insbesondere auf den Holzbau. Um die Verwendung der Mittel zu überprüfen, wird auch pro futuro ein Allokationsreport veröffentlicht, welcher einer externen Prüfung unterliegt.

Die **Second Party Opinion** (= externe Bewertung) wurde von der unabhängigen Agentur ISS ESG erstellt – also derselben Agentur, welche auch von der Republik Österreich verwendet wurde.[125] Diese bestätigte die Übereinstimmung mit den Prinzipien der ICMA und der LMA.

3.4. Verbund AG

Als **erstes Unternehmen in der DACH-Region begab VERBUND im Jahr 2014 einen Green Bond**. Mit den in Höhe von EUR 500 Mio aufgenommenen Mitteln wurden Windkraftanlagen in Österreich und Deutschland sowie das Pumpspeicherprojekt Reißeck II und Effizienzsteigerungsmaßnahmen im Laufwasserkraftwerk Ybbs finanziert.

Einen weiteren Meilenstein erreichte VERBUND im Jahr 2018 mit der Platzierung des weltweit ersten Digitalen Grünen Schuldscheins in Höhe von EUR 100 Mio über eine digitale Plattform zur Finanzierung der Sanierung einer 220-kV-Leitung in Oberösterreich mit einer Länge von 110 km. **Im selben Jahr platzierte VERBUND**

---

120 *UBM*, 5.50 % sustainability-linked hybrid bond 2021, ubm-development.com/investor-relations/anleihen/5-50-sustainability-linked-hybrid-bond-2021/ (abgefragt 26.6.2023).

121 *UBM*, UBM erneut im VÖNIX Nachhaltigkeitsindex, ubm-development.com%2Fde%2F%3Facq%3DMTQ1NzE%3D&psig=AOvVaw09QwnDeI5bBkyUUVDBY5ej&ust=1687891536994634&opi=89978449 (abgefragt 26.6.2023).

122 *UBM*, Eckdaten zur Neuemission 7 % UBM Green Bond 2023–2027 und zum Umtauschangebot für UBM-Anleihe 2018–2023, ubm-development.com/de/7-ubm-green-bond-2023-2027/ (abgefragt 26.6.2023).

123 *UBM*, ESG, ubm-development.com/de/esg/ (abgefragt 26.6.2023).

124 *UBM*, Green Finance Framework, ubm-development.com/de/?acq=MTQ0Nzg (abgefragt 26.6.2023).

125 *ISS ESG*, Sustainability Quality of the Issuer and Green Finance Framework, ubm-development.com/de/?acq=MTM3OTQ (abgefragt 26.6.2023).

den ersten ESG-linked Syndizierten Kredit mit einem Volumen von EUR 500 Mio, dessen jährliche Margenanpassung sich ausschließlich nach dem von einer externen ESG-Agentur festgelegten Nachhaltigkeitsrating des Unternehmens richtet. **Schließlich platzierte VERBUND im Jahr 2021 den ersten Green and Sustainability-Linked Bond weltweit**, der alle vier grünen Komponenten („Use-of-proceeds"-Bond, im Einklang mit der EU-Taxonomie und Bevorzugung von nachhaltigen Investoren nach einem transparenten Kriterium beim Bookbuilding) in einer Transaktion vereint. Diese unbesicherte und nicht nachrangige Anleihe zur Finanzierung eines Wasserkraftwerks in Deutschland sowie von Netzprojekten in Österreich mit einem Volumen von EUR 500 Mio wurde in Luxemburg und Wien gelistet und unterlag deutschem Recht.

Die **Verbund AG begab 2021** weiters **den ersten der TaxonomieVO entsprechenden, in Luxemburg und Wien gelisteten** und deutschem Recht unterliegenden **Green and Sustainability-Linked Bond**. Bei einer Laufzeit von 20 Jahren wurde der Zinssatz mit 0,90 % jährlich festgesetzt, wobei er sich um 0,25 % pa für die restliche Laufzeit erhöht, wenn eines der beiden gesetzten Ziele, die Produktionskapazität und die Transformatorenleistung zu erhöhen, bis zum 31.12.2032 nicht erreicht werden sollte.[126]

Neben der ökologisch-nachhaltigen Mittelverwendung besteht ein Zinssatz-Set-up, das an unternehmensweite Nachhaltigkeitsziele knüpft. Im Gegensatz zur Bundesanleihe mit etwa 70 % grünen Investoren belaufen sich die Investoren mit Nachhaltigkeitsfokus bei der Anleihe der Verbund AG sogar auf 90 % des Orderbuches. Bei dieser Anleihe orientiert sich die Mittelverwendung an dem internen VERBUND Green Financing Framework.[127] Außerdem soll die Anleihe der TaxonomieVO sowie den ICMA Green Bond Principles (Juni 2021) und Sustainability-Linked Bond Principles (Juni 2020) und dem Harmonised Framework for Impact Reporting (Juni 2021) entsprechen.

ISS ESG, dieselbe Nachhaltigkeitsratingagentur, die auch die Bundesanleihe und die UBM bewertete, beurteilte auch diese Anleihe aufgrund ihrer Übereinstimmung mit dem Green Financing Framework und den GBP und SLBP positiv.

Das entsprechende **Taxonomie-Kriterium ist die Generierung erneuerbarer Energie durch Wasserkraft, Photovoltaik und Windkraft**.[128] Des Weiteren sol-

---

126 *Verbund*, Bonds, verbund.com/en-at/about-verbund/investor-relations/financing/bonds (abgefragt 16.6.2023); *Verbund*, „Green & Sustainability-linked Bond" erfolgreich platziert, presseportal.de/pm/145741/4873129 (abgefragt 16.6.2023).

127 *Verbund*, Green Financing Framework (2021) verbund.com/-/media/verbund/ueber-verbund/investor-relations/green-bond/210321_verbund_ag_green_financing_framework_final.ashx (abgefragt 16.6.2023).

128 *ISS ESG*, Verbund Ex-post external review impact reporting, verbund.com%2F-%2Fmedia%2Fverbund%2Fueber-verbund%2Finvestor-relations%2Fgreen-bond%2Fverbund-external-review-2021.ashx&psig=AOvVaw0WNLRtkF8sI8BY63G2Z 9wB&ust=1687025949251015 (abgefragt 16.6.2023).

len neu geschaffene Energieproduktionskapazitäten sowie die Transformatorenleistung unter der Voraussetzung erhöht werden, dass sich **bei Nichterreichen
des Zieles der Zinssatz für die restliche Anleihelaufzeit um 0,25 % jährlich
erhöht.**[129]

Zur Allokation erstellte die Verbund AG einen Impact-Report 2022[130], der einer
externen Überprüfung durch ISS ESG unterzogen wurde, welche am 21.4.2023
einen Review-Report erstellte.[131] Die per 31.12.2022 getätigten Investitionen mit
Mitteln des Green & Sustainability-linked Bond (2021) betragen EUR 452,3 Mio.
Das entspricht 90,5 % der insgesamt aufgenommenen Mittel. Mit Stichtag 31.12.2022
gibt es eine Differenz von EUR 5,4 Mio zwischen dem geplanten zugewiesenen
Betrag für die drei Projekte (Jettenbach–Töging, Weinviertelleitung und Re-
schenpass) und dem durch die Anleihe aufgenommenen Betrag. Dieser Diffe-
renzbetrag wird zum Beispiel für eine etwaige Investitionskostenerhöhung bei
den drei Projekten oder für die Finanzierung eines Teilprojekts des vierten ausge-
wiesenen Projekts (Salzburgleitung) verwendet. Der per 31.12.2022 noch nicht
für die definierten Projekte verwendete Betrag aus der Anleihe in Höhe von
EUR 47,7 Mio wird gemäß den Treasury-Kriterien und relevanten internen
Richtlinien verwaltet und entweder in kurzfristige Geldmarktfonds oder in längerfristige nachhaltige Investmentfonds investiert. Kein Geld wurde zur Refinanzierung von anderen Projekten verwendet.

---

129 *Verbund*, „Green & Sustainability-linked Bond" erfolgreich platziert, presseportal.de/pm/145741/
      4873129 (abgefragt 25.3.2023).
130 *Verbund*, Green Bond Report 2022, verbund.com%2F-%2Fmedia%2Fverbund%2Fueber-verbund%2
      Finvestor-relations%2Fgreen-bond%2Fverbund_greenbondreport2022_final_de.ashx&psig=AOv-
      Vaw2MyalCf-8NpHWLP8kNUxjb&ust=1687885675398728&opi=89978449 (abgefragt 25.6.2023).
131 *Verbund*, Review Report 2022, verbund.com%2F-%2Fmedia%2Fverbund%2Fueber-verbund%2Fin-
      vestor-relations%2Fgreen-bond%2Fverbund-review-report-2022_final.ashx&psig=AOvVaw1175hb
      FG9jdNzjtriSweUJ&ust=1687885868570689&opi=89978449 (abgefragt 25.6.2023).

Identifizierung und Management von Nachhaltigkeitsrisiken bei der Kreditvergabe und Kreditüberwachung

Peter Linzner/Stefan Selden

1. Kurze theoretische Einführung

Der ESPAS-(European Strategy and Policy Analysis System-)Report der EU[1] aus dem Jahr 2019 zeigte bereits in seinen Megatrends 2030, wie fortschreitender Klimawandel, Überalterung des Kontinents, Gefahr der Zunahme der ökonomischen und sozialen Ungleichheiten, erforderliche Reduktion der Abhängigkeit Europas von Öl Gasimporten aus Russland und dem Mittleren Osten den erforderlichen (Aus-)Weg Europas in eine neue – grüne – Ökonomie auf. Dabei kommt dem Finanzsektor eine entscheidende Rolle zu.[2] Die mit den Megatrends verbundenen gesellschaftlichen und wirtschaftlichen Risiken bedeuten daher auch Risiken für die Finanzbranche und somit besteht ein vitales Interesse, diese zu beherrschen.[3] Diese Klimarisiken wirken sich auf alle klassischen Risikoarten wie Markt-, Kredit-, operationales Risiko etc aus, jedoch mit dem wesentlichen Unterschied, dass hier kaum auf historische Daten zurückgegriffen werden kann und die Auswirkungen – bezogen auf die bisherige Praxis der Risikohorizont-Betrachtung – sehr weit in der Zukunft liegen. In diesem Kontext veröffentlichte die Europäische Zentralbank (EZB) einen Leitfaden[4], wie Klima- und Umweltrisiken (ESG-Risiken) *„umsichtig gesteuert"* werden sollten. In diesem Kapitel wollen wir einen kurzen Abriss über dieses und weitere relevante Regelwerke für die Kreditvergabe und Überwachung sowie Inputs zur praktischen Umsetzung liefern.

1.1. EZB-Leitfaden zu Klima- und Umweltrisiken – Erwartungen der Aufsicht für Risikomanagement und Offenlegung

Der im November 2020 veröffentlichte Leitfaden (Leitfaden zu Klima- und Umweltrisiken) umfasst alle wesentlichen Elemente einer ordnungsgemäßen Geschäfts- und Risikosteuerung, die sich in dreizehn aufsichtsrechtlichen Erwartungen manifestieren. Wenngleich der Leitfaden für die zu beaufsichtigenden Institute nicht bin-

---

1   ESPAS, Global Trends to 2030. Challenges and Choices for Europe.
2   Aktionsplan: Finanzierung nachhaltigen Wachstums und diverse Anpassungen, https://www.europarl.europa.eu/legislative-train/theme-a-european-green-deal/file-renewed-sustainable-finance-strategy.
3   *Jäger Torsten*, Klimarisiken: Was erwarten BaFin und EZB, um den grünen Schwan zu zähmen?
4   EZB, Leitfaden zu Klima- und Umweltrisiken. Erwartungen der Aufsicht in Bezug auf Risikomanagement und Offenlegung. https://www.bankingsupervision.europa.eu/ecb/pub/pdf/ssm.202011 finalguideonclimate-relatedandenvironmentalrisks~58213f6564.en.pdf.

dend ist, kann man doch davon ausgehen, dass die darin formulierten Erwartungen im Laufe der Zeit in die regulatorische Praxis einfließen werden. Außerdem wird dringend angeraten, auch weitere einschlägige internationale (TCFD, OECD) wie nationale (zB FMA) Veröffentlichungen *„gebührend zu berücksichtigen"*. Den nationalen Aufsichtsbehörden (die bei der Erstellung dieses Leitfadens ebenso mitgewirkt haben) wird empfohlen, diesen Leitfaden auch für *„weniger bedeutende Institute"* in angemessener Form anzuwenden.[5]

Die Ergebnisse des 2021 durchgeführten Klima-Stress-Tests durch die EZB zeigten, dass nahezu 60 % der betrachteten Banken Klimarisiken noch nicht im bestehenden Risiko-Framework verankert haben und derzeit nur 20 % diese Risiken bei der Kreditvergabe berücksichtigen. Die EZB unterstellt auch ein Unterschätzen der klimabezogenen Risiken, die insbesondere der (schlecht) verfügbaren Datenlage, der noch rudimentären Klimarisikomodellierung und eingeschränkter Szenariobetrachtung (zB keine Einbeziehung von ökonomischen Verwerfungen) geschuldet sind.[6] Um hier eine Hilfestellung seitens der Aufsicht zu geben, hat die EZB im November bzw Dezember 2022 zwei Publikationen veröffentlicht: einen Bericht über „Gute Praktiken für Klima-Stress-Tests"[7], der im Speziellen auf die Erwartung 11 des Leitfadens, Klima- und Umweltrisiken in den Stress-Test-Frameworks der Banken zu verankern, abzielt, und in Ergänzung dazu den thematischen Review zu „Gute Praktiken für ein klima- und umweltbezogenes Risikomanagement", welcher insbesondere auf den Klima-Stress-Test und die damit zusammenhängende Veröffentlichung (Erwartung 13 des Leitfadens) abzielt.[8]

Die Herausforderungen für Klima-Stress-Tests sieht die EZB vor allem in der Datensammlung für die Berechnung der CO_2e-Emissionen und für Energieausweise (speziell Retail- und kleinere Gewerbekunden). Selbst wenn es gelingt, Daten von Stakeholdern zu bekommen, bleibt die Datenlücke in den kommenden Jahren bis zu einem gewissen Umfang bestehen. Weiters muss der derzeitige Fokus von Transitionsrisiken auf physische Risiken ausgeweitet werden.

Auf die in den Veröffentlichungen genannten Standards wie TCFD (Taskforce on Climate related Financial Disclosures) und PCAF (Partnership for Carbon Accounting Financials) wird noch gesondert eingegangen.

---

5   EZB, Leitfaden 4.
6   EZB, 2022 climate risk stress test, https://www.bankingsupervision.europa.eu/ecb/pub/pdf/ssm.climate_stress_test_report.20220708~2e3cc0999f.en.pdf.
7   EZB, https://www.bankingsupervision.europa.eu/ecb/pub/pdf/ssm.202212_ECBreport_on_good_practices_for_CST~539227e0c1.en.pdf?c1b3d7b239907b9530b8cbecb6ebed80.
8   EZB, Good practices for climate-related and environmental risk management. Observations from the 2022 thematic review, https://www.bankingsupervision.europa.eu/ecb/pub/pdf/ssm.thematicreviewcercompendiumgoodpractices112022~b474fb8ed0.en.pdf.

1.2. FMA-Leitfaden zum Umgang mit Nachhaltigkeitsrisiken

Wie bereits erwähnt, haben sich neben der EZB auch die nationalen Aufsichtsbehörden mit dem Umgang mit Nachhaltigkeitsrisiken befasst. Die nachstehende Darstellung soll einen raschen Überblick darüber geben, in welcher Form sich EZB-Leitfaden und FMA-Leitfaden thematisch ergänzen bzw unterscheiden. Für eine detaillierte Befassung ist es jedoch unabdingbar, die Originaldokumente heranzuziehen.

Geschäftsmodell und Strategie

EZB	FMA
Erwartung 1: Institute sollten die kurz-, mittel- und langfristigen Auswirkungen von Klima- und Umweltrisiken auf ihr Geschäftsumfeld verstehen, damit sie fundierte strategische und wirtschaftliche Entscheidungen treffen können.	II. UMGANG MIT NACHHALTIGKEITS-RISIKEN IM RISIKOMANAGEMENT In einem ersten Schritt identifizieren beaufsichtigte Unternehmen für sie relevante Nachhaltigkeitsrisiken, indem sie ihre gesamte Geschäftstätigkeit auf diese überprüfen. In einem zweiten Schritt werden die identifizierten Risiken in die bestehenden Risikokategorien „übersetzt" und im Zuge dessen auch gemessen und bewertet. Zu diesem Zweck sollte die Geschäfts- und Risikostrategie regelmäßig überprüft und wo nötig proaktiv an das Ziel einer langfristig nachhaltigen Geschäftstätigkeit angepasst werden.
Erwartung 2: Bei der Festlegung und Umsetzung ihrer Geschäftsstrategie sollten Institute Klima- und Umweltrisiken einbeziehen, die sich auf kurze, mittlere oder lange Sicht auf ihr Geschäftsumfeld auswirken werden.	

Governance, Wissens- und Personalmanagement, Vergütungspolitik

EZB	FMA
Erwartung 3: Bei der Entwicklung der allgemeinen Geschäftsstrategie, der Geschäftsziele und des Rahmenwerks für das Risikomanagement des Instituts sollte das Leitungsorgan Klima- und Umweltrisiken berücksichtigen und sie auch effektiv überwachen.	III. UMGANG MIT NACHHALTIGKEITSRISIKEN IN STRATEGIE UND GOVERNANCE Die gesetzliche Verpflichtung für beaufsichtigte Unternehmen, Nachhaltigkeitsrisiken im Rahmen des für ihr Unternehmen üblichen Risikomanagements zu berücksichtigen, erfordert auch ihre inhaltliche Adressierung im Rahmen der Geschäftsstrategie. Dies kann einerseits durch die Ergänzung bestehender Strategien erfolgen oder durch die Implementierung einer eigenständigen Nachhaltigkeitsstrategie. Eine eigene Nachhaltigkeitsstrategie sollte dabei mit der allgemeinen Geschäftsstrategie abgestimmt sein und denselben Governancemechanismen unterliegen. Dem Aufsichtsrat der beaufsichtigten Unternehmen kommt im Rahmen der Überwachung der Geschäftsleitung und der Festsetzung der Strategie und Governance eine zentrale Stellung zu.
Erwartung 4.3: Institute sollten sicherstellen, dass ihre Vergütungspolitik und -praktiken Verhaltensweisen fördern, die mit ihrem Ansatz für Klima- und Umwelt(risiken) sowie mit freiwillig von ihnen eingegangenen Verpflichtungen vereinbar sind.	VERGÜTUNGSPOLITIK Nachhaltigkeitsrisiken sollten ebenso im Rahmen der Vergütungspolitik berücksichtigt werden. Finanzmarktteilnehmer:innen und Finanzberater:innen haben hinkünftig offenzulegen, inwiefern ihre Vergütungspolitiken mit der Einbeziehung von Nachhaltigkeitsrisiken im Einklang stehen … Es ist jedoch zweckmäßig, in qualitativer oder quantitativer Hinsicht mehr Transparenz über die Vergütungspolitik zu schaffen, die ein solides und wirksames Risikomanagement in Bezug auf Nachhaltigkeitsrisiken fördert.
Praxisbeispiel: Horizontale Ansprechpartner Dadurch ist gewährleistet, dass Klima- und Umweltrisiken angemessen in die Arbeitsabläufe der Risikomanagementfunktion der Bank integriert wurden.	WISSENS- UND PERSONALMANAGEMENT Bedingt durch die Berücksichtigung von Nachhaltigkeitsrisiken im Rahmen der Geschäfts- und Risikostrategie werden wo nötig Adaptierungen im unternehmensinternen Wissens- und Personalmanagement vorgenommen.

Risikoappetit

EZB	FMA
Erwartung 4: Institute sollten Klima- und Umweltrisiken explizit in ihr Rahmenwerk für den Risikoappetit aufnehmen.	ROLLE DER RISIKOMANAGEMENT-FUNKTION Bei der Beurteilung von Nachhaltigkeitsrisiken ist auch der Risikoappetit des Unternehmens zu berücksichtigen. ROLLE DER INTERNEN REVISION Die interne Revision überprüft die spezifische Implementierung der Risikostrategie und des Risikoappetits im Zusammenhang mit Nachhaltigkeitsrisiken auf ihre Zielerreichung und den Umgang mit Offenlegungs- und Kund:inneninformationspflichten.

Organisationsstruktur und interne Berichterstattung

EZB	FMA
Erwartung 5: Institute sollten die Zuständigkeit für die Steuerung von Klima- und Umweltrisiken innerhalb der Organisationsstruktur gemäß dem Modell der drei Verteidigungslinien zuweisen.	ROLLE DER RISIKOMANAGEMENT-FUNKTION Neben der Letztverantwortlichkeit der Geschäftsleitung für die adäquate Berücksichtigung von Nachhaltigkeitsrisiken im Rahmen der jeweiligen Risikokategorien kommt der Risikomanagement-Funktion in diesem Kontext eine zentrale Rolle zu, da auch sie einen vollständigen Überblick über die Ausprägung sämtlicher Risikoarten und die Risikolage des Unternehmens hat. Zur Rolle der internen Revision – siehe Risikoappetit.
Erwartung 6: Bei ihrer internen Berichterstattung sollten Institute aggregierte Risikodaten melden, die Auskunft darüber geben, inwieweit das betreffende Institut Klima- und Umweltrisiken ausgesetzt ist. Diese Informationen sollen dem Leitungsorgan und maßgeblichen Unterausschüssen als Grundlage für fundierte Entscheidungen dienen.	Seitens der Geschäftsleitung ist es ratsam, den Aufsichtsrat umfänglich und regelmäßig über die unternehmensspezifischen Nachhaltigkeitsrisiken und die ergriffenen Maßnahmen im Risikomanagement zu informieren. Auch in Fit&Proper-Schulungen für Aufsichtsrät:innen werden Nachhaltigkeitsrisiken angemessen berücksichtigt.

Risikomanagement-Steuerung des Markt-, Kredit-, Liquiditäts- und operationellen Risikos

EZB	FMA
Erwartung 7: Institute sollten Klima- und Umweltrisiken als Treiber bestehender Risikokategorien in ihr bestehendes Rahmenwerk für das Risikomanagement integrieren, um sie über einen hinreichend langen Zeitraum zu steuern, zu überwachen und abzumildern, und ihre Regelungen regelmäßig überprüfen. Institute sollten diese Risiken im Rahmen ihres Gesamtprozesses zur Sicherstellung einer angemessenen Kapitalausstattung bestimmen und quantifizieren.	ROLLE DER RISIKOMANAGEMENT-FUNKTION Die Risikomanagement-Funktion ist an der Ausarbeitung der Risikostrategie und an allen wesentlichen Entscheidungen zum Risikomanagement beteiligt. Sie unterstützt die Geschäftsleitung durch Analysen hinsichtlich der bestehenden Nachhaltigkeitsrisiken, um eine fundierte Willensbildung und ein risikobewusstes Handeln zu ermöglichen. Damit trägt sie auch zur Schaffung einer entsprechenden Risikokultur bei. Insbesondere die Evaluierung des Geschäftsmodells, der Kapitalausstattung und Liquidität unter Annahme verschiedener Szenarien WESENTLICHE RECHTSGRUNDLAGEN IM RISIKOMANAGEMENT Eine Aufzählung der dabei jedenfalls zu berücksichtigenden Risikoarten erfolgt in § 39 Abs 2b BWG, zB Kreditrisiko, Marktrisiko, operationelles Risiko usw. Nachhaltigkeitsrisiken werden dabei unter die jeweils zutreffenden Risikokategorien subsumiert und folglich entsprechend berücksichtigt.
Erwartung 8: Bei der Steuerung ihrer Kreditrisiken sollten Institute Klima- und Umweltrisiken bei allen relevanten Stufen des Kreditgewährungsprozesses einbeziehen und die Risiken in ihren Portfolios überwachen.	SCHAFFUNG EINER AUSREICHENDEN DATENGRUNDLAGE Zur Schaffung einer hierzu ausreichenden Datenlage bedarf es Strategien zur systematischen Identifizierung und Erfassung von Informationen zu Nachhaltigkeitsrisikofaktoren, sowohl im Rahmen der operativen Tätigkeit (zB im Rahmen von Kreditvergabeprozessen oder bei der Zeichnung von Versicherungsverträgen) als auch durch Einbeziehung relevanter externer Quellen.

EZB	FMA
Erwartung 9: Institute sollten überlegen, wie Klima- und Umweltereignisse die Aufrechterhaltung ihres Geschäftsbetriebs beeinträchtigen könnten, und inwieweit die Art ihrer Tätigkeit Reputations- und/oder Haftungsrisiken erhöhen könnte.	BUSINESS CONTINUITY MANAGEMENT (BCM) Sofern sich Nachhaltigkeitsrisiken realisieren, besteht vielfach die Gefahr von Betriebsunterbrechungen betroffen zu sein (beispielsweise bedingt durch Extremwetterereignisse). Im Rahmen des BCM ist es daher auch sinnvoll, die bestehenden betrieblichen Nachhaltigkeitsrisiken zu evaluieren und Mitigierungsstrategien zu entwickeln. Die Stärkung der Resilienz von kritischen Gebäuden, Infrastruktur und Geschäftsprozessen kann hierbei ein entscheidender Faktor bei der Bewältigung von großen Störfällen sein, welche ansonsten das Potential hätten, den Geschäftsbetrieb des Unternehmens zu gefährden. Dies ist auch bei der Heranziehung von Dritten, insb bei Auslagerungen, zu berücksichtigen.
Erwartung 10: Es wird erwartet, dass Institute die Auswirkungen von klimabedingten und ökologischen Faktoren auf ihre aktuellen Marktrisikopositionen und auf künftige Anlagen fortlaufend überwachen. Ferner sollten sie Stresstests ausarbeiten, die Klima- und Umweltrisiken beinhalten.	
Erwartung 12: Institute sollten beurteilen, ob wesentliche Klima- und Umweltrisiken zu Nettomittelabflüssen oder zum massiven Abbau von Liquiditätspuffern führen könnten. Wenn ja, sollten sie diese Faktoren in die Steuerung ihres Liquiditätsrisikos und die Kalibrierung ihrer Liquiditätspuffer einbeziehen.	

Szenarioanalyse und Stresstests

EZB	FMA
Erwartung 11: Institute mit wesentlichen Klima- und Umweltrisiken sollten die Angemessenheit ihrer Stresstests in der Absicht überprüfen, diese Risiken in ihr Basisszenario und in ihre adversen Szenarien aufzunehmen.	ANNEX A – SZENARIOANALYSEN UND STRESSTESTS Szenarioanalysen und Stresstests erlauben eine fundierte unternehmensindividuelle Auseinandersetzung mit Nachhaltigkeitsrisiken in Bezug auf die Auswirkungen bei verschiedenen Szenarien. Insb bei Klimarisiken können sie auch Hinweise liefern, wann und in welchem Ausmaß unter bestimmten Voraussetzungen voraussichtlich von einem Zielpfad (zB < 2 °C bzw 1,5 °C als Klimaszenarien) abgewichen wird.

Offenlegungsrichtlinien und -verfahren

EZB	FMA
Erwartung 13: Für die Zwecke ihrer regulatorischen Offenlegungen sollten Institute aussagekräftige Informationen und zentrale Kennzahlen zu den Klima- und Umweltrisiken veröffentlichen, die sie als wesentlich erachten. Dabei sollten sie die „Leitlinien für die Berichterstattung über nichtfinanzielle Informationen: Nachtrag zur klimabezogenen Berichterstattung" der Europäischen Kommission angemessen berücksichtigen.	IV. UMGANG MIT NACHHALTIGKEITSRISIKEN BEI TRANSPARENZPFLICHTEN AUF EBENE DES UNTERNEHMENS Mit der DisclosureVO werden neue Transparenzpflichten für beaufsichtigte Unternehmen geschaffen, um deren Ansätze für die Integration von Nachhaltigkeitsrisiken und die Berücksichtigung nachteiliger Nachhaltigkeitsauswirkungen offenzulegen. Hinkünftig gelten unmittelbar anwendbare harmonisierte Rechtsvorschriften im Bereich der Transparenz bei ☐ den Strategien für den Umgang mit Nachhaltigkeitsrisiken und deren Berücksichtigung, ☐ nachteiligen Nachhaltigkeitsauswirkungen auf Ebene des Unternehmens und einzelner Finanzprodukte, ☐ der Vergütungspolitik im Zusammenhang mit der Berücksichtigung von Nachhaltigkeitsrisiken sowie bei ☐ der Bewerbung ökologischer oder sozialer Merkmale bzw nachhaltiger Investitionen von/durch Finanzprodukte(n) (sowohl vorvertraglich als auch auf Internetseiten und in regelmäßigen Berichten). Darüber hinaus werden mit der TaxonomieVO die Offenlegungspflichten der DisclosureVO um Informationen erweitert, ob/wie und in welchem Umfang die dem Finanzprodukt zugrunde liegenden Investitionen in ökologisch nachhaltige Wirtschaftstätigkeiten gemäß TaxonomieVO investiert wurden.

Abb 1: Überblick EZB-Leitfaden und FMA-Leitfaden im Vergleich [Quelle: eigene Darstellung]

Die Gegenüberstellung der beiden Dokumente zeigt, dass für die im EZB-Leitfaden angeführten „Erwartungen" größtenteils im FMA-Papier eine Entsprechung zu finden ist, wenngleich es zu Unterschieden in der Tiefe der Darstellung kommt (vgl ua Risikokategorien, Vergütungspolitik, Wissens- und Personalmanagement).

1.3. EBA-Leitlinien zur Kreditvergabe und Überwachung

Die Leitlinien zur Kreditvergabe und Überwachung der European Banking Authority ("EBA") entstanden ab Mitte 2018. Sie stellen sozusagen den Schlussstein der regulatorischen Initiativen als Antwort auf die weltweite Finanzkrise ab 2008 dar, welche die Vermeidung zukünftiger Bankenkrisen aufgrund von schlechter Kreditqualität zum Ziel hatten. Ein weiterer Treiber war die Sorge um die finanzielle Nachhaltigkeit bei der Begebung und Überwachung insbesondere von Immobilienkrediten. Die Leitlinie regelt also nicht in erster Linie ESG-Themen, sondern stellt sehr umfassend die Vorstellungen und Vorgaben der europäischen Aufsicht dar, wie das Kredit-Management in Banken funktionieren soll. Sie ist seit Juni 2021 in Kraft, wobei für die Kreditüberwachung und die Erfüllung der Datenanforderungen Übergangsfristen bis 2024 gelten. Alle Kreditinstitute sind von den Regelungen umfasst, wobei das übliche "Proportionalitätsprinzip" gilt. Konkret gelten Erleichterungen insbesondere bei der Beschaffung von Informationen (es darf in Portfolien mit höherer Granularität auch in höherem Maße auf die Richtigkeit der Kundenangaben vertraut bzw dürfen bestehende Daten verwendet werden), Vereinfachungen bei der Bewertung der Kreditwürdigkeit und bei der Kreditüberwachung insbesondere bei KMU. Die Leitlinien gliedern sich in fünf Kapitel:

- Governance-Anforderungen an Kreditvergabe und -überwachung
- Kreditvergabeprozess und Bewertung der Kreditwürdigkeit
- Preissetzung
- Bewertung von Immobilien und Mobilien
- Rahmenwerk für die Kreditüberwachung.

Nachdem in der Entstehungsphase der Leitlinien ESG auf breiter Front auch in Bezug auf die Finanzierungsaktivitäten von Banken berücksichtigt wurde, finden sich in so gut wie allen Bereichen Verweise auf die Wichtigkeit der Beachtung von ESG-Kriterien. In vielen Fällen wird vor allem angeführt, dass die Aufsicht davon ausgeht, dass ESG-Risiken berücksichtigt werden. Für die konkrete Umsetzung sind einige der in diesem Kapitel erörterten weiteren Veröffentlichungen der Aufsicht (insb EZB- und FMA-Leitfaden zum Umgang mit Nachhaltigkeitsrisiken) hilfreich und zu einigen Themen sind die Stakeholder der Finanzbranche momentan noch in intensiver Abstimmung, wie die Umsetzung in der Praxis aussehen soll. Wir wollen in den folgenden Absätzen anhand der einzelnen Kapitel der Leitlinien kurz erörtern, wie die EBA auf das Thema Nachhaltigkeit/ESG in der Kreditvergabe und Überwachung blickt.

Governance-Anforderungen an Kreditvergabe und -überwachung

In diesem Kapitel regelt die EBA ihre Vorstellungen zu eindeutigen und transparenten Regelungen der internen Governance und des Rahmenwerks. Es geht um die Festlegung von Risikokultur, -appetit und -strategie, dazu passende Richtlinien und Prozesse und Standards zu Kreditvotum sowic Ressourcen und Vergütung.

Zu den ESG formuliert die EBA:

> Im Zuge eines ganzheitlichen Ansatzes sollten die Institute ESG-Faktoren und damit verbundene Risiken in ihre Strategien für den Kreditrisikoappetit und das Kreditrisikomanagement sowie in ihre Strategien und Verfahren für das Kreditrisiko aufnehmen.[9]

Es wird weiters darauf verwiesen, dass Banken die Auswirkungen von ESG-Risiken auf die Bonität der Kreditnehmer berücksichtigen sollen, und zwar mit besonderem Augenmerk auf den Klimawandel. Auch das Konzept der physischen und transitorischen Klimarisiken wird kurz angerissen (siehe 2.).

Jedes Institut muss also ESG-Risiken im strategischen Rahmenwerk mitbedenken. Weiters erläutert die EBA, was sie von Banken erwartet, wenn diese „ökologisch nachhaltige" Finanzierungen vergeben oder vergeben möchten. Es muss definiert sein, welche Projekte infrage kommen, welche Kriterien gelten und wie diese und auch die Mittelverwendung geprüft werden. Außerdem soll dokumentiert sein, wie die Strategien zum übergeordneten Ziel des Instituts passen.

Der Kreditvergabeprozess und die Bewertung der Kreditwürdigkeit

Die Leitlinien regeln hier den Bereiche Informationsbeschaffung und Dokumentation sowie die Kreditvergabe unterteilt in Konsumenten, Geschäftskunden, Gewerbeimmobilien und Spezialfinanzierungen.

Im Verbraucherbereich gibt es keine spezifischen ESG-Regelungen in den Richtlinien, abgesehen von der Betrachtung von Wohnimmobilien, die weiter unten kurz beschrieben sind. Bei Unternehmenskrediten erachtet die EBA die Analyse der ESG-Risiken sowie eventuell vorhandene risikomindernde Faktoren als wichtig, wieder mit explizitem Verweis, dass Umweltfaktoren und die Auswirkungen des Klimawandels im Fokus stehen. Als konkrete praktische Anweisung schlägt die EBA zur Identifizierung von Risken „Diagramm- oder Skalierungssysteme" vor, welche für (Teil-)Sektoren spezifische Risiken hervorheben. Dort, wo relevante Risiken bestehen, sind genauere Analysen und Bewertungen des Geschäftsmodells, der Treibhausgasemissionen, des Marktumfelds sowie der einschlägigen ESG-Vorschriften vorzunehmen. Außerdem ist eine Analyse der voraussichtlichen Auswirkungen von ESG-Vorschriften auf die Finanzlage angezeigt.[10] Diese Regelungen gelten für alle Arten von Unternehmenskrediten. Die EBA sieht aber im Sinne der Proportionalität vor, dass die Analyse zwar idealerweise immer auf der Ebene des Kreditnehmers (bzw der Gruppe verbundener Kunden) vorzunehmen ist, bei Kleinst- und Kleinunternehmern jedoch auch Portfolio-Ansätze opportun sind.

---

9 EBA, Leitlinien zur Kreditvergabe und Überwachung (2020) 17, https://www.eba.europa.eu/sites/default/documents/files/document_library/Publications/Guidelines/2020/Guidelines on loan origination and monitoring/Translations/886677/Final Report on GL on loan origination and monitoring_COR_DE.pdf.

10 Vgl ebenda 32 ff.

Betreffend die Kreditklassen Gewerbeimmobilien bzw Spezialfinanzierungen werden auf Kundenebene keine spezifischen ESG-Prüfungen erwähnt; diese fokussieren sich auf das finanzierte Objekt/die Sicherheit (siehe unten „Bewertung von Immobilien und Mobilien").

Preissetzung

In diesem Kapitel sind die aufsichtsrechtlichen Erwartungen an eine risikobasierte Preisfestlegung definiert. Dieses kann in homogeneren Portfolien nach Produkten oder Kundengruppen definiert werden, ansonsten kunden- bzw transaktionsspezifisch. Das Pricing sollte Kapitalkosten, Refinanzierungskosten, steuerliche Auswirkungen, Verwaltungs- und Kreditrisikokosten beinhalten und das Marktumfeld und den Wettbewerb berücksichtigen. Explizite Verweise auf ESG-Themen sind in diesem Kapitel nicht enthalten, wobei mittelfristig davon ausgegangen werden kann, dass ESG-Risiken auf das Pricing Auswirkungen haben werden (zB über die Kreditrisiko- und Kapitalkosten). Weiters könnten refinanzierungsseitig preissenkende Auswirkungen für nachhaltige Kredite relevant werden.

Bewertung von Immobilien und Mobilien

Dieses Kapitel regelt die Bewertung mobiler und immobiler Kreditsicherheiten, deren Überwachung und Neubewertung sowie Anforderungen an den Gutachter bzw statistische Modelle.

Die EBA hält fest, dass Institute ESG-Faktoren berücksichtigen sollen, die den Wert der Sicherheit beeinflussen. Hier wird explizit auf die Energieeffizienz von Gebäuden verwiesen, wobei dieser Passus auch für mobile Sicherheiten gilt. Da in den Vorgaben zur Kreditanalyse auch die Plausibilität von Geschäftsplänen und im Bereich der gewerblichen Immobilienfinanzierung diejenige von Vermietungs- bzw Verkaufsplänen zu bewerten ist, kann man wohl davon ausgehen, dass zumindest mittelfristig auch erkennbare zukünftig drohende Umwelt- oder Klimarisiken für Sicherheiten zu bewerten sind. Sachlich sinnvoll ist das jedenfalls und es wird in weiteren regulatorischen Anforderungen (ua auch beim Stresstesting) bzw Reportinganforderungen auch klar auf die Notwendigkeit der Bewertung möglicher Sensitivitäten von Sicherheitenwerten auf Klimarisiken verwiesen.

Grundsätzlich sind Immobilien einzeln zu bewerten und im Rahmen der Kreditvergabe auch innen und außen zu besichtigen. Bei Wohnimmobilien in gut entwickelten und ausgereiften Immobilienmärkten (Österreich zählt als ein solcher) sind jedoch auch Desktop-Analysen auf Basis fortgeschrittener statistischer Modelle erlaubt. Jedenfalls sind Sachverständige in den Bewertungsprozess einzubeziehen und dafür verantwortlich.

Rahmenwerk für die Kreditüberwachung

Die EBA verfolgt das Ziel, eine stärkere Verknüpfung zwischen der laufenden Kreditüberwachung und dem frühzeitigen Erkennen von gefährdeten Krediten zu erreichen. Das Kapitel ist in Rahmenwerk der Überwachung (laufende Feedbackloops, Notwendigkeit integrierter und granularer Daten), Kreditrisikoüberwachung, regelmäßige Kreditprüfungen und Frühwarnindikatoren/Watchlist unterteilt. Ein ganz wesentlicher Aufwandstreiber für Banken aus der Umsetzung der Richtlinie folgt aus diesem Kapitel (daher gibt es auch die Übergangsfristen bis 2024), da es darum geht, viele risikorelevante Datenpunkte nicht nur bei der Kreditvergabe zu beurteilen, sondern regelmäßig und auch weitgehend automatisiert überwachen und veränderte Risikorahmenbedingungen in die Beurteilungen einfließen lassen zu können. Für den ESG-Bereich heißt das zumindest indirekt, dass man in der Lage sein sollte, diesbezüglich relevante Risikotreiber bzw veränderte physische und transitorische Risiken und deren Auswirkungen auf Kreditportfolios und Einzelengagements regelmäßig zu messen und zu beurteilen. Die Risiken sollten nicht nur bei der Kreditvergabe zum festgelegten Risikoappetit, der Geschäftsstrategie und den Kreditpolicys passen. Relevante negative Abweichungen sollten zu einem automatischen Anschlagen des Frühwarnsystems führen. Als wichtig anzumerken ist hier aber, dass die Überwachung von ESG-Themen in diesem Kapitel nicht explizit erwähnt ist. Da die Aufsicht aber an anderer Stelle mittlerweile klargestellt hat, dass sie ESG-Risiken unter anderem als Kreditrisikotreiber sieht und dieses Kapitel sich mit der Überwachung ebendieser auseinandersetzt, kann man von einigen konkludenten Anforderungen ausgehen. Beispielhaft kann man an die regelmäßige Überwachung physischer Klimarisiken für Standorte von dinglichen Sicherheiten oder an mögliche negative Auswirkungen höherer CO_2-Steuern auf Industrien mit hoher Abhängigkeit von fossilen Energieträgern denken.

1.4. Weitere relevante regulatorische oder Standardisierungstreiber, die das Verstehen von Klimarisiken voraussetzen

Neben den oben beschriebenen Leitfäden und Regelwerken gibt es weitere Treiber für die Standardisierung und Integration von Nachhaltigkeitsüberlegungen in die Risikosteuerung von Finanzinstituten, welche im Folgenden beleuchtet werden sollen.

1.4.1. Portfolio-Emissionen und Klimazielsetzung (PCAF und SBTI)

Der größte Teil der CO_2-Emissionen einer Bank entsteht nicht in den Gebäuden der Bank selbst (großteils Scope-1- und Scope-2-Emissionen). Da sich Banken diejenigen Emissionen, die sie finanzieren, selbst zurechnen müssen, sind die *finanzierten Emissionen* (Scope 3.15., also der für Banken relevanteste Teil der indirekten Emissionen entlang der Wertschöpfungskette) um ein Vielfaches höher als die Scope-1- und Scope-2- sowie weitere Scope-3-Emissionen. Der Grundsatz, dass sich Kapitalgeber eines Unternehmens die finanzierten Emissionen anteilsmäßig zurechnen müssen, ergibt sich aus dem *Green House Gas Protocol* (GHG). Das GHG bleibt hier allerdings oberflächlich, was sich mit seiner eigentlichen Zielgruppe, nämlich Nicht-Finanzunternehmen, erklären lässt.[11]

Investitionen und Finanzierungen zeigen sich in vielen Formen und unterscheiden sich in Charakter und Struktur. Dieser Komplexität versucht daher die Partnership for Carbon Accounting Financials (PCAF) gerecht zu werden. Der PCAF-Standard zur Berechnung der finanzierten Emissionen ist ein detailliertes Rahmenwerk, welches für spezifische Assetklassen eine Zurechnungs- und Berechnungsmethodik vorgibt. Allgemein gilt, dass sich eine Bank (B) wie folgt die Emissionen eines Assets (A) zurechnen muss:

$$Finanzierte\ Emissionen_{BA} = \frac{Ausstehender\ Betrag_{BA}}{Gesamtkapital_{A}} \times Gesamtemissionen_{A}$$

Daneben liefert PCAF vor allem Hinweise und Anleitungen zum Umgang mit in Finanzinstituten oft vorhandenen Datenmängeln und führt einen *Datenscore*, welcher Aussagekraft hinsichtlich der Qualität der berechneten *finanzierten Emissionen* hat. Insbesondere die Emissionen eines spezifischen Assets zu finden ist aufgrund fehlender öffentlich verfügbarer Daten und teilweise fehlender Reportingverpflichtungen eine Herausforderung. Diesem Umstand Rechnung tragend, ermöglicht es PCAF, neben tatsächlich berichteten Emissionen auch statistische Emissionswerte abhängig von der Wirtschaftstätigkeit des jeweiligen Assets zu verwenden. Es sei an dieser Stelle festgehalten, dass es auch im PCAF-Standard nicht für alle Aktivposten eine Berechnungsmethodik gibt. Manche sind aus Ermangelung einer Methodik nicht inkludiert (zB derivative Finanzprodukte), andere wiederum sind aufgrund eines fehlenden inhärenten Finanzierungscharakters nicht für die Berechnung von *finanzierten Emissionen* geeignet (zB Barreserven bei Nationalbanken).[12]

Neben der Relevanz des PCAF-Standards für mögliche Reportingverpflichtungen von CO_2-Emissionen einer Bank ist PCAF ebenso eine relevante Quelle, um klimabezogene Risiken und Chancen managen zu können. Eine ambitioniertere Klimapolitik in den Ländern, die sich zu den Pariser Klimazielen bekannt haben, erschwert das Marktumfeld für CO_2-intensive Branchen und Unternehmen. Insbesondere mögliche CO_2-Bepreisungen können sich wesentlich auf die Werthaltigkeit von Investments und negativ auf die Kreditfähigkeit von Unternehmen auswirken. Durch den PCAF-Standard wird es einer Bank ermöglicht, CO_2-Hotspots und somit CO_2-Klumpenrisiken zu identifizieren und entsprechende Gegenmaßnahmen zu setzen.[13]

---

11   WBCSD/WRI, Corporate Value Chain (Scope 3) Accounting and Reporting Standard (2011).
12   PCAF, The Global GHG Accounting and Reporting Standard Part A: Financed Emissions[2] (2022).
13   World Bank Group, State and Trends of Carbon Pricing (2020).

Die Fähigkeit, den eigenen CO_2-Fußabdruck zu reduzieren, ist dementsprechend ein Indikator für Unternehmen hinsichtlich ihrer Anpassungsfähigkeit und somit zukünftiger Geschäfts- und Konkurrenzfähigkeit. Umgekehrt gilt, dass bei Unternehmen, bei welchen keine Anpassungsfähigkeit erkannt werden kann, im Finanzierungsprozess geprüft werden muss, ob trotz fehlender Transitionspläne über die Laufzeit einer Finanzierung die ständig notwendige Zahlungsfähigkeit gegeben ist, um das klimabezogene Ausfallsrisiko möglichst gering zu halten.

Banken haben daher ein inhärentes Interesse, das klimabezogene Risiko und somit die CO_2-Emissionen im Lauf der Zeit angemessen zu reduzieren. Wie andere Risikoträger auch müssen Banken ebenfalls hinsichtlich der *finanzierten CO_2-Emissionen* ein für sie optimales Niveau finden. Es sei an dieser Stelle erwähnt, dass sich auch der CO_2-bezogene Risikoappetit von Banken unterscheiden wird, allerdings gibt es ein internationales Rahmenwerk, dass Banken dabei unterstützt, passende Klima- und CO_2-Ziele zu setzen. Die Zielsetzungsmethoden der *Science Based Target initiative* (SBTi) gelten als anerkannter Standard, welcher auch für Finanzinstitute anwendbar ist. Als *Science Based Target* (SBT) werden dabei solche Dekarbonisierungsziele definiert, welche sich an den internationalen Klimazielen des Übereinkommens von Paris orientieren. Mithilfe von SBTs können Finanzinstitute auf Basis des CO_2-Fußabdrucks des Portfolios jene Zielemissionen errechnen, welche zur notwendigen Dekarbonisierung in spezifischen Assetklassen und Branchen benötigt werden, um mit den Pariser Klimazielen konform zu sein. Neben der reinen Messung und Reduktion von CO_2-Emissionen ermöglichen es die SBTs, zusätzliche Informationen über das Portfolio zu generieren. Über eine Analyse der Klimaambitionsniveaus im Portfolio durch die *Temperature-Alignement-Methode* oder die *Portfolio-Coverage-Methode* lassen sich Rückschlüsse auf die oben erwähnte Anpassungsfähigkeit der Portfoliounternehmen ziehen.[14] SBTs ermöglichen daher in Kombination mit der Anwendung des PCAF-Standards eine systematische und standardisierte Betrachtung einiger Klimarisikopotenziale durch die Erhebung und Bewertung der Portfolio-CO_2-Emissionen und der klimabezogenen Anpassungsfähigkeit der Portfoliounternehmen.

1.4.2. Corporate Sustainability Reporting Directive (CSRD)

Die Corporate Sustainability Reporting Directive ist die neue regulatorische Grundlage für die Nachhaltigkeitsberichterstattung in der EU.[15] Die Richtlinie bildet die Vorgabe für nationale Gesetze, die Unternehmen zur detaillierteren Berichterstattung unter Berücksichtigung von Umwelt-, sozialen und Governance-Aspekten (kurz: Nachhaltigkeitsaspekte) verpflichten.[16] Unternehmen haben sowohl offenzulegen, inwiefern sie Auswirkungen auf diese Nachhaltigkeitsaspekte

---

14 Science Based Targets Initiative, Financial Sector Science-Based Targets Guidance, Version 1.1. (2022).
15 Vgl den Beitrag von *Frey/Brogyányi* in diesem Band 125.
16 RL 2022/2464/EU.

haben, als auch darüber zu informieren, wie diese Nachhaltigkeitsaspekte ihre Entwicklung, ihren Erfolg und ihre (Markt-)Position beeinflussen.[17] Konkret muss die Resilienz des Geschäftsmodells und der Strategie des Unternehmens im Zusammenhang mit Risiken aus diesen Nachhaltigkeitsaspekten dargelegt werden.[18] Zur Konkretisierung der Anforderungen werden europäische Reporting-Standards erarbeitet. Auch Banken bzw Kreditgeber haben eine entsprechende Resilienz ihres Geschäftsmodells und ihrer Strategie nachzuweisen.

Die Haupttreiber der verschärften Berichterstattungspflicht sind die steigende Nachfrage von Investoren zu dieser Art der Risiken und das wachsende Bewusstsein der Anleger für deren finanzielle Auswirkungen.[19] Banken nehmen dabei eine spezielle Rolle ein. Einerseits haben sie selbst im Einklang mit den Vorgaben der CSRD zu berichten. Andererseits liefern die unter der CSRD erscheinenden Berichte der Unternehmenskunden erst jene Informationen, die sie benötigen, um die Nachhaltigkeit und Nachhaltigkeitsrisiken der Kreditnehmer flächendeckend einschätzen zu können. Nur auf Basis adäquater Informationen können Risiken und die Resilienz (etwa des Kreditgeschäfts) hinreichend analysiert werden. Die Themenlandschaft der CSRD hat somit eine wesentliche Bedeutung für den Umgang mit Nachhaltigkeitsrisiken in der Kreditvergabe.[20]

1.4.3. Task Force on Climate Related Financial Disclosures (TCFD)

Die durch das Financial Stability Board ins Leben gerufene Arbeitsgruppe Task Force on Climate Related Financial Disclosures (kurz: TCFD) soll Investoren, Kreditgebern und Versicherungen ermöglichen, klimabezogene Risiken angemessen zu bewerten und zu bepreisen.[21] Der Umfang dieses Rahmenwerks erstreckt sich somit auf Klimarisiken, erfasst allerdings nicht unmittelbar andere Nachhaltigkeitsrisiken (wie etwa Risiken im Zusammenhang mit Biodiversität oder anderen Umweltrisiken). TCFD bleibt grundsätzlich eine freiwillige Initiative, jedoch fordern immer mehr Gesetzgeber Veröffentlichungen in Anlehnung an die TCFD-Empfehlungen. Insgesamt über 120 Gesetzgeber und Länder unterstützen TCFD.[22] Nicht zuletzt wurde das TCFD-Rahmenwerk explizit bei der Erarbeitung der Corporate Sustainability Reporting Directive berücksichtigt.[23]

---

17 Art 1 Z 4 RL 2022/2464/EU.
18 Art 1 Z 4 RL 2022/2464/EU.
19 Erläuterung 11 RL 2022/2464/EU.
20 Nähere Ausführungen siehe 2.1.
21 Recommendations of the Task Force on Climate-related Financial Disclosures (June 2017) ii ff und 13 ff (abgerufen am 4.6.2023: https://assets.bbhub.io/company/sites/60/2021/10/FINAL-2017-TCFD-Report.pdf).
22 2022 Status Report (October 2022) 100 (abgerufen am 4.6.2023: https://assets.bbhub.io/company/sites/60/2022/10/2022-TCFD-Status-Report.pdf).
23 Insbesondere sollen „key global initiatives" berücksichtigt werden, darunter auch TCFD (abgerufen am 4.6.2023: https://www.efrag.org/Activities/2105191406363055/Sustainability-reporting-standards-interim-draft#).

Zur besseren Bewertung und Bepreisung von Klimarisiken wurden Empfehlungen („recommendations") zur klimabezogenen finanziellen Berichterstattung erarbeitet, die auf Organisationen in allen Sektoren und Rechtsordnungen anwendbar sind. Diese vier Kernelemente setzen sich aus den Bereichen Governance, Strategie, Risikomanagement sowie Kennzahlen und Zielen zusammen. Die damit verbundenen Empfehlungen sind auch auf Finanzunternehmen anwendbar.

Die übergreifenden vier Empfehlungen der TCFD werden durch empfohlene Veröffentlichungen („recommended disclosures") ergänzt. Diese sollen ein besseres Verständnis der Einschätzungen und Bewertungen des berichtenden Unternehmens ermöglichen. Zusätzlich werden sektorunabhängige und sektorspezifische Guidance-Dokumente veröffentlicht; so auch für den Finanzsektor. Dieser wird dabei in die Bereiche Banken (Kreditvergabe), Versicherungen (Underwriting), Asset Managers und Asset Owners gegliedert. Speziell für Banken werden dabei zusammengefasst folgende ergänzende Veröffentlichungen empfohlen:

- **Strategie:** Banken sollten wesentliche Konzentrationen im Kreditportfolio in Bezug auf emissionsbezogene Aktiva darlegen. Zusätzlich sollten sie die Offenlegung ihrer klimabezogenen Risiken in der Kreditvergabe in Erwägung ziehen.
- **Risk Management:** Banken sollten in Erwägung ziehen, ihre klimabezogenen Risiken im Zusammenhang mit traditionellen Risikokategorien des Bankensektors wie Kreditrisiko, Marktrisiko, Liquiditätsrisiko und operationelles Risiko zu kennzeichnen.
- **Kennzahlen und Ziele:** Banken sollten die Kennzahlen zur Ermittlung der kurz-, mittel- und langfristigen Auswirkungen klimabezogener Risiken auf die Kreditvergabe zur Verfügung stellen. Dabei hat zumindest eine Aufschlüsselung nach Branche, Geografie, Kreditqualität und durchschnittlicher Laufzeit zu erfolgen. Des Weiteren sollten der Betrag und der Prozentsatz der kohlenstoffbezogenen Aktiva im Verhältnis zu den Gesamtaktiva sowie die Höhe der Kreditvergabe und anderer Finanzierungen im Zusammenhang mit klimabezogenen Chancen offengelegt und sollte schließlich auch dargelegt werden, inwiefern die Kreditvergabeaktivitäten im Einklang mit einem Unter-2-°C-Szenario stehen (vgl Ausführungen zu PCAF und SBTi unter 2.1.). Folglich wird Banken auch empfohlen, die Treibhausgas-Emissionen für ihre Kreditvergabeaktivitäten offenzulegen, sofern Daten und Berechnungsmethoden das erlauben (vgl abermals 2.1.).[24]

---

24 Annex: Implementing the Recommendations of the Task Force on Climate-related Financial Disclosures (October 2021) 24 ff (abgerufen am 4.6.2023: https://assets.bbhub.io/company/sites/60/2021/07/2021-TCFD-Implementing_Guidance.pdf).

1.4.4. EU-Taxonomie

Die EU-Taxonomie-Verordnung *„enthält Kriterien zur Bestimmung, ob eine Wirtschaftstätigkeit als ökologisch nachhaltig einzustufen ist, um damit den Grad der ökologischen Nachhaltigkeit einer Investition ermitteln zu können".*[25] Durch die Klassifizierung anhand der EU-Taxonomie sollen Greenwashing verhindert und private Investitionen in nachhaltige Tätigkeiten gelenkt werden.[26] Im Ergebnis beantwortet die EU-Taxonomie für betroffene Wirtschaftstätigkeiten somit die Frage, unter welchen Bedingungen diese als ökologisch nachhaltig bzw taxonomiekonform gelten. Zu diesem Zweck wurden die sechs Umweltziele Klimaschutz, Anpassung an den Klimawandel, nachhaltige Nutzung und Schutz von Wasser- und Meeresressourcen, Übergang zu einer Kreislaufwirtschaft, Vermeidung und Verminderung der Umweltverschmutzung sowie Schutz und Wiederherstellung der Biodiversität und der Ökosysteme definiert.[27] Um als taxonomiekonform zu gelten, haben Wirtschaftstätigkeiten einen wesentlichen Beitrag zu mindestens einem Umweltziel leisten, während die anderen Umweltziele nicht erheblich beeinträchtigt werden dürfen (Do-no-significant-harm-Prinzip, kurz DNSH).[28] Zusätzlich ist ein gewisser sozialer Mindestschutz sicherzustellen. Wann konkret ein wesentlicher Beitrag bzw eine erhebliche Beeinträchtigung vorliegt, wird durch (technische) Bewertungskriterien definiert. Erfasste Nicht-Finanzunternehmen haben auf dieser Basis jährlich zu berichten, in welchem Ausmaß die eigenen Wirtschaftstätigkeiten ökologisch nachhaltig sind, während Kreditinstitute in Form der Green Asset Ratio jährlich darzulegen haben, inwiefern die finanzierten Wirtschaftstätigkeiten ökologisch nachhaltig sind.[29] Das Thema Klimarisiko spielt dabei eine nicht zu unterschätzende Rolle. Um Taxonomiekonformität zu erreichen, müssen Unternehmen unter dem Umweltziel „Anpassung an den Klimawandel" eine Klimarisiko- und Vulnerabilitätsbewertung durchführen. Taxonomiekonformität verlangt somit nicht nur den Nachweis, dass die durch Unternehmen verursachten Einflüsse auf die Umwelt gewissen technischen Kriterien entsprechen, sondern auch, dass sie ausreichend klimaresilient wirtschaften.

Konkret sind die *„physischen Klimarisiken, die für die Tätigkeit wesentlich sind […] im Wege einer robusten Klimarisiko- und Vulnerabilitätsbewertung"*[30] anhand spezifisch angeführter Risiken und Schritte zur Vermeidung zu ermitteln. Hervorzuheben ist, dass diese Bewertung demnach ausschließlich physische Klimarisiken beinhaltet. Transitorische Klimarisiken (wie etwa politische oder rechtliche Risiken) oder andere Umweltrisiken sind für die Erfüllung der Anforderungen unter diesem Umweltziel nicht zu untersuchen. Zur entsprechenden Bewer-

---

25   Art 1 Z 1 Verordnung (EU) 2020/852.
26   Erläuterung 11 der Verordnung (EU) 2020/852.
27   Art 9 Verordnung (EU) 2020/852.
28   Art 3 Verordnung (EU) 2020/852.
29   Art 8 Verordnung (EU) 2020/852 iVm der Delegierten Verordnung 2021/2176.
30   Anlage A Annex 1 der Delegierten Verordnung 2021/2139.

tung der physischen Klimarisiken werden dabei zunächst Klimagefahren aus nachfolgender Tabelle ausgewählt, die die jeweilige Wirtschaftstätigkeit während ihrer voraussichtlichen Lebensdauer beeinträchtigen können:

	Temperatur	Wind	Wasser	Feststoffe
Chronisch	Temperaturänderung (Luft, Süßwasser, Meerwasser)	Änderung der Windverhältnisse	Änderung der Niederschlagsmuster und -arten (Regen, Hagel, Schnee/Eis)	Küstenerosion
	Hitzestress		Variabilität von Niederschlägen oder der Hydrologie	Bodendegradierung
	Temperaturvariabilität		Versauerung der Ozeane	Bodenerosion
	Abtauen von Permafrost		Salzwasserintrusion	Solifluktion
			Anstieg des Meeresspiegels	
			Wasserknappheit	
Akut	Hitzewelle	Zyklon, Hurrikan, Taifun	Dürre	Lawine
	Kältewelle/Frost	Sturm (einschließlich Schnee-, Staub- und Sandstürmen)	Starke Niederschläge (Regen, Hagel, Schnee/Eis)	Erdrutsch
	Wald- und Flächenbrände	Tornado	Hochwasser (Küsten-, Flusshochwasser, pluviales Hochwasser, Grundhochwasser)	Bodenabsenkung
			Überlaufen von Gletscherseen	

Abb 2: Klassifikation der Klimagefahren gemäß Anlage A, Annex 1 der Delegierten Verordnung 2021/2139

Wird eine Bedrohung der Wirtschaftstätigkeit festgestellt, ist eine Klimarisiko- und Vulnerabilitätsbewertung durchzuführen, um zu bestimmen, wie wesentlich die Risiken für die Wirtschaftstätigkeit sind. Beträgt die Lebensdauer der Tätigkeit zumindest zehn Jahre, ist die Bewertung *„anhand der höchstauflösenden, dem neuesten Stand der Technik entsprechenden Klimaprojektionen für die bestehende Reihe von Zukunftsszenarien"* durchzuführen. Auf Basis der Ergebnisse der Klimarisiko- und Vulnerabilitätsbewertung sind Anpassungslösungen umzusetzen oder Anpassungspläne zu erstellen.

Die Anforderungen der EU-Taxonomie setzen dabei in Hinblick auf die Granularität von Klimarisikoanalysen zum Teil neue Maßstäbe. Zwar sind nicht alle vier IPCC-Konzentrationspfade[31] verpflichtend in der Analyse zu berücksichtigen,[32] jedoch ergibt sich aus den Anforderungen der EU-Taxonomie oft eine Klimarisikobewertung, heruntergebrochen auf einzelne Anlagen und Standorte. Darüber hinaus sind nicht nur auf eigene Standorte wirkende Klimagefahren zu betrachten, sondern vielmehr alle notwendigen „Objects" zu definieren, die für die Wirtschaftstätigkeit relevant sind.[33] Dazu gehören etwa auch Standorte von kritischen Lieferanten, Rohstoffabbaugebiete, Kundenstandorte und Ähnliches. In der Praxis zeigt sich, dass Unternehmen vor großen Herausforderungen stehen, die Auswirkungen der hier relevanten physischen Klimarisiken möglichst vollständig zu verstehen und zu analysieren.

Neben den umfassend geforderten Klimarisiko- und Vulnerabilitätsbewertungen verlangt die EU-Taxonomie in den technischen Bewertungskriterien zu den Umweltzielen „Klimaschutz" und „Anpassung an den Klimawandel" vereinzelt auch Risikoanalysen zu anderen Umweltzielen. So sind für ausgewählte Wirtschaftstätigkeiten auch *„Risiken einer Umweltschädigung im Zusammenhang mit der Erhaltung der Wasserqualität und der Vermeidung von Wasserknappheit"*[34] zu ermitteln oder Verträglichkeitsprüfungen im Zusammenhang mit dem Schutz und der Wiederherstellung der Biodiversität und Ökosysteme[35] erforderlich.

2. Einordnung der Nachhaltigkeitsrisiken

2.1. Arten von Nachhaltigkeitsrisiken

Um Nachhaltigkeitsrisiken angemessen zu identifizieren und managen, bedarf es einer Auseinandersetzung mit den zahlreichen Dimensionen und Themenbereichen, die unter den Begriff Nachhaltigkeitsrisiko fallen. Wie im vorangehenden Kapitel dargelegt, weisen die jeweiligen Rahmenwerke auch unterschiedliche Schwerpunkte auf und decken damit verschiedene Bereiche des Nachhaltigkeitsrisikos ab. Während sich die oben erwähnten EBA-Leitlinien auf „ESG-Risiken" beziehen (vgl 1.3.), verwendet die FMA den Begriff Nachhaltigkeitsrisiken (vgl 1.2.), die EZB wiederum spricht einschränkend von Klima- und Umweltrisiken (vgl 1.1.). Dazu kommt, dass PCAF, SBTi sowie TCFD einen starken Fokus auf klimabezogene Aspekte zeigen und sich die EU-Taxonomie mit dem Umweltziel „Anpassung an den Klimawandel" nur auf physische Klimarisiken beschränkt. Es wird somit höchste Zeit, im Universum der Nachhaltigkeitsrisiken Ordnung zu schaffen und diese zu systematisieren.

---

31 RCP 2.6, RCP 4.5, RCP 6.0 und RCP 8.5.
32 So die EU-Kommission im FAQ-Dokument vom 19.12.2022, 68 (abgerufen am 4.6.2023: https://ec.europa.eu/finance/docs/law/221219-draft-commission-notice-eu-taxonomy-climate.pdf).
33 FAQ-Dokument der EU-Kommission vom 19.12.2022, 71 (abgerufen am 4.6.2023: https://ec.europa.eu/finance/docs/law/221219-draft-commission-notice-eu-taxonomy-climate.pdf).
34 Anlage B Annex 1 der Delegierten Verordnung 2021/2139.
35 Anlage D Annex 1 der Delegierten Verordnung 2021/2139.

Ganz grundlegend lässt sich in einem ersten Schritt zwischen Inside-out- und Outside-in-Risiken unterscheiden. Inside-out-Risiken sind dabei die Auswirkungen, die ein Unternehmen auf Nachhaltigkeitsaspekte haben kann. Outside-in-Risiken beschreiben hingegen die Auswirkungen von Nachhaltigkeitsaspekten auf die Entwicklung, Leistung und Stellung des Unternehmens.[36] Diese Logik wird auch durch die Corporate Sustainability Reporting Directive verfolgt.[37] Viele der oben genannten Rahmenwerke beziehen sich dabei großteils auf Outside-in-Risiken. Aus Sicht der finanzierenden Seite mag das auch Sinn ergeben, da schließlich vorrangig Interesse daran besteht, die Auswirkungen auf die (finanzierten) Tätigkeiten zu verstehen. Zu beachten ist, dass ein vollständiges Bild nur durch die Betrachtung beider Dimensionen erlangt werden kann. Oft führen Inside-out-Auswirkungen zu Schäden bzw finanziellen Risiken, wodurch eine Wechselwirkung zwischen diesen Dimensionen besteht. Werden beispielsweise Gewässer durch einen Produktionsstandort verschmutzt (inside-out), so kann das zu Schadenersatzforderungen führen (rechtliches Risiko; outside-in).

Unabhängig von der „Richtung" möglicher Auswirkungen von Nachhaltigkeitsrisiken stellt sich die Frage nach der thematischen Abdeckung. Im öffentlichen Diskurs sowie in den weiter oben behandelten Rahmenwerken werden oft Klimarisiken besonders hervorgehoben. Die aktuellen und zukünftigen globalen und lokalen Auswirkungen des Klimawandels rechtfertigen eine gewisse Priorisierung.[38] Jedoch decken Klimarisiken isoliert betrachtet nicht das gesamte Gefährdungspotenzial ab, weshalb Nachhaltigkeit sich *„nicht in Klimafragen erschöpfen"*[39] kann. Die BaFin etwa begreift Nachhaltigkeitsrisiken als *„ESG-Risiken"*, wonach ökologische und soziale Trends aus den Bereichen Environmental (Umwelt), Social (Soziales) und Governance (Unternehmensführung) berücksichtigt werden sollen. Auch die FMA verfolgt ein entsprechend umfassendes Verständnis von Nachhaltigkeitsrisiken.[40] Das entspricht grundsätzlich auch der Themenlandschaft der CSRD. Diese soll in Zukunft die Informationsbedürfnisse des Finanzmarktes sichern und stellt daher nicht nur neue Anforderungen an die Nachhaltigkeitsberichte von Banken, sondern versorgt diese gleichzeitig auch mit wertvollen Informationen aus der Realwirtschaft – insbesondere im Hinblick auf Nachhaltigkeitsrisiken. Aufgrund dieser zentralen Bedeutung der CSRD für den Informationsaustausch zwischen Real- und Finanzwirtschaft soll die Themenlandschaft dieser Richtlinie als Ausgangsbasis dienen.

---

36   Vgl Art 19a Abs 1 des aktuellen Änderungstexts des CSRD-Proposals (abgerufen am 4.6.2023: https://www.europarl.europa.eu/doceo/document/TA-9-2022-0380_EN.html).

37   Ebenda.

38   Zu den Auswirkungen siehe etwa IPCC-Report AR6, Climate Change 2022: Impacts, Adaptation and Vulnerability (abgerufen am 4.6.2023: https://www.ipcc.ch/report/ar6/wg2/).

39   BaFin, Merkblatt zum Umgang mit Nachhaltigkeitsrisiken (Stand: 13.1.2022) (abgerufen am 4.6.2023: https://www.bafin.de/SharedDocs/Downloads/DE/Merkblatt/dl_mb_Nachhaltigkeitsrisiken.pdf?__blob=publicationFile&v=9).

40   FMA, Leitfaden zum Umgang mit Nachhaltigkeitsrisiken (abgerufen am 5.6.2023: https://www.fma.gv.at/wp-content/plugins/dw-fma/download.php?d=4288).

Die umweltbezogenen Themen der CSRD decken sich im Grunde mit den sechs Umweltzielen der EU-Taxonomie (somit Klimaschutz, Anpassung an den Klimawandel, Wasser- und Meeresressourcen, Ressourcennutzung und Kreislaufwirtschaft, Verschmutzung sowie Biodiversität und Ökosysteme). Soziale Themen wiederum enthalten zusammengefasst die Bereiche Chancengleichheit (einschließlich Geschlechtergerechtigkeit und Lohngleichheit), Arbeitsbedingungen und die Achtung der Menschenrechte (einschließlich internationaler Standards). Die Rolle der Verwaltungs-, Leitungs- und Aufsichtsorgane, auch in Bezug auf Nachhaltigkeitsaspekte, Unternehmensethik und Unternehmenskultur einschließlich der Bekämpfung von Korruption und Bestechung, politisches Engagement des Unternehmens einschließlich Lobbytätigkeiten, Verwaltung und Qualität der Beziehungen zu Geschäftspartnern, einschließlich Zahlungspraktiken sowie die internen Kontroll- und Risikomanagementsysteme des Unternehmens decken den Themenbereich Governance im Sinne der CSRD ab.[41] Zusammengefasst ergibt sich somit folgende Themenlandschaft der Nachhaltigkeit:

Umwelt	Soziales	Governance
Klimaschutz	Eigene Beschäftigte	Rolle der Verwaltungs-, Leitungs- und Aufsichtsorgane
Anpassung an den Klimawandel	Beschäftigte in der Lieferkette	Unternehmensethik und Unternehmenskultur
Umweltverschmutzung	Betroffene Gemeinschaften	Politisches Engagement
Wasser- und Meeresressourcen	Konsument:innen und Endnutzer:innen	Beziehungen zu Geschäftspartnern
Biodiversität und Ökosysteme		Interne Kontroll- und Risikomanagementsysteme
Ressourcennutzung und Kreislaufwirtschaft		

Abb 3: Themenlandschaft Nachhaltigkeit gemäß CSRD und European Reporting Standards

In Hinblick auf die kommenden Berichterstattungspflichten und aufsichtsrechtlichen Trends ist es empfehlenswert, ein entsprechend breites Verständnis von Nachhaltigkeitsrisiken zu entwickeln. Die Themenlandschaft der CSRD eignet sich vor diesem Hintergrund als adäquate Ausgangsbasis, zumal sie die Grundlage für die durch die Realwirtschaft bzw die Kunden bereitzustellende Information bildet.

---

41   Art 29b Z 2 RL 2022/2464/EU.

2.2. Klimarisiko- und Vulnerabilitätsbewertungen in der Praxis – Status quo und Herausforderungen in der Realwirtschaft

Klimarisiken haben in zahlreichen Rahmenwerken und regulatorischen Initiativen einen hohen Stellenwert. Auch die Gesetzgebung schreckt nicht mehr davor zurück, ambitionierte Vorgaben in diesem Bereich zu etablieren. Einerseits hat es den Anschein, als wäre Wissen zu Klimarisiken bereits in der Mitte der Gesellschaft bzw Unternehmerschaft angekommen, andererseits weisen in der Praxis Klimarisikoanalysen oft zahlreiche Ungenauigkeiten und Unvollständigkeiten auf. Vor dem Hintergrund langfristiger Finanzierungen und Branchenabhängigkeiten kann das zu wesentlichen Risiken für den Finanzsektor führen. Dieser wird jedoch in die Pflicht genommen, Klimarisiken für relevante Branchen zu verstehen und Klimarisikoanalysen der Realwirtschaft zu verstehen und richtig zu deuten. Diese Aufgabe wirft zahlreiche Fragen auf: Welche Arten von Klimarisiken sind zu beachten? Was kennzeichnet State-of-the-Art-Risikoanalysen? Und wo liegen aktuelle Limitierungen und Datenprobleme? Die nachfolgenden Ausführungen sollen anhand eines Beispiels für die möglichen Auswirkungen des Klimawandels sensibilisieren, häufige Lücken und Limitierungen gegenwärtiger Klimarisikoanalysen aufzeigen und dadurch zur kritischen Betrachtung von Kundeninformationen sowie Klimarisiko-„Tools" und -Analysen befähigen.

In einem ersten Schritt ist zwischen physischen und transitorischen Klimarisiken zu unterscheiden. Physische Klimarisiken sind laut FMA-Risiken jene, die sich direkt aus den Folgen von Klimaveränderungen (wie etwa Temperaturanstieg, Überschwemmungen, Hitzeperioden) ergeben. TCFD unterscheidet zwischen ereignisbedingten (akuten) Risiken und Risiken aus längerfristigen Verschiebungen in den Klimamustern (chronischen Risiken). Diese können finanzielle Auswirkungen für Organisationen haben, entweder durch direkte Schäden an Vermögenswerten oder durch indirekte Auswirkungen, etwa Unterbrechungen der Lieferkette. Diese Unterscheidung wird auch von den Vorgaben der EU-Taxonomie aufgegriffen und um eine Tabelle mit vorgegebenen Klimagefahren ergänzt.

Transitorische Klimarisiken oder Transitionsrisiken sind laut FMA Risiken,

> die durch den Übergang zu einer klimaneutralen und resilienten Wirtschaft und Gesellschaft entstehen und so zu einer Abwertung von Vermögenswerten führen können, wie z.B. die Änderung von politischen und rechtlichen Rahmenbedingungen in der Realwirtschaft (Einführung einer CO_2-Steuer, Änderungen der Bauordnungen, Flächenwidmungen, geänderte aufsichtsrechtliche Behandlung von Exposures mit höheren Nachhaltigkeitsrisiken etc.), technologische Entwicklungen (bspw. erneuerbare Energien, Speicher) sowie Änderungen im Konsumverhalten.

TCFD unterscheidet in diesem Zusammenhang zwischen politischen und rechtlichen Risiken, technologischen Risiken, Marktrisiken und Reputationsrisiken. Die folgende Übersicht fasst diese Einteilung der von Klimarisiken im Sinne der EU-Taxonomie und TCFD zusammen:

Physische Risiken – Risiken aufgrund des Klimawandels				
	Temperatur	**Wind**	**Wasser**	**Feststoffe**
Chronisch	Temperaturänderung (Luft, Süßwasser, Meerwasser)	Änderung der Windverhältnisse	Änderung der Niederschlagsmuster und -arten (Regen, Hagel, Schnee/Eis)	Küstenerosion
	Hitzestress		Variabilität von Niederschlägen oder der Hydrologie	Bodendegradierung
	Temperaturvariabilität		Versauerung der Ozeane	Bodenerosion
	Abtauen von Permafrost		Salzwasserintrusion	Solifluktion
			Anstieg des Meeresspiegels	
			Wasserknappheit	
Akut	Hitzewelle	Zyklon, Hurrikan, Taifun	Dürre	Lawine
	Kältewelle/Frost	Sturm (einschließlich Schnee-, Staub- und Sandstürmen)	Starke Niederschläge (Regen, Hagel, Schnee/Eis)	Erdrutsch
	Wald- und Flächenbrände	Tornado	Hochwasser (Küsten-, Flusshochwasser, pluviales Hochwasser, Grundhochwasser)	Bodenabsenkung
			Überlaufen von Gletscherseen	

Transitorische Risiken – Risiken aufgrund des Klimaschutzes	
Politische Risiken	Risiken aus politischen Maßnahmen zur Steuerung des Übergangs in eine emissionsarme Gesellschaft
Rechtliche Risiken	Klagerisiken in Zusammenhang mit dem Klimawandel
Technologisches Risiko	Risiken aus disruptiver technologischer Entwickung und Marktverschiebung hin zu emissionsärmeren Technologie-Optionen
Markt(preis)-risiken	Risiken aus verändertem Angebot und Nachfrage nach bestimmten Rohstoffen, Produkten und Dienstleistungen
Reputations-risiken	Risiken für die Reputation des Unternehmens aus der gesellschaftlichen Wahrnehmung des Beitrags zum Klimaschutz

Abb 4: Überblick physische und transitorische Klimarisiken [Quelle: eigene Darstellung]

Zur Veranschaulichung der Durchführung einer Klimarisiko- und Vulnerabilitätsbewertung soll ein Beispiel aus der Hotelbranche dienen.

Beispiel

Ein Beherbergungsbetrieb mit mehreren Standorten im Alpenraum generiert den größten Teil seines Umsatzes im Ski- bzw Wintertourismus.

Identifizierung und Zuordnung von Klimarisiken

Besonders augenscheinlich sind in diesem Fall physische Risiken wie chronische Temperaturveränderungen und Änderungen der Niederschlagsmuster und -arten. In Anbetracht der signifikanten Abnahme der natürlichen Schneedeckendauer und Schneehöhe in allen Höhenlagen im Westen und Süden Österreichs seit 1950[42] ist das Geschäftsmodell direkt durch physische Klimarisiken bedroht, zumal sich gleichzeitig die Anzahl und Dauer der möglichen Beschneiungszeiten unter der Annahme heutiger Technologien vor allem in mittleren und tiefen Lagen reduzieren.[43] Geschäftsmodell-unabhängig bestehen aber zusätzlich auch Gefahren für die Standorte des Unternehmens. Häufungen von Lawinen, Hangrutschungen und anderen physischen Klimagefahren können Schäden an Gebäuden und der Hotelinfrastruktur verursachen oder die Anreise von Gästen verhindern. Zusätzlich führt die Zunahme von warmen und trockenen Witterungsphasen in den Sommermonaten zu einer Zunahme der Waldbrandhäufigkeit in den Alpen.[44] Allein die Zuordnung der physischen Klimagefahren

---

42 *Pröhstl-Haider U./Lund-Durlacher D./Olefs M./Prettenthaler F.* (Hrsg), Tourismus und Klimawandel; Österreichischer Special Report Tourismus und Klimawandel (SR19) (2020) 39.

43 *Pröhstl-Haider U./Lund-Durlacher D./Olefs M./Prettenthaler F.* (Hrsg), 39.

44 *Sass O./Malowerschnig B./Vacik H./Arpaci A./Müller M./Formayer H./Leidinger D./Sailer R.*, Fire risk and vulnerability of Austrian forests under the impact of climate change (2014) 2 (abgerufen am 5.6.2023: https://www.klimafonds.gv.at/wp-content/uploads/sites/16/01112014FIRIASASSEBACRP3-B068712K10AC1K00091.pdf) und *Arpaci* et al, doi: 10.1016/j.apgeog.2014.05.015 (2014).

zu den wesentlichen Untersuchungsgegenständen eines Hotelbetriebs (zB Hotelstandorte, Kunden, Skigebiete) kann somit bereits eine komplexe Aufgabe darstellen.

Darüber hinaus können aber auch transitorische Risiken in der Beherbergung eine bedeutende Rolle spielen. In Anbetracht des hohen Energieverbrauchs von Beherbergungsbetrieben (bspw auch durch den Betrieb von Wellnessbereichen) gehören Hotels zu den besonders energieintensiven Gebäuden. Diese Energieintensität kann wiederum ein transitorisches Risiko darstellen und etwa durch eine plötzliche Erhöhung der Energiepreise finanzielle Auswirkungen auf den Beherbergungsbetrieb haben.

Szenarienanalyse, Klimarisiko- und Vulnerabilitätsbewertung

Einige Unternehmen spüren bereits heute die Auswirkungen des Klimawandels. Für den Großteil der Betriebe werden die wesentlichen Auswirkungen jedoch erst mittel- oder langfristig wahrnehmbar werden, wobei Zeitpunkt und Ausmaß mit Unsicherheit behaftet sind.[45] Eine bewährte Methode, um mit diesen Unsicherheiten umzugehen, ist die Szenarienanalyse. Dabei kann es sich um qualitative oder quantitative Analysen oder Kombinationen aus quantitativen und qualitativen Elementen handeln. Für physische Klimarisiken bietet sich dabei grundsätzlich eine (quantitative) Szenarienanalyse unter Berücksichtigung der IPCC-Konzentrationspfade und entsprechender Klimarisikoindikatoren an (dies entspricht den Ansätzen und Vorgaben von TCFD und EU-Taxonomie). Die IPCC-Konzentrationspfade[46] stehen dabei für Klimaprojektionen, die von jeweils unterschiedlichen Treibhausgaskonzentrationen in der Atmosphäre ausgehen. Da aktuell noch nicht abschätzbar ist, wie sich die Treibhausgaskonzentration in der Atmosphäre zukünftig entwickeln wird, ermöglichen die IPCC-Konzentrationspfade einen Blick in die Zukunft unter unterschiedlichen Annahmen.

Ausgehend von den oben identifizierten Risiken für den Beherbergungsbetrieb sind zunächst entsprechende Klimarisikoindikatoren zu ermitteln. Dabei zeigt sich, dass für chronische Veränderungen der Lufttemperatur flächendeckende langjährige Messreihen und Lufttemperaturkarten vorliegen (was zu einer einfacheren Modellierbarkeit führt). Hinsichtlich des akuten Waldbrandrisikos sieht die Situation aber anders aus. Während etwa im mediterranen Raum, Kanada, an der Westküste der USA oder Australien viel Erfahrung im Zusammenhang mit Waldbränden besteht, ist das Waldbrandrisiko besonders im alpinen Raum vergleichsweise wenig erforscht und schwierig zu modellieren. Kombinationen aus lang anhaltender Trockenheit und extremer Hitze können die Waldbrandgefahr erhöhen. Eine Kombination entsprechender Indikatoren kann daher eine quantitative Analyse ermöglichen. Hinzu kommen jedoch soziale Überlagerungen des Risikos, da die Hauptzündquelle für Waldbrände der Mensch ist. Auch die Struktur der Einsatzkräfte spielt eine wesentliche Rolle für das Risiko katastrophaler Waldbrände. Eine seriöse Modellierung dieser Risiken ist folglich komplex.

Kreditgeber müssen sich dieser Limitierungen in der quantitativen Szenarienanalyse bewusst sein. Für eine aussagekräftige Klimarisikoanalyse ist der durch die Szenarioanalyse ermöglichte „Blick in die Zukunft" aber unumgänglich. TCFD empfiehlt dementsprechend Finanzunternehmen die Verwendung von Szenarienanalysen, um die potenziellen Auswirkungen klimabezogener Szenarien auf einzelne Vermögenswerte

---

45 Recommendations of the Task Force on Climate-related Financial Disclosures (June 2017) 25 (abgerufen am 5.6.2023: https://assets.bbhub.io/company/sites/60/2021/10/FINAL-2017-TCFD-Report.pdf).

46 Etwa RCP2.6, RCP4.5, RCP6.0 und RCP8.5.

und Anlagen oder Anlagen und Vermögenswerte in einem bestimmten Sektor oder einer spezifischen Region zu ermitteln.[47]

Was sind nun die Merkmale einer qualitativ ansprechenden Klimarisiko- und Vulnerabilitätsbewertung, die möglichst verlässliche Informationen für Kreditgeber bereitstellt? Folgende Merkmale können dabei unter anderem in Betracht gezogen werden:

- Die wesentlichen Untersuchungsgegenstände sind identifiziert und lokalisiert (Gebäudestandorte, Produktionsanlagen, kritische Lieferanten, Kunden, Nachfrage, Transportwege etc).
- Physische und transitorische Klimarisiken werden gleichermaßen untersucht.
- Physische Klimarisiken sind sauber den Untersuchungsgegenständen zugeordnet (unter Berücksichtigung unterschiedlicher örtlicher Gegebenheiten).
- Szenarioanalysen (wenn möglich quantitativ) ermöglichen eine Ableitung der zukünftigen Auswirkungen in unterschiedlichen Konzentrationspfaden.
- Die Betrachtungszeiträume der Szenarienanalysen korrespondieren mit der Laufzeit der Wirtschaftstätigkeiten bzw Finanzierung.
- Im Falle von komplex zu modellierenden Klimarisiken sind allfällige Einschränkungen oder Annahmen transparent dargelegt.
- Die konkreten Auswirkungen (Vulnerabilität) der Risiken werden vor dem Hintergrund der Wirtschaftstätigkeit/des Unternehmens analysiert.
- Wurden wesentliche Auswirkungen festgestellt, liegen Anpassungslösungen oder -pläne vor.

3. Praktische Umsetzung der Identifizierung und Überwachung von Nachhaltigkeitsrisiken im Kreditprozess

3.1. Auswirkungen von Nachhaltigkeitsrisiken auf „klassische" Bank-Risiken

Die Aufsicht[48] sieht Nachhaltigkeitsrisiken, egal ob transitorisch oder physisch, nicht als eigene Risikokategorie, sondern als Treiber für die bekannten Risikoarten

- Kreditrisiko
- Marktrisiko
- operationelles Risiko
- Liquiditätsrisiko
- Reputationsrisiko
- systemisches Risiko

einer Bank (siehe ua auch 1.2.).

---

47 Recommendations of the Task Force on Climate-related Financial Disclosures (June 2017) 29 (abgerufen am 5.6.2023: https://assets.bbhub.io/company/sites/60/2021/10/FINAL-2017-TCFD-Report.pdf).
48 Vgl ua BaFin-Merkblatt zum Umgang mit Nachhaltigkeitsrisiken oder das österreichische Pendant des FMA-Leitfadens zum Umgang mit Nachhaltigkeitsrisiken.

In einer FMA-Umfrage aus 2022 gaben von 30 österreichischen Instituten 100 % an, dass das Kreditrisiko von Nachhaltigkeitsrisiken betroffen ist. 70 % sahen eine wesentliche Beeinträchtigung. Dies sind die höchsten Werte verglichen mit der Auswirkungseinschätzung auf alle anderen Risikoarten, insbesondere betreffend die Relevanz.[49]

Figure 4 Summary of ESG risk drivers, their transmission channels and how these can impact financial risk categories

Risk drivers	Transmission channels	Financial risks
Environmental	Lower profitability	Credit risk
Physical • Acute • Chronic	Lower real estate value	Market risk
	Lower household wealth	Operational risk
Transition • Policy changes • Technological changes • Behavioural changes	Lower asset performance	Liquidity and funding risk
	Increased cost of compliance	Reputational risk
Social	Increased legal costs	
Environmental risks		
Changes in social policy		
Changes in market sentiment		
Governance		
Inadequate management of E & S risks		
Non-compliance with corporate governance frameworks/codes		

Abb 5: EBA-Report on Management and Supervision of ESG Risks for Credit Institutions and Investment Firms EBA/REP/2021/18, 34

Was sind also die Auswirkungen der Nachhaltigkeitsrisiken auf das Kreditrisiko und wie sind sie zu steuern? Momentan ist in der diesbezüglichen Diskussion ein Fokus auf die Klima- bzw etwas weiter gefasst die Umweltrisiken auszumachen. Sowohl die EBA als auch die FMA oder die OeNB verwenden plakative Beispiele, wie Umweltrisiken sich auf das Kreditrisiko auswirken können. Beispielsweise können außertourliche Abschreibungen auf CO_2-intensive Anlagen oder höhere Kosten durch CO_2-Steuern zu höheren Ausfallswahrscheinlichkeiten (PDs) führen,[50] Naturkatastrophen können logischerweise und insbesondere bei mangelnder Deckung durch Versicherungen höhere Risikokosten durch Absinken des Sicherheitenwertes und damit Erhöhung des LGD zur Folge haben. Die EZB selbst ver-

---

49   FMA, Nachhaltigkeit am österreichischen Finanzmarkt (2023) 26 (https://www.fma.gv.at/wp-content/plugins/dw-fma/download.php?d=6204&nonce=4f0e01a76ccb2297).
50   FMA-Leitfaden zum Umgang mit Nachhaltigkeitsrisiken (2020) 24.

wendet im Klima-Stress-Test von 2022 sogar den indirekten Kausalitätszusammenhang, wonach höhere Temperaturen sinkende Produktivität und damit indirekt höhere Kosten/niedrigeren Output und erhöhte Ausfallswahrscheinlichkeit nach sich ziehen. Dass Veränderungen des Klimas zu Risiken in der Tourismusbranche und der Landwirtschaft führen, ist ebenso naheliegend (siehe auch 2.2.).

Solche Beispiele sind geeignet die Auswirkungen von Umweltrisiken plastisch vorstellbar zu machen. Die große Herausforderung ist es aber nunmehr, gemäß dem Risiko-Regelkreis diese Risiken zu identifizieren, zu messen und zu bewerten. Wie können sie dann aktiv mitigiert bzw laufend überwacht werden?

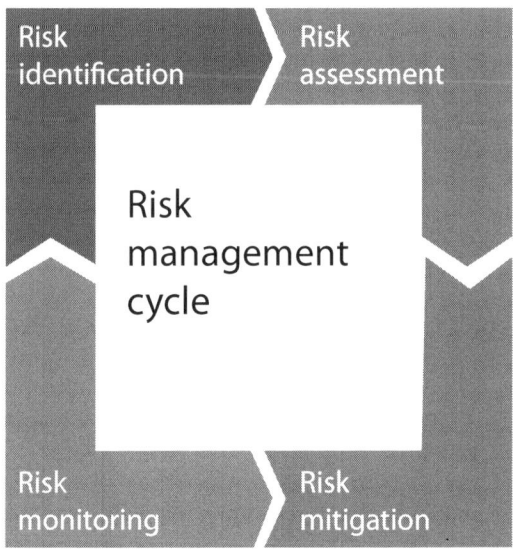

Abb 6: Risk management cycle [https://www.dnb.nl/media/a4gdcovq/consultation-document-good-practice-integration-of-climate-related-risk-considerations-into-banks-risk-management-nov-2019.pdf]

Um hier erfolgreich zu sein, ist es entscheidend, dass klare Verantwortlichkeiten geschaffen werden und solide Daten vorliegen bzw ein stringenter Weg zur Ermittlung einer soliden Datenlage erarbeitet wird. Die relevanten Organe und Mitarbeiter:innen müssen weiters zu den Themen und insbesondere den für ihren jeweiligen Prozess wichtigen Umsetzungsdetails geschult werden.

Im Folgenden wollen wir praxisnah zeigen, wie Banken Nachhaltigkeitsrisiken in ihre Kreditprozesse und -entscheidungen integrieren können, anhand einiger Best-practice-Beispiele analysieren, wo die Branche momentan steht, und auch Entwicklungsfelder bzw offene Punkte ansprechen. Strukturell gehen wir im Wesentlichen gemäß den Kapiteln der EBA-Leitlinien zur Kreditvergabe und Überwachung (siehe Kapitel 1.3.) vor, wobei wir der Identifikation und Messung von ESG-Risiken ein eigenes Unterkapitel widmen.

3.2. Governance-Anforderungen/Integration in Geschäfts- und Risikostrategie

Die Aufsicht legt wie oben beschrieben fest, dass Banken für sich statuieren müssen, in welchem Bereich sie in welchen Größenordnungen und mit welchem Risikoappetit Kreditgeschäft machen wollen. Dazu gehören nunmehr auch Überlegungen zu ESG. Hier stellt sich für Institute frei nach Goethe also unter anderem die Frage, wie man es mit Themen wie der Finanzierung von Kohle, fossiler Energie etc hält, aber vor allem, welche Zielsetzungen man im ESG-Bereich generell hat. Will die Bank Vorreiterin sein, bspw sehr ambitionierte Dekarbonisierungsziele erfüllen? Wo sieht man im eigenen (oder dem geplanten) Portfolio konkrete transitorische oder physische Klimarisiken? Will man diese aktiv eingehen und managen oder lieber sukzessive abbauen? Wenn man sie abbaut, was bleibt dann noch als Kreditportfolio, mit dem sich finanziell nachhaltig Geld verdienen lässt?

Es geht also darum, die oft abstrakten und unbestimmten ESG-Ziele aus früheren Nachhaltigkeitsberichten in konkrete Geschäftsstrategien und damit auch Risikostrategien zu gießen und alle Nachhaltigkeitsrisiken umfassend zu analysieren. Papier ist bekanntlich geduldig, daher ist der Weg hierhin ganz entscheidend, um zu sinnvollen Ergebnissen zu kommen. Es hilft wenig, wenn Strategieabteilungen im stillen Kämmerlein hehre Ziele formulieren. Es geht darum, mit allen Stakeholdern die Strategie für den Kerngeschäftsbereich der Finanzierung zu definieren. ESG-getriebene Zielsetzungen müssen konkrete Auswirkungen haben. Deutlich ist zu definieren, in welchen Assetklassen man wachsen will, welche Assetklassen abgebaut werden sollen und –meistens der schwierigste Bereich – in welchen Bereichen man selektiv vorgehen möchte. Diese müssen mit besonderem Augenmerk mit neuen ESG-Selektionskriterien durchleuchtet werden. Wenn man sich beispielsweise konkrete CO_2e-Zielsetzungen gibt, wird man definieren müssen, welche Bereiche CO_2e-Budgets in welcher Höhe bekommen sollen. Wenn man relevante physische Risiken in gewissen Regionen in bestimmten Branchen erkennt, geht es darum zu definieren, wie man zu klaren Regelungen kommt, was noch geht und was zukünftig nicht mehr oder nur mit speziellen Risiko-Mitigationsmaßnahmen finanziert werden soll. Natürlich kann auch ein höheres Pricing ein Weg sein, um höhere Risiken trotzdem weiter in Kauf zu nehmen.

Der Sinn einer Geschäfts- und Risikostrategie besteht also darin, Unternehmensziele und erkannte Risiken in einer integrierten Sichtweise in Einklang zu bringen und Rahmenwerke zu definieren, um diese dann operativ umzusetzen. Kreditrisikoappetit, Kreditrisikostrategie und Kreditlimits sollten mit der Gesamtrisikostrategie und Risikoneigung des Instituts in Einklang stehen. Die Umsetzung muss über alle Ebenen der Organisation erfolgen und natürlich in den ICAAP-Prozess, das Risikoappetit-Rahmenwerk etc einfließen. Die strategischen Diskussionen müssen geführt werden. Wichtig ist, dass das oberste Leitungsorgan eine aktive Rolle spielt und schlussendlich die strategischen Entscheidungen trifft und verantwortet. Wenn die Zielsetzungen hier nicht ordentlich ausgehandelt und definiert sind, wird das jedenfalls zu Zeitverzögerungen in der operativen Umsetzung führen. Je sauberer man also Geschäfts- und Risikostrategie auch und momentan ganz besonders in Bezug auf ESG-Themen aufsetzt, desto reibungsfreier, effizienter und schneller wird man in das Stadium der operativen Umsetzung eintreten. Nicht zuletzt aufgrund der momentanen Dynamik und vieler operativ noch offener Fragen zu Best Practices im Bereich der ESG-Risiko-Messung und -Bewertung sollte dieser Prozess mindestens jährlich durchgeführt werden bzw sollten gewisse Themen auch öfter behandelt werden.

3.2.1. Status-quo-Analyse und die fehlenden Daten

Die meisten Institute haben gewisse Nachhaltigkeitsgrundsätze bzw mehr oder weniger konkrete Vorgaben, wie man diese erreichen möchte, mittlerweile in ihren Regelwerken verankert. Es wurden Projekte aufgesetzt, die insbesondere die Datenbeschaffung und Analyse der Nachhaltigkeitsrisiken zum Gegenstand haben. Die meist fehlende abgeschlossene Analyse der auf ein Portfolio wirkenden Nachhaltigkeitsrisiken ist momentan wohl die größte Herausforderung. Ohne diese Analyse ist eine konkrete Strategie und Planung naturgemäß schwierig. Auf die Schwierigkeiten der Messung von Nachhaltigkeitsrisiken und der richtigen Methoden wird im Folgenden näher eingegangen. Jedenfalls ist aus momentaner Sicht auch der Fokus der Geschäftsleitung auf dieses Thema entscheidend.

3.2.2. Aufbau von Nachhaltigkeitsgovernance bei klaren Verantwortlichkeiten in den klassischen Kreditbereichen

Vielfach wurden eigene Nachhaltigkeitsbereiche, oft als Stabstellen mit direkter Berichtslinie an den Vorstand, aufgesetzt bzw auch Nachhaltigkeitskomitees gegründet. Diese sollen unter Mitarbeit der wesentlichen betroffenen Geschäftsbereiche in regelmäßigen Abständen das Leitungsorgan über den Status der Nachhaltigkeitsumsetzung bzw laufende Initiativen informieren und dazu dienen, dass nötige Entscheidungen, Budgets, Projekte etc angestoßen werden.

So sinnvoll eigene Nachhaltigkeitsorganisationseinheiten und Gremien sein mögen, so bergen solche Strukturen doch immer die Gefahr, dass Themen unzureichend von den schlussendlich zuständigen Fachbereichen umgesetzt werden. Daher ist die operative Verzahnung bzw auch die Übertragung konkreter Projekt- und Umsetzungsverantwortungen an die operativen und strategischen Risikobereiche sowie Markt-, Produkt- und Abwicklungsabteilungen dringend geboten.

3.2.3. Dokumentation und Trainings

Erklärtes Ziel ist es, am Ende klare Strategien und darauf fußende Risiko-Policys, Limits und Prozesse zu haben, welche die Identifikation und das Management der Nachhaltigkeitsrisiken klar und konkret definieren und den gewählten Zugang zu dokumentieren. Diese müssen mit der Geschäfts- und Risikostrategie abgestimmt sein und – ganz entscheidend – auch den relevanten Mitarbeiter:innen bekannt sein. Es ist also ein ganz wichtiger Aspekt, dass laufende und umfassende Schulungen sowohl für die Organe als auch für die Mitarbeiter:innen stattfinden.

3.3. Identifikation und Messung von ESG-Risiken

Um zu einer guten Geschäfts- und Risikostrategie unter Einbeziehung der ESG-Risiken zu kommen bzw diese Risiken steuern zu können, ist der notwendige erste Schritt, dass man sie kennt bzw messen kann. Die FMA drückt das folgendermaßen aus:

> In einem ersten Schritt identifizieren beaufsichtigte Unternehmen für sie relevante Nachhaltigkeitsrisiken, indem sie ihre gesamte Geschäftätigkeit auf diese überprüfen. In einem zweiten Schritt werden die identifizierten Risiken in die bestehenden Risikokategorien „übersetzt" und im Zuge dessen auch gemessen und bewertet. Die FMA geht davon aus, dass alle identifizierten, gemessenen und bewerteten Nachhaltigkeitsrisiken adäquat gesteuert, überwacht und begrenzt werden, sowie wo nötig entsprechende bilanzielle Vorsorge getroffen wird.[51]

Mangelnde Datenverfügbarkeit und -methoden stellen wie oben beschrieben momentan das wohl größte Problem dar. Neben der Wichtigkeit einer soliden Datenlage und der Status-quo-Analyse für das Steuern der Nachhaltigkeitsrisiken erklärt sich der bestehende Fokus auf dem Datenerhebungsthema auch aus hohem regulatorischem Reportingdruck, welcher insbesondere, aber nicht ausschließlich für die signifikanten EZB-regulierten Institute gilt. Hier sei unter anderem auf die umfassenden Templates verwiesen, welche die EBA in Umsetzung der Säule-3-Anforderungen aus dem CRR-Artikel 449a definiert hat. Banken benötigen also für viele Aspekte bessere Daten zu ESG-Risiken.

Diese Templates beinhalten folgende Datenabfragen:

---

51   FMA-Leitfaden zum Umgang mit Nachhaltigkeitsrisiken 22.

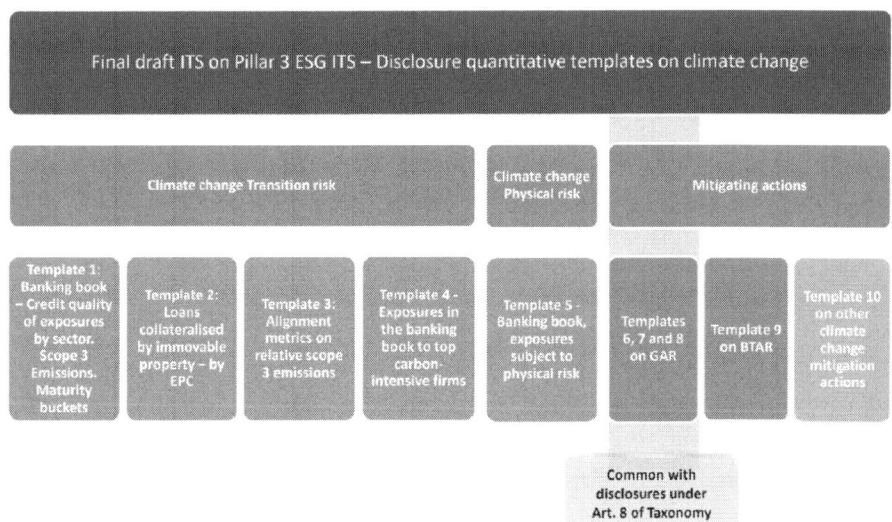

Abb 7: Quantitative Templates zum Klimawandel [https://www.eba.europa.eu/sites/default/documents/files/document_library/Publications/Draft%20Technical%20Standards/2022/1026171/EBA%20draft%20ITS%20on%20Pillar%203%20disclosures%20on%20ESG%20risks.pdf, 15]

Banken sind aus Risikomanagementperspektive angehalten, die auf sie heute oder zukünftig wirkenden ESG-Risiken zu messen und zu steuern. Dies muss auch regelmäßig als Teil des ICAAP-Prozesses erfolgen. In den letzten Jahren ist eine Unzahl an Initiativen entstanden, nach welchen Kriterien dies erfolgen kann. Aus unserer praktischen Erfahrung macht es Sinn, das Thema „top down" anzugehen und sich auf das eigene Portfolio zu fokussieren. In welchen Bereichen des Kreditportfolios lauern relevante Gefahren? Gilt das für alle Regionen und Assetklassen? Welche Granularität benötige ich im Large-Corporate-Bereich verglichen mit dem Standardgeschäft? Weiters ist es unmöglich, alle Nachhaltigkeitsrisiken auf einmal umfassend zu analysieren und darzulegen. Der momentane Fokus und Startpunkt liegt deutlich auf den Klimarisiken, wobei insbesondere die physischen und die (transitorischen) CO_2-indizierten Klimarisiken im Vordergrund stehen. Biodiversität, Wasserverbrauch und Ähnliches scheinen die nächsten Levels darzustellen. Weiters kommen mehr und mehr „S"-Themen aufs Tapet, wobei zum Beispiel die sogenannte „Sozial-Taxonomie" als Pendant zur Umwelt-Taxonomie der EU 2022 bis auf Weiteres verschoben wurde.

3.3.1. Beispiele für Portfolioanalysen

Heat Maps auf Basis transitorischer und physischer Klimarisiken

Sowohl in den EBA-Guidelines als auch im FMA-Leitfaden zu Nachhaltigkeitsrisiken wird auf die Möglichkeit von sogenannten „Heat Maps" als Basis verwiesen. Dieser Ansatz ist weit verbreitet, wobei die Tiefe der Analyse sehr unterschiedlich ist. Die Idee ist, zu analysieren, welche physischen und transitorischen Risiken auf welche Sektoren und in welchen Regionen wirken. Anhand einfacher Ampellogiken oder anderer Darstellungen lässt sich gut fassbar feststellen, auf welchen Bereichen der Hauptfokus liegen muss.

Als Basis ist es wichtig, die relevanten Risiken zu definieren und dann zu clustern, in welchen Bereichen diese wie hoch sind. Wie relevant ist die erwartete Auswirkung auf das Geschäftsmodell, die finanziellen Ergebnisse, wie hoch ist die Gefahr von Störungen, rechtlichen oder Reputationsschäden? Welche physischen Klimarisiken wirken auf welche Standorte? Diese Kriterien müssen regelmäßig verfeinert werden. Anfänglich sehen wir hier regelmäßig grobe Vereinfachungen, die für eine Basisanalyse genügen mögen, aber schon sehr bald nicht mehr reichen. Best Practices gehen jetzt bereits für einzelne relevante Portfolien deutlich tiefer und bewerten beispielsweise für Immobilienfinanzierungsportfolien anhand von Energieausweisen, Lage sowie sogar Dekarbonisierungsstrategien in den jeweiligen Regionen das Transitionsrisiko, dass einzelne Liegenschaften nicht mehr den zukünftigen Regularien entsprechen werden und dadurch „stranded assets" werden könnten. Wir verweisen auch auf unser konkretes Beispiel eines Beherbergungsbetriebes unter 2.2. Idealerweise werden einzelne Assets (großteils automatisiert) analysiert und die Ergebnisse aggregiert.

Wir empfehlen zu Best Practices und Erwartungen der Aufsicht unter anderem die Lektüre des bereits erwähnten EZB-Papiers über Good Practices im Management von Klima- und Umweltrisiken vom November 2022, das einige Ergebnisse des 2022 durchgeführten thematischen Reviews unter signifikanten Instituten hierzu zusammenfasst. Die EZB verweist hier auch darauf, dass die Institute die relevanten Risikotreiber und Auswirkungen sowohl aus externen Quellen (Klimaszenarien und Versicherungsdaten, wissenschaftliche Publikationen, Branchenanalysen etc) als auch aus interner Expertise erarbeiten.[52] Folgende Abbildung aus diesem Report zeigt beispielhaft ein Heatmap-Ergebnis:

---

52   Vgl EZB, Good practices for climate-related and environmental risk management (Nov 2022) 4 ff.

Sector portfolio exposure to physical and transition risk drivers

(size of the bubble indicates exposure at default)

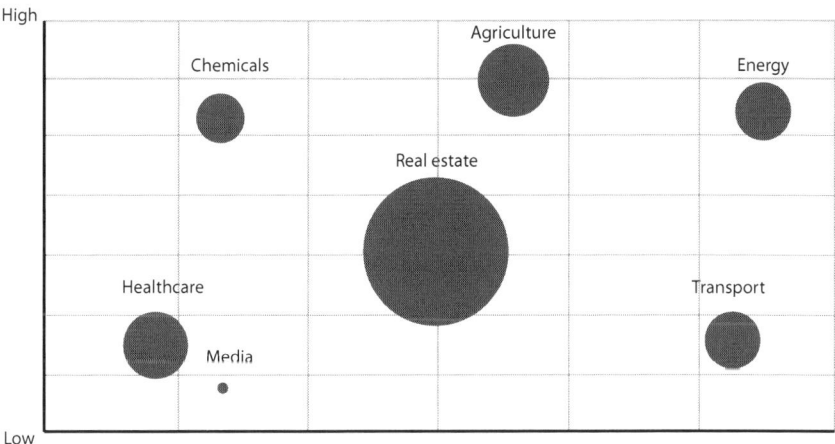

Abb 8: Heatmap-Ergebnis auf Basis transitorischer und physischer Klimarisiken [Quelle: ECB: Good practices for climate-related and environmental risk management 6, https://www.bankingsupervision. europa.eu/ecb/pub/pdf/ssm.thematicreviewcercompendiumgoodpractices112022~b474fb8ed0.en.pdf]

Hier eine beispielhafte Detailansicht zum Bereich Landwirtschaft mit Fokus auf Biodiversität, Verschmutzung und Wasserverbrauch:

Sector	Sub-sector	Biodiversity score	Pollution score	Water stress score	Overall environ-mental score
Agri-culture	Dairy	High	Medium	Medium	High
	Flowers	Medium	Medium	High	High
	Fruit and vegetables	Medium	Low	High	Medium
	Grain and oil seeds	Low	Low	Low	Low
	Livestock	High	Low	Low	Medium

Abb 9: Detailansicht Landwirtschaft [Quelle: ECB: Good practices for climate-related and environmental risk management, https://www.bankingsupervision.europa.eu/ecb/pub/pdf/ssm.thematic reviewcercompendiumgoodpractices112022~b474fb8ed0.en.pdf, 15]

Schätzung des Treibhausgas-Fußabdruckes

CO ist nicht alles, aber durch den gegenwärtigen Fokus auf das Klimathema und als wesentlicher Indikator eines transitorischen Klimarisikos sozusagen in aller Munde. Es hat außerdem den großen Vorteil, dass die Standardisierung der Messung und mehr und mehr auch der Zurechenbarkeit zu Kapitalgebern weit fortgeschritten ist. Das Greenhouse Gas Protocol mit seinen

- Scope 1 – direkten Emissionen,
- Scope 2 – indirekten Emissionen aus zugekauftem Strom, Wärme etc,
- Scope 3 – indirekten Emissionen entlang der Wertschöpfungskette

hat sich als Berechnungsstandard durchgesetzt. Betreffend die Höhe des Anteils an freigesetzten Emissionen eines Unternehmens, welchen sich eine finanzierende Bank als Teil ihres Scope 3 zurechnen lassen muss, kristallisiert sich für die gängigsten Finanzierungsarten durch den PCAF-Ansatz ebenfalls ein weit akzeptierter Standard heraus.[53]

CO_2 bzw korrekt CO_2-Äquivalente (CO_2e) stellen ein relevantes transitorisches Klimarisiko dar. Kreditnehmer mit hohem Treibhausgas-Fußabdruck sehen sich höherem Kostenanstiegsdruck gegenüber, gewärtigen Risiken, von ihren Kunden weniger akzeptiert zu werden, sie gehen höhere regulatorische Risiken ein etc. Mittelfristig müssen Banken also sehr genau verstehen, welche Kunden welche Emissionen verantworten, wie sie im Verhältnis zu ihrem Mitbewerb dastehen und wie aktiv sie dieses Thema managen. Hier ist datenseitig noch ein langer Weg zu gehen (die wenigsten KMU kennen ihren Fußabdruck), aber als sehr grobe Erstanalyse hilft es, CO_2e-Intensitäten bzw finanzierte Emissionen zumindest auf Branchenbasis zu analysieren. Daraus lassen sich wieder Rückschlüsse ziehen, wo mit hoher Wahrscheinlichkeit ein Hauptteil der Klimarisiken einer Institution liegt. Regelmäßig finden Banken vor allem in der Landwirtschaft, Energieerzeugung, Transport und Verkehr, aber auch Produktion von Waren und weiteren Branchen hohe finanzierte Emissionen vor. Weiters spielt der Immobiliensektor eine große Rolle, und zwar vor allem deswegen, weil Banken in diesem Bereich üblicherweise große Portfolien haben. Die Hauptaktivitäten in diesen Branchen korrelieren auch oft mit den definierten Wirtschaftstätigkeiten der Umweltziele 1 und 2 (also Klimaschutz und Anpassung an den Klimawandel) in der EU-Taxonomie. In die Analyse dieser Branchen tiefer einzusteigen, dient also nicht nur dem Risikomanagement, sondern gleichzeitig auch als Basis für das Verständnis der eigenen „Green Asset Ratio".

Aktuell wird viel mit Analysen auf Branchenebene gearbeitet bzw mit Durchschnittswerten gemäß dem jeweiligen Produkt-Output eines Kunden. Für einen groben Überblick ist das sinnvoll, jedoch gibt es hier einige Caveats. Oft sind die

---

53   Siehe auch 1.4.1. Portfolio-Emissionen und Klimazielsetzung (PCAF und SBTI).

NACE-Codes in Banksystemen nicht aktuell oder Kunden haben operativ noch weitere Aktivitäten bzw. können Treibhausfußabdrücke gleicher Produkte sehr unterschiedlich sein – je nach vorhandenen Produktionsstandards, Produktionsstandorten bzw eingesetzten Rohstoffen. Mittelfristig ist zur Risikosteuerung eine bessere Einzelfallanalyse nötig. Dies gilt insbesondere für nicht standardisierte Finanzierungen im Kommerzkundenbereich. Ziel ist es also, die nachhaltigkeitsrelevanten Parameter, wie den CO_2-Fußabdruck, auf Einzelkundenbasis zu analysieren, dort für Entscheidungen zu nutzen und sie aggregiert für die Portfoliosteuerung zu verwenden.

3.3.2. Einzelkundenanalysen

ESG-Ratings

Es gibt einige externe Anbieter von ESG-Ratings, welche jedoch zum Teil im Ergebnis selbst beim selben untersuchten Unternehmen stark abweichen. Dies liegt zumeist daran, dass die Gewichtungen der einzelnen ESG-(Sub-)Kategorien sehr unterschiedlich sein können. Beispielsweise können S-Risiken bei einem Anbieter stärker ins Gesamtrating einfließen als bei einem anderen. Es gibt in diesem Bereich also deutlich weniger Konvergenz als bei klassischen Bonitätsratings. Bei Verwendung von ESG-Rating-Anbietern ist es also wichtig, ESG-Ratings nicht mit Finanz-Ratings mit direkten Aussagen zu Ausfallswahrscheinlichkeiten zu verwechseln. Zum quantitativen Einsatz macht es Sinn, vom Gesamtergebnis wegzugehen und beispielsweise reine E-Scores zu werten, um Klimarisiken verschiedener Gegenparteien vergleichbar zu machen. Da auch in den Subkategorien Gewichtungen sehr verschieden sein können, ist es noch besser, einzelne Kennzahlen, wie beispielsweise CO_2-Intensitäten, Wasserverbräuche oder Ähnliches, isoliert zu betrachten und daraus Ableitungen für das eigene Kreditrisiko zu treffen.

Bei aggregierten Übersichten eines Portfolios nach ESG-Ratings ist also betreffend Aussagekraft erstens die Vergleichbarkeit sicherzustellen und zweitens vorab zu definieren, welche Risiken dadurch aufgezeigt werden sollen. (Was bedeutet ein schlechtes Gesamt-ESG-Rating für mein Kreditrisiko aus Nachhaltigkeitsrisiken? Welche Teilwerte sind für mein Institut für die Bewertung relevant?)

ESG-Scores/Kundenfragebögen

Viele Teile eines Bank-Portfolios beinhalten Kundengruppen, welche über keine externen ESG-Ratings verfügen bzw wenig bis keine ESG-relevanten Daten offenlegen. In diesen Bereichen bleiben einer finanzierenden Bank also im Wesentlichen die Option eines Dialogs mit dem Kunden oder der Verwendung von Durchschnittsdaten bzw Analysen basierend auf den der Bank bekannten Daten (Aktivität, Umsatz, Standorte etc). Eine Mischung der Ansätze je nach Kundengruppe bzw Finanzierungshöhe gepaart mit bspw Branchen- und Regions-Heatmaps kann ebenfalls sinnvoll sein. Im Dialog mit den Kunden , finden momentan branchenspezifische Fragebögen Verwendung, welche die wesentlichsten Nachhaltigkeitsrisiken abdecken und diese dazu befragen. Es geht dabei darum festzustellen, in welcher Höhe gewisse Risiken bestehen, ob der Kunde ein Bewusstsein hinsichtlich dieser Risiken hat und sich diesen aktiv stellt bzw Pläne zum Abbau hat. Es ist also wichtig, die „richtigen" Fragen zu stellen (Anregungen hierzu finden Sie unter 2.2.). Der größte Vorteil dieses Ansatzes ist, dass man Einzelkundendaten erhält. Die größten Nachteile sind, dass der Kreditprozess dadurch verlängert wird und manchmal ungenaue oder suggestive Ja/Nein-Fragen gestellt werden.

Momentan entwickeln sich die Techniken dieser Fragebögen laufend weiter. Da man um gewisse Nachfragen beim Kunden kaum herumkommen wird, ist es wichtig, eine integrierte und möglichst kundenfreundliche Gestaltung der Abfragelösungen zu findenDiese sollten über gut gesteuerte Fragebäume verfügen, welche je nach Größe, Branche und Vorantworten möglichst wenige Fragen benötigen und möglichst viele Berechnungen (bspw CO_2, physische Klimarisiken) selbst durchführen können. Weiters sollte der Kunde einen Mehrwert im Sinne von für das Unternehmen relevanten Ergebnissen, Hinweisen zu Förderungsmöglichkeiten, Branchenvergleichen etc erhalten.

Fokus auf Transaktion oder zu finanzierendes Asset

Nicht zuletzt die EU-Taxonomie stellt wie oben beschrieben nicht auf Gesamtunternehmensaktivitäten, sondern eher auf einzelne Wirtschaftsaktivitäten ab. Auch Nachhaltigkeitsrisiken können beim selben Kreditnehmer, aber verschiedenen Finanzierungszweck anders sein. Bei jeglicher „General-corporate-purpose"-Finanzierung macht das Abstellen auf die Nachhaltigkeitsrisiken des Kreditnehmers Sinn. Bei Investitionsfinanzierungen mit klarem Verwendungszweck kann es aber in der selben Unternehmensgruppe Unterschiede geben. In jedem Fall sind beispielsweise die physischen Klimarisiken, welche den Wert einer Sicherheit beeinflussen können, für die jeweilige Sicherheit einzeln zu beurteilen (siehe auch den „Objects-Ansatz" in 1.4.4.). Auch wenn man an Privatkunden denkt, sollte man beispielsweise im Bereich der Hypothekarfinanzierungen sinnvollerweise die Analyse der relevantesten Klimarisiken eher auf der finanzierenden Liegenschaft und nicht am Kreditnehmer aufsetzen.

3.3.3. Datenherkunft und Verwendung von Tools

Für jegliche Portfolio- oder Einzelanalyse stellt sich die Frage nach der Verfügbarkeit von relevanten Unternehmensdaten sowie weiteren Branchen-/Vergleichs- und Klimadaten.

Hier bedienen sich viele Banken externer Unterstützung zum Aufsetzen der Logiken und Datenbasis. Betreffend ESG-Ratings, aber auch für die Lieferung von veröffentlichten ESG-Daten größerer Unternehmen bieten sich Zugänge großer Datenanbieter wie sustainalytics, ISS ESG, S&P, Bloomberg oder Ähnlichen an. Auch das frei zugängliche „CDP" (früher: carbon disclosure project) ist eine gute Basis für Daten großer Unternehmen. Weiters helfen Initiativen wie PACTA, UNEP, climate tech compass, die PCAF-Datenbank und viele mehr für spezifische Datenanforderungen und auch Szenario-Überlegungen.[54] Natürlich gibt es auch Anbieter, die Daten in verschiedenen Aggregationsstufen anbieten.

Für viele Analysen bzw die Unterstützung im Kreditprozess bieten sich IT-Tools an. Es gibt hier bisher mehrere Ansätze, wobei aufgrund der Komplexität des Themas noch kein klarer Standard erkennbar ist. Einige Anbieter fokussieren sich rein auf Taxonomie-Analyse (ua Dydon/VÖB Tool, greenomy), andere auf breitere Portfolioanalysen inkl ESG Scores (ua climcycle) oder strukturierte Frage- und Analyselogiken als integrierten Teil des Kreditprozesses (ua riskine/ denkstatt ESG Analyser). Weiters gibt es Anbieter, die ESG-Unternehmensdaten zentral sammeln und verfügbar machen wollen (ua CRIF, OeKB). Die meisten Anbieter entwickeln sich zudem in die Breite, decken also selbst immer mehr ab bzw integrieren ihre Lösungen mit komplementären Marktteilnehmern für höheren Kundennutzen.

Für eine individuell richtige IT-Lösung ist eine interne Diskussion und Einigkeit darüber, für welche Kreditarten, Kundengruppen, Regionen und dazugehörigen Risiken man Daten und Lösungen sucht, sehr hilfreich. Hier gibt es in der Praxis oft Probleme, da viele Bereiche der Bank involviert werden müssen. Risikocontrolling interessiert sich für die Daten vor allem aus regulatorischer und Risikosteuerungsperspektive, das operative Risiko hat mehr Fokus auf den Einzelkunden und den Entscheidungsprozess, der Vertrieb möchte Beratungsansätze verankern und den Aufwand im Kundenkontakt minimieren, die Produkt- und Backoffice-Bereiche müssen verstehen, wie sich die Prozesse ändern. Aus unserer Erfahrung bestehen daher relevante Risiken, dass entweder keine Entscheidungen getroffen werden oder schlussendlich die Bereiche Einzellösungen für ihre dringendsten Notwendigkeiten forcieren, die am Ende zu Doppelgleisigkeiten bzw Inkompatibilitäten führen.

Ein entsprechender Fokus der Geschäftsleitung und stringent geführte Projekte zur Definition der Datenanforderungen können diese Risiken minimieren.

---

54 Siehe für einen Überblick über Informationsquellen und Initiativen auch die Seiten 45 ff des bereits oben zitierten FMA-Leitfadens zum Umgang mit Nachhaltigkeitsrisiken. Hier sind ab Seite 53 auch einige Quellen für klimarelevanten Daten und Fakten enthalten.

Die folgende Tabelle zeigt ein schematisches und vereinfachtes Beispiel eines Datenkatalogs für Klima- und Umweltrisiken:

Data type	Description (metric and methodology)	Data level	Collection deadline	Gap	Action (in case of gap)	External sourcing?	Responsible workstream
Scope 1, 2 & 3 financed emissions	Metric: CO_2 tonnes. Methodology: client emissions data and data on sectoral average emissions	Client	DD-Month-202X	Yes	Roll out client questionnaire; supplement with PCAF data	Partially (name of provider)	Name of workstream
Total financed emissions		Client	DD-Month-202X	Yes			
Exposure to client	Gross carrying amount	Instrument	DD-Month-202X	No	N/A	N/A	Name of workstream
Fuel type of vehicle	Transport fuel (e.g. gasoline)	Instrument	DD-Month-202X	No	N/A	N/A	Name of workstream
Building construction year	Year construction finalised	Instrument	DD-Month-202X	No	N/A	N/A	Name of workstream
Building floor	Floor level	Instrument	DD-Month-202X	Yes	Roll out client questionnaire	No	Name of workstream
Building EPC	EPC label of building	Instrument	DD-Month-202X	Yes	Roll out client questionnaire; supplement with external data	Partially (name of provider)	Name of workstream

Tab 1: Beispiel Datenkatalog für Klima- und Umweltrisiken [Quelle: ECB: Good practices for climate-related and environmental risk management, https://www.bankingsupervision.europa.eu/ecb/pub/pdf/ssm.thematicreviewcercompendiumgoodpractices112022~b474fb8ed0.en.pdf, 56]

3.4. Der Kreditvergabeprozess und die Bewertung der Kreditwürdigkeit

3.4.1. Materiality, Szenarioanalysen und Stresstests

Im vorigen Kapitel haben wir uns mit der Frage beschäftigt, wie Risiken erkannt werden bzw welche ESG-Risiken für das Kreditrisiko relevant sein können. Die nächste Frage ist nunmehr, wie materiell diese Risiken sind. Daraus ergeben sich die zukünftigen Prioritäten im Risikomanagement, nicht zuletzt deshalb, weil die Ressourcen begrenzt sind. Es mag sehr relevante Nachhaltigkeitsrisiken in spezifischen Branchen geben, die Bank hat aber kein oder kaum Obligo in diesem Bereich (trifft oft auf Bergbau zu), während andere Branchen zwar für sich nicht die höchste CO_2-Intensität haben, aber in Summe aufgrund des hohen Kreditvolumens bzw langer Laufzeiten doch sehr relevante physische und transitorische Umweltrisiken bedeuten können. Dies trifft regelmäßig auf private und gewerbliche Immobilienfinanzierung zu.

Auf Basis der oben genannten Portfolioanalysen in Verbindung mit Szenarioanalysen/Stresstests lässt sich abschätzen, welche Portfolioteile aufgrund welcher Nachhaltigkeitsrisiken die größten negativen Auswirkungen auf die Kapitalausstattung der jeweiligen Bank haben könnten. Die Höhe negativer Impacts wird beispielsweise im Klimabereich natürlich vom erwarteten Klimapfad abhängen. Der Weltklimarat, oder korrekt das Intergovernmental Panel on Climate Change (IPCC), hat hier verschiedene Szenarien definiert, welche auch in den meisten regulatorischen Stresstests zum Einsatz kommen. Bei Portfolien in CO_2-intensiven Branchen lohnt es sich zu überlegen, was die Probability of Default-(PD-)Auswirkungen eines steigenden CO_2-Preises sein könnten. Was wäre der Impact auf die Liquidität eines finanzierten Immobilienportfolios, wenn mittelfristig nur noch Gebäude mit einer Gebäudeeffizienz besser als Variable ohne verpflichtende thermische Sanierung weiterverkauft werden könnten?

Das Caveat bei Stresstests und Szenarioanalysen ist natürlich immer, dass man sich lange über die Richtigkeit der getroffenen Annahmen streiten kann. Man kommt aber aus mehreren Gründen nicht an ihnen vorbei. Erstens sind sie ein fixer regulatorische Bestandteil des Risikomanagements, zweitens gibt es wenige bessere Alternativen und drittens zeigen erst durchgerechnete Szenarien, was das Drehen an manchen Variablen für Auswirkungen haben kann, welche Nachhaltigkeitsrisiken wirklich „wehtun" können. Unsere Empfehlung ist daher, Stresstests nicht als Übung im Elfenbeinturm zu sehen, sondern mit den relevanten Stakeholdern im Risikomanagement (also insbesondere auch den operativen Risikoeinheiten) zu überlegen, was gute Annahmen wären, und vor allem, was im eigenen Portfolio relevant ist. Das wird sich bei einer breit aufgestellten Kommerzbank erheblich von Spezialbanken mit Fokus auf Autofinanzierung oder gewerbliches Immobiliengeschäft unterscheiden.

3.4.2. Risikosteuerung und -begrenzung

Sobald man ein Bild davon hat, welche Risiken relevant sind und welche materiellen Auswirkungen diese auf wesentliche Kennzahlen der Bank haben, steht man vor der Frage, wie man sie in den operativen Kreditprozess integrieren und steuern kann. Es stehen dafür im Wesentlichen die folgenden Möglichkeiten zur Verfügung, auf welche wir anschließend etwas genauer eingehen wollen. Diese greifen natürlich teilweise auch ineinander.

- Divestment/Exit
- Ausschlusskriterien/Limits
- KPIs/KRIs
- Sektor/Produkt-Policys
- ESG-Kriterien in traditioneller Finanz/Risikoanalyse – Integration in PD/LGD

Die folgende Überblickstabelle zeigt beispielhaft, wie auf identifizierte materielle Nachhaltigkeitsrisiken in verschiedenen Branchen reagiert werden kann:

Sector	Identified C&E risks	Strategic response
Energy	• Elevated risk of stranded assets among fossil fuel industries • Strategic risk associated with rapid deployment of renewable energy sources, driven by technological innovation • Rising exposure of clients to extreme weather (eg floods)	• Restrictions on lending to fossil fuel industries (eg oil and gas), including a phase-out plan from coal • Increasing credit to renewables projects for proven technologies, with a focus on wind, solar, smart grids and charging infrastructure for electric vehicles • Broadening the offer of insurance products against damages caused by extreme weather events
Commercial real estate and mortgages	• Elevated transition risk due to comparative inefficiency of buildings (collateral)	• Estimate the carbon footprint of individual customers based on gas and light bills to support targeted increases in credit for building renovation and energy performance measures • Restriction on loans for energy-inefficient buildings (taking into account their energy performance) • Provide support tools for customers to monitor and optimise the energy consumption of homes
Transport	• Elevated transition risk associated with public incentives and increasing market sentiment for electric vehicles • Elevated transition risk associated with carbon pricing of transport, emissions regulation of vehicles and planned prohibition of ICU vehicles	• Engagement with transportation clients relying on broadly inefficient vehicles to develop a tailored business proposition • Developing credit and insurance products tailored to electric vehicles and accessories, such as charging stations, solar panels and home batteries
Agriculture	• Elevated credit risk due to, inter alia, droughts and heat waves reducing crop yields, sea temperature rises affecting fisheries • Elevated transition risk associated with regulation and pricing of air, water and land pollution	• Adopting biodiversity criteria in the credit policy, restricting financing to activities which impact protected areas • Advisory and financial support for sustainable investments, with a focus on more climate-resilient cultivations, new irrigation technologies, geographical diversification, installation of renewable energy technologies

Tab 2: Überblickstabelle Reaktionen auf identifizierte materielle Nachhaltigkeitsrisiken [Quelle: ECB, Good practices for climate-related and environmental risk management, https://www.bankingsupervision.europa.eu/ecb/pub/pdf/ssm.thematicreviewcercompendiumgood practices112022~b474fb8ed0.en.pdf, 10]

Divestment/Exit

Die risikomäßig einfachste, aber geschäftspolitisch natürlich deutlich schwierigere Beseitigung von Nachhaltigkeitsrisiken ist das Beenden diesbezüglicher Engagements. Dies ist momentan insbesondere im Bereich der Kohlegewinnung und -verstromung zu erkennen. Hier erklären immer mehr Banken, dass sie im Laufe der nächsten Jahre vollständig aus diesem Bereich aussteigen möchten. Weiters kann es vereinzelt Sinn machen, aus Sektoren, die komplexe Nachhaltigkeitsrisiken bedeuten, aber kaum Relevanz im Ertrag eines Instituts haben, ebenfalls auszusteigen und bestehende Oblighi abzubauen. Für die meisten Institute wird der Ausbau dieser Option aber nur in eingeschränktem Maß sinnvoll sein, da das Geschäftsziel die Finanzierung möglichst vieler Wirtschaftssektoren bleibt.

Ausschlusskriterien/Limits

Betreffend Governance- oder Reputationsrisiken bestehen ja bereits in den meisten Banken für einige Sektoren Ausschlusskriterien (Tabak, Prostitution, Rüstung etc), es wird also kein Neugeschäft gemacht.

Eine weitere Möglichkeit besteht darin, Limits für einzelne Branchen zu setzen. Best-in-class-Banken haben sich beispielsweise konkrete CO_2e-Zielpfade mit Zwischenzielen gesetzt, welche dagegen absichern sollen, dass sogenannte Netzero-Ziele erreicht werden.[55] Diese Zielgrößen werden auf einzelne Branchen heruntergebrochen und von Jahr zu Jahr gemäß einem Zielpfad verringert. Strategisch kann es dadurch auch sinnvoll sein, das „CO_2e-Budget" eher in Branchen zu verwenden, die sich auf ihren Zielpfaden besser entwickeln bzw in denen eine Risk-/Return-/CO_2-Matrix eine effizientere Kapitalallokation verspricht. Hier können auch spezifische Ausschlusskriterien, wie eine maximale Energieeffizienzklasse bei finanzierten Gebäuden, oder relative CO_2-Intensitäten in spezifischen Branchen (zB: kg CO_2e/produzierter Kilowattstunde Energie) Sinn machen. Durch diese Limitierungen kann eine Bank also ihre geschäfts- bzw risikostrategischen Ziele in die Einzelfallentscheidungen einfließen lassen.

KPIs/KRIs

In der Literatur beziehen sich KPIs bzw KRIs (Key Risk Indicators) zumeist auf Portfolio-Messgrößen. Sie lassen sich aber teilweise auch in operative Leitlinien für Einzelfallanalysen übertragen. Wie im Management meistens, hilft es jedenfalls, Ziele konkret zu definieren, sie dann zu messen und bei (drohenden) Überschreitungen zu handeln. Beispiele für KPIs/KRIs sind:

- Absolutes Obligolimit an bestimmte Sektoren bzw in bestimmten Regionen
- absolute finanzierte CO_2-Emissionen bzw relative CO_2-Emissionen pro finanzierten Euro

---

55 Siehe auch 1.4.1. Portfolio-Emissionen und Klimazielsetzung (PCAF und SBTI).

- Grenzwerte zur Einhaltung des CO_2-Zielpfades für die fünf bis sieben CO_2-intensivsten Branchen im Portfolio

Es ist sehr zu empfehlen, die KPIs/KRIs aus den verschiedenen Nachhaltigkeitsinitiativen abzugleichen. Unabgestimmte Ziele aus dem SBTI- Prozess, CSRD/TCFD-Reportings, EU-Taxonomie-Zielen und weiteren bankeigenen Nachhaltigkeitsinitiativen führen zu einem nicht steuerbaren Wildwuchs. Hier ist eine starke und eindeutige Governance (Leitungsorgan eingebunden, Nachhaltigkeits-Steuerungs-Gremium, klare Verantwortlichkeiten in der Linie und Integration in ICAAP, RAF) wichtig.

Sektor-/Produkt-Policys

Es braucht konkrete Ziele. Wie soll das Portfolio in welchen Branchen aussehen? Soll der Fokus auf erneuerbaren Energien liegen, will ein Institut im Bereich der „Green Asset Ratio" vorne mit dabei sein? Wie sieht der CO_2-Zielpfad aus? Hat sich die Bank zu CO_2-Zielen verpflichtet? Wie wohl fühlt man sich in welchem Bereich der Landwirtschaft angesichts der immer relevanter werdenden Dürre-, Biodiversitäts- und ähnlichen Risiken? Wo endet der Risikoappetit? Sieht man Funding-Vorteile in spezifischen Asset-Klassen, die ins Risikoprofil passen?

Durch konkrete Sektorpolicys lassen sich diese Ziele ins operative Underwriting übersetzen. In den Policys sollten sich die definierten Ziele und KPIs/KRIs wiederfinden.

Zuallererst ist es ratsam zu definieren, für welche Sektoren oder Kreditklassen neue Regelungen aufgrund von Nachhaltigkeitsrisiken nötig sind. Fleißaufgaben für Portfolien, die wenig von solchen Risiken betroffen sind, sollte man sich sparen und mit den relevantesten Bereichen starten.

Wo materielle Nachhaltigkeitsrisiken identifiziert wurden, sollte versucht werden, durch Kennzahlen bzw Scoring-Logiken konkrete Grenzwerte zu definieren. Es geht nicht darum, jegliches Nachhaltigkeitsrisiko auszuschließen, sondern vielmehr darum, es richtig einzuschätzen und darauf basierend zu entscheiden.

Dies kann beispielsweise durch harte Grenzwerte erfolgen (keine Hypothekarfinanzierung einer Immobilie mit einer Energieeffizienz schlechter als „C", keine Autofinanzierung mit Grenzwerten schlechter als Variable X, keine Finanzierung von Maisanbau in bestimmten Regionen), oder durch „Best-in-class"-Ansätze mittels Branchenvergleichen (CO_2e-Emissionen müssen in den besten 50 % der Branche liegen bzw muss ein realistischer Zielpfad mit konkreten Maßnahmen vorhanden sein). Eine Kredit-Policy kann auch vorschreiben, dass ein branchenspezifisches ESG-Scoring vorzunehmen ist (für alle Branchen/Kreditportfolien, die gem Portfolio-Heatmap materielle ESG-Risiken beinhalten). Es werden also spezifische Fragen gestellt, anhand derer sich eine Einteilung in rot/gelb/grün ergibt. Diese Fragen sollten sich soweit möglich am aktuellen Stand der branchenspezifischen Analysestandards bewegen. Siehe dazu auch 2.2. Klimarisiko- und Vulnerabilitätsbewertungen in der Praxis – Status quo und Herausforderungen in der Realwirtschaft am Beispiel Tourismus. Banken können die Branchenstandards im Rahmen eines Kreditvergabeprozesses zwar nicht alle selbst prüfen, aber die richtigen Fragen stellen. Je wichtiger eine Branche für eine Bank, desto detaillierteres Wissen um die Nachhaltigkeitsrisiken und deren Mitigierung wird sie entwickeln und in die Scoring-Modelle einfließen lassen (müssen).

Rote ESG-Score-Ergebnisse werden ausgeschlossen bzw nur in absoluten Ausnahmefällen und beispielsweise nach Befassung eines spezifischen Nachhaltigkeitsgremiums genehmigt. Bei Gelb erfolgt eine vertiefende Analyse mit dem Kunden, Grün bedarf keiner weiteren Analyse. Teile dieser Analysen können auch automatisiert werden (zB physische Klimarisiken einer Sicherheit, gewisse transitorische Risiken).

Die EZB beschreibt als Beispiel einer Good-Practice-Scorecard für transitorische Klimarisiken eine Logik, wonach die Analyse in die Blöcke „Awareness" und in diesem Fall „CO_2-Transitions-Matrix" unterteilt wird. Ist der Kunde sich also der Themen bewusst und managt sie (was das Risiko eines Kreditausfalls verringern sollte) und wo liegt er konkret im Bereich des CO_2-Zielpfades bzw wie hoch ist das Risiko für sein Geschäftsmodell? Insbesondere der „Awareness"-Block ist auf alle Nachhaltigkeitsrisiken anwendbar. Es sollte das Ziel einer Bank sein, Kunden, die sich der Risiken bewusst sind und diese aktiv verringern wollen, von jenen zu unterscheiden, die diese ignorieren. Zweitere fallen mit einer deutlich höheren Wahrscheinlichkeit in die Kategorie derer, die strategische Fehlentscheidungen treffen, was mittelfristig den häufigsten Insolvenzgrund im Firmenkundengeschäft darstellt. Zum Dialog mit Kreditnehmern kommen wir unter 3.4.3. etwas mehr ins Detail.

Hier ein Beispiel einer Transitionsrisiko-Scorecard:

Component	Sub-component	Client-level inputs for scorecard
Client awareness metric	Governance	• Governance reporting in line with the TCFD standard • Environmental risk rating by external, independent third party
	Strategy	• Strategy disclosure in line with the TCFD standard • Strategy in line with a 1.5 degrees Paris Agreement scenario • Net-zero emission targets
	Risk management	• The integration of climate-related risks in client's risk management in line with TCFD
	Metrics and targets	• Disclosure of Scope 1, 2 and 3 GHG emissions • Disclosure of targets to reduce risks stemming from climate change

Component	Sub-component	Client-level inputs for scorecard
Carbon transition metric	Current carbon profile	• Exposure to hydrocarbon value chain • Level of GHG emissions
	Medium-term sensitivity to transition risk	• Client's sensitivity to technology, market and policy changes related to climate change, including in the context of its competitive positioning within its market
	Medium-term adaptive capacity	• Client's ability to mitigate transition risk exposure in the medium term, specifically by assessing the degree to which transition risk exposure is reflected in robust CAPEX plans

Abb 10: Transitionsrisiko-Scorecard [Quelle: ECB: Good practices for climate-related and environmental risk management, https://www.bankingsupervision.europa.eu/ecb/pub/pdf/ssm.thematicreviewcercompendiumgoodpractices112022~b474fb8ed0.en.pdf, 10]

ESG-Kriterien in traditioneller Finanz-/Risikoanalyse – Integration in PD/LGD

Das Idealbild einer Integration von ESG-Risiken in das traditionelle Underwriting wäre natürlich eine möglichst vollständige Übersetzung dieser in Ausfallswahrscheinlichkeiten („PDs") und Verlustannahmen im Ausfall („LGD") – wenn also alle Klimarisiken entweder als Auswirkung auf die Ausfallswahrscheinlichkeit oder als Anpassung des Wertes einer Sicherheit im Verwertungsfall kartografiert werden könnten. Aus heutiger Sicht erscheint dies allerdings nicht realistisch. Es gibt einige konzeptuelle Probleme, insbesondere die Problematik des soliden Backtesting. Viele Klimarisiken beruhen auf zukünftigen Szenarien, welche so oder anders eintreten können. Die Datenreihen reichen bei weitem nicht, um den momentan üblichen „Through-the-cycle"-Backtesting-Standards zu genügen. Weiters sind Nachhaltigkeitsrisiken extrem komplex, haben viele Wechselwirkungen und der Impact einzelner Risiken ist schwer eindeutig messbar. Dies führt nicht zuletzt zu Wettbewerbsproblemen. Wenn eine Bank sich für konservative Annahmen der Auswirkungen von Nachhaltigkeitsrisiken entscheidet, andere aber sehr „locker" bleiben, preist sie sich eventuell aus dem Markt. Hier setzt die Regulatorik bereits an und fordert Banken auf, die Risiken jedenfalls mit zu berücksichtigen.

Der momentane Status in der Branche ist, dass sich viele Banken betreffend Portfolioanalysen mit Stresstests und Szenarioanalysen behelfen und im Einzelfall ESG-Scorecards wie oben beschrieben als Klassifizierungstool verwenden. Dieses wird dann qualitativ im Kreditprozess weiterverarbeitet, bspw durch tiefergehende Analysen bei Gelb/Rot, Vorgaben für Dekarbonisierungspläne durch die Kunden spezifische Risk Opinions, Befassung eines Nachhaltigkeitskomitees etc. Fortgeschrittenere Banken haben auch bereits Overrides des PD-Ratings bei schlechten ESG-Scores implementiert.

Auf Expertenebene wird intensiv diskutiert, wie man spezifische Nachhaltigkeitsrisiken in PDs oder auch LGDs inkludieren kann. LGDs könnten beispielsweise steigen (also müssten die Abschläge auf Sicherheitenmarktwerte erhöht werden), insbesondere für Gebäudekategorien, welche durch schlechte Energieeffizienzen unter den regulatorischen Marktstandard fallen. PDs könnten sich durch repräsentative Branchenvergleiche von ordnungsgemäß ermittelten Treibhausgasfußabdrücken verändern.

Auch der Baseler Ausschuss beschäftigt sich mit der Integration von Klimarisiken in Ratingsysteme. Es wird insbesondere betont, dass Unsicherheiten in erhöhte „margins of error bzw conservatism" in Ratingsystemen münden sollten, aber auch akzeptiert, dass anfangs Expertenschätzungen notwendig sind.

> In the estimation of PDs, LGDs and EADs, challenges include the range of impact uncertainties, limitations in the availability and relevance of historical data describing the relationship of climate risk drivers to traditional financial risks, and questions around the time horizon. When a bank's credit portfolio is materially exposed to climate-related financial risks, it should strive primarily to consider these risks directly in its estimates. This can be achieved by making adjustments for limitations of techniques and information when estimating risk parameters […], as well as in assessing the implications of new data and the relevance of data not only for current but also for foreseeable market and economic conditions […].
> A bank should add a margin of conservatism due to data deficiencies, such as poor data quality or scarce climate-related data, and to other sources of additional uncertainties. To the extent that the information currently available on climate-related financial risks which materially impact a bank's credit portfolio is not yet sufficiently reliable, this may increase the range of errors.
> Where the bank is of the view that an exposure is materially exposed to climate-related financial risks but has insufficient information to estimate the extent to which the facility characteristics would be impacted, the bank should consider if it would be appropriate to take a more conservative approach in the assignment of exposures to facility grades or pools in the application of the rating model. It is recognised that data used to analyse these risks may not be immediately available and hence, banks may rely to some extent on a conservative application of expert judgment for the purpose of the assignment of ratings to facility grades or pools. Banks are reminded of the requirements […] in respect of grounding LGD estimates in historical recovery rates and not solely on the collateral's estimated market value.[56]

3.4.3. Einzelfallbeurteilung/Dialog mit den Kreditnehmern

Die Interaktion mit dem Kreditnehmer ist einerseits für die Datenbeschaffung und andererseits für das Verstehen oder Definieren von Maßnahmen in der Zukunft wichtig. Insbesondere im nicht standardisierten Geschäft spielt der Dialog mit dem Kunden für die Datenbeschaffung eine wichtige Rolle. Banken haben

---

56 Frequently asked questions on climate related financial risks, Basel Committee on Banking Supervision (8.12.2022) 12 bzw 14.

hier auch regelmäßig eine Beratungsfunktion bzw können Zusatzdienstleistungen und Produkte anbieten (spezifische Versicherungen, Förderberatungen, Sanierungsrechner).

Der Druck auf Cost/Income Ratios gepaart mit hohen Stückkosten in der Kreditvergabe zwingt Banken zu effizienter Automatisierung. Das muss natürlich auch im Bereich ESG so gut als möglich versucht werden. Hierbei helfen Tools, die bei standardisierten Kreditarten mittelfristig durchaus zu vollautomatisierten Analysen führen können (etwa bei Hypotheken, Autofinanzierungen etc). Ansonsten können Tools die Analyse von festgelegten Grenzwerten für bestimmte Prozessschritte unterstützen. Dies kann durch eine Vorauswahl auf Basis von bereits verfügbaren Daten erfolgen (Branche, Lage, Art des Kredites, Höhe des Kredites) oder durch Unterstützung bei der Datensammlung bzw Interaktion mit dem Kunden.

Je nach Erstergebnis werden dann die nächsten Schritte festgelegt. Dies kann dann eine vordefinierte Reihe von qualitativen oder quantitativen Fragen (CO_2-Intensität, TCFD/CSRD-Reporting ja/nein, relevantes physisches Klimarisiko am Standort etc) sein, welche zu Ausschlüssen bzw Scorecard-Bewertungen führen. Diese Fragen können natürlich ebenfalls manuell oder idealtypisch mit einem Kunden-Tool im Rahmen des Kreditprozesses geklärt werden.

Die Tabelle zeigt mögliche Themenfelder und Fragen im Rahmen eines Einzelkunden-Analyse-Prozesses für Kunden mit mittlerem bis hohem Nachhaltigkeitsrisiko:

Environmental risk driver	Relevant risk factors	Due diligence topics	
Biodiversity loss	• Operations in areas vulnerable to biodiversity change • Operations affecting endangered species • Implementation of deforestation policy	Revenues	Dependency on natural capital assets, ecosystems and biodiversity? Impact of depletion of natural capital assets, ecosystems and biodiversity on client's revenue-generating capacity (eg reduction in crop yields)? Public sentiment around biodiversity and how this may impact product demand.
		Expenses	Dependency of client's supply value chain on natural capital assets, ecosystems and biodiversity (eg in procurement and other contracts)? Are supply chain disruptions likely? Impact of biodiversity issues on client's "local licence to operate" or its access to market capital?

Environmental risk driver	Relevant risk factors		Due diligence topics
Pollution	• Emission of air/water/land pollutants (weight in tonnes) • Production, use or disposal of chemicals	Revenues	Are consumer preferences shifting towards less polluting alternatives (eg trends related to reusable/bio-based materials in view of plastic pollution?)
		Expenses	Compliance with legal obligations on pollution prevention? Any instances of legal non-compliance reported? Pollution-related regulatory restrictions, tax changes or even bans (eg ban on single-use plastics, introduction of more stringent emission standards). Future needs to invest in pollution control equipment that yield significant impact on CapEx?
Water stress	• Exposure to areas of high water stress • Water consumption intensity	Revenues	Are consumer preferences shifting towards less water-intensive options? How sensitive are consumers to prices in this market (assuming that rising water resource costs are priced into products)?
		Expenses	Exposure to the risk of water scarcity either directly as a source of input, or indirectly (eg as used for cooling, heating, transport, cleaning, etc) or through water-dependent supply chains? Any national or regional water-discharge standards that must be met? If not, does the client have a standard policy on its discharges?

Abb 11: Beispiel Einzelkunden-Analyse-Prozess bei mittlerem bis hohen Nachhaltigkeitsrisiko [Quelle: ECB, Good practices for climate-related and environmental risk management 14, https://www.bankingsupervision.europa.eu/ecb/pub/pdf/ssm.thematicreviewcercompendiumgoodprac tices112022~b474fb8ed0.en.pdf]

Neben Status-quo-Bewertungen spielen wie gesagt die Pläne eines Kunden, bspw CO_2-Verringerungspfade oder konkrete Maßnahmen, wie Ausstieg aus fossilen Brennstoffen, eine wichtige Rolle. Hat der Kunde seine Nachhaltigkeitsrisiken erkannt? Passen die Pläne zu den Budgets der Bank?

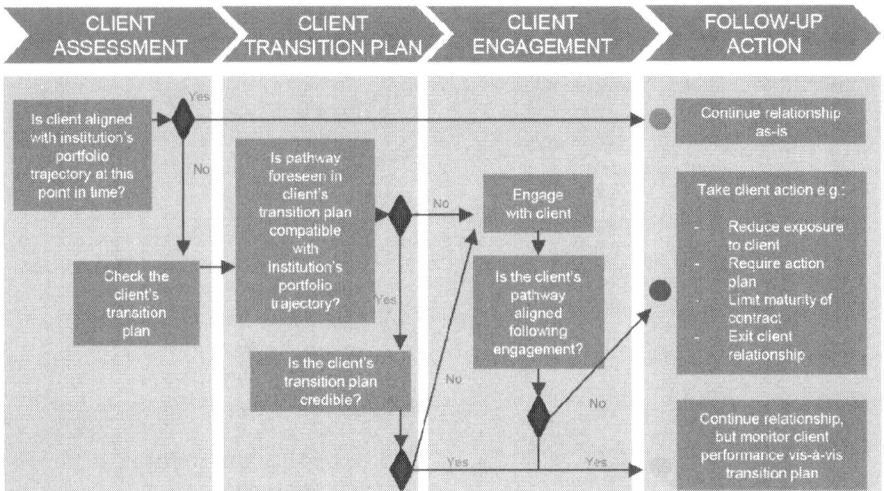

Abb 12: Empfohlene Erhebungen zu Kundenplänen [Quelle: ECB, Good practices for climate-related and environmental risk management, https://www.bankingsupervision.europa.eu/ecb/pub/pdf/ssm.thematicreviewcercompendiumgoodpractices112022~b474fb8ed0.en.pdf, 10]

Viele Fragen zu Nachhaltigkeitsrisiken lassen sich nur im Dialog mit dem Kunden lösen. Je mehr dies auch für den Kunden zu Mehrwerten führt (ESG ist kein Bankenthema, sondern betrifft das Geschäft der Kunden direkt!), desto höher wird die Akzeptanz und desto brauchbarer werden die Ergebnisse sein.

Im Rahmen des Kundendialoges kann eine Bank auch die strategischen nächsten Schritte definieren. Was wird vom Kunden erwartet? Dies können gewisse Zielwerte bzw Transitionspläne sein, aber auch verbessertes Reporting oder breitere Nachhaltigkeitsgovernance. Speziell im Bereich von CO_2-Abbauplänen/SBTI-Zielen in CO_2-intensiven Branchen ist der Kundendialog bzw das „Client Engagement" wichtig. Die Ziele und Vereinbarungen können auch durch Covenants, Zinsraster basierend auf Zielerreichung etc unterstützt/angeregt werden. Natürlich kann ein Ergebnis des Underwritings auch sein, dass man Teile des Obligos abbauen möchte, Preise aufgrund höherer Nachhaltigkeitsrisiken erhöhen muss oder sogar wünscht, die Geschäftsbeziehung zu beenden.

3.5. Preissetzung und Bewertung von Sicherheiten

Dass Nachhaltigkeitsrisiken den Preis und den Wert von Sicherheiten beeinflussen, steht außer Frage. Die Berücksichtigung dieses Umstands in der Praxis steht allerdings noch am Anfang.

3.5.1. Preissetzung

Wir haben weiter oben bereits beleuchtet, wie Nachhaltigkeitsrisiken in Ratings und damit auch in die Preissetzung einfließen können. Neben den Risikokosten können aber auch andere Kostenarten durch Nachhaltigkeit beeinflusst werden. Eine Option stellt hier unter anderem die Verwendung von „grünem" Funding dar. Banken begeben vermehrt Green Bonds bzw bieten „grüne" Einlagemöglichkeiten an. Weiters bieten viele nationale und supranationale Förderinstitutionen bzw staatsnahe Stellen Garantieschemata oder billigere Refinanzierungen für nachhaltige Kredite an. Diese Linien können bewusst eingesetzt werden, um einzelne Transaktionen mit günstigeren Kapital- oder Liquiditätskosten zu berechnen. Diese Kredite müssen dann natürlich den jeweiligen Standards des Fundings entsprechen. Den Kunden können dadurch aber für das gewünschte Verhalten, das regelmäßig auch die nachhaltigkeitsinduzierten Kreditrisiken verringert, bessere Konditionen angeboten werden, ohne die Marge der Bank zu belasten.

Hier kommen auch Nachhaltigkeitscovenants/KPIS bzw Sustainability Linked Loans ins Spiel.

3.5.2. Bewertung von Sicherheiten

2022 wurden –auch als Teil der CRR-449a-Templates – in vielen Banken Portfolioanalysen erstellt,um zu ermitteln, welcher Anteil an Sicherheiten von physischen Klimarisiken betroffen ist. Hierzu wurden Berechnungen je nach Branche, Art der Sicherheit und natürlich der genauen geografischen Lage gemacht. Die entscheidende Frage ist aber der konkrete Impact der Klimarisiken auf den Wert der Sicherheiten. Wir verweisen hier auch auf 2.2. Manche Banken verwenden bereits Vulnerabilitätsanalysen bei Naturkatastrophen, um mögliche Schäden zu quantifizieren, welche den Marktwert von Sicherheiten mittelfristig verringern.

Ein weiterer Ansatz ist, dass beispielsweise im Kreditprozess Energieeffizienzzertifikate für die Sicherheitenbewertung eingefordert oder gewisse Mitgationsmaßnahmen als Bedingungen vorgegeben werden, bspw erhöhte Versicherungsauflagen bei bestimmten Immobilienarten in gefährdeten Lagen.[57]

3.6. Kreditüberwachung

Die EBA-Guidelines betonen die Wichtigkeit der laufenden Überwachung der Kreditengagements. Hier sind die oben mehrfach ausgeführten ESG-spezifischen Problemstellungen genauso wie bei der Kreditvergabe einschlägig, sie sind teilweise sogar noch verstärkt. Insbesondere die Datenverfügbarkeit ist bei bestehenden Krediten ein noch größeres Problem, da die Bereitschaft von Kunden zur Informationslieferung bzw Commitments zu Klimapfaden oder Ähnlichem geringer als im Neugeschäft ist.

---

57   Vgl ECB, Good practices for climate related and environmental risk management 52.

Ansonsten stellt die geforderte regelmäßige granulare Datenverfügbarkeit zur Überwachung, ob die ursprünglichen Bedingungen zur Kreditvergabe auch danach noch eingehalten werden, Banken vor große Herausforderungen. Es empfiehlt sich, die wesentlichen in der Kredit-Policy verankerten KPIS/KRIS regelmäßig in möglichst automatisch verarbeitbarer Form einzufordern. Auch vereinbarte Covenants müssen überwachbar sein.

Schlussendlich ist es die Ambition, früh zu erkennen, welche Einzelkredite über die Kreditlaufzeit erhöhte Nachhaltigkeitsrisiken aufweisen, welche Frühwarncharakter haben, und die gesteckten Ziele für das Portfolio überwachen zu können. Befindet sich das Kreditbuch auf dem bei der Kreditvergabe geplanten CO_2-Pfad? Erfolgt der Abbau der Volumina in gewissen Sektoren wie geplant? Eine Bank muss also in der Lage sein, die definierten KPIs und KRIs regelmäßig und möglichst automatisiert zu messen.

4. Zusammenfassung, größte Herausforderungen und Ausblick

Das Management von Nachhaltigkeitsrisiken ist in der Mitte der Diskussionen im Bankenbereich angekommen. In den letzten Jahren sind viele Standards und Regelwerke entstanden und es beginnt sich abzuzeichnen, wohin die Reise geht.

TCFD und CSRD gemeinsam mit der EU-Taxonomie sind Beispiele dafür, wie Reporting für Unternehmen inklusive Banken aussehen wird. Dazu gesellen sich eigene Säule-3-Veröffentlichungsverpflichtungen von Banken (CRR 449a) sowie die generelle Aufforderung der Aufsicht, das Thema ernst zu nehmen und die Auswirkungen der ESG-Risiken auf die verschiedenen klassischen Risikoarten zu identifizieren, zu quantifizieren und zu steuern. Die Aufsicht fordert von Banken auch Daten zu jenen Kundengruppen, die selbst nicht zu spezifischen Veröffentlichungen verpflichtet sind.

In so gut wie allen Banken wird momentan – allerdings in verschiedenen Geschwindigkeiten – daran gearbeitet, die Standards und Regelwerke umzusetzen. Es stellen sich Fragen für die Aufbau- sowie die Ablauforganisation und es bedarf IT-Tools und externer Datenquellen, um der Breite des Themas gerecht zu werden.

Die Wege entstehen beim Gehen: Man kann momentan in der Branche beobachten, dass großer Bedarf am Teilen und Verstehen von Good und Best Practices besteht. Man schreitet gemeinsam nach vorne, wobei es eindeutig Vorreiter gibt, die es bereits gut geschafft haben, insbesondere Klimarisiken, aber auch punktuell weitere Umwelt- und andere ESG-Risiken konkret zu identifizieren und quantitativ in Kreditprozesse und -entscheidungen einzubauen. Auch erste Auswirkungen auf PD und LGD sind erkennbar.

In der ganzen Branche bzw auch in der Wissenschaft wird in den nächsten Jahren aber noch viel am Thema der „Impact-Analyse" der verschiedenen Risiken in den unterschiedlichen möglichen Szenarien gearbeitet werden müssen. Auch der Dialog und die Festsetzung von Zielen mit Firmenkunden werden eine große Herausforderung sein.

Vielfach ist man noch mit rein qualitativen Methoden unterwegs und damit beschäftigt, die Risiken genauer zu definieren.

Wie bereits in der Einleitung festgehalten, verortet die EZB daher erhöhten Handlungsbedarf. Sie sieht einen Rückstand der Banken bei der Umsetzung, teilweise zu geringe Kapazitäten, eine erhebliche Unterschätzung des Umfangs von ESG-Risiken (insbesondere fehlende Quantifizierung) und kritisiert einen vorherrschenden „wait-and-see approach" (KPIs/Limite fehlen bzw haben keine Auswirkungen auf das Geschäft der Bank).

Die EZB genauso wie die nationalen Aufsichten werden also den Druck weiter hochhalten. Es ist daher jedes Institut gut beraten, nicht zuzuwarten, sondern voll in die Risikosteuerung der Nachhaltigkeitsrisiken einzusteigen.

Es macht auch keinen Sinn, nur nach rechts und links zu schauen, da es insbesondere um die Beschäftigung mit dem eigenen Portfolio geht. Hier sollte man ansetzen: Was sind in den jeweiligen Banken die Treiber? Sind diese identifiziert, kann man die Prioritäten festlegen – sowohl betreffend Kunden/Produktgruppen und Regionen als auch im Hinblick auf die relevantesten ESG-Risiken.

Dies gelingt nur dann, wenn das Leitungsorgan in hohem Maße involviert ist, klare Verantwortlichkeiten bestehen und Entscheidungen getroffen und umgesetzt werden. Das Thema ist so vielschichtig und betrifft so viele verschiedene Bereiche in der Bank, dass es nur mit stringenter Projektsteuerung und dann klarer Linienverantwortung funktionieren kann.

Auch wenn die Beschäftigung mit den Nachhaltigkeitsrisiken in der Kreditvergabe und -überwachung viele Mühen in der Ebene bedeutet, sollten wir nicht vergessen, dass es schlussendlich um ein großes gemeinsames Projekt geht: die Welt nachhaltiger zu gestalten, dadurch für die jeweilige Bank relevante neuen Risiken aktiv zu managen und nicht zuletzt einige der vielen Möglichkeiten zur geschäftspolitischen Positionierung zu nutzen. Es ist lohnender, ESG als wichtiges strategisches Thema zu sehen denn als regulatorische Übung.

ESG-Risiken im prudentiellen Regime: Herausforderungen für Regulierung und Aufsicht[1]

Thomas Stern

Der europäische Green Deal hat großen Einfluss auf das Finanzmarktrecht. ESG-Faktoren und -Risiken sind einerseits strukturell in das Rahmenwerk zu integrieren, andererseits müssen diese einer nachvollziehbaren operativen Anwendung zugänglich bleiben. Der folgende Beitrag zeigt wesentliche Herausforderungen, die aus dieser Aufgabe resultieren – nicht nur aus der Perspektive der Rechtsanwender, sondern auch aus dem Blickwinkel der Standardsetzer selbst.

1. Hintergrund und Rahmenbedingungen

Nachhaltigkeitsinitiativen wie der europäische *Green Deal*[2] generieren erhebliche Auswirkungen auf das **Wirtschaftsaufsichtsrecht**. Die Standardsetzer haben bei der Adjustierung solch komplexer Rechtssysteme, etwa bei Einbettung (neuer) wirtschaftspolitischer Ausrichtungen, großes Fingerspitzengefühl zu beweisen. Insbesondere müssen die Regulatoren ungewollte Konsequenzen (zB Diskriminierung bestimmter Marktteilnehmer, die womöglich eine effiziente Transformation am Gesamtmarkt in Richtung einer nachhaltigen Wirtschaft verhindert) rechtzeitig identifizieren und Auswirkungen auf andere wirtschaftspolitische Ziele zumindest mit berücksichtigen (Pareto-Optimierung).[3]

---

1   Der Beitrag basiert auf dem Vortrag des Autors an der Universität Innsbruck am 11.3.2022 (Tagung „Nachhaltigkeit im Unternehmensrecht"), eine Zusammenfassung der Tagung findet sich bei *Reheis*, ÖBA 2022, 518. Die Inhalte des Aufsatzes reflektieren ausschließlich die persönliche Meinung des Autors.

2   Siehe ua die Veröffentlichungen der COM unter https://commission.europa.eu/strategy-and-policy/priorities-2019-2024/european-green deal_en (3.8.2023) sowie unter dem Titel „Renewed sustainable finance strategy and implementation of the action plan on financing sustainable growth", abzurufen unter: https://finance.ec.europa.eu/publications/renewed-sustainable-finance-strategy-and-implementation-action-plan-financing-sustainable-growth_en (3.8.2023).

3   Darunter wird verstanden, dass es mehrere (wirtschaftspolitische) Ziele gibt und man sich keinem Ziel annähern kann, ohne sich gleichzeitig von einem anderen Ziel zu entfernen.

In Bezug auf das Wirtschaftsaufsichtsrecht sind einige Besonderheiten zu beachten: Ein wesentliches einigendes Merkmal dieses rechtlichen Teilgebiets ist die Prämisse eines im Grundsatz funktionierenden Marktes. Das Wirtschaftsaufsichtsrecht findet seinen zentralen Rechtfertigungsgrund im **Funktionsschutz**, dh dem Aufrechterhalten der Stabilität des Wirtschafts- bzw Finanzsystems.[4] Eines der bedeutendsten und komplexesten Teilgebiete des Wirtschaftsaufsichtsrechts ist das Finanzmarktaufsichtsrecht oder die **Finanzmarktregulierung**. Auch sie dient dem Funktionsschutz, insb der Sicherstellung der Finanzmarktstabilität.[5] Finanzmarktregulierung engt die Manövrierfähigkeit von Unternehmen strukturell ein, etwa durch die Etablierung von Markteintrittsschranken und zusätzliche Anforderungen an die Unternehmensführung, das Risikomanagement, die Eigenkapitalisierung, die Liquiditätsausstattung und ergänzende Offenlegungsvorschriften. Daneben dringt das Finanzmarktrecht, häufig im Zuge der Etablierung von Wohlverhaltensregeln, immer tiefer in das Verbraucherschutzrecht ein.[6] Dabei gehen finanzmarktregulatorischen Bestimmungen zT deutlich über die handelsrechtlichen Vorgaben hinaus.[7]

Für das moderne Finanzmarktrecht hat sich, getrieben durch globale Standardsetzer, ein so genannter *prudentieller* Ansatz durchgesetzt. Die *Prudentialität* eines Aufsichtsregimes kennzeichnet sich, konsequent mit der Prämisse eines grundlegend funktionierenden Marktes, insb durch die tendenzielle Substitution von absoluten, starren Verboten durch ein breites Rahmenwerk betriebswirtschaftlich geprägter, risikobasierter Anreizsysteme und der Internalisierung der Effekte adverser Externalitäten (exogene und endogene Schocks), zB durch das erhöhte Vorhalten von Eigenmitteln für risikoreiche Geschäfte („Kapital").[8]

Die Wahl des Geschäftsmodells, und damit zusammenhängend dessen **Nachhaltigkeit** (!)[9], obliegt weiterhin allein dem (beaufsichtigten) Unternehmer. Die Aufsichtsbehörden dürfen die Bewilligung eines Unternehmens nicht wegen fehlender wirt-

---

4   Vgl *Müller/N. Raschauer* in *B. Raschauer/Ennöckl/N. Raschauer*, Wirtschaftsrecht[4] 235.
5   Siehe dazu auch die jüngsten (höchst-)gerichtlichen Urteile im deutschen Sprachraum im Bankenund Versicherungsaufsichtsrecht, zB VfGH 16.12.2021, G 224/2021 ua, *Commerzbank Mattersburg*, OLG Frankfurt 6.2.2023, 1 U 173/22, *Wirecard* und EFTA-GH 25.2.2021, E-5/20, *SMA SA et al.*
6   Siehe allein die weitreichenden Aufgaben der EBA iZm Verbraucherschutz in Art 9 der Verordnung (EU) Nr 1093/2010 vom 24. November 2010 zur Errichtung einer Europäischen Aufsichtsbehörde (Europäische Bankenaufsichtsbehörde), ABl L 331 vom 15.12.2010, 12 („EBA-V"). Eine teilweise justizielle Bestätigung von Verbraucherschutzagenden hat die EBA durch EuGH 15.7.2021, C-911/19, *FBF vs ACPR*, dort bezogen auf die EBA-Leitlinien für Überwachung und Governance von Bankprodukten im Privatkundengeschäft vom 22. März 2016 (EBA/GL/2015/18), erfahren; eine Zusammenfassung findet sich bei *Summer*, ZFR 2021/208, 494.
7   Als Beispiel ist etwa die kombinierte Kapitalpufferanforderung nach Art 128 Nr 6 CRD (bzw die Rechtsfolgen bei deren Unterschreitung nach Art 141 CRD f) als Ergänzung handelsrechtlicher Ausschüttungssperren zu nennen (Letztere dienen allein dem Gläubigerschutz, nicht aber dem Systemschutz).
8   Weiterführend *Stern*, Bankenaufsichtsrecht im Europäischen Wirtschaftsraum (2020) 9 ff.
9   „Nachhaltigkeit" hier sowohl im klassischen (Beständigkeit des Unternehmens und langfristige Erfolgsorientierung) als auch ESG-bezogenen Sinne (Auswirkungen auf Externalitäten). Zum Wort „Nachhaltigkeit" vgl *Kalss*, GesRZ 2022, 49.

schaftlicher Bedürfnisse des Marktes ablehnen (vgl Art 11 CRD[10]). Das Wirtschafts-aufsichtsrecht nimmt trotz des Bestehens weitreichender Schutzmechanismen[11] weder dem Unternehmer noch den Investoren das wirtschaftliche Risiko ab.[12] Das bedeutet jedoch nicht, dass das Finanzmarktrecht immun gegen **wirtschaftspolitische Einflüsse** wäre. Prominente Beispiele sind etwa die Ausnahme von EWR-Staats-schuldtiteln von der Eigenmittelunterlegungspflicht (Art 114 Abs 4 CRR[13]) und der seit Langem umstrittene KMU-Faktor im Bankenaufsichtsrecht (Art 501 CRR).

Auch der europäische **Green Deal** wird massive Auswirkungen auf das Finanzmarkt-recht generieren.[14] Insb unter der Schlagwortfolge **ESG** (*„Environmental, Social & Governance"*) dringt diese bedeutende Nachhaltigkeitsinitiative in das Finanzmarkt-recht ein. Während sich die Vorgaben und Konsequenzen im Wohlverhaltensrecht (zB Wertpapierdienstleistungen[15] und Fonds[16]) und zur Marktdisziplinierung via öffentlicher Nachhaltigkeitsberichterstattung[17] (ua *Green Asset Ratio*) schon langsam kristallisieren, steht die konkrete Behandlung von **ESG-Risiken** unter **prudentiellen Gesichtspunkten** noch zur Debatte. Als wichtige Dokumente in diesem Zusammen-hang, neben den im Trilog befindlichen Rechtsakten zur Abänderung der CRD („CRD VI") und CRR („CRR III") sind ua Berichte der EBA (EBA/REP/2021/18[18], EBA/DP/2022/02[19]) zu nennen.

---

10 Richtlinie 2013/36/EU vom 26. Juni 2013 über den Zugang zur Tätigkeit von Kreditinstituten und die Beaufsichtigung von Kreditinstituten und Wertpapierfirmen, ABl L 176 vom 27.6.2013, 338–436 („CRD IV"). Sonderausgabe in kroatischer Sprache: Kapitel 6 Band 14, 105–203.

11 Man erinnere an die zusätzlichen Finanzmarktinfrastrukturen wie das System der Einlagensicherung und der Anlegerentschädigung.

12 Vgl *Holzmann*, ÖBA 2020, 844; *Stern*, ZFR 2021, 483 f.

13 Verordnung (EU) Nr 575/2013 vom 26. Juni 2013 über Aufsichtsanforderungen an Kreditinstitute und Wertpapierfirmen, ABl L 176 vom 27.6.2013, 1–337 („CRR").

14 Siehe auch COM, Mitteilung der Kommission an das Europäische Parlament und den Rat, Strategische Vorausschau 2021: Die Handlungsfähigkeit und Handlungsfreiheit der EU (COM[2021] 750 final) 16 f.

15 Siehe zB DelRL (EU) 2021/1269 vom 21. April 2021 zur Änderung der Delegierten Richtlinie (EU) 2017/593 durch Einbeziehung von Nachhaltigkeitsfaktoren in die Produktüberwachungspflichten, ABl L 277, 2.8.2021, 137–140. Siehe auch *ESMA*, Technical advice to the European Commission on integrating sustainability risks and factors in MiFID II (2019); zum nachfolgenden Bericht der ESMA vgl *Barth/Natlacen*, GesRZ 2022, 247.

16 Siehe zB DelRL (EU) 2021/1270 der Kommission vom 21. April 2021 zur Änderung der Richtlinie 2010/43/EU in Bezug auf die von Organismen für gemeinsame Anlagen in Wertpapieren (OGAW) zu berücksichtigenden Nachhaltigkeitsrisiken und -faktoren, ABl L 277 vom 2.8.2021, 141–144; siehe dazu *Buchberger/Wimmer*, ZFR 2022, 316.

17 Vgl Richtlinie (EU) 2022/2464 vom 14. Dezember 2022 hinsichtlich der Nachhaltigkeitsberichterstattung von Unternehmen, ABl L 322 vom 16.12.2022, 15–80 („CSDR"); s zuletzt *Schranz*, ZFR 2023, 4. Siehe grundlegend auch Art 8 der Verordnung (EU) 2020/852 vom 18. Juni 2020 über die Einrichtung eines Rahmens zur Erleichterung nachhaltiger Investitionen, ABl L 198 vom 22.6.2020, 13–43 („TaxonomieVO") iVm DelVO (EU) 2021/2178 der Kommission vom 6. Juli 2021 zur Ergänzung der Verordnung (EU) 2020/852 des Europäischen Parlaments und des Rates, ABl L 443 vom 10.12.2021, 9–67. Eine rechtliche Bestandaufnahme zur TaxonomieVO findet sich bei *Flor/Kreisl*, ZFR 2022, 321.

18 *EBA*, Report on management and supervision of ESG risks for credit institutions and investment firms (EBA/REP/2021/18).

19 *EBA*, Discussion paper on the role of environmental risks in the prudential framework (EBA/DP/2022/02).

Die folgenden Ausführungen zeigen die einschlägigen Herausforderungen für Aufsicht und Regulierung, eingeschränkt auf die aktuellen Entwicklungen im Bankenaufsichtsrecht.

2. ESG: Faktoren und Risiken

In einem ersten Schritt ist zu klären, inwieweit ESG-Faktoren[20] systematisch mit **ESG-Risiken** zusammenhängen. Gemäß der EBA definieren sich ESG-Risiken grob als „[…] *the risks of any negative financial impact on the institution stemming from the current or prospective impacts of ESG factors on its counterparties or invested assets*" (EBA/REP/2021/18, Glossary).[21] Eine normative Verankerung wird de lege ferenda voraussichtlich über die CRR III geschehen:

> (ESG-)Risiko: das Risiko negativer finanzieller Auswirkungen, die sich für das Institut aus den derzeitigen oder künftigen Auswirkungen von Umwelt-, Sozial- oder Governance-Faktoren (ESG-Faktoren) auf die Gegenparteien oder die angelegten Vermögenswerte des Instituts ergeben könnten. ESG-Risiken sind in diesem Zusammenhang Triebkräfte hinter bestehenden Risikokategorien wie Kreditrisiko, operationelles Risiko und Marktrisiko.[22]

Als allgemeine Quelle von ESG-Risiken für einen Finanzintermediär werden die (aktuellen oder zukünftigen) *Auswirkungen* von ESG-Faktoren verortet. Aus operativer (Umsetzungs-)Perspektive verhindern derart weit formulierte Begriffsfindungen allerdings klare Abgrenzungen, hier von sonstigen Risikokategorien; siehe allein die breite Definition von *Umweltrisiken* in Art 4 Abs 1 Nr 52e CRR idF 2021/0342 (COD), was wiederum der faktischen Bedeutung der Definition selbst schadet. Der Hinweis im Ratsstandpunkt zur CRR III, ESG-Risiken würden *per definitionem* als „*Triebkräfte*" für die klassischen Risikoarten wirken, verbessert die Definition nicht.

Die Komplexität bei der Handhabung von ESG-Risiken wird dadurch verstärkt, dass hinter den ESG-Faktoren unterschiedliche **Risikotreiber** (zB Änderung der sozialen Akzeptanz bestimmter Geschäftszweige, wesentliche technologische Entwicklungen, aber auch steigende Gefahr für Erdbeben) und **Transmissionskanäle** (dh Kausalzusammenhang zwischen Faktor und Auswirkung auf Unternehmen) stehen bzw wirken können:[23] Steigt etwa die Wahrscheinlichkeit für Hochwasser, werden die betroffenen Liegenschaften (Sicherheiten) entwertet,

---

20 Gemäß der *EBA* sind das „*Environmental, social or governance matters that may have a positive or negative impact on the financial performance or solvency of an entity, sovereign or individual*" (EBA/REP/2021/18 Glossary).

21 Siehe weiterführend EBA/REP/2021/18, 2.2.

22 Art 4 Abs 1 Nr 52d CRR idF 2021/0342 (COD).

23 Siehe EBA/REP/2021/18 Rn 46 ff; EBA/DP/2022/02, 4.2; *BCBS*, Climate-related risk drivers and their transmission channels (2021).

wodurch das Kreditrisiko der Darlehensgeber (Loss Given Default) steigt. Die Ex-ante-Berechnung solcher unerwarteten Verluste entzieht sich jedoch einer stochastischen Analyse, wenn dem Kreditinstitut keine angemessene Datenlage zur Verfügung steht. Gerade im Falle von ESG-Faktoren können sehr lange Datenreihen für eine seriöse statistische Wahrnehmung vonnöten sein.[24]

Zudem spielen Finanzintermediäre in **Transformationszeiten** der Wirtschaft eine wichtige Rolle.[25] Änderungen des Risikoappetits eines Kreditgebers, hier konkret bezogen auf die Wahrnehmung von ESG-Faktoren (zB Einschätzung, ob das darlehensnehmende Industrieunternehmen den Turnaround in eine „grüne Zukunft" schafft), können Auswirkungen auf die finanzielle Performance des Kreditnehmers generieren und das Investment insgesamt beeinflussen. Höhere Refinanzierungskosten des Kreditnehmers *(brown asset)* zwingen zwar zum Wandel, behindern aber potenziell dessen Transformation durch gebundene Ressourcen (Kapitaldienst). Dies beeinflusst wiederum die Werthaltigkeit der Forderungen (ESG-Risiko[!]).

ESG-Risiken sind dennoch definitionsgemäß *finanzielle* Risiken, **die auf das Unternehmen wirken („outside-in").** Eine „systemische" Risikokomponente („inside-out"), dh die Ausstrahlungswirkung der Tätigkeiten eines Unternehmens auf die ESG-Faktoren (analog den Auswirkungen eines systemrelevanten Instituts auf „das System" [„too big to fail"]),[26] beinhaltet die Definition nicht.[27] ESG-Risiken iSd Art 4 Abs 1 Nr 52d CRR idF CRR III umfassen somit nur eine Seite der *doppelten Wesentlichkeit*. Dies ist iZm Ordnungsnormen der CRR auch systemkohärent, da die dort eingebettete prudentielle Perspektive nur *exogene* Risiken berücksichtigt. *Endogene* Risiken wären hingegen im Kapitalpufferregime der CRD, zB über den Kapitalpuffer für systemrelevante Institute, zu adressieren (**„too green to fail"**[28]). Dieser Gedanke wird aktuell auch von der COM weiterverfolgt.[29]

---

24 Siehe dazu die jüngsten Initiativen der EBA zur Datensammlung und zum Aufbau eines entsprechenden Monitoring-Systems (EBA/DC/498), abzurufen unter: https://www.eba.europa.eu/eba-collecting-institutions-data-environmental-social-and-governance-risks-set-monitoring-system (3.8.2023).

25 Siehe dazu die Initiative „One-off Fit-for-55" (COM[2021] 390 final) sowie die seitens europäischer Aufsichtsagenturen auszuarbeitenden Szenario-Analysen unter https://www.eba.europa.eu/risk-analysis-and-data/climate-risk-stress-testing-eu-banks/one-fit-55-climate-risk-scenario-analysis (3.8.2023).

26 Siehe Art 131 CRD zur Kapitalpufferanforderung an systemrelevante Institute.

27 Die Frage, inwieweit solche Ausstrahlungswirkungen aber Teil eines gesellschaftsrechtlich relevanten „öffentlichen Interesses" sein können, behandelt *Hanreich* (GesRZ 2022, 258) mit Verweis auf *Kalss*, GesRZ 2022, 49.

28 Als Gedankenbeispiel kann hier die Annahme einer systemrelevanten Bank, deren Geschäftsmodell hauptsächlich in der Finanzierung des *Green Deal* liegt, dienen. Der Ausfall eines solchen Instituts hätte nicht nur Auswirkungen auf die in der Transformationsphase befindlichen Kreditnehmer, sondern mittelbar auch auf deren sonstige Gläubiger (endogenes Risiko).

29 Siehe COM, Targeted consultation on improving the EU's macroprudential framework for the banking sector (März 2022) Question 16.4. (*"Should the macroprudential toolkit further evolve to address financial stability risks stemming from unsustainable developments in the broader environmental, social and governance spheres?"*).

3. Aufsichtliche Bewertung

Die zuständige **Finanzmarktaufsichtsbehörde** soll schließlich die Angemessenheit der Systeme zur Adressierung von ESG-Risiken im Zuge des SREP[30] unter Beachtung des Proportionalitätsgedankens („Art, Umfang und Komplexität" der betriebenen Geschäfte[31]), jedoch auch unter Berücksichtigung adverser Stress-szenarien (zB Klimastresstests) bewerten.[32] Der SREP bildet einen Bestandteil der **prinzipienorientierten** „Säule II" (ICAAP, ILAAP, SREP). Fokus des SREP sind die Beurteilung des Geschäftsmodells, der Unternehmenssteuerung (Governance) und der Kapital- und Liquiditätsadäquanz *(House of SREP)*. ESG-Risiken können schließlich auf sämtliche dieser vier Säulen Auswirkungen generieren:[33]

- **Geschäftsmodell:** ESG-Faktoren beeinflussen sowohl die Angebots- (zB Wegfall bestimmter Industriesektoren) als auch die Nachfrageseite am Markt (Stichwort „nachhaltiges Investieren für jedermann"),[34] idS Zielmärkte und -publikum. Änderungen der Rahmenbedingungen wirken sich wiederum auf die Profitabilität und die Wachstumschancen des im Wettbewerb befindlichen Finanzdienstleisters aus. Gerade branchenkonzentrierte Finanzdienstleister können – je nach Zeithorizont der wahrscheinlichen Manifestation der ESG-Risiken – gezwungen sein, eine Diversifikation ihres Geschäftsmodells wie auch eine allgemeine Ausweitung des Budgetierungshorizonts in Betracht zu ziehen. Aufsichtsbehörden werden zukünftig beurteilen, inwieweit das Geschäftsmodell angesichts der genannten Faktoren und Risiken auch langfristig „überlebensfähig" ist. Eine solche Beurteilung kann sogar indirekte Auswirkungen auf die potenzielle Abwicklungsfähigkeit großer Bankengruppen generieren, man denke etwa an das Abwicklungsinstrument der Unternehmensveräußerung (Share Deal oder Asset Deal) und das vorausgesetzte Käuferinteresse (an einem „nachhaltigen" Unternehmen).[35]
- **Unternehmenssteuerung:** ESG-Faktoren können sämtliche betrieblichen und geschäftlichen Prozesse in einem Unternehmen, ua internes und externes Rechnungswesen (Berichterstattung, Offenlegung), betreffen. Sie werden zukünftig vermehrt einen bedeutenden Teil der Governance (Risikokultur, Eignung der

---

30 Siehe insb EBA-Leitlinien zu gemeinsamen Verfahren und Methoden für den aufsichtlichen Überprüfungs- und Bewertungsprozess (Supervisory Review and Evaluation Process, SREP) sowie für die aufsichtlichen Stresstests (EBA/GL/2022/03).

31 Der europäische Gesetzgeber erkennt idZ jedoch, dass sich *„die Exponiertheit eines Instituts gegenüber ESG-Risiken […] nicht unbedingt proportional zu seiner Größe und Komplexität"* verhält (ErwGr 40 CRR idF 2021/0342 [COD]).

32 ESG-Risiken werden in den Leitlinien als potenzielle *„key vulnerabilities"* genannt (EBA/GL/2022/03 Rn 95 lit g).

33 Siehe weiterführend auch *Krimphove*, CB 2020, 134 ff.

34 Zum Geschäftsmodell der nachhaltigen Kreditvergabe siehe zuletzt *Herndl*, Sustainable Loans – Chancen und Grenzen im Zivilrecht, ZFR 2023/148 (321).

35 Es ist somit nicht ausgeschlossen, dass eine niedrige ESG-Einstufung (durch die geringere Wahrscheinlichkeit der Durchführbarkeit einer Transferstrategie) eine höhere MREL (Mindestanforderung an Eigenmittel und berücksichtigungsfähige Verbindlichkeiten) provoziert.

Beschäftigten, Anreizsysteme wie zB Vergütung, aber auch Funds-Transfer-Pricing) und des Internen Kontrollsystems (IKS) darstellen (müssen), was den Aufbau entsprechender Ressourcen (inkl der damit verbundenen Kosten) verlangt. Schon nach allgemeinen Risikomanagementvorgaben sind wesentliche Risiken von den Instituten zu erfassen, zu bewerten und zu begrenzen. Allein die nachvollziehbare Identifikation von ESG-Risiken kann Finanzdienstleister jedoch vor große Herausforderungen stellen. Für die Bewertung (Scoring) und Begrenzung dieser Risiken (Limite, Eigenmittelunterlegung) stehen grundsätzlich die Methoden des ICAAP (Kapitaladäquanz) und ILAAP (Liquiditätsadäquanz) zur Verfügung, auch wenn man in Bezug auf die Unternehmenssteuerung (Governance) mE mittlerweile auch über einen **ISAAP** *(Internal Sustainability Adequacy Assessment Process)* für nichtfinanzielle Risiken nachdenken sollte.[36] Trotz formal weitgehender Methodenfreiheit in der Säule II ist zu erwarten, dass sich mittelfristig einerseits marktweite Best Practices durchsetzen, andererseits die Aufsichtsbehörden engere Determinanten, etwa durch die Veröffentlichung aufsichtlicher Erwartungshaltungen (zB zur verpflichtenden Etablierung von ESG-Beauftragten oder Nachhaltigkeitsausschüssen), festlegen werden.

- **Kapital:** ESG-Faktoren können auf die Kapitalrisiken unterschiedlich wirken. Aufsichtsbehörden werden insb überprüfen, ob der Darlehensgeber bei Kreditvergabe und -gestionierung die einschlägigen ESG-Faktoren (zB CO_2-Bilanz des Kreditnehmers, Nachhaltigkeit der Lieferketten) angemessen im Rating/Scoring – und sodann auch bei der Berechnung erwarteter und unerwarteter Verluste – berücksichtigt hat (oder sich bloß auf externe Ratings stützt[37]). Gleichzeitig können die zugrunde liegenden Sicherheiten (Immobilien, Wertpapiere, Versicherungen) eine hohe ESG-Sensitivität aufweisen (zB Standards zur Energieeffizienz von Gebäuden[38]), die sich wiederum potenziell durch Marktrisiken (verminderter Marktwert des als Sicherheit dienenden Depots, zB bei Ratingmigration bestimmter Industriesektoren, aber auch Marktschwankungen durch regulatorische Unsicherheiten) kristallisieren (Restrisiko).[39] Freilich müssen Kreditinstitute auch auf eine hinreichende Diversifizierung ihres Portfolios achten und Konzentrationsrisiken (sowohl bei „Green"- als auch bei „Brown"-Zielmärkten) entsprechend steuern. Als wesentliche Kapitalrisiken sind auch operationelle Risiken (vgl Art 4 Abs 1 Nr 52 CRR idF COM/2021/664 final), insb Rechtsrisiken (zB Fehlberatung, Greenwashing, Prospekthaftung), zu nennen.

---

36 Ein solcher Bewertungsprozess könnte ESG-Faktoren in Hinblick auf ihre nichtfinanziellen Auswirkungen (sowohl „outside-in" als auch „inside-out") scoren und als komplementäres Werkzeug zu ICAAP und ILAAP dienen.

37 Beachte: Auch wenn die Ratingagentur ESG-Kriterien in ihrer Bewertung berücksichtigt, ist eine exklusive Verwendung externer Ratings ohne interne Kontrolltätigkeit weiterhin unzulässig. Siehe auch die Entwicklungen nach der „Finalisierung von Basel III" etwa unter *EBA*, Policy advice on the Basel III reforms: Credit Risk Standardized Approach and IRB Approach (EBA-Op-2019-09a) 3.1 *(Due diligence and use of ratings)*.

38 Siehe zB *EEFIG*, Working Group on Risk assessment of energy efficiency loans (2021).

39 Zur Steuerung des „nachhaltigen" Verhaltens über Covenants vgl *Herndl*, ZFR 2023, 323 f.

- **Liquidität:** Zwar sind bei fehlender ESG-Konformität einer Bank (kurzfristig) kaum erhöhte Abrufrisiken zu erwarten. Im Falle verschärfter Marktunsicherheiten, zB durch das vermehrte Auftreten physischer Gefahren (Erdbeben, Dürre, Hochwasser), würde sich aber die Marktliquidität der Schuldtitel besonders exponierter Emittenten womöglich reduzieren oder (bei extremen Ereignissen) das Vertrauen in den Finanzsektor insgesamt untergraben.[40] Dies wiederum zwingt Banken zur Umschichtung ihrer Liquiditätspuffer. Nicht-ESG-konforme Unternehmen könnten zukünftig mit erhöhten strukturellen Refinanzierungsrisiken konfrontiert sein, etwa durch das Erleiden erhöhter Risikoprämien („brown-malus"), und dadurch verminderten Kapazitäten zur Innenfinanzierung. Erhöhte Ausfallraten im Kreditgeschäft erhöhen wiederum das Terminrisiko bei Finanzintermediären.

Stellt die Behörde im Zuge des **SREP** Schwachstellen fest, insb die Unterschätzung oder nicht ausreichende Deckung wesentlicher Risiken, so hat sie zu reagieren und die Bank zur Verbesserung (zB Integration angemessener Systeme zur Identifizierung von ESG-Risiken) und/oder Unterlegung der Risiken (zB Erhöhung der Sicherheiten oder der Deckungsmasse aufgrund Unterschätzung klimatischer Auswirkungen auf die langfristige Kreditvergabe) aufzufordern (vgl Art 104 CRD ff, § 70 Abs 4 und 4a BWG).

Als wesentlicher Teil des SREP sind auch **aufsichtliche Stresstests** erwähnenswert. In solchen Tests werden spezifische (Stress-)Szenarien festgelegt und ihre Auswirkungen analysiert. Spezifische **Klimastresstests** für den Bankensektor wurden schon von der EZB und der OeNB durchgeführt.[41] Werden die durch den Stresstest errechneten (hypothetischen) Risiken nicht durch die Kapitalpuffer der Banken gedeckt, so darf die Aufsichtsbehörde eine so genannte *„aufsichtliche Erwartung"* an das ergänzende Vorhalten von Eigenmitteln (*Pillar II Guidance*; vgl § 70c BWG) an die betroffenen Unternehmen kommunizieren. Unterlassen die Kreditinstitute den Aufbau des Kapitals, so ist die Behörde zur Setzung schärferer Instrumente berechtigt (vgl § 70b Abs 1 Nr 5 BWG).

4. Kalibrierung der Ordnungsnormen

Für den Regulator stellt sich ua die Frage, wie ESG-Faktoren und ESG-Risiken regelbasiert in das Aufsichtsregime der Säule I (zB standardisierte Eigenmittelanforderungen für Kredit-, Markt- und operationelle Risiken) integriert werden

---

40   *Brei* et al zeigen in einer empirischen Studie etwa die Auswirkungen von Wirbelstürmen in der Karibik auf die Liquidität von Banken (vgl *Brei/Mohan/Strobl*, The impact of natural disasters on the banking sector: Evidence from hurricane strikes in the Caribbean, Quarterly Review of Economics and Finance [2019] vol 72 issue C 232–239).

41   Zur Methode des Klimastresstests vgl *OeNB*, Financial Stability Report 42 (November 2021) 27–45. Siehe auch *ECB/ESRB*, Climate-related risk and financial stability (2021).

können. Die Kalibrierung der Ordnungsnormen hat einerseits strukturell-risikobasiert zu erfolgen, andererseits müssen neue Anforderungen konvergent und systemkohärent mit den übrigen Ordnungsnormen wirken, um keine strukturellen Widersprüche oder Fehlanreize zu generieren. Beispielsweise müssen die gewählten Faktoren für die Risikogewichtung einer Position (zB Kredit an Industrieunternehmen) innerhalb des jeweiligen Systems (zB Kreditrisikostandardansatz) einerseits nachvollziehbar sein (höherer unerwarteter Verlust aufgrund potenziellen Wegfalls des ökologisch strittigen Geschäftsmodells), andererseits sicherstellen, dass die Eigenmittelanforderungen für dieselben Risiken nicht dupliziert werden (potenzieller Wegfall des Geschäftsmodells ohnehin Teil der Kreditrisikobewertung?). Will man ESG-Risiken adäquat in die Säule I einbetten, so hat man Positionen anhand des Risikodifferenzials[42] zu unterscheiden. Nur wenn tatsächliche wesentliche Risikounterschiede zwischen (verkürzt) „green assets" und „brown assets" bestehen, sind divergierende Eigenmittelanforderungen (zB indirekte Privilegierung von ESG-konformen Vermögenswerten durch einen „Brown-malus-Faktor"), sofern diese keine signifikanten, nicht intendierten Konsequenzen generieren, gerechtfertigt.[43] Für eine entsprechende regulatorische Festlegung bestehen jedoch Herausforderungen, unter anderem:[44]

- **Datenlage und Methodik:** Für die Kalibrierung der Eigenmittelanforderungen bedarf es einer hinreichenden empirischen Evidenz. So werden Ausfallwahrscheinlichkeiten und Verlustraten anhand von hinreichend langen Zeitreihen aus historischen Daten (zB Kreditausfallwahrscheinlichkeit binnen eines Jahres, Volatilität des Aktienkurses der letzten 250 Handelstage) berechnet. Die bisher erfassten Daten inkludieren aber, mangels bisheriger aufsichtlicher Notwendigkeit, im Regelfall keine spezifischen granularen Daten zum finanziellen Risikogehalt von ESG-Faktoren. Der Zusammenhang zwischen den Variablen (zB Auswirkungen von Klimarisiken auf die Wahrscheinlichkeit des Einbruchs des Geschäftsmodells) ist aus den bestehenden Daten somit nicht oder nur marginal zu messen. Aufgrund der aktuellen regulatorischen Entwicklungen zur verpflichtenden ESG-Berichterstattung wird die Datenlage allerdings schrittweise verbessert.[45]

---

42   Vgl EBA/DP/2022/02 Rn 20.
43   Siehe weiterführend EBA/DP/2022/02, 5.4.2.
44   Siehe weiterführend EBA/DP/2022/02, 4.3; *Coelho/Restoy*, The regulatory response to climate risks: some challenges (2022).
45   Siehe auch ErwGr 41 CRR idF 2021/0342 (COD): *„Zwar liegen zum gegenwärtigen Zeitpunkt noch keine ausreichenden Belege für Risikounterschiede zwischen ökologisch oder sozial nachhaltigen und/oder schädlichen Risikopositionen und anderen Risikopositionen vor, aber in den nächsten Jahren könnten solche Belege verfügbar werden."* Jüngst hat die EBA eine Industrieumfrage zur Marktpraktiken bezüglich „green loans and mortgages" initiiert, abzurufen unter: https://www.eba.europa.eu/eba-seeks-input-credit-institutions-green-loans-and-mortgages (3.8.2023). Siehe zuletzt auch EBA/DC/498; concerning ad hoc collection by competent authorities to the EBA of institutions' ESG data and amendment of the Annex to EUCLID Decision.

- **Aufsichtlicher Horizont:** Herkömmliche Rating- und Scoringmodelle verwenden kurze Zeithorizonte (ein bis maximal drei Jahre) zur Verlustabschätzung. Auch der SREP folgt grundsätzlich einem Horizont von bis zu zwei Jahren (Überlebensfähigkeit des Instituts binnen eines Jahres, Auswirkungen eines hypothetischen Stressszenarios über zwei Jahre, Rendite über einen zukunftsgerichteten Zeitraum von mindestens drei Jahren). ESG-Risiken kristallisieren sich hingegen womöglich erst im Laufe mehrerer Jahrzehnte. Damit entziehen sich solche Risiken entweder der kurzfristigen regulatorischen Berücksichtigung (dh Eigenmittelanforderung für solche ESG-Risiken wäre null) oder aber der aufsichtliche Horizont wird ausgeweitet (Überlebensfähigkeit des Instituts binnen eines Jahrzehnts?), was womöglich aber – neben methodologischen Herausforderungen – eine allgemeine Erhöhung der Eigenmittelanforderungen zur Folge hätte. Rein partielle Ausweitungen des aufsichtlichen Horizonts (iSv exklusiv bezogen auf ESG-Risiken) widersprechen sich mE mit der angestrebten Konvergenz der Ordnungsnormen.[46]

- **Wirtschaftspolitische Dynamiken:** Regelbasierte Systeme fordern hinreichend stabile und objektiv nachvollziehbare Vorgaben. Andernfalls verleitet ein prudentielles Regime zu Fehlanreizen oder reduzierter Disziplin bei den Normunterworfenen. Dies kann sowohl zur überbordenden Auslegung des Proportionalitätsgedankens führen (Neutralisierung[47]) als auch zur Tendenz, die einschlägigen Mindestanforderungen überzuerfüllen, um etwaige regulatorische Sanktionen jedenfalls auszuschließen. Für den Regulator besteht die Herausforderung nun ua darin, den Rechtsanwendern (einschließlich der Aufsichtsbehörde) hohe Rechtssicherheit über viele Jahre zu garantieren *(stabiles System)*. Anhaltende Diskussionen um den Begriff der Nachhaltigkeit (Atomkraft[?]) sind in einer Demokratie zwar politisch wünschenswert, hindern die Normbetroffenen jedoch, Projekte effizient und langfristig (nachhaltig!) zu planen und zu verfolgen. Ohne entsprechende *comfort letter* der zuständigen Behörden steigen die regulatorischen Kapitalkosten (regulatorische Risiken innerhalb einer normativ-internen Perspektive) und reduzieren die Ressourcen für eine effektive Transformation. Wird das (gesuchte) Risikodifferenzial politisch zu stark beeinflusst, etwa um eine drohende Diskriminierung von Mitgliedstaaten oder Handelspartnern (zB bei Abhängigkeit von *veralteten* Industriezweigen) zu verhindern,[48] befeuert dies Volatilitäten und generiert Illiquidität am Finanzmarkt.

---

46 Eine Differenzierung des Horizonts zwischen ESG- (langfristig) und Nicht-ESG-Risiken (mittelfristig) scheidet mE schon aufgrund der definitorischen Einstufung von ESG-Risiken als „Triebkräfte" der klassischen Bankrisiken aus. Würde man nun den aufsichtlichen Horizont zwischen diesen Risikokategorien unterschiedlich wählen oder verschieben, könnte man ua die berechneten Verlustraten nicht mehr miteinander vergleichen, geschweige denn Diversifikationen und/oder Korrelationen angemessen berücksichtigen.

47 Man erinnere an die damaligen Diskussionen auf europäischer Ebene iZm Vergütungspolitik (vgl EBA-Op-2016-20).

48 Siehe etwa die Andeutung in ErwGr 40a CRR idF 2021/0342 (COD).

Die EBA hat bis zum 28.6.2025 einen Bericht zur *„aufsichtliche[n] Behandlung von Risikopositionen im Zusammenhang mit ökologischen und/oder sozialen Zielen"* (Art 501c CRR[49]) zu erstellen und den europäischen Co-Gesetzgebern vorzulegen. Eine etwaige Umsetzung kann sodann frühestens mit einer zukünftigen CRR IV erfolgen, deren Geltung vor dem Jahr 2028 unwahrscheinlich ist. Bis dahin haben Institute ihre Risikoexponierung gegenüber ESG-Risiken standardisiert zu melden (Art 430 Abs 1 lit h CRR idF 2021/0342 [COD]) und offenzulegen (Art 449a CRR[50]), um eine hinreichende Datenbasis für Markt und Regulator zu schaffen.

5. Fazit

Der *Green Deal* gilt als eines der bedeutendsten europäischen Projekte aller Zeiten. Das Projekt wird die europäische Wirtschaftsverfassung mehrdimensional beeinflussen und hat das Potenzial, nicht nur den Binnenmarkt signifikant zu modernisieren, sondern auch globale Standards weiter zu festigen.

In einem prudentiellen System bleiben Finanzmarktaufsichtsbehörden dennoch dem **Funktionsschutzgedanken** verpflichtet. Solange der Europäische Binnenmarkt unter der vertraglich fixierten Zielbestimmung einer freien sozialen Marktwirtschaft arbeitet (und damit auch den Funktionsschutzgedanken determiniert), liegt ihre Aufgabe nicht darin, Unternehmen per se „grüner" oder „sozialer" zu machen, auch wenn dies medial teilweise so dargestellt wird. Aufsichtsbehörden müssen jedoch ebenso Fingerspitzengefühl beweisen, um dem wirtschaftspolitisch gewollten (und notwendigen) Wandel nicht entgegenzustehen. Gerade in Übergangsphasen wäre die übermäßige Sanktionierung von Finanzdienstleistern, die in nicht ESG-konformen Branchen tätig sind, womöglich kontraproduktiv und könnte die nötigen Transformationsschritte verzögern. Gleichzeitig müssen Regulatoren und Aufsichtsbehörden dafür sorgen, dass sich die Transformationsschritte für Unternehmen frühzeitig lohnen. Dies erreicht man insbesondere durch klare und konsistente Erwartungshaltungen. Die aktuellen und intensiven Arbeiten auf europäischer Ebene, etwa jene zum Risikodifferenzial, zeigen schon jetzt das Bemühen der Akteure, ein langfristig robustes und konvergentes Aufsichtsregime zu schaffen.

---

49   Siehe aber auch Art 34 der Verordnung (EU) 2019/2033 vom 27. November 2019 über Aufsichtsanforderungen an Wertpapierfirmen, ABl L 314 vom 5.12.2019, 1–63 („IFR") und Art 304a der Richtlinie 2009/138/EG vom 25. November 2009 betreffend die Aufnahme und Ausübung der Versicherungs- und der Rückversicherungstätigkeit (Solvabilität II), ABl L 335 vom 17.12.2009, 1–155, idF COM(2021) 581 final („Solvency II review").

50   Siehe zuletzt dVO (EU) 2022/2453 vom 30. November 2022 zur Änderung der in der Durchführungsverordnung (EU) 2021/637 festgelegten technischen Durchführungsstandards im Hinblick auf die Offenlegung der Umwelt-, Sozial- und Unternehmensführungsrisiken, ABl L 324 vom 19.12.2022, 1–54.

Nachhaltigkeitsberichterstattung im Lichte der Corporate Sustainability Reporting Directive und deren Relevanz für Finanz- und Kapitalmärkte[1]

Brigitte Frey/Christoph Brogyányi[2]

---

1   Wir danken Frau *Mag. Angelika Holzer* für ihre wertvolle Unterstützung.
2   Der Inhalt dieses Beitrags stellt die persönliche Meinung des Autors und der Autorin dar.

1. Einleitung

Die Europäische Kommission hat mit der Verlautbarung des Green Deal ein außerordentlich ambitioniertes Programm gestartet.[3] Dabei wird der regulatorische Rahmen eines nachhaltigen Finanzwesens auf die Ziele des Grünen Deals ausgerichtet.[4] Die Corporate Sustainability Reporting Directive (CSRD) stellt einen wichtigen Baustein bei der Umsetzung dieses Maßnahmenpakets dar. Auswirkungen unternehmerischen Handelns auf Umwelt und Klima sind dabei einer genauen Analyse zu unterziehen. Nicht in jedem Fall decken sich dabei die Ziele der Kommission mit den unmittelbaren Interessen von Investoren und Unternehmen, welche vorrangig Risiken und Chancen, die sich direkt auf den Erfolg des Unternehmens auswirken, am Radarschirm haben. Und dennoch ist absehbar: eine Quadratur des Kreises, die gelingen muss.

Der erweiterte Anwenderkreis der CSRD, aber auch neue umfassende Berichtsanforderungen führten zu einer allgemein erhöhten Aufmerksamkeit bereits im Vorfeld der Verabschiedung der Richtlinie. Klarstellend ist daher zu erwähnen, dass nachfolgende Ausführungen und Schlussfolgerungen auf den finalen Bestimmungen der Richtlinie beruhen.

2. Überblick zum Status quo der Nachhaltigkeitsberichterstattung

Die 27. Weltklimakonferenz („COP 27") fand von 6. bis 20. November 2022 im ägyptischen Sharm El Sheikh statt. Die Ergebnisse waren mehrfach enttäuschend. Insbesondere wurden nur kleine Fortschritte erzielt, um die dringend benötigten

---

3   Siehe im Überblick Europäische Kommission, Europäischer Grüner Deal, Erster klimaneutraler Kontinent werden, https://commission.europa.eu/strategy-and-policy/priorities-2019-2024/european-green-deal_de (abgefragt 8.6.2023).
4   Mitteilung der Kommission an das Europäische Parlament, den Rat, den europäischen Wirtschafts- und Sozialausschuss und den Ausschuss der Regionen, COM(2018) 97 final, Aktionsplan: Finanzierung nachhaltigen Wachstums (nachfolgend Aktionsplan); einleitend werden die Bausteine für die Stärkung des EU-Rahmens für ein nachhaltiges Finanzwesen („Sustainable Finance") erläutert.

Ambitionssteigerungen zur Minderung des Klimawandels global voranzubringen.[5] Dies ist bemerkenswert, da Finanz- und Kapitalmärkte Klimarisiken in deren Analysen bereits verstärkt einbeziehen. Klimaberichterstattung ist aus internationaler Sicht fixer Bestandteil der Nachhaltigkeitsberichterstattung. Die Weltklimakonferenz im November 2022 hat jedoch gezeigt, wie unterschiedlich die geopolitischen Positionen sind. Umso dringender fordern internationale Finanz- und Kapitalmärkte von Unternehmen, transparent zu Klimarisiken zu berichten. Es geht darum, Transparenz zu schaffen, inwieweit Geschäftsmodelle und Strategien beeinträchtigt sind beziehungsweise künftig sein könnten. Ein signifikanter Abwertungsbedarf kapitalisierter Vermögenswerte könnte in Summe zu einem Vertrauensverlust der Anleger in die Stabilität der Kapitalmärkte führen.

Gleichzeitig ist die Bedeutung der Finanz- und Kapitalmärkte für eine Transformation der Wirtschaft offensichtlich. Massive Investments sind für den Wandel in eine nachhaltige und emissionsarme Wirtschaft erforderlich. Öffentliche Finanzierungen sind für den Wandel der Wirtschaft jedoch nicht genug. Ein wichtiger Teil der Finanzmittel muss durch den privaten Sektor aufgebracht werden. Die „International Platform on Sustainable Finance" gibt einen Überblick über die eng verschränkten Mechanismen (insbesondere zwischen Taxonomie und Reporting), die Rolle von Aufsichtsbehörden und unterschiedliche nationale Bemühungen in Richtung „Transition Finance".[6]

Diese kurze Rundschau zu internationalen Entwicklungen lässt sich mit einem wichtigen Aspekt der Nachhaltigkeitsberichterstattung vervollständigen: dem „weißen Elefanten im Raum" – Greenwashing.

Seitens der Kapitalmarktaufsicht gibt es gewichtige Gründe, Maßnahmen dagegen zu ergreifen. Die internationale Börsenaufsicht (International Organization for Securities Commissions, IOSCO) betont die Notwendigkeit einer Nachhaltigkeitsberichterstattung, welche Greenwashing vermeidet, und hebt gleichzeitig die Wichtigkeit eines funktionierenden Emissionshandels hervor. Klarer noch: Es gilt Investoren am Finanzmarkt vor Greenwashing zu schützen. Nachhaltigkeitsberichterstattung muss zeitnahe erfolgen und geprüfte Informationen enthalten. Dafür sollen Berichtsstandards bis Ende 2024 die Voraussetzungen schaffen.[7]

---

5   Vgl dazu weitere Details: Umweltbundesamt, Ergebnisse der 27. Weltklimakonferenz, https://www.umweltbundesamt.de/themen/ergebnisse-der-27-weltklimakonferenz (7.6.2023).

6   Vgl International Platform on Sustainable Finance, unter https://finance.ec.europa.eu/sustainable-finance/international-platform-sustainable-finance_en (7.1.2023) sowie zum Report „Transition Finance Report, November 2022" https://finance.ec.europa.eu/system/files/2022-11/221109-international-platform-sustainable-report-transition-finance_en.pdf (7.6.2023).

7   Vgl IOCV-IOSCO, Press Release 9.11.2022 anlässlich COP 27, https://www.iosco.org/news/pdf/IOSCONEWS669.pdf (7.6.2023).

2.1. Europäisches Ökosystem für ein nachhaltiges Finanzwesen

In der Mitteilung vom 8. März 2018 mit dem Titel „Aktionsplan: Finanzierung nachhaltigen Wachstums"[8] legte die Kommission ein geplantes Maßnahmenpaket dar, um ein Bündel an Zielen zu erreichen. Es geht darum, ein Ökosystem für ein nachhaltiges Finanzwesen aufzubauen. Sowohl die EU-TaxonomieVO[9] als auch Offenlegungspflichten und Verordnungen über Referenzwerte bilden die Grundlage für mehr Transparenz und dienen Investoren als Instrumentarium zur Ermittlung nachhaltiger Investitionsmöglichkeiten.[10] Durch die Umlenkung der Kapitalflüsse zu nachhaltigen Investitionen soll ein nachhaltiges und umfassendes Wachstum erzielt werden. Gleichzeitig geht es um die Bewältigung finanzieller Risiken, die sich aus dem Klimawandel, der Ressourcenknappheit, der Umweltzerstörung und sozialen Problemen ergeben. Dabei ist ein Perspektivenwechsel wesentlich, wonach Transparenz und Langfristigkeit in der Finanz- und Wirtschaftstätigkeit gefördert werden. Eine Grundvoraussetzung für die Erreichung dieser Ziele ist, dass Unternehmen klar definierte, relevante, vergleichbare und zuverlässige Nachhaltigkeitsinformationen offenlegen.[11]

2.2. Freiwillige versus obligatorische Berichterstattung

Unter dem Titel „Tue Gutes und berichte darüber" wurde freiwillige Nachhaltigkeitsberichterstattung in den vergangenen Jahren verstärkt als Kommunikationsinstrument eingesetzt. Abseits regulatorischer Verpflichtungen ging es darum, unternehmerische Bemühungen zur Nachhaltigkeit transparent zu machen, deren Darstellung in der finanziellen Berichterstattung keinen Platz hatte. Es zählte das Bemühen unter der Annahme, dass der einmal eingeschlagene Weg Anstoß für eine stetige Weiterentwicklung von Strategie und Umsetzungsprogrammen in der Unternehmensorganisation ist. Diese erwünschte Wirkung wurde durch Anreizsysteme und Auszeichnungen verstärkt. Es steht außer Frage, dass sich damit vieles bewegen ließ. Dennoch sind anhand von ein paar ausgewählten Beispielen damit verbundene Schwachpunkte erkennbar.

---

8   Vgl Mitteilung der Kommission an das Europäische Parlament, den Rat, den europäischen Wirtschafts- und Sozialausschuss und den Ausschuss der Regionen, Aktionsplan: Finanzierung nachhaltigen Wachstums, COM(2018) 97 final.

9   Verordnung (EU) 2020/852 des Europäischen Parlaments und des Rates vom 18. Juni 2020 über die Einrichtung eines Rahmens zur Erleichterung nachhaltiger Investitionen und zur Änderung der Verordnung (EU) 2019/2088, nachfolgend TaxonomieVO.

10   Vgl Mitteilung der Kommission an das Europäische Parlament, den Rat, den europäischen Wirtschafts- und Sozialausschuss und den Ausschuss der Regionen; EU-Taxonomie, Nachhaltigkeitsberichterstattung von Unternehmen, Nachhaltigkeitspräferenzen und treuhänderische Pflichten: Finanzielle Mittel in Richtung des europäischen Grünen Deals lenken, COM(2021) 188 final 1.

11   Vgl Europäische Kommission, Richtlinie des Europäischen Parlaments und des Rates zur Änderung der Verordnung 2014/537 und der Richtlinien 2004/109/EG, 2006/43/EG und 2013/34/EU, hinsichtlich der Nachhaltigkeitsberichterstattung von Unternehmen, Erwägungsgrund 2.

- Nachhaltigkeitsberichterstattung konnte sich nicht etablieren:
  Auch wenn die Zahl der jährlich freiwillig erstellten Nachhaltigkeitsberichte stetig gestiegen ist, wurde vielfach von einer Berichtserstellung Abstand genommen.[12] Von manchen Unternehmensverantwortlichen wird in diesem Zusammenhang betont, dass, statt zu berichten, es bevorzugt werde, nachhaltig zu handeln. In dieser Haltung steckt einerseits eine distanzierte Haltung gegenüber dem Nutzen einer Berichterstattung, andererseits wird vermittelt, dass nachhaltiges Handeln eine höchstpersönliche, optionale Entscheidung ist. Beide Aspekte werden von der Realität eingeholt.
- Nachhaltigkeitsberichten fehlt es teilweise an Glaubwürdigkeit:
  Gründe gibt es auf Unternehmensseite mehrere, welche zu diesem sensiblen Punkt führen. Verfügbare Expertise und Durchhaltevermögen spielen dabei häufig eine Rolle. Wenn das Vorhaben zur Erstellung eines Nachhaltigkeitsberichts nicht konsequent unter Mitwirkung aller Unternehmensbereiche zum qualitätsvollen Abschluss kommt, kann eine unzureichende inhaltliche Aufbereitung leider oft bedeuten, dass Transparenz und damit Glaubwürdigkeit letztlich unter die Räder kommen.
- Nachhaltigkeitsberichte verschlingen unverhältnismäßig interne und externe Ressourcen:
  Der hohe Ressourcenbedarf wird gleichermaßen von Konzernen, großen Unternehmen und von KMU festgestellt. Dabei sind bei genauerem Hinsehen der Aufwand für die Berichterstattung bei großen Unternehmen und Konzernen verglichen mit jenem von KMU verhältnismäßig, also in der Relation vergleichbar einzuschätzen. Dem in absoluten Zahlen ausgedrückten, kleineren verfügbaren KMU-Budget und den limitierten Personalressourcen stehen einfachere und überschaubare Geschäftsmodelle gegenüber. Hochgradig skalierte und diversifizierte Strukturen, wie sie Unternehmen und Konzerne mit national und international relevanter Bedeutung vorweisen, reizen gleichermaßen die Grenzen der verfügbaren Finanzmittel und Ressourcen maximal aus.
- Die Qualität von Nachhaltigkeitsberichten steigt mit der Lernkurve:
  Der ausbleibende Nutzen freiwilliger Berichterstattung kann ein frühes Drop-out-Kriterium sein, wenn es darum geht, auf Dauer regelmäßig zu berichten. Enttäuschte Erwartungshaltungen oder auch Startschwierigkeiten bringen erste Bemühungen des Vorhabens vorzeitig zum Erliegen. Leider unterbleiben damit nächste wichtige Schritte. Regelmäßigkeit in der Berichterstattung bringt Routine, aber auch jede Menge neuer Erkenntnisse insbesondere im Controlling. Diese notwendige Lernkurve im Reporting war und ist ein wichtiger Baustein in der EU-Strategie zur Nachhaltigkeitsberichterstattung.[13]

---

12 Vgl dazu EY, Nachhaltigkeitsberichterstattung österreichischer Top-Unternehmen (Studie 2022) 22, wonach im Jahr 2021 in der untersuchten Gruppe „Top-Unternehmen, -Banken und -Versicherungen" weniger als die Hälfte der Unternehmen (46 %) einen Nachhaltigkeitsberichte erstellten. Vergleichsweise belief sich der Anteil in den Jahren 2013 bis 2015 auf rund ein Viertel der Unternehmen. Für weitere Informationen zu den untersuchten Gruppen wird auf entsprechende Angaben in der Studie verwiesen.
13 Für weitere Nutzenargumente aus unternehmerischer Sicht vgl Erwägungsgrund 12 CSRD.

Die Standardisierung wichtiger Informationen bringt eine Eindämmung von Beliebigkeit bei Berichtsinhalten und kann Schwachstellen – wie oben beispielhaft angeführt – teilweise bereinigen. Vor diesem Hintergrund überrascht es nicht, wenn einerseits zunehmend von „faktischer Verpflichtung" anstelle „freiwilliger" Berichterstattung gesprochen wird und gleichzeitig der Kreis jener Unternehmen, die in den Anwendungsbereich verpflichtender Berichterstattung fallen, erweitert wird. Mit der CSRD und der Einführung europäischer Standards zur Nachhaltigkeitsberichterstattung beginnt eine neue Ära der unternehmerischen Berichterstattung. Ein Weg, der zweifellos anspruchsvoll zu gehen sein wird. Auch die Finanzberichterstattung hat in den vergangenen Jahrzehnten Entwicklungsstufen durchlaufen, um heute jene Bedeutung innezuhaben, die vielfach als Grundlage für wirtschaftliche Interaktion dient und ein unverzichtbarer Baustein für funktionierende Finanz- und Kapitalmärkte ist.

2.3. Aus NFRD wird CSRD

Von Seiten der Kommission wurden Probleme hinsichtlich der Wirksamkeit der obligatorischen Berichterstattung gemäß Non-Financial-Reporting-Directive (NFRD)[14] aufgezeigt.[15] Es gibt deutliche Hinweise darauf, dass betroffene Unternehmen nicht zu allen wichtigen Nachhaltigkeitsthemen wesentliche Informationen offenlegen, einschließlich Informationen im Zusammenhang mit dem Klima, etwa zu allen Treibhausgasemissionen und Faktoren, die die Biodiversität beeinträchtigen. Auch die begrenzte Vergleichbarkeit und Zuverlässigkeit von Nachhaltigkeitsinformationen wurde als ein erhebliches Problem erkannt. Darüber hinaus sind viele Unternehmen, deren Nachhaltigkeitsinformationen Nutzer benötigen würden, (noch) nicht zur Berichterstattung verpflichtet. Dementsprechend besteht Bedarf an einem soliden und erschwinglichen Rahmen für die Berichterstattung, der mit wirksamen Prüfverfahren einhergeht, um die Zuverlässigkeit der Daten zu gewährleisten und „Greenwashing" zu verhindern.[16]

Die Kommission sieht darin ein klares Handlungsmandat. Ohne politisches Handeln würde die Kluft zwischen dem Informationsbedarf der Nutzer und den von den Unternehmen bereitgestellten Nachhaltigkeitsinformationen wachsen. Diese Kluft hat erhebliche negative Auswirkungen. Insbesondere sind Anleger nicht in der Lage, Risiken und Chancen im Zusammenhang mit Nachhaltigkeitsfragen bei ihren Anlageentscheidungen hinreichend einzuschätzen.[17]

Der erste Entwurf zur CSRD wurde am 21. April 2021 von der Europäischen Kommission vorgelegt. Diesem gingen ein detailreiches Monitoring sowie ungezählte Formate zur Einbindung von Experten- und Stakeholder-Gruppen voraus. Ent-

---

14   Richtlinie 2014/95/EU, ABl L 330 vom 15.11.2014.
15   Vgl Erwägungsgründe 8 und 9 CSRD hinsichtlich weiterer Ausführungen zum Begriff „nichtfinanziell".
16   Vgl Erwägungsgrund 13 CSRD mit weiteren Hinweisen auf die Eignungsprüfung der Berichterstattung.
17   Vgl Erwägungsgrund 14 CSRD.

sprechend hoch war die Erwartungshaltung, dass der präsentierte Entwurf breite Zustimmung findet. Tatsächlich bestand vorerst der Eindruck, dass sich Diskussionen zum Entwurf auf eine überschaubare Zahl an Punkten konzentrieren werden, während „der große Wurf" als solcher zunächst Akzeptanz fand. Spätestens mit Vorlage des Kompromissvorschlages an das Europäische Parlament zeigten sich aber nicht bloß Risse in der Gesamtkonzeption der Richtlinie; wegen EU-politischer Unstimmigkeiten mussten vier Trilog-Runden durchgeführt werden, bevor am 21. Juni 2022 eine politische Einigung erzielt werden konnte.

Nachdem in weiterer Folge das Europäische Parlament und der Europäische Rat im Herbst 2022 für die Verabschiedung der Richtlinie gestimmt hatten, wurde diese am 14. Dezember 2022 in den EU-Amtssprachen im Amtsblatt der Europäischen Union L 322/15, 2022/2464 veröffentlicht. Am 5. Jänner 2023 trat die CSRD schließlich in Kraft.[18] Die meisten Bestimmungen der Richtlinie gewähren den Mitgliedstaaten keine Wahlrechte, sodass – zumindest in Bezug auf Vorschriften zur Rechnungslegung – von einer weitgehend gleichlautenden Gültigkeit des vorliegenden Richtlinientextes nach der Umsetzung in nationale Gesetze auszugehen wäre. Die „nichtfinanzielle Berichterstattung" gemäß UGB wird künftig als Nachhaltigkeitsberichterstattung von Unternehmen durch die CSRD sowohl inhaltlich als auch hinsichtlich Betroffenenkreis wesentlich erweitert und vereinheitlicht.

Bisher fanden sich die entsprechenden Regelungen in der 2014 in Kraft getretenen NFRD,[19] welche in Österreich 2016 im NaDiVeG[20] umgesetzt wurde. Auf Basis der NFRD wurden weitere Rechtsakte erlassen und in Kraft gesetzt:

- Aus der Aktionärsrechterichtlinie[21] ergibt sich eine Pflicht von Vermögensverwaltern zur Information, wie sie ökologische, soziale und Governance-Faktoren berücksichtigen; diese Regelung wurde in § 185 BörseG 2018 umgesetzt;
- Offenlegungspflichten im Finanzdienstleistungssektor[22] sollen die institutionellen Investoren dazu anhalten, die nachhaltigkeitsbezogene Politik offenzulegen;
- die TaxonomieVO[23] stellt für die unterschiedlichen Publizitätspflichten eine standardisierte Methodik und Klassifizierung bereit.

---

18 Richtlinie (EU) 2022/2464 des Europäischen Parlaments und des Rates vom 14. Dezember 2022 zur Änderung der Verordnung (EU) Nr 537/2014 und der Richtlinien 2004/109/EG, 2006/43/EG und 2013/34/EU hinsichtlich der Nachhaltigkeitsberichterstattung von Unternehmen (CSRD).
19 Richtlinie 2014/95/EU des Europäischen Parlaments und des Rates vom 22. Oktober 2014 zur Änderung der Richtlinie 2013/34/EU im Hinblick auf die Angabe nichtfinanzieller und die Diversität betreffender Informationen durch bestimmte große Unternehmen und Gruppen Text von Bedeutung für den EWR (Non-Financial Reporting Directive [NFRD]).
20 Nachhaltigkeits- und Diversitätsverbesserungsgesetz (NaDiVeG).
21 Richtlinie (EU) 2017/828.
22 Verordnung (EU) 2019/2088 v 27.11.2019 über nachhaltigkeitsbezogene Offenlegungspflichten im Finanzdienstleistungssektor (OffenlegungsVO), ABl L 317/1.
23 Taxonomie-Verordnung (EU) 2020/852; siehe auch 4.2.

Die von der NFRD (und somit auch die im NaDiVeG) vorgegebenen Regeln bleiben so lange in Kraft, bis sich die Gesellschaften an die neuen von der CSRD vorgegebenen Regeln, welche auf nationaler Ebene im NaBeG umgesetzt werden wird, zu halten haben. Die CSRD schreibt dabei Berichts- und Offenlegungspflichten vor.[24]

Unternehmen, die von der CSRD betroffen sind, müssen künftig nach den European Sustainability Reporting Standards (ESRS) berichten. Die Entwürfe der Standards werden von der EFRAG (European Financial Reporting Advisory Group), einem unabhängigen Gremium, welches von Seiten der Europäischen Kommission mit der Ausarbeitung der Standards betraut wurde, entwickelt. Die Standards werden auf die EU-Politik zugeschnitten sein und beruhen gemäß CSRD auf einer Verordnungsermächtigung zur Erlassung entsprechender delegierter Rechtsakte. Gleichzeitig sollen internationale Standardisierungsinitiativen berücksichtigt werden. Die Kommission plante, die erste Reihe von Standards bis Mitte 2023 anzunehmen, basierend auf den von der EFRAG im November 2022 veröffentlichten Entwürfen.[25] Dieser Fahrplan stellte sich als nicht haltbar heraus. Es wurden neuerlich Konsultationen vorgenommen, sodass aus aktueller Sicht erst zu einem späteren Zeitpunkt im Jahr 2023 mit der finalen Verabschiedung des ersten Standardsets zu rechnen sein wird.

3. Wirkungseffekte der CSRD auf Finanz- und Kapitalmärkte

Um den Finanz- und Kapitalmarkt mit dem Green Deal in Einklang zu bringen, muss Widerstandsfähigkeit gegen die mit Klimawandel und Umweltschädigung verbundenen Risiken gegeben sein und der Beitrag zur Nachhaltigkeit verbessert werden. Das erfordert einen umfassenden Ansatz, bei dem sowohl finanzielle Nachhaltigkeitsrisiken (outside-in) als auch Auswirkungen der Nachhaltigkeit (inside-out) systematisch in finanzielle Entscheidungsprozesse integriert werden. Wichtig ist, dass beide Aspekte des Wesentlichkeitskonzepts angemessen berücksichtigt werden, damit der Finanzsektor proaktiv und uneingeschränkt zum Erfolg des europäischen Green Deal beitragen kann.[26] Diese beiderseitige Einbeziehung der Perspektiven mittels doppelter Wesentlichkeit ist ein zentraler Baustein der CSRD und stellt allgemein das „Navigationssystem" eines nachhaltigen Finanzwesens dar.[27]

---

24   *Kalss*, Nachhaltigkeit – Aufgaben und Chancen des Gesellschaftsrechts, RWZ 2022/61, 355; *Schopper/Reheis*, Aspekte der Nachhaltigkeit im Gesellschaftsrecht, NZ 2022/165, 530 (533); *Rödler/Hartmann/Sternisko*, Zur Rolle des Aufsichtsrats kapitalmarktorientierter Unternehmen im Rahmen der Prüfung der Nachhaltigkeitsberichterstattung, in FS Bertl 672.

25   Corporate sustainability reporting (europa.eu) (Link abgerufen am 27.3.2023); siehe auch 4.1.

26   Vgl Aktionsplan 13.

27   Vgl Aktionsplan 3.

Bereits im Jahr 2019 legte die European Banking Authority (EBA) ihren „Action Plan on Sustainable Finance" vor.[28] Darin werden die Inhalte der seitens der Europäischen Kommission übertragenen Handlungsmandate und auch der geplante Umsetzungszeitraum bis zum Jahr 2025 dargelegt. Aufgrund der hohen Relevanz einer erfolgreichen Implementierung der unternehmerischen Berichterstattung zu ESG-Kriterien und klimabezogenen Risiken für den Finanz- und Kapitalmarkt werden von EBA mehrere regulatorische Ansätze abgedeckt.[29]

Für Finanzdienstleister ergibt sich eine doppelseitige Betroffenheit von den Auswirkungen durch die CSRD. Die inhaltlichen Anforderungen zur Berichterstattung der in den Anwendungsbereich der CSRD fallende Institute trifft auf die aufsichtsrechtlich stark steigenden Compliance-Anforderungen im operativen Geschäft, woraus sich gewissermaßen eine „Sandwich-Position" ergibt. Auf eine weitere Beleuchtung dieses spezifischen Aspekts der CSRD wird im Rahmen des vorliegenden Beitrags verzichtet.[30]

3.1. Relevantes zur CSRD im Überblick

3.1.1. Anwendungsbereich

Die Zahl jener Unternehmen, welche künftig in die Berichtspflicht einbezogen sein werden, wurde wesentlich ausgeweitet. Unter Berücksichtigung unterschiedlicher Erstanwendungszeitpunkte sind folgende Gruppen anzuführen.[31]

- Unternehmen, welche bereits zur nichtfinanziellen Berichterstattung gemäß NFRD verpflichtet sind;[32]
- große Kapitalgesellschaften,[33] für bestimmte Kreditinstitute und Versicherungen gelten Sonderregelungen;
- kapitalmarktorientierte KMU, sofern das Unternehmen nicht als Kleinstunternehmen einzustufen ist;
- Unternehmen aus Drittstaaten, die einen Nettoumsatz von > EUR 150 Mio in der Europäischen Union erzielen und mindestens eine Tochtergesellschaft oder Zweigniederlassung in der EU haben.[34]

---

28 Vgl EBA (European Banking Authority), EBA Action Plan on Sustainable Finance (6.12.2019) (nachfolgend EBA Action Plan on Sustainable Finance) https://www.eba.europa.eu/sites/default/documents/files/document_library/EBA%20Action%20plan%20on%20sustainable%20finance.pdf (abgefragt 8.6.2023).
29 EBA Action Plan on Sustainable Finance 9.
30 EBA Action Plan on Sustainable Finance 16 f.
31 Vgl Art 19a Abs 1 und 9 CSRD sowie betreffend die konsolidierte Nachhaltigkeitsberichterstattung gemäß Art 29a Abs 1 und 8 CSRD.
32 Dabei handelt es sich um jene Unternehmen, welche bereits jetzt verpflichtend eine nichtfinanzielle Erklärung oder einen nichtfinanziellen Bericht gemäß § 243b UGB oder auf Konzernebene eine konsolidierte Erklärung oder einen konsolidierten Bericht gemäß § 267a UGB erstellen.
33 Diese Voraussetzungen sind bei Überschreitung von zwei der drei Größenkriterien gegeben: 250 Mitarbeiter im Jahresdurchschnitt und/oder Bilanzsumme größer EUR 20 Mio, Umsatzerlöse größer EUR 40 Mio, an zwei aufeinander folgenden Stichtagen, vgl auch § 221 Abs 3 erster Satz UGB.
34 Vgl Art 40a Abs 1 CSRD (Nachhaltigkeitsberichte betreffend Drittlandunternehmen), sowie Art 40b CSRD (Standards für die Nachhaltigkeitsberichterstattung für Drittlandunternehmen).

Es sind Erleichterungen bzw Befreiungsbestimmungen vorgesehen, welche unter anderem die Möglichkeit der Erstellung eines befreienden (Teil-)Konzernabschlusses berücksichtigen. Berichtspflichtige Tochtergesellschaften können demnach unter bestimmten Voraussetzungen von der Berichtspflicht befreit sein, wenn sie in einen geprüften Konzernabschluss zur Nachhaltigkeit gemäß ESRS einbezogen werden.[35]

Für Tochtergesellschaften von Nicht-EU-Muttergesellschaften besteht eine Befreiungsmöglichkeit, wenn sie in einen Konzernabschluss zur Nachhaltigkeit gemäß den European Sustainability Reporting Standards (ESRS) – oder gleichwertigen Standards – einbezogen sind.[36]

Die Ausdehnung des Anwendungsbereichs sowohl auf alle großen Kapitalgesellschaften als auch auf bestimmte Drittlandunternehmen bedeuten insgesamt EU-weit eine außerordentliche Durchdringung mit den neuen Berichtsanforderungen und eine Erhöhung der Informationsdichte. Eindeutig werden damit Transparenzanforderungen gegenüber Unternehmen seitens der Finanz- und Kapitalmärkte steigen. Sie betreffen gesamthaft Akteure auf den Finanzmärkten ohne notwendigen Kapitalmarktbezug. Drittstaatenregelungen wurden in die Regelungen der EU-Richtlinie einbezogen, wonach für Wirtschaftsakteure im Unionsgebiet ebenfalls verhältnismäßige Transparenzvorschriften iS von Berichtspflichten Anwendung finden werden.

3.1.2. Verortung und Umfang der neuen Berichterstattung

Die CSRD umfasst weitreichende Änderungen der Berichterstattung. Artikel 19a[37] ersetzt gesamthaft die „Nichtfinanzielle Erklärung" unter der neuen Überschrift „Nachhaltigkeitsberichterstattung".

Künftig ist Nachhaltigkeitsberichterstattung verpflichtender Bestandteil des (Konzern-)Lageberichts.[38] „Stand-alone-Berichte", wie sie unter dem Regime der NFRD möglich sind, entsprechen dann nicht mehr den gesetzlichen Anforderungen.[39]

Inhaltlich wurden zahlreiche Details mit Neuwert aufgenommen. Mit besonderer Relevanz für Finanz- und Kapitalmärkte können beispielhaft genannt werden:[40]

- Beschreibung der Widerstandsfähigkeit des Geschäftsmodells und der Strategie gegenüber Risiken im Zusammenhang mit Nachhaltigkeitsaspekten;

---

35   Vgl Art 29a Abs 8 CSRD, die Befreiungsmöglichkeit gilt nicht für große kapitalmarktorientierte Tochtergesellschafen, bestimmte Angaben und Kennzahlen sind nach Tochterunternehmen aufzuschlüsseln, wenn das Tochterunternehmen ein anderes Risikoprofil als der Gesamtkonzern aufweist, Art 29a Abs 4 CSRD.

36   Vgl Art 19a Abs 9 sowie Art 29a Abs 8 CSRD.

37   Darüber hinaus ist Art 29a maßgeblich, soweit es sich um eine konsolidierte Nachhaltigkeitsberichterstattung handelt. Dies gilt auch für die in 3. vorgenommenen Ausführungen.

38   Vgl Art 19a Abs 1 CSRD.

39   Vgl §§ 243b Abs 6 sowie 267a Abs 6 UGB.

40   Vgl Art 19a Abs 1 CSRD betreffend Aufzählungspunkt Lieferkette Art 19a Abs 3 CSRD.

- Ziele für die Verringerung der Treibhausgasemissionen mindestens für 2030 und 2050, eine Beschreibung der Fortschritte, die das Unternehmen im Hinblick auf die Erreichung dieser Ziele erzielt hat;
- Informationen über kurz-, mittel- und langfristige Zeiträume;
- Angaben zur Wertschöpfungskette einschließlich Angaben zu den Produkten und Dienstleistungen, den Geschäftsbeziehungen und der Lieferkette;
- Indikatoren, die für die genannten Offenlegungen relevant sind.

Die Risikobrille richtet sich erkennbar auf Geschäftsmodelle, Strategie und die Herangehensweise zur Bewältigung der Reduktion von Treibhausgasemissionen. Gleichzeitig stehen Transparenzanforderungen zu Risiken und Chancen sowie zur Fristigkeit von Zielsetzungen im zentralen Fokus. In diesem Gesamtkontext sind Aspekten der Lieferkette und damit einhergehende Ambition und Krisenanfälligkeit der Geschäftsabwicklung von Relevanz.

Trotz des hohen Detailierungsgrades an Anforderungen ist nicht zu übersehen, dass die legistische Umsetzung gesonderten – und noch zu erstellenden – Berichtsstandards vorbehalten ist. Einleitend zu Artikel 29b berücksichtigt die CSRD die Ermächtigung der Kommission zur Erlassung delegierter Rechtsakte, um Standards für die Nachhaltigkeitsberichterstattung festzulegen. Weiters wurde der zeitliche Fahrplan zur stufenweisen Umsetzung mehrere „Standardsets" festgelegt.[41]

Im Licht finanz- und kapitalmarktrelevanter Informationen erscheint dabei wesentlich, dass Unternehmen insbesondere jene Informationen im Einklang mit Art 19a und 29a in Abs 1 und 2 bereits im ersten Standardset berichten werden müssen, welche Finanzmarktteilnehmer entsprechend ihren eigenen Offenlegungsverpflichtungen[42] benötigen.[43]

3.1.3. Verpflichtung zur Prüfung durch unabhängige Dritte

Ein zentrales Element der CSRD stellt die Einführung einer verpflichtenden externen Prüfung dar. Bereits im ersten Jahr der Berichterstattung unter dem neuen Regime der CSRD ist die Nachhaltigkeitsberichterstattung von externer Stelle zu prüfen. Dafür sieht die EU-Richtlinie den jeweils bestellten gesetzlichen Abschlussprüfer als Prüfer der Nachhaltigkeitsberichterstattung vor. Darüber hinaus haben EU-Mitgliedstaaten das Wahlrecht, zu entscheiden, ob auch andere Wirtschaftsprüfer und/ oder auch – im Falle, dass die notwendigen Voraussetzungen erfüllt sind[44] – unabhängige Erbringer von Bestätigungsleistungen beauftragt werden können.[45]

---

41 Vgl Art 29b Abs 1 CSRD.
42 Vgl Verordnung (EU) 2019/2088 des Europäischen Parlaments und des Rates vom 27. November 2019 über nachhaltigkeitsbezogene Offenlegungspflichten im Finanzdienstleistungssektor, ABl L 317 vom 9.12.2019, nachfolgend OffenlegungsVO.
43 Vgl Art 29b Abs 1 CSRD.
44 Vgl Art 26a Abs 4 CSRD, wonach unabhängige Erbringer von Bestätigungsleistungen Anforderungen unterliegen, welche denen zur Bestätigung der Nachhaltigkeitsberichterstattung gleichwertig sind.
45 Vgl Art 34 Abs 3 und 4 CSRD.

In der ersten Phase erfolgen Prüfungen mit begrenzter Prüfsicherheit.[46] Dieser Prüfumgang entspricht weitgehend der aktuell gängigen Praxis und unterscheidet sich wesentlich vom Grad der Zusicherung, wie er der Jahresabschlussprüfung zugrunde gelegt wird.[47] Ab dem Jahr 2028 sind Prüfungen mit hinreichender Prüfsicherheit vorgesehen. Gemäß Artikel 26a sind Standards für die Bestätigung der Nachhaltigkeitsberichterstattung geplant.[48] Es sollen bis 1. Oktober 2026 mittels delegierter Rechtsakte Standards für begrenzte Prüfsicherheit eingeführt und bis 1. Oktober 2028 die Machbarkeit überprüft werden – mit anschließender Ausarbeitung von Standards für die Erlangung hinreichender Prüfsicherheit.[49] Erwähnenswert in diesem Zusammenhang sind ein Projekt des International Auditing and Assurance Standards Boards (IAASB) zur Entwicklung eines Prüfstandards sowie dessen Zeitschiene und die künftige Position der Kommission dazu.[50]

Die neuen Fachbereiche stellen weitreichende Anforderungen an die Durchführung von Bestätigungsleistungen für die Nachhaltigkeitsberichterstattung. Es sind regulatorische Anpassungen der wirtschaftsprüferischen Ausbildung sowie der Fachprüfungen zur beruflichen Eignung vorgesehen. Demnach haben ab dem Jahr 2024 angehende Wirtschaftsprüfer, die eine Registrierung als Abschlussprüfer und Prüfer von Nachhaltigkeitsberichten anstreben, eine besondere Ausbildung und acht Monate einschlägige berufliche Praxis nachzuweisen.[51]

3.1.4. Zeitplan zur Umsetzung

Die CSRD wurde am 16. Dezember 2022 im Amtsblatt der Europäischen Union veröffentlicht und trat am 5. Jänner 2023 in Kraft. Nunmehr sind die Mitgliedstaaten am Zug. Die erforderlichen Rechts- und Verwaltungsvorschriften sind spätestens bis zum 6. Juli 2024 umzusetzen.[52]

Die Umsetzung auf Unternehmensebene erfolgt zeitlich gestaffelt und lässt sich zum Zeitpunkt des Redaktionsschlusses dieses Beitrags wie folgt verkürzt zusammenfassen:[53]

- Ab dem Geschäftsjahr, welches am oder nach dem 1. Januar 2024 beginnt, für Unternehmen, die bereits der NFRD über die Angabe nichtfinanzieller Informationen unterliegen;
- ab dem Geschäftsjahr, welches am oder nach dem 1. Januar 2025 beginnt, für große Unternehmen, die nicht der NFRD über die Angabe nichtfinanzieller Informationen unterliegen;

---

46   Vgl Art 34 Abs 1 a ii aa CSRD.
47   Vgl zu den Erwägungen der Kommission sowie der weiteren Entwicklung Erwägungsgrund 60 CSRD.
48   Vgl Erwägungsgrund 69 CSRD.
49   Vgl Art 26a Abs 3 CSRD.
50   Vgl International Auditing and Assurance Standards Board (IAASB) unter https://www.iaasb.org/ consultations-projects/assurance-sustainability-reporting (abgefragt 8.6.2023).
51   Vgl Änderung der Richtlinie 2006/43/EG, Art 6 und 7 CSRD.
52   Vgl Art 5 (Umsetzung) Abs 1 CSRD.
53   Vgl Art 5 (Umsetzung) Abs 2 CSRD mit genauer Spezifizierung der Anwendungskreise.

- ab dem Geschäftsjahr, welches am oder nach dem 1. Januar 2026 beginnt, für börsennotierte KMU, kleine und nicht komplexe Kreditinstitute und konzerneigene Versicherungsunternehmen.

3.2. Anforderungen der Finanz- und Kapitalmärkte

Aus unternehmerischer Sicht ist es unerlässlich, Anforderungen seitens des Finanzsektors in der eigenen strategischen Finanzplanung mittels Betroffenheitsanalysen einzubeziehen. Ein Blick auf die Wirkungsmechanismen eines nachhaltigen Finanzwesens dient dafür als Erläuterung.

Seitens der Europäischen Kommission wird klargestellt, dass der europäische Green Deal eine Steigerung des Beitrags des Finanzsektors insbesondere bei den Übergangsbemühungen verlangt. Der dadurch erhoffte Erfolg hängt jedoch nicht nur vom Management der Nachhaltigkeitsrisiken durch Finanzinstitute ab, sondern vielmehr vom Beitrag aller Wirtschaftsakteure. Zu diesem Zweck müssen die Finanzinstitute die Nachhaltigkeitsziele der EU in ihren langfristigen Finanzierungsstrategien und Entscheidungsprozessen umsetzen. Dazu gehören bessere Messungen, die Überwachung und die regelmäßige Offenlegung der Fortschritte.[54] Wie verzahnt Wirtschafts- und Finanzsektor diesbezüglich von der Kommission gedacht sind, lässt sich anhand der zehn Maßnahmen des Aktionsplans zeigen.[55] Ausgangspunkt stellen Wirtschaftsaktivitäten iS der TaxonomieVO dar, um mittels zahlreicher Zwischenschritte im Finanzsektor die Förderung einer nachhaltigen Unternehmensführung anzusteuern – all dies im Lichte der Umlenkung der Kapitalströme sowie der Einbeziehung von Nachhaltigkeit in das Risikomanagement und der Förderung von Transparenz und Langfristigkeit.

Anhand dieser Maßnahmenpakete lässt sich erkennen, dass die Zusammenführung der Wirkungsmechanismen von Wirtschafts- und Finanzsektor eine außerordentlich komplexe Herausforderung ist. In verknappter Form lässt sich für diesen Zweck die Struktur eines ESG-Finanz-Ökosystems darstellen, in dem Informationen von „bewerteten" Unternehmen mittels Ratingagenturen, Indexerstellern, Fondsmanagern und institutionellen Anlegern letztlich den Weg zum Endinvestor finden.[56] Hinzu kommen traditionell strikt angesiedelte Compliance-Anforderungen des Finanzsektors. Ziele und Inhalt der OffenlegungsVO stellen dabei ein wichtiges Bindeglied zur CSRD und TaxonomieVO dar.[57]

---

54 Vgl Mitteilung der Kommission an das Europäische Parlament, den Rat, den europäischen Wirtschafts- und Sozialausschuss und den Ausschuss der Regionen, Strategie zur Finanzierung einer nachhaltigen Wirtschaft, COM(2021) 390 final (im Folgenden Finanzierung einer nachhaltigen Wirtschaft), Maßnahme 3 „Um die wirtschaftliche und finanzielle Widerstandsfähigkeit gegen Nachhaltigkeitsrisiken zu stärken" mit ausführlichen weiteren Erläuterungen 16 f.
55 Vgl Aktionsplan, „Visualisierung der Maßnahmen" 22.
56 Vgl OECD businessoutlook 2020, 23.
57 Beispielhaft sind Transparenzanforderungen hinsichtlich ökologischer oder sozialer Merkmale bei Bewerbung und vorvertraglichen Informationen zu Finanzprodukten gemäß OffenlegungsVO Art 8 und 9 zu nennen.

Im Rahmen dieses definierten Handlungskorsetts ist der Finanzsektor bemüht, attraktive Angebote für Kunden zu gestalten. Anlagestrategien für eine nachhaltige Geldanlage reichen von Ausschlusskriterien, Best-in-Class-Ansätzen über nachhaltige Themenfonds bis hin zu Impact Investments.[58]

Bereits diese wenigen Hinweise geben einen ersten Eindruck dazu, wie dringend, aber auch herausfordernd der Bedarf an geeigneten Primärdaten von der Realwirtschaft zu sehen ist. Im Finanzsektor geht es darum, in weiteren Prozessschritten letztlich mittels aussagekräftiger Verdichtungen notwendige Informationen für Endinvestoren aufzubereiten.

Nachfolgend werden anhand von vier Kriterien ausgewählte Beispiele gebracht, inwieweit Informationen der CSRD geeignet sind, einen Beitrag zur Deckung des Informationsbedarfs zu leisten.

3.2.1. Transparenz

Die Nutzer von Nachhaltigkeitsinformationen erwarten zunehmend, dass diese Informationen in digitalem Format auffindbar, vergleichbar und maschinenlesbar sind. Die Digitalisierung eröffnet Möglichkeiten für eine effizientere Nutzung von Informationen und birgt sowohl für Nutzer als auch für Unternehmen das Potenzial erheblicher Kosteneinsparungen.[59]

Gemäß Artikel 29d CSRD erfolgt die verbindliche Einführung eines einheitlichen elektronischen Berichtsformats. Unternehmen sind verpflichtet, den Lagebericht im elektronischen Berichtsformat zu erstellen und Nachhaltigkeitsberichterstattung einschließlich derjenigen nach Artikel 8 der TaxonomieVO im Einklang mit dem elektronischen Berichtsformat auszuzeichnen.[60]

Basis für das geplante Tagging der Nachhaltigkeitsinformationen wird eine eigens entwickelte Taxonomie sein, die gemeinsam mit der Entwicklung der ESRS im Verantwortungsbereich der EFRAG steht.[61]

3.2.2. Vergleichbarkeit

Die Europäische Kommission streicht hervor, dass Digitalisierung der Berichterstattung nicht nur Transparenz schafft, sondern auch auf allen Ebenen neue Möglichkeiten für das Datenmanagement eröffnet. Die Zentralisierung von Daten auf Ebene der Union und der Mitgliedstaaten in einem offenen, barrierefreien Format erleichtert das Lesen und den Vergleich von Daten.[62]

---

58 Vgl FNG (Forum Nachhaltige Geldanlagen), Marktbericht nachhaltige Geldanlagen 2022, Nachhaltige Anlagestrategien in Österreich 2021 und 2022, 22.
59 Vgl Erwägungsgrund 55 CSRD.
60 Vgl Erwägungsgrund 55 CSRD.
61 Vgl *Fugger/Pfriemer/Wagner*, ESEF-Berichterstattung – Erfahrungen aus den ersten Anwendungsjahren und künftige Herausforderungen, RWZ 2022, 387.
62 Vgl Erwägungsgrund 55 CSRD.

In jedem Fall ist von ausschlaggebender Bedeutung, dass durch die CSRD der Umfang von Inhalten und damit verbundenen Datenpunkten wesentlich erweitert wird. Die freie Wahl, auf national oder international anerkannte Rahmenwerke zurückzugreifen,[63] brachte bei der Umsetzung der NFRD ein hohes Maß an Unterschiedlichkeit der berichteten Informationen. Die weitgehende Abkehr von einem vorrangig prinzipienbasierten zu einem nunmehr stark regelbasierten Ansatz ist bereits anhand des Entwurfs des ersten Sets der ESRS erkennbar.

Teilweise wird damit quasi „Check-Box-Berichterstattung" initiiert. Ein erwünschter Aspekt dabei ist zweifellos die Möglichkeit der Generierung vergleichbarer Daten. Es werden die Voraussetzungen geschaffen, um künftig die Aufbereitung von Daten und Informationen analog zur Finanzberichterstattung sicherzustellen.

3.2.3. Glaubwürdigkeit

Die Bemühungen in der CSRD zur Sicherstellung der Glaubwürdigkeit der berichteten Informationen haben zwei Schwerpunkte.

Vorrangig geht es um die Unterbindung jeglicher Form von Greenwashing. Diesem übergeordneten Ziel ist vieles zuzuordnen. Insbesondere übernimmt die TaxonomieVO durch ein striktes Klassifizierungssystem für ökologisch nachhaltige Wirtschaftsaktivitäten dabei eine zentrale Aufgabe.[64]

Einen zweiten Schwerpunkt zur Sicherstellung der notwendigen Glaubwürdigkeit der Berichterstattung für Finanz- und Kapitalmärkte stellt die externe Prüfpflicht dar. Es ist noch der fehlenden gemeinsamen Lern- und Erfahrungskurve geschuldet, wenn Berichte nach dem Regime der NFRD keiner externen Prüfpflicht unterliegen[65] und künftig vorerst einer Prüfung mit begrenzter Prüfsicherheit unterzogen werden.[66]

Aus der Sicht der Europäischen Kommission erscheint vordringlich, dass bereits ab dem Beginn des Regimes der CSRD eine externe Prüfpflicht besteht – ungeachtet des Zusicherungsgrades. Würde im Gegensatz zur Abschlussprüfung, welche mit hinreichenden Prüfungssicherheit durchzuführen ist, bei der Nachhaltigkeitsberichterstattung keine Bestätigung verlangt werden, so könnte dies der Glaubwürdigkeit der offengelegten Nachhaltigkeitsinformationen schaden und Bedürfnisse der Nutzer, für die diese Informationen bestimmt sind, blieben unerfüllt. Bei der Finanzberichterstattung und bei der Nachhaltigkeitsberichterstattung soll letztlich ein vergleichbares Maß an Prüfungssicherheit erreicht werden.[67]

---

63 Vgl dazu die geltende Rechtsgrundlage gemäß § 243b Abs 6 UGB.
64 Vgl die weiteren Ausführungen dazu in 4.2. Berichterstattung gemäß Artikel 8 EU-Taxonomie-Verordnung.
65 Die korrespondierenden nationalen Bestimmungen dazu sind in §§ 243b Abs 6, 267a Abs 6 UGB enthalten, wonach die Berichterstattung den Mitgliedern des Aufsichtsrates vorzulegen und von diesen zu prüfen ist.
66 Vgl dazu auch 3.1.3. Verpflichtung zur Prüfung durch unabhängige Dritte.
67 Vgl Erwägungsgrund 60 CSRD.

3.2.4. Aktualität

Gemäß NFRD ist eine zeitliche und redaktionelle Entkoppelung der Nachhaltigkeitsberichterstattung gegenüber der Finanzberichterstattung möglich.[68] Es besteht die Möglichkeit zur Erstellung eines „nichtfinanziellen Berichts". Dieser Schritt war unter anderem deshalb bei Einführung der verpflichtenden Nachhaltigkeitsberichterstattung notwendig, da unternehmensinterne Reporting-Prozesse noch nicht die notwendige Reife hatten beziehungsweise haben, um eine zeitgleich koordinierte Fertigstellung sicherzustellen. Mit der CSRD und der künftig notwendigen Aufnahme der Nachhaltigkeitsberichterstattung in den Lagebericht wird der nächste Schritt gesetzt: Die Datenverfügbarkeit wird zeitlich synchron zur Finanzberichterstattung gewährleistet sein.

3.3. Positionskampf im internationalen Wettbewerb

Mit Start des Green Deal werden neue Erfolgsfaktoren im internationalen Wettbewerb zunehmend erkennbar. Dabei bleibt vorerst unklar, ob die Einbeziehung von Umweltfaktoren international/national einen kurzfristigen/langfristigen Wettbewerbsnachteil/-vorteil bringt. Die Position der Europäischen Union dazu in Sachen Nachhaltigkeitsberichterstattung ist eindeutig, indem auf die Wichtigkeit der Verhältnismäßigkeit der neuen und der Einbeziehung bestehender Standards hingewiesen wird. Das Risiko inkohärenter Berichterstattungsanforderungen für weltweit tätige Unternehmen soll bestmöglich verringert werden.[69]

Besonderes Augenmerk wird dabei auf die Initiative der IFRS-Foundation zur Einführung von IFRS-Sustainability Disclosure Standards gelegt, welche nahezu zeitgleich mit dem Start der Implementierung europäischer Nachhaltigkeitsberichtsstandards Fahrt aufnahm. In weiterer Folge hat sich das ISSB (International Sustainability Standards Board) unter dem Dach der IFRS-Foundation konstituiert. Im Sommer 2022 wurden zwei Standard-Entwürfe zur Konsultation vorgelegt und die Rückmeldungen für die weitere Arbeit berücksichtigt.[70] Anlässlich der COP27 wurde ein Überblick zum aktuellen Umsetzungstand und den bestehenden Kooperationen gegeben. Auch hier wird die Wichtigkeit klimabezogener Berichtsstandards betont. Emmanuel Farber, Vorsitzender des ISSB, betont den klaren Kapitalmarktbezug:

> We are working collaboratively towards the implementation of effective sustainability disclosures for capital markets, which will empower market participants with the right information to support better economic and investment decision making.[71]

---

68   Vgl korrespondierende nationale Bestimmungen dazu gemäß §§ 243b Abs 6, 267a Abs 6 UGB.
69   Vgl Erwägungsgrund 43 CSRD.
70   IFRS Foundation, General Sustainability-related Disclosures, current stage, https://www.ifrs.org/ projects/work-plan/general-sustainability-related-disclosures/ (abgefragt 9.2.2023).
71   https://www.ifrs.org/news-and-events/news/2022/11/issb-cop27-progress-implementation-climate- related-disclosure-standards-in-2023/ (abgefragt 7.8.2023).

Zuletzt ließ auch die US-amerikanische Wertpapier- und Börsenaufsichtsbehörde, Securities and Exchange Commission, SEC, mit einem Entwurf aufhorchen, wonach im Lichte (wirtschafts-)politischer Priorität börsennotierten Unternehmen vorgeschrieben werden soll, Treibhausgasemissionen und Klimarisiken in einer klimabezogenen Berichterstattung offenzulegen.[72]

Doch es geht nicht nur um einen Stellungskampf der Standardsetzer. Mit Inkrafttreten des US-amerikanischen „Inflation Reduction Act" (IRA) im August 2022 stehen 369 Milliarden US-Dollar an Subventionen unterschiedlicher Art zur Verfügung. Unternehmen aus grünen und klimafreundlichen Bereichen, die in den USA tätig sind, sollen Finanzmittel erhalten. Dabei geht es nicht nur um Klimaschutz, sondern auch um internationale Standortpolitik: Die USA planen mit großen staatlichen Geldsummen Unternehmen ins Land zu holen, unter anderem aus der EU. Gleichzeitig sind die Bemühungen der Europäischen Kommission mittels Net-Zero Industry Act groß, um industrielle Champions in grüner Technologie nicht an die USA zu verlieren.[73] Entwicklungen, welche eine ganz andere Seite des Green Deal zeigen und die grüne Transformation in Europa und auch global vor zusätzliche Herausforderungen stellt.

4. EU-Berichtsstandards – Bestandsaufnahme

Das hohe Interesse und die Abhängigkeit der Finanz- und Kapitalmärkte bezüglich einer robusten Nachhaltigkeitsberichterstattung bringen für eine Vielzahl an Unternehmen wichtige Handlungsfelder. Ungeachtet dessen, ob bereits jetzt eine gesetzliche Verpflichtung zur Erstellung einer finanziellen Erklärung/eines finanziellen Berichts besteht, kommen zwei bedeutende Neuerungen beziehungsweise Veränderungen auf den Kreis der betroffenen Unternehmen zu.

Erstens determinieren künftig umfangreiche, verbindliche europäische Standards zur Nachhaltigkeitsberichterstattung die Anforderungen der Berichterstattung im Gegensatz zur bis dato eher offenen Anwendung von Rahmenwerken.

Zweitens wurde mit der TaxonomieVO eine völlig neue Perspektive der Berichterstattung zur ökologischen Nachhaltigkeit eröffnet. Berichte, welche gemäß Artikel 8 TaxonomieVO erstellt werden, stellen einen unmittelbaren Zusammenhang zwischen taxonomiekonformen Wirtschaftsaktivitäten und deren Anteilen an Umsatz, Investitionen und dazugehörigen Betriebsaufwendungen her.[74] Damit erfolgt erstmals eine direkte Verknüpfung von Finanzkennzahlen und ökologisch nachhaltigen unternehmerischen Tätigkeiten.

---

72 Securities and Exchange Commission, The Enhancement and Standardization of Climate-Related Disclosures for Investors (21.2.2023) https://www.sec.gov/rules/proposed/2022/33-11042.pdf (abgefragt 9.6.2023).

73 Vgl dazu beispielsweise mediale Berichterstattung: *Oliver Grimm*, Die Presse 17.1.2023, EU/US-Kampf um „grüne" Firmen.

74 Vgl dazu ausführlich 4.2. Berichterstattung gemäß Artikel 8 EU-Taxonomie-Verordnung.

4.1. Europäische Nachhaltigkeitsberichtsstandards (ESRS)

Die CSRD sieht vor, dass die Kommission beim Erlass delegierter Rechtsakte nach den Artikeln 29b (Standards für die Nachhaltigkeitsberichterstattung) und 29c (Standards für die Nachhaltigkeitsberichterstattung für kleine und mittlere Unternehmen) die fachliche Stellungnahme der European Financial Reporting Advisory Group (EFRAG) berücksichtigt.[75] Die EFRAG Project Task Force on European Sustainability Reporting Standards (EFRAG PTF-ESRS) startete die Vorbereitung erster Entwürfe im Juni 2021. Nach Abschluss von Konsultations- und legislativer Prüfverfahren war geplant, dass die Kommission bis spätestens mit 30. Juni 2023 das erste Set an Standards übernimmt.[76]

Auch wenn es in weiterer Folge zu zeitlichen und inhaltlichen Änderungen kommt, bietet folgende Darstellung einen geeigneten Überblick mittels der im November 2022 vorgelegten Entwürfe.

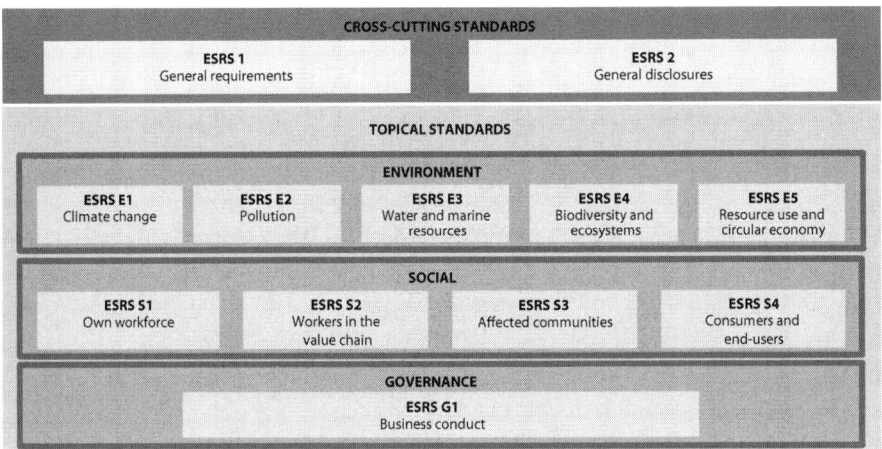

Abb 1: EFRAG Technical advice package 22 November 2022 [Quelle: EFRAG Dezember 2022]

Die Entwürfe der „Cross-Cutting Standards" legen im Rahmen allgemein gültiger Informationen zur Berichterstattung insbesondere das Konzept der doppelten Wesentlichkeit dar. Von Wichtigkeit an dieser Stelle ist ebenso der Zugang zur Analyse der Lieferkette im Sinne von Up-stream-/Down-stream-Betrachtungen.

Die Entwürfe der „Topical Standards" folgen den eingeführten ESG-Aspekten in der CSRD: fünf Umwelt-, vier Sozial- und ein Governance-Standards.

---

75 Vgl Art 49 Abs 3b CSRD.
76 Vgl dazu ausführlich https://www.efrag.org/lab6 (abgefragt 7.6.2023).

Um einen ersten Überblick zur Inhaltsdichte und Reichweite der zwölf Standards zu erhalten, sind Appendix II und III hilfreich. Appendix II bringt eine tabellarische Überleitung von Art 19a und 29b CSRD und den einzelnen Standardentwürfen. Appendix III leitet zur Sustainable Finance Disclosure Regulation (SFDR) über.[77] Die vordringlich angeforderten Informationen gemäß OffenlegungsVO für Finanz- und Kapitalmärkte zeigen, dass von Anbeginn klimabezogene Berichterstattung zentral sein wird, aber auch weitergefasste Umweltthemen und soziale Verantwortung wurden in den Fokus der Entwürfe des ersten Standardsets gestellt.

Wie geht es weiter nach Verabschiedung des ersten Sets? Bis 30. Juni 2024 sind folgende weitere Standardsets terminiert:

- Sektorspezifische Standards und weitere Spezifikationen[78]
- Verhältnismäßige Standards für KMU mit Kapitalmarktbezug[79]
- Standards für Drittlandunternehmen ab einer bestimmten Umsatzhöhe.[80]

4.2. Berichterstattung gemäß Artikel 8 EU-Taxonomie-Verordnung

Unternehmen, welche in den Anwendungskreis der NFRD und künftig in jenen der CSRD fallen, sind verpflichtet, anhand von drei Kennzahlen darüber zu berichten, in welchem Ausmaß die Wirtschaftstätigkeiten mit der TaxonomieVO beziehungsweise deren delegierten Rechtsakten im Einklang sind. Demnach folgt die berichtsmäßige Verortung jener der NFRD/CSRD, sodass Informationen dazu künftig ausschließlich im Lagebericht aufzunehmen sind.

Gemäß Art 8 Abs 2 TaxonomieVO geben Nicht-Finanzunternehmen den Anteil ihrer Umsatzerlöse, der mit Produkten oder Dienstleistungen erzielt wird, die mit Wirtschaftstätigkeiten verbunden sind, die als ökologisch nachhaltig einzustufen sind, sowie den Anteil ihrer Investitionsausgaben und, soweit zutreffend, den Anteil der Betriebsausgaben im Zusammenhang mit Vermögensgegenständen oder Prozessen, die mit Wirtschaftstätigkeiten verbunden sind, die als ökologisch nachhaltig einzustufen sind, an.

Vergleichbar mit der CSRD werden von Seiten der Kommission mit den Berichtsanforderung der TaxonomieVO die nachhaltigkeitsbezogenen Offenlegungsvorschriften gemäß TaxonomieVO ergänzt. Damit soll in vorvertraglichen Offenlegungen und regelmäßigen Berichten die Transparenz erhöht und ein objektiver

---

77 Vgl dazu https://ec.europa.eu/info/business-economy-euro/banking-and-finance/sustainable-finance/sustainability-related-disclosure-financial-services-sector_en (abgefragt 7.6.2023).
78 Vgl Art 29b Abs 1 CSRD.
79 Vgl Art 29c Abs 1 CSRD.
80 Vgl Art 40b CSRD.

Vergleichsmaßstab für Endanleger bereitgestellt werden, indem Finanzmarktteilnehmer den Anteil an Investitionen, mit denen ökologisch nachhaltige Wirtschaftstätigkeiten finanziert werden, angeben werden.[81]

Die Klassifizierung von Wirtschaftsaktivitäten nach dem Grad ökologischer Nachhaltigkeit als indirekte Steuerungsmaßnahme hat das Potenzial bahnbrechender Wirkung. Gleichzeitig stellen notwendigerweise fachübergreifende Kompetenzen Standardsetzer und Anwender gleichermaßen vor gewaltige Herausforderungen. Mit Einrichtung der Plattform für ein nachhaltiges Finanzwesen wird seitens der Kommission diesem Umstand Rechnung getragen. In umfassender Weise müssen bei der Entwicklung der technischen Bewertungskriterien entsprechende Konsultationen durchgeführt werden.[82]

Nach einem ersten Übergangsjahr fallen Berichte ab dem Jahr 2023 gemäß Artikel 8 TaxonomieVO (betreffend den Berichtszeitraum 2022) in die Vollanwendung der Verordnung.[83] Aufgrund zeitlicher Verzögerungen in der Umsetzung auf Seiten der Europäischen Kommission, insbesondere bei der Erstellung der technischen Bewertungskriterien für die Umweltziele gemäß Artikel 12 bis 15 TaxonomieVO, ist mit Verspätung bei der vollumfänglichen Umsetzung der Anforderung der „Taxonomiekonformität" zu rechnen.

5. Zum gesellschaftsrechtlichen Hintergrund der CSRD

Durch die CSRD wird die nichtfinanzielle Berichterstattung als Nachhaltigkeitsberichterstattung von Unternehmen grundlegend erweitert und vereinheitlicht.[84] Die nichtfinanzielle Erklärung wird zwingender Bestandteil des Lageberichts und zugleich Gegenstand der Abschlussprüfung. Die Gesellschaften müssen wie bisher seit der Einführung des NaDiVeG im Sinne des Prinzips der doppelten Wesentlichkeit einerseits Informationen veröffentlichen, die dafür nötig sind, um den Einfluss ihrer Geschäftstätigkeit auf Dritte zu verstehen (inside-out), andererseits haben sie weiterhin Informationen zu veröffentlichen, die für das Verständnis der Lage des Unternehmens und den Einfluss von Nachhaltigkeitsagenden auf die Gesellschaft nötig sind (outside-in).[85]

---

81 Vgl Erwägungsgrund 19 TaxonomieVO.
82 Vgl Erwägungsgrund 50 iVm Art 20 TaxonomieVO.
83 Vgl Art 10 Abs 3 delegierte Verordnung C(2021) 4987 final.
84 Vgl zB *Kalss*, Nachhaltigkeit – Aufgaben und Chancen des Gesellschaftsrechts, RWZ 2022/61, 355.
85 *Kalss/Deutsch*, Nachhaltigkeitspflichten für Unternehmen, GesRZ 2022, 323 (324); *Rödler/Hartmann/Sternisko*, Zur Rolle des Aufsichtsrats kapitalmarktorientierter Unternehmen im Rahmen der Prüfung der Nachhaltigkeitsberichterstattung in FS Bertl 674; *Schranz*, Die neue Richtlinie zur Nachhaltigkeitsberichterstattung von Unternehmen und die Rolle von Vorstand und Aufsichtsrat, ZFR 2023/2, 4 (5); *Bingel/Rothenburg/Schumann*, Nachhaltigkeitsberichterstattung nach CSRD – Auswirkungen auf die Organpflichten, DB 03/2023, 118 (121); *Sustmann/Retsch/Gerding*, Kapitalmarktrechtliche Pflichten und Haftungsrisiken im Zusammenhang mit der ESG-Berichterstattung, AG 2022, 602–611 (603).

So wie auch in der bisherigen Regelung in der 2014 in Kraft getretenen NFRD, welche in Österreich 2016 im NaDiVeG umgesetzt wurde, legt die CSRD nur Berichts- und Offenlegungspflichten vor. Es ist anzunehmen, dass die als reine Berichtspflichten formulierten Transparenzbestimmungen in der Praxis durch vorgelagerte Verhaltenspflichten für die Geschäftsleitung umgesetzt werden. De facto handelt es sich dabei aber nicht um eine bloße Berichtspflicht, vielmehr trifft die Unternehmensleitung die materielle Pflicht, sämtliche denkmögliche Maßnahmen im Sinne des Klimaschutzes zu ergreifen.[86]

Eine unmittelbare Regulierung auf öffentlich-rechtlicher Ebene ist nach dem momentanen Stand anspruchsvoll. Die bisher in Österreich umgesetzten staatlichen Maßnahmen sind nicht ausreichend geeignet, die nachhaltigkeitspolitischen Ziele zu erfüllen. Bislang hat es der Staat vermieden, zielgerichtete, konkrete hoheitliche Regelungen zu erlassen, und sich stattdessen für eine unterschiedlich gewichtete Pflicht zur Berichterstattung entschieden. Der nunmehrige Umsetzungsbedarf durch die CSRD verändert aber vieles. Es besteht Einigkeit in der Lehre darüber, dass mit einer Berichtspflicht keine konkrete Verhaltensanordnung festgelegt wird, sondern dass diese vielmehr nur eine starke Anregung („Nudging") und eine mittelbare Anleitung darstellt. Dadurch kommt es zu einer „Umverteilung" zulasten der Unternehmen, die entsprechende Regeln anzuwenden und umzusetzen haben. Dieser momentane Regelungszugang betrifft Private in doppelter Weise: Einerseits sollen Unternehmen direkt Verhaltenspflichten setzen, andererseits werden auch die Geschäftspartner involviert.[87]

Dennoch kann eine Regelung auf Ebene des Gesellschaftsrechts und der einzelnen Unternehmen von Vorteil sein, da sich die Präferenzen vieler Aktionäre in Bezug auf die Umwelt und Nachhaltigkeit ihrer Anlageentscheidungen geändert haben. Außerdem haben heutzutage besonders Privatanleger diversifizierte Portfolios und sind dementsprechend nicht (nur) am Wert eines einzelnen Unternehmens, sondern auch am Gesamtwert ihres Wertpapierportfolios interessiert.[88]

6. Gesellschaftsrechtliche Auswirkungen der Nachhaltigkeitspflichten auf Leitungsorgan und Aufsichtsrat

Die Vorgaben des NaDiVeG wirken sich auf die gesellschaftsrechtliche Compliance aus: Das **Leitungsorgan** trägt die Verantwortung zur Umsetzung der nach-

---

86   *Kalss*, Nachhaltigkeit – Aufgaben und Chancen des Gesellschaftsrechts, RWZ 2022/61, 355; *Schopper/Reheis*, Aspekte der Nachhaltigkeit im Gesellschaftsrecht, NZ 2022/165, 530 (533); *Rödler/Hartmann/Sternisko*, Zur Rolle des Aufsichtsrats kapitalmarktorientierter Unternehmen im Rahmen der Prüfung der Nachhaltigkeitsberichterstattung, in FS Bertl 672; *Schön*, ZfPW 2022, 207 (255).

87   *Kalss/Deutsch*, Nachhaltigkeitspflichten für Unternehmen, GesRZ 2022, 323 (324).

88   *Fleischer*, Klimaschutz im Gesellschafts-, Bilanz- und Kapitalmarktrecht, DB 01-02/2022, DB1392886, 37 (39).

haltigkeitsbezogenen Regeln. Die Geschäftsleitung hat im Einklang mit der Legalitätspflicht die Geschäftsführung im Rahmen der Gesetze auszuüben und das Unternehmen treffende Pflichten in gesetzeskonformer Weise umzusetzen. Auch nachgeordnete **Mitarbeiter** haben diese Pflichten einzuhalten und zu berücksichtigen. Der **Aufsichtsrat** hat die Einhaltung zu überwachen und zu prüfen.[89]

Drei gesellschaftsrechtliche Aspekte sind besonders zu beleuchten:

6.1. Der Einfluss von Nachhaltigkeitsaspekten auf die Vergütung des Leitungsorgans

Bei der Festlegung der Vergütung des Leitungsorgans ist das Gebot der Berücksichtigung nachhaltigen Wirtschaftens zu beachten. Der Aufsichtsrat hat bei der Vorstandsvergütung[90] gemäß § 78 Abs 1 AktG langfristige Verhaltensanreize für eine langfristige und nachhaltige Unternehmensentwicklung zu setzen. Auch die Erfüllung der Pflicht zur Eindämmung des Klimawandels und Einschränkung der Erderwärmung gemäß Art 15 Abs 1 und gegebenenfalls Abs 2 CSDD-RL-E ist bei der Gestaltung der Vergütung zu berücksichtigen.[91] Die Vergütungsstruktur kann etwa so gestaltet werden, dass die Erreichung unternehmensinterner CO_2-Ziele oder die Bewertung einer ESG-Ratingagentur in die Vorstandsvergütung mit einbezogen wird.[92] Dabei ist es sinnvoll, fixe und variable Vergütungsbestandteile vorzusehen, wobei insbesondere auf die Ausrichtung und Bemessung der variablen Bestandteile zu achten ist. Abhängig von der „Performance" der Vorstandsmitglieder im Sinne des Grundsatzes „pacta sunt servanda" kann die Vergütung herab- oder hinaufgesetzt werden.[93]

6.2. Anforderungsprofil für Mitglieder des Leitungsorgans

Muss der Vorstand Nachhaltigkeitsaspekte bei seinen Entscheidungen berücksichtigen? Der allgemeine Sorgfaltsrahmen für den Vorstand ist bereits in § 70 AktG normiert und bietet diesem einen weiten Gestaltungsspielraum, der sorg-

---

89 *Kalss/Deutsch*, Nachhaltigkeitspflichten für Unternehmen, GesRZ 2022, 323 (327); *Kalss*, Nachhaltigkeit – Aufgaben und Chancen des Gesellschaftsrechts, RWZ 2022/61, 355 (357); *Kalss*, GesRZ 2022, 49 (50); *Schopper/Reheis*, Aspekte der Nachhaltigkeit im Gesellschaftsrecht, NZ 2022/165, 530 (532); *Bingel/Rothenburg/Schumann*, Nachhaltigkeitsberichterstattung nach CSRD – Auswirkungen auf die Organpflichten, DB 03/2023, 118 (119); *Fleischer*, Klimaschutz im Gesellschafts-, Bilanz- und Kapitalmarktrecht, DB 01-02/2022, DB1392886, 37 (40).

90 Die nachfolgenden Ausführungen zum Vorstand bzw den Vorstandsmitgliedern der AG sind sinngemäß auch die Geschäftsführung bzw Geschäftsführer der GmbH anwendbar, sofern nichts Gegenteiliges gilt.

91 *Baumüller/Hrinkow/Wolf*, Sustainable Corporate Governance und Nachhaltigkeitsberichterstattung, GRCaktuell 2022, 7 (10 f); *Kalss*, Nachhaltigkeit – Aufgaben und Chancen des Gesellschaftsrechts, RWZ 2022/61, 355 (357); *Kalss*, GesRZ 2022, 49 (51); *Kalss*, Münchener Kommentar AktG[5] § 87 Rz 277; *Kalss*, GesRZ 2022, 49 (51); *Nowotny* in *Doralt/Nowotny/Kalss*, AktG[3] § 78 Rz 9, 17; *Ihrig/Schäfer*, Rechte und Pflichten des Vorstandes (2014) § 12 Rz 222.

92 *Fleischer*, Klimaschutz im Gesellschafts-, Bilanz- und Kapitalmarktrecht, DB 01-02/2022, DB1392886, 37 (42).

93 Im Detail *Ihrig/Schäfer*, Rechte und Pflichten des Vorstandes (2014) § 12 Rz 226 ff; 250 ff.

fältig ausgeübt werden muss:[94] Der Vorstand hat die Gesellschaft so zu leiten, wie das Wohl der Gesellschaft es erfordert. Dabei sind Interessen der Aktionäre, der Arbeitnehmer und das öffentliche Interesse zu berücksichtigen. Leitung, Geschäftsführung und Vertretung der Gesellschaft sind die wichtigsten Aufgaben des Vorstands.[95] Grundsätzlich gilt aber, dass bei einem Interessenkonflikt das Unternehmenswohl anderen Interessen vorausgeht (Primat des Unternehmenswohls). Die herrschende Meinung[96] betrachtet Nachhaltigkeitsaspekte wie „Klima" und „Umwelt" nicht als Teilaspekt des Unternehmenswohls. Dementsprechend erkennt die herrschende Lehre auch eine eigenständige, dem Unternehmenswohl gleichgestellte Pflicht zum ökologisch und sozial nachhaltigen Handeln nicht an. Das Unternehmenswohl hängt primär vom Gesellschaftszweck ab, wobei neben dem Gesellschaftszweck auch zB umwelt- und nachhaltigkeitsbezogene Ziele der Gesellschaft festgelegt werden können.[97] In der Regel liegt der Gesellschaftszweck in der Gewinnerzielungsabsicht, worunter das Unternehmenswohl im Sinne der Sicherung der dauerhaften Rentabilität des Unternehmens und zumindest der Vermögenserhaltung zu verstehen ist.[98]

Der Vorstand soll aber im Rahmen seiner Organpflichten die strategische Ausrichtung und Geschäftsstrategie zukunftsorientiert gestalten. Ob es für den Vorstand vielleicht sogar geboten ist, Aufwendungen im Sinne der Nachhaltigkeit zu tätigen, ist nach aktuellem Stand nicht geklärt.[99] Nachhaltigkeitsaspekte, vor allem auch damit zusammenhängende Risiken, spielen eine immer größere Rolle für das Unternehmenswohl und müssen vom Vorstand berücksichtigt werden, um als Unternehmen zukunftsfähig zu bleiben.[100] Beispielsweise kann die unternehmerische Entscheidung, auf lokale Produktion zu setzen, zulässig sein, selbst wenn die Produktion im Ausland billiger wäre, da damit trotzdem höhere Profitabilität und Reputation einhergehen können. Insbesondere handelt das Leitungsorgan nicht pflichtwidrig, wenn es zulasten des Gewinns des Unternehmens solche Maßnahmen ergreift.[101] Eingeschränkt wird das unternehmerische Ermes-

---

94 *Kalss*, GesRZ 2022, 49.
95 *Kalss* in *Kalss/Frotz/Schörghofer*, Handbuch für den Vorstand § 12 Rz 1 ff.
96 *Kalss*, Münchener Kommentar AktG[6] § 76 Rz 225; *Fleischer* in *Spindler/Stilz*, Beck Online Großkommentar AktG § 76 Rz 45 (beck-online Stand 1.4.2023); *Koch* in *Koch*, AktG[17] § 76 Rz 35d; *Grigoleit* in *Grigoleit*, AktG[2] § 76 Rz 23; *Nowotny* in *Doralt/Nowotny/Kalss*, AktG[3] § 70 Rz 14; *Kalss*, Nachhaltigkeit – Aufgaben und Chancen des Gesellschaftsrechts, RWZ 2022/61, 355 (358); *Feltl*, ecolex 2011, 533 (536).
97 *Grigoleit* in *Grigoleit*, AktG[2] § 76 Rz 17; *Kalss*, Münchener Kommentar AktG[6] § 76 Rz 225; *Kalss*, Nachhaltigkeit – Aufgaben und Chancen des Gesellschaftsrechts, RWZ 2022/61, 355 (358).
98 *Nowotny* in *Doralt/Nowotny/Kalss*, AktG[3] § 70 Rz 11; *Kalss* in *Kalss/Nowotny/Schauer*, Österreichisches Gesellschaftsrecht[2] Rz 3/428; *Kalss*, Nachhaltigkeit – Aufgaben und Chancen des Gesellschaftsrechts, RWZ 2022/61, 355 (358).
99 *Schopper/Reheis*, Aspekte der Nachhaltigkeit im Gesellschaftsrecht, NZ 2022/165, 530 (532).
100 *Schranz*, Die neue Richtlinie zur Nachhaltigkeitsberichterstattung von Unternehmen und die Rolle von Vorstand und Aufsichtsrat, ZFR 2023/2, 4 (7).
101 *Koch* in *Koch*, AktG[17] § 76 Rz 35; *Reich-Rohrwig* in *Artmann/Karollus*, AktG[6] § 70 Rz 105; *Schopper/Reheis*, Aspekte der Nachhaltigkeit im Gesellschaftsrecht, NZ 2022/165, 530 (532).

sen aber in der Pflicht des Leitungsorgans, für das – dauerhaft rentable – Fortbestehen des Unternehmens zu sorgen und Entscheidungen so vorzubereiten, dass deren Risiken analysiert und im Falle eines Misslingens die Auswirkungen auf die Vermögens-, Finanz- sowie Ertragslage und damit auf die Fortbestehensfähigkeit der Gesellschaft berücksichtigt werden.[102] Zur Beurteilung der Nachhaltigkeitsrisiken im Unternehmen muss der Vorstand zunächst die potenziellen Risiken erfassen und analysieren. Er ist gem § 82 AktG zur Führung eines Internen Kontrollsystems (IKS) und eines angemessenen Rechnungswesens verpflichtet. In der Folge hat der Vorstand den Aufsichtsrat umfassend im Rahmen seines Jahresberichts, Quartalsberichts oder bei Bedarf in Form eines Sonderberichts zu informieren, damit dieser seiner Überwachungsaufgabe entsprechend nachkommen kann.[103] Bei der Aufstellung und Vorlage des Jahresabschlusses ist zu beachten, dass künftig auch Nachhaltigkeitsinformationen im Sinne der CSRD verpflichtend im Lagebericht darzustellen sind.[104]

Die Haftung bzw der Haftungsrahmen des Vorstandsmitglieds einer AG bzw des Geschäftsführers einer GmbH wird im Rahmen der sog „Business Judgment Rule" (§ 84 Abs 1a AktG, § 25 Abs 1a GmbHG) eingeschränkt. Die Business Judgment Rule legt einen haftungsfreien Entscheidungsspielraum, den sog „safe harbor", für unternehmerische Entscheidungen[105] des Organmitglieds fest.[106] Grundlegend wird dabei vorausgesetzt,

- dass es sich um eine unternehmerische Entscheidung handelt;
- dass es kein Interessenkonflikt vorliegt (Unbefangenheit);
- dass die Entscheidung auf Grundlage umfassender angemessener Information erfolgt und
- dass die Entscheidung im guten Glauben zum Wohle der Gesellschaft getroffen wurde (wobei die Beurteilung aus Ex-ante-Sicht erfolgt).[107]

Sofern sich das Organmitglied innerhalb des von der Business Judgment Rule determinierten sicheren Hafens bewegt, kommt es zu einem Haftungsausschluss zu seinen Gunsten.[108] Es kann sich auf die Business Judgment Rule berufen und

---

102 *Nowotny* in *Doralt/Nowotny/Kalss*, AktG³ § 70 Rz 11; *Nowotny* in *Doralt/Nowotny/Kalss*, AktG³ § 84 Rz 8; *Reich-Rohrwig* in *Artmann/Karollus*, AktG II⁶ § 70 Rz 83; *Koch* in *Koch*, AktG¹⁷ § 76 Rz 34.

103 *Schranz*, Die neue Richtlinie zur Nachhaltigkeitsberichterstattung von Unternehmen und die Rolle von Vorstand und Aufsichtsrat, ZFR 2023/2, 4 (7).

104 *Schranz*, Die neue Richtlinie zur Nachhaltigkeitsberichterstattung von Unternehmen und die Rolle von Vorstand und Aufsichtsrat, ZFR 2023/2, 4 (8).

105 *Reich-Rohrwig* in *Straube/Ratka/Rauter*, WK GmbHG § 25 Rz 77 ff (Stand 1.9.2022, rdb.at).

106 Vgl zB *Arlt*, Business Judgment Rule, in RDB Keywords¹; *Kalss* in *Kalss/Nowotny/Schauer*, Österreichisches Gesellschaftsrecht² Rz 3/444; *Eckert/Schopper/Madari* in *Eckert/Schopper*, AktG-ON¹·⁰⁰ § 84 Rz 20.

107 *Reich-Rohrwig/Cl. Grossmayer/K. Grossmayer/Zimmermann* in *Artmann/Karollus*, AktG II⁶ § 84 Rz 179 ff; *Eckert/Schopper/Madari* in *Eckert/Schopper*, AktG-ON¹·⁰⁰ § 84 Rz 21 ff; *Kalss* in *Kalss/Nowotny/Schauer*, Österreichisches Gesellschaftsrecht² Rz 3/448; *Reich-Rohrwig* in *Straube/Ratka/Rauter*, WK GmbHG § 25 Rz 82 ff (Stand 1.9.2022, rdb.at).

108 *Kalss* in *Kalss/Nowotny/Schauer*, Österreichisches Gesellschaftsrecht² Rz 3/452; *Nowotny* in *Kalss/Nowotny/Schauer*, Österreichisches Gesellschaftsrecht² Rz 4/235a.

haftet dann grundsätzlich nicht für aufgrund der unternehmerischen Entscheidung eingetretene Schäden.[109]

Da sich die Geschäftsführung im Sinne der Legalitätspflicht stets im Rahmen der Gesetze zu bewegen hat, gilt etwa die Business Judgment Rule nicht bei Verstößen gegen zwingende gesetzliche Pflichten zur Nachhaltigkeitsberichterstattung.[110] Die hL[111] meint, dass die Nachhaltigkeits-Berichtspflichten nicht unmittelbar auf den gesellschaftsrechtlichen Leitungsmaßstab durchschlagen. Auch wenn der Vorstand in Grenzen berechtigt ist, nachhaltigkeitsbezogene Belange zulasten der Aktionärsinteressen zu berücksichtigen, ist er nicht dazu verpflichtet, Nachhaltigkeitsagenden aktiv zu fördern.[112] Es wird wohl eine Präzisierung der Business Judgment Rule vorgenommen werden müssen,[113] damit auch unternehmerische Entscheidungen mit Auswirkungen auf die Umwelt etc vom haftungsfreien Ermessensspielraum der Business Judgment Rule erfasst werden können. Auf europäischer Ebene gibt es bereits Vorschläge zur Konkretisierung der Sorgfaltspflicht, und zwar im sogenannten „Consultation Document Proposal for an Initiative on Sustainable Corporate Governance" der Europäischen Kommission.[114] Dort ist unter der Frage 5 bestimmt, dass bei der Vorbereitung und Interessenabwägung für unternehmerische Entscheidungen auch die Auswirkungen auf die

---

109   *Reich-Rohrwig/C. Grossmayer/K. Grossmayer/Zimmermann* in *Artmann/Karollus*, AktG II[6] § 84 Rz 171; *Eckert/Schopper/Madari* in *Eckert/Schopper*, AktG-ON[1.00] § 84 Rz 20; *Nowotny* in *Doralt/Nowotny/Kalss*, AktG[3] § 84 Rz 9a ff; *Reich-Rohrwig* in *Straube/Ratka/Rauter*, WK GmbHG § 25 Rz 73 (Stand 1.9.2022, rdb.at); *Hörlsberger* in *Foglar-Deinhardstein/Aburumieh/Hoffenscher-Summer*, GmbHG § 25 Rz 27.

110   *Eckert/Schopper/Madari* in *Eckert/Schopper*, AktG-ON[1.00] § 84 Rz 21 (Stand 1.7.2021, rdb.at); *Reich-Rohrwig/Cl. Grossmayer/K. Grossmayer/Zimmermann* in *Artmann/Karollus*, AktG[6] § 84 Rz 213; *Hörlsberger* in *Foglar-Deinhardstein/Aburumieh/Hoffenscher-Summer*, GmbHG § 25 Rz 27; *Reich-Rohrwig* in *Straube/Ratka/Rauter*, WK GmbHG § 25 Rz 91 (Stand 1.9.2022, rdb.at); *Schopper*, Compliance im Konzern, in *Kalss/U. Torggler*, Compliance – Beiträge zum 4. Wiener Unternehmensrechtstag (2015) 53 (55); vgl für Deutschland *Fleischer*, Klimaschutz im Gesellschafts-, Bilanz- und Kapitalmarktrecht, DB 01-02/2022, DB1392886, 37 (40).

111   *Kalss*, Nachhaltigkeit – Aufgaben und Chancen des Gesellschaftsrechts, RWZ 2022/61, 355 (359); *Grigoleit* in *Grigoleit*, AktG[2] § 76 Rz 22; *Fleischer*, Gemeinwohlförderung und Gewinnorientierung in Familienunternehmen, NZG 2022, 1371 (1373); *Fleischer* in *Spindler/Stilz*, Beck Online Großkommentar AktG § 76 Rz 45 (beck-online Stand 1.4.2023); *Koch* in *Koch*, AktG[17] § 76 Rz 35d; *Habersack*, Gemeinwohlbindung und Unternehmensrecht, AcP 2020, 594 (661); *Harbarth*, Die Aktiengesellschaft im Wandel der Zeit zwischen Wirtschaftlichkeit und Gemeinwohl, ZGR 2022, 533 (543); **aA** *Hommelhoff*, der bereits jetzt von einer Ausweitung der Grundausrichtung unternehmerischen Handelns spricht (*Hommelhoff*, CSR-Vorstands- und -Aufsichtsratspflichten, NZG 2017, 1361 [1367]), sowie *Weller/Fischer*, die davon ausgehen, dass die Verfolgung von umweltbezogenen Belangen den weiten Entscheidungsspielraum des Vorstands einengen wird und sich ESG-Angelegenheiten zu einem Bestandteil der Geschäftsführung entwickeln werden (*Weller/Fischer*, ESG-Geschäftsleitungspflichten Unternehmenstransformation zur Klimaneutralität, ZIP 2022, 2253–2265).

112   *Fleischer*, Gemeinwohlförderung und Gewinnorientierung in Familienunternehmen, NZG 2022, 1371 (1373) mwN; *Grigoleit* in *Grigoleit*, AktG[2] § 76 Rz 42; *Koch* in *Koch*, AktG[17] § 76 Rz 28.

113   *Kalss*, GesRZ 2022, 49 (50).

114   Veröffentlicht im Oktober 2020 und online abrufbar unter https://www.ebf.eu/wp-content/uploads/2021/03/EBF-response-to-the-Consultation-Document-Proposal-for-an-Initiative-on-Sustainable-Corporate-Governance.pdf; *Kalss*, GesRZ 2022, 49 (50).

Umwelt, einschließlich Klima, Berücksichtigung finden müssen.[115] Dem Vorstand soll ein Organisationsermessen hinsichtlich der Art der Umsetzung der Nachhaltigkeitsberichtspflichten im Unternehmen zukommen. Er soll beurteilen, wie die Nachhaltigkeitspflichten im – oftmals bereits vorhandenen – internen Reportingsystem umgesetzt werden. Dieses interne System ist regelmäßig zu überprüfen, um Reputationsschäden und Bußgelder zu vermeiden.[116]

Das Leitungsorgan ist im Sinne der Legalitätskontrollpflicht auch dazu angehalten, durch organisatorische Vorkehrungen Rechtsverstöße im Unternehmen von vornherein abzuwenden.[117]

Im Zusammenhang mit Nachhaltigkeitsthemen trifft die Geschäftsleitung schließlich eine Schadenabwehrpflicht in dem Sinne, dass Verstöße, die für das Unternehmen mit Geldstrafen, Schadenersatzpflichten, Reputationsschäden oder Kursverlusten verbunden sind und eine Haftung der Geschäftsführung begründen können, für die Gesellschaft abzuwenden sind.[118]

Darüber hinaus kann bereits bei Gründung einer Gesellschaft eine Präzisierung von Nachhaltigkeits- und Umweltthemen durch die Gesellschafter in der Satzung der AG bzw im Gesellschaftsvertrag der GmbH vorgenommen werden.[119]

6.3. Überwachungs- und Prüfpflichten des Aufsichtsrats

Die Erarbeitung der Unternehmensstrategie ist an sich Sache des Vorstands. Seine Zuständigkeit ist aber insofern „aufgeteilt", als er den Aufsichtsrat bei der erstellten Strategie einbeziehen soll. Es ist jedenfalls für ein Unternehmen möglich, hier individuelle Regelungen zu schaffen und die Unternehmensstrategie und damit zusammenhängende nachhaltigkeitsrelevante Aspekte der expliziten Zustimmung des Aufsichtsrats zu unterwerfen.[120]

Eine Hauptaufgabe des Aufsichtsrats besteht gemäß § 95 AktG in der **Kontrolle der Geschäftsführung**. Dabei sollen vor allem die Ordnungsmäßigkeit, Wirtschaftlichkeit und Zweckmäßigkeit des Handelns des Vorstands überprüft werden.[121] Der

---

115   *Kalss*, GesRZ 2022, 49 (50).
116   *Bingel/Rothenburg/Schumann*, Nachhaltigkeitsberichterstattung nach CSRD – Auswirkungen auf die Organpflichten, DB 03/2023, 118 (123).
117   *Schopper*, Compliance im Konzern, in *Kalss/U. Torggler*, Compliance 53 (55 ff); *Eckert/Schopper/ Madari* in *Eckert/Schopper*, AktG-ON1.00 § 84 Rz 14; *Reich-Rohrwig/Cl. Grossmayer/K. Grossmayer/ Zimmermann* in *Artmann/Karollus*, AktG⁶ § 84 Rz 94.
118   *Schopper/Reheis*, Aspekte der Nachhaltigkeit im Gesellschaftsrecht, NZ 2022/165, 530 (532); *Schopper* in *Kalss/U. Torggler*, Compliance 53 (63).
119   *Kalss*, Nachhaltigkeit – Aufgaben und Chancen des Gesellschaftsrechts, RWZ 2022/61, 355 (359 f); *Schopper/Reheis*, Aspekte der Nachhaltigkeit im Gesellschaftsrecht, NZ 2022/165, 530 (532).
120   *Kalss*, Nachhaltigkeit – Aufgaben und Chancen des Gesellschaftsrechts, RWZ 2022/61, 355 (360); *Schacht/Sengspiel*, Aufsichtsrat aktuell 2022, 190.
121   Vgl va *Kalss* in *Doralt/Nowotny/Kalss*, AktG³ § 95 Rz 22 ff.

Aufsichtsrat hat dabei die Wahrung des Unternehmenswohls sowie die nachhaltige, erfolgreiche wirtschaftliche Entwicklung des Unternehmens zu beachten.[122] Die laufende Kontrolle und Risikoüberwachung in § 92 Abs 4a Z 4 lit b AktG kann auch als Basis für die Überwachung der Nachhaltigkeitsmaßnahmen des Vorstands gesehen werden, etwa, ob dieser eine eigene Nachhaltigkeitsabteilung mit gewissen Ressourcen einsetzt.[123] Durch die gestiegenen inhaltlichen Anforderungen rund um das Thema Nachhaltigkeit wird es zu einer Ausweitung der Überwachungspflicht des Aufsichtsrats sowie zu einer gesetzlichen externen Prüfung gemäß CSRD kommen.[124]

Eine weitere Kernaufgabe und Lenkungsmöglichkeit des Aufsichtsrats liegt in der exklusiven **Personalverantwortung des Aufsichtsrats** für den Vorstand bzw die Vorstandsmitglieder. Eine Nachhaltigkeitsexpertise des Leitungsorgans wird an sich auch künftig nicht vom Gesetz verlangt. Dennoch wird diese Expertise für nachhaltiges Wirtschaften notwendig sein, da neue Aufgaben erfüllt werden müssen und sollen. Mit der Personalkompetenz hat der Aufsichtsrat den effektivsten Hebel. Er hat daher bei Neubestellungen der Geschäftsleitung diese Qualifikationen einfließen zu lassen, um eine nachhaltige und erfolgreiche Geschäftsentwicklung sicherzustellen.[125] In der GmbH liegt es an den Gesellschaftern, einen den Qualifikationen gerecht werdenden Geschäftsführer zu bestellen.

Zu den weiteren **Kernaufgaben** des Aufsichtsrats zählen gemäß § 96 Abs 1 AktG die Prüfung des Jahresabschlusses (bzw des Konzernabschlusses), des Lageberichts (bzw Konzernlageberichts), gegebenenfalls des Corporate-Governance-Berichts, des Berichts über Zahlungen an staatliche Stellen, gegebenenfalls des Vorschlags über die Gewinnverwendung sowie gegebenenfalls des gesonderten nichtfinanziellen Berichts. Dabei hat der Aufsichtsrat vor allem die Prüfung der Rechtmäßigkeit sowie der Wirtschaftlichkeit und Zweckmäßigkeit der nichtfinanziellen Berichterstattung vorzunehmen. Im Sinne der CSRD ist die umfassende Nachhaltigkeitsberichterstattung des Vorstands zu prüfen, die zwingend im Lagebericht vorgesehen ist. Außerdem hat der Aufsichtsrat die Geschäftsleitung im Hinblick auf das Funktionieren des Internen Kontrollsystems (IKS), des Risikomanagements und des Rechnungslegungsprozesses zu kontrollie-

---

122 *Scheffler*, AG Report 4/2021 Rz 58.
123 *Rödler/Hartmann/Sternisko*, Zur Rolle des Aufsichtsrats kapitalmarktorientierter Unternehmen im Rahmen der Prüfung der Nachhaltigkeitsberichterstattung, in FS Bertl 668; *Schranz*, Die neue Richtlinie zur Nachhaltigkeitsberichterstattung von Unternehmen und die Rolle von Vorstand und Aufsichtsrat, ZFR 2023/2, 4 (8).
124 Siehe dazu auch bei 3.1.3. sowie bei *Bingel/Rothenburg/Schumann*, Nachhaltigkeitsberichterstattung nach CSRD – Auswirkungen auf die Organpflichten, DB 03/2023, 118 (123); *Rödler/Hartmann/Sternisko*, Zur Rolle des Aufsichtsrats kapitalmarktorientierter Unternehmen im Rahmen der Prüfung der Nachhaltigkeitsberichterstattung, in FS Bertl 673.
125 *Kalss*, Nachhaltigkeit – Aufgaben und Chancen des Gesellschaftsrechts, RWZ 2022/61, 355 (357); *Scheffler*, AG Report 4/2021, R 58.

ren.[126] In der CSRD werden neben den Aufgaben des Aufsichtsrats gesamt auch die Aufgaben des Prüfungsausschusses konkretisiert. Dieser soll die Geschäftsleitung und den gesamten Aufsichtsrat über das Prüfungsresultat der Nachhaltigkeitsberichterstattung informieren und Näheres dazu auszuführen (ua welche Rolle er dabei gespielt hat). Außerdem kommt dem Prüfungsausschuss die Überwachung der Nachhaltigkeitsberichterstattung und deren Prüfung sowie die Überwachung der Wirksamkeit der internen Qualitätssicherungs- und Risikomanagementsysteme, die die Nachhaltigkeitsberichterstattung betreffen, zu.[127]

Die CSRD regelt nicht ausdrücklich, ob dem Aufsichtsrat und dem Prüfungsausschuss künftig zwingend ein Mitglied mit ausgewiesener Expertise in Nachhaltigkeitsangelegenheiten angehören muss. Aus Art 19 Abs 2 lit c TS 2 CSRD ergibt sich, dass entsprechende Kompetenzen im Nachhaltigkeitsbericht nachzuweisen sind, ohne dass aus dieser Bestimmung eine entsprechende Kompetenz explizit abzuleiten ist. Da diese Kompetenz scheinbar vorausgesetzt wird, fällt es in die Zuständigkeit des Aufsichtsrats, eine entsprechende Besetzung vorzunehmen.[128] Der Aufsichtsrat muss nämlich in der Lage sein, vom Vorstand gesetzte Nachhaltigkeitsmaßnahmen einzuordnen und zu bewerten, damit er seiner Beratungs- und Überwachungspflicht entsprechend handeln kann.[129] Auf Grundlage des Selbstorganisationsrechts des Aufsichtsrats (§ 92 Abs 4 AktG) ist es zulässig, dass dieser die Einrichtung eines eigenen Nachhaltigkeits- bzw ESG-Ausschusses vorsieht.[130] In Deutschland gehen große börsennotierte Unternehmen wie zB Bayer AG und Hello Fresh SE mit gutem Beispiel voran und haben die „Trias" aus Environmental-, Social- und Governance-Agenden nicht nur ausschnittsweise, sondern komplett einem ESG-Ausschuss übertragen.[131]

---

126   *Rödler/Hartmann/Sternisko,* Zur Rolle des Aufsichtsrats kapitalmarktorientierter Unternehmen im Rahmen der Prüfung der Nachhaltigkeitsberichterstattung, in FS Bertl 673; *Schranz,* Die neue Richtlinie zur Nachhaltigkeitsberichterstattung von Unternehmen und die Rolle von Vorstand und Aufsichtsrat, ZFR 2023/2, 4 (9); für Deutschland *Bingel/Rothenburg/Schumann,* Nachhaltigkeitsberichterstattung nach CSRD – Auswirkungen auf die Organpflichten, DB 03/2023, 118 (119).

127   *Bingel/Rothenburg/Schumann,* Nachhaltigkeitsberichterstattung nach CSRD – Auswirkungen auf die Organpflichten, DB 03/2023, 118 (123); *Eberhartinger/Milla,* RWZ 2023/6, 25.

128   *Baumüller/Hrinkow/Wolf,* Sustainable Corporate Governance und Nachhaltigkeitsberichterstattung, GRCaktuell 2022, 7 (9 f); *Kalss,* Nachhaltigkeit – Aufgaben und Chancen des Gesellschaftsrechts, RWZ 2022/61, 355 (360); *Kalss,* GesRZ 2022, 49 (51); *Bingel/Rothenburg/Schumann,* Nachhaltigkeitsberichterstattung nach CSRD – Auswirkungen auf die Organpflichten, DB 03/2023, 118 (124).

129   *Bingel/Rothenburg/Schumann,* Nachhaltigkeitsberichterstattung nach CSRD – Auswirkungen auf die Organpflichten, DB 03/2023, 118 (124).

130   *Kalss* in *Doralt/Nowotny/Kalss,* AktG³ § 92 Rz 131; *Jaspers,* Nachhaltigkeits- und ESG-Ausschüsse des Aufsichtsrats, AG 9/2022, 309 (310).

131   Vgl § 14 Abs 2 Geschäftsordnung des Aufsichtsrats der Bayer AG; abrufbar unter: https://www.bayer.com/sites/default/files/AR-Geschaeftsordnung-DE.pdf (abgefragt 12.6.2023); § 14 Abs 2 lit a Geschäftsordnung des Aufsichtsrats 2022 der Hello Fresh SE; abrufbar unter: https://ir.hellofreshgroup.com/download/companies/hellofresh/CorporateGovernance/20221205_Rules_of_Procedure_SB.pdf (abgefragt 12.6.2023); § 10 Abs 3 lit b Geschäftsordnung des Aufsichtsrats 2022 der Deutsche Börse AG; abrufbar unter: https://www.deutsche-boerse.com/resource/blob/1845614/a65c43a9e045b95c242bccda986a1cd4/data/ar-geschaeftsordnung_de.pdf (abgefragt 12.6.2023); *Jaspers,* Nachhaltigkeits- und ESG-Ausschüsse des Aufsichtsrats, AG 9/2022, 309 (310).

7. Haftung und drohende Sanktionen für Leitungsorgan und Aufsichtsrat

Zur Abwehr von Haftung und Sanktionen empfiehlt es sich für Vorstand und Aufsichtsrat, bereits vorab die im Sinne des Unternehmenswohls präziser werdenden Pflichten im Rahmen der Risikoerkennung und -steuerung auszubauen.[132] Ansonsten drohen Konsequenzen bei Nichteinhaltung der Pflichten im Rahmen der Nachhaltigkeitsberichterstattung.

Verletzen Vorstand und Aufsichtsrat ihre unternehmens- und kapitalmarktrechtlichen Informationspflichten (zB gegenüber den Aktionären, aber auch dem Kapitalmarkt generell, wodurch auch potenzielle Anleger und Investoren betroffen sein können), kann dies eine Haftung iSv § 84 bzw § 99 AktG nach sich ziehen. Außerdem drohen gemäß § 238 UGB Zwangsstrafen für den Fall der nicht fristgerechten Offenlegung des Jahresabschlusses bzw des Konzernabschlusses nach den §§ 277 und 280 UGB. Verstöße gegen die Offenlegungspflicht können auch nach dem UWG geltend gemacht werden, vor allem durch Mitbewerber.[133] Es drohen auch Konsequenzen, die sich aus den nichtfinanziellen Berichtspflichten für die Entlastung des Vorstands und auch die Entlastung des Aufsichtsrats selbst ergeben können: Kommen Vorstand und Aufsichtsrat ihren Pflichten nicht entsprechend nach, kann ihnen die Hauptversammlung nach ihrem Ermessen die Entlastung verweigern. Geringfügige Pflichtverstöße des Aufsichtsrats stehen seiner Entlastung nicht entgegen.[134] Mangels Klarheit der nationalen Umsetzung sind weitere Konsequenzen, die sich aus den nichtfinanziellen Berichtspflichten ergeben könnten, aus momentaner Sicht nicht abschätzbar.

In Einzelfällen könnte durch eine bewusst unrichtige oder unvollständige Darstellung von Informationen, die die Vermögens-, Finanz- oder Ertragslage des Unternehmens betreffen oder für die Beurteilung der künftigen Entwicklung der Vermögens-, Finanz und Ertragslage wesentlich sind, sogar der Straftatbestand des § 163a Abs 1 Z 1 StGB erfüllt sein.[135]

8. Kapitalmarktrechtliche Pflichten und Haftungsrisiken für börsennotierte Unternehmen

8.1. Bedeutung der ESG-Berichterstattung für Investoren

Korrelierend mit der Erweiterung der Nachhaltigkeitsberichterstattung steigt auch das Informationsbedürfnis von Investoren. Die Nachhaltigkeitsberichterstattung

---

132 Vgl zB *Kalss*, GesRZ 2022, 49 (50).
133 *Schranz*, Die neue Richtlinie zur Nachhaltigkeitsberichterstattung von Unternehmen und die Rolle von Vorstand und Aufsichtsrat, ZFR 2023/2, 4 (10).
134 *Baumüller*, Aufsichtsrat aktuell, 2018, 19 (20).
135 *Schranz*, Die neue Richtlinie zur Nachhaltigkeitsberichterstattung von Unternehmen und die Rolle von Vorstand und Aufsichtsrat, ZFR 2023/2, 4 (10).

von Unternehmen beeinflusst deutlich Anlageentscheidungen vor allem der jüngeren Generation und bildet daher eine wichtige Informationsquelle für Anleger. Investoren präferieren zunehmend nachhaltige Anlagestrategien, welche von der Vermeidung sozialer, ethischer oder ökologischer Standards (zB Unternehmen, die ihren Umsatz mit der Verbrennung fossiler Energieträger generieren, oder Unternehmen in der Waffenbranche) im Sinne eines „negative screening" bis hin zur Auswahl von bestimmten Unternehmen, die gewisse Nachhaltigkeitsstandards im Sinne eines „positive screening" reichen.[136]

8.2. Ad-hoc-Publizitätspflichten im Zusammenhang mit Nachhaltigkeitsthemen

Emittenten von Wertpapieren, die am geregelten Markt oder in multilateralen oder organisierten Handelssystemen notieren, unterliegen gemäß Art 17 Abs 1 Marktmissbrauchsverordnung (VO [EU] 596/2014, „MAR") der Pflicht, **Insiderinformationen**, die unmittelbar den Emittenten betreffen, **unverzüglich bekanntzugeben**. Insiderinformationen sind nach der Legaldefinition des Art 7 Abs 1 lit a) MAR (i) nicht öffentlich bekannte, (ii) präzise Informationen, die (iii), wenn sie öffentlich bekannt würden, geeignet wären, den Kurs von Finanzinstrumenten oder damit verbundener derivativer Finanzinstrumente erheblich zu beeinflussen (sogenannte Kursrelevanz). Ob diese Kursrelevanz vorliegt, ist anhand des Maßstabs des verständigen Anlegers aus derEx-ante-Perspektive zu beurteilen; ob es für einen solchen lohnend erscheint.[137]

Aus Sicht eines verständigen Anlegers können ESG-bezogene Informationen durchaus erhebliches Kursbeeinflussungspotenzial haben. Bislang existieren aber keine weiterführenden Ausarbeitungen in Judikatur oder Schrifttum, mit welchem Verständnis (restriktiv oder liberal) ein verständiger Anleger seine Anlageentscheidungen bezogen auf Nachhaltigkeitsthemen trifft, weswegen man sich an Fallgruppen orientiert. Beispielsweise können Prognosen, die Verlautbarung der Klimaneutralität des Unternehmens bis zu einem gewissen Zeitpunkt, Geschäftszahlen, Personalentscheidungen und der Ausgang von Gerichtsverfahren kursrelevant sein und in der Folge eine zu veröffentlichende Insiderinformation darstellen.[138]

8.3. Sanktionen im Fall eines Verstoßes gegen die Meldepflichten

Emittenten verstoßen gegen Art 17 Abs 1 MAR, wenn sie ihren Ad-hoc-Publizitätspflichten nicht ordnungsgemäß nachkommen, sofern nicht ausnahmsweise eine ordnungsgemäße Selbstbefreiung nach Art 17 Abs 4 MAR vorliegt. Ein Ver-

---

136 *Sustmann/Retsch/Gerding*, AG 2022, 602 (605).
137 *Sustmann/Retsch/Gerding*, AG 2022, 602 (605); *Khol/Tagwerker/Hekele*, Sustainability Law (2022) 199.
138 *Sustmann/Retsch/Gerding*, AG 2022, 602 (606 ff).

stoß gegen Art 17 MAR stellt eine Verwaltungsübertretung gemäß § 155 BörseG dar. Die für das Verfahren zuständige Finanzmarktaufsicht („FMA") kann im Fall einer unterlassenen, verspäteten oder unvollständigen Veröffentlichung, einer unterlassenen Vorabmitteilung; einer unterlassenen Ex-ante-Beantragung eines Aufschubs gemäß Art 17 Abs 5 MAR sowie einer unterlassenen Ex-post-Notifikation eines Aufschubs die zur Vertretung befugten natürlichen Personen bestrafen. Daneben tritt die Strafbarkeit des Emittenten im Sinne von § 156 BörseG. Dabei muss sich dieser Handlungen von Personen zurechnen lassen, die eine Führungsposition innerhalb des Emittenten einnehmen.[139] Weiters droht gemäß § 163a StGB eine strafrechtliche Haftung wegen unvertretbarer Darstellung wesentlicher Informationen über bestimmte Verbände.[140] Außerdem könnten Anleger mit zivilrechtlichen Schadenersatzforderungen an den Emittenten herantreten: Da sich sowohl aus MAR und CRIM-MAD keine zivilrechtlichen Sanktionen ableiten lassen als auch das nationale Recht keine sondergesetzliche Haftungsnorm für Verstöße gegen die Ad-hoc-Publizität kennt, ist auf das allgemeine zivilrechtliche Instrumentarium zurückzugreifen. Zivilrechtliche Anspruchsgrundlage bietet primär eine Haftung aus Schutzgesetzverletzung gemäß § 1311 ABGB infolge eines Verstoßes gegen Art 17 MAR und § 163a StGB. Es kann auch zu einer allgemeinen deliktischen Haftung oder einer Haftung aus dem Sonderrechtsverhältnis zwischen dem Emittenten und dem Anleger kommen. Verletzt man eine Meldepflicht gegenüber der Wiener Börse, zieht dies eine Konventionalstrafe nach sich.[141]

Generell sind Unternehmen immer einem hohenRisiko der öffentlichkeitswirksamen Zivilklage ausgesetzt, wie öffentlichkeitswirksame Klimaprozesse gegen Unternehmen in den vergangenen Jahren gezeigt haben, so zum Beispiel der Prozess der Umweltorganisation Dutch Friends of the Earth gegen die Royal DutchShell. Im Ergebnis wurde die Muttergesellschaft RDS dazu verpflichtet, die CO_2-Emissionen der gesamten Wertschöpfungskette der Shell-Gruppe bis Ende 2030 um 45 % netto (im Vergleich zu 2019) zu reduzieren.[142]

Um einer eventuellen Haftung aus dem Weg zu gehen, sollten Emittenten frühzeitig die für die Einhaltung der Ad-hoc-Publizitätspflicht bzw die Insider-Compliance zuständigen Personen und Gremien in das ESG-Reporting einbinden. Wesentliche Informationen sollten – wie auch bei anderen potenziellen Insidersachverhalten – sofort an die für die Einhaltung der Ad-hoc-Publizitätspflicht verantwortlichen Personen weitergereicht, entsprechend kapitalmarktrechtlich geprüft und dokumentiert werden.[143]

---

139 *Ladler* in *Gruber*, BörseG 2018/MAR II Art 17 MAR Rz 181.
140 *Ladler* in *Gruber*, BörseG 2018/MAR II Art 17 MAR Rz 183.
141 Weiterführend *Ladler* in *Gruber*, BörseG 2018/MAR II Art 17 MAR Rz 187 ff; *Sustmann/Retsch/Gerding*, AG 2022, 602 (609).
142 *Ruttloff/Wagner/Reischl/Skoupil*, CB 2021, 425 (430).
143 *Sustmann/Retsch/Gerding*, AG 2022, 602 (609).

9. Fazit

Das gewaltige EU-Projekt zur nachhaltigen Transformation des Europäischen Wirtschaftsraums ist gestartet und in vollem Gang. Entsprechend rasch ist der Taktschlag regulatorischer Neuerungen. Im vorliegenden Beitrag wurden grundsätzlich Entwicklungen bis Mai 2023 berücksichtigt. Dessen ungeachtet ist Ziel des Beitrags, eine zeitliche Loslösung vom kurzfristigen Geschehen vorzunehmen, um eine Neuausrichtung des gängigen Verständnisses der unternehmerischen Berichterstattung anzustoßen.

Künftig werden den Teilnehmern des Finanzsektors quantitativ und qualitativ höherwertige Informationen vorliegen, um unternehmerisches Leistungspotenzial, Risiken und Chancen zu bewerten.

Mit der Umsetzung der CSRD und den europäischen Berichtsstandards erfolgt eine Abkehr von den bis dato „Principle-based-" hin zu „Rule-based"-Regulatorien. Durch diese steigenden Compliance-Anforderungen wird eine klare Botschaft im Kampf gegen Greenwashing übermittelt. Transparenz, Vergleichbarkeit und Glaubwürdigkeit sind dabei wichtige Bausteine für eine robuste Berichterstattung.

Auch wenn Berichtsstandards keine unmittelbare Änderung unternehmerisch geleiteten Handelns verlangen, so bewirken die verpflichtenden Darlegungen von Geschäftsmodell, Strategie, Konzept, ESG-Aspekten und -Risiken … unter Einbeziehung kurz-, mittel- und langfristiger Zeiträume eine grundlegende Änderung der Ausrichtung der Unternehmensberichterstattung und dabei anzulegender Maßstäbe.

Die unternehmerische Seite liefert mit der kommenden Nachhaltigkeitsberichterstattung einen bedeutsamen Baustein für ein nachhaltiges Finanzwesen. Im Anschluss liegt der Ball nunmehr auf der Seite der Finanz- und Kapitalmärkte, um mit fachlicher Expertise und der notwendigen Umsicht ESG-Informationen aufzunehmen, aufzubereiten und Finanzprodukte zu entwickeln.

Die Vorgaben der CSRD beeinflussen die gesellschaftsrechtliche Compliance auf Ebene des Leitungsorgans, der nachgeordneten Mitarbeiter und des Aufsichtsrats einer Gesellschaft. Nachhaltigkeitsaspekte können sich auf gesellschaftsrechtlicher Ebene auf den Sorgfaltsrahmen und die Vergütung des Leitungsorgans auswirken. Dem Aufsichtsrat als die Geschäftsleitung überwachendem und überprüfendem Organ kommt dabei eine Lenkungsfunktion zu. Da bei ihm die exklusive Personalverantwortung liegt, kann der Aufsichtsrat, auch wenn dies nicht vom Gesetz verlangt wird, bei der Besetzung des Leitungsorgans die Nachhaltigkeitsexpertise der Organmitglieder berücksichtigen. Bei Nichteinhaltung der Pflichten im Rahmen der Nachhaltigkeitsberichterstattung drohen weitreichende Konsequenzen. Daher empfiehlt es sich für Leitungsorgan und Aufsichtsrat, bereits vorab auf effektive Risikoerkennung und -steuerung zu setzen.

Korrelierend mit dem steigenden Informationsbedürfnis von Investoren treffen börsennotierte Unternehmen besondere Pflichten (Ad-hoc-Publizitätspflichten). Nachhaltigkeitsbezogene Informationen können Insiderinformationen im Sinne der Marktmissbrauchsverordnung darstellen, welche unverzüglich bekannt zu geben sind. Falls ein Unternehmen diesen Meldepflichten nicht nachkommt, drohen Sanktionen nach der MAR, dem BörseG, dem StGB und dem ABGB.

Corporate Sustainability Due Diligence Directive: Der neue Rechtsrahmen rund um Lieferketten und Wertschöpfungsketten[1]

Bernhard Müller/Christian Richter-Schöller

---

1   Die Autoren danken *Franziska Silberhumer* und *Tina Zachs* für die wertvolle Unterstützung.

1. Hintergrund

Lieferketten, Wertschöpfungsketten und Corporate Sustainability Due Diligence wurden in den letzten Monaten zu bestimmenden Themen im Nachhaltigkeitsrecht.

Für österreichische Unternehmen ist dabei insbesondere die Corporate Sustainability Due Diligence Directive[2] („**RL-Entwurf**") relevant. Diese liegt zwar bisher erst als Entwurf vor, doch soll sie – geht es nach dem EU-Gesetzgeber – in den Mitgliedstaaten bis 2025 umgesetzt sein. Daneben kann auch für österreichische Unternehmen das bereits am Jahresbeginn 2023 in Kraft getretene deutsche Lieferkettensorgfaltspflichtengesetz Rechtswirkungen entfalten.

Dieser Beitrag zeichnet anhand des RL-Entwurfs die grundsätzliche Mechanik von Lieferketten- und Wertschöpfungskettenregeln nach. In einem Exkurs wird dabei auch das deutsche Lieferkettensorgfaltspflichtengesetz behandelt.

---

[2] In diesem Beitrag verweisen wir immer auf die Fassung des Vorschlags für eine Richtlinie des Europäischen Parlaments und des Rates über die Sorgfaltspflichten von Unternehmen im Hinblick auf Nachhaltigkeit und zur Änderung der Richtlinie (EU) 2019/1937, COM(2022) 71 final. Soweit im später auf Grundlage des RL-Entwurfs veröffentlichten Berichtsentwurf und im finalen Bericht (siehe gleich die Definitionen unter Punkt 2.) maßgebliche Abweichungen bestehen, haben wir das in diesem Beitrag dargestellt, um die aufschlussreiche Genese des Entwurfs möglichst punktgenau abzubilden. Am 1.6.2023 nahm das Europäische Parlament seine Änderungen zum RL-Entwurf an (Amendments adopted by the European Parliament on 1 June 2023 on the proposal for a directive of the European Parliament and of the Council on Corporate Sustainability Due Diligence and amending Directive [EU] 2019/1937 [COM(2022)0071 – C9-0050/2022 – 2022/0051(COD)]). Diese haben in den Beitrag noch keinen Eingang gefunden. Zum Zeitpunkt der Erstellung des Beitrags ist der Trilog jedenfalls noch nicht abgeschlossen, die Entwürfe von Kommission und Parlament bestehen parallel und in Konkurrenz zueinander und es liegt auch noch kein finaler Richtlinientext vor.

2. Anwendungsbereich (Art 1 bis 3)

2.1. Persönlicher Anwendungsbereich

Der RL-Entwurf soll für große Unternehmen gelten, die die in Art 2 RL-Entwurf normierten Schwellenwerte erreichen.

Vom Unternehmensbegriff der RL erfasst sind gem Art 3 lit a RL-Entwurf juristische Personen nach Anhang I und II der Richtlinie 2013/34/EU.[3] Für Österreich bedeutet das, dass sowohl Aktiengesellschaften und Gesellschaften mit beschränkter Haftung als auch Offene Gesellschaften und Kommanditgesellschaften in den Geltungsbereich der Richtlinie einbezogen werden. Der Entwurf folgt keinem rechtsformunabhängigen Unternehmensbegriff.[4]

Eine Ausnahme sind die beaufsichtigten Finanzunternehmen gem Art 3 lit a iv RL-Entwurf, die ungeachtet ihrer Rechtsform in den persönlichen Anwendungsbereich der Richtlinie einbezogen werden. Das ist der Intention geschuldet, allfällige negative Auswirkungen im Finanzsektor möglichst umfänglich zu erfassen.[5] Art 3 lit a iv RL-Entwurf folgt zudem einem breiten Verständnis von beaufsichtigten Finanzunternehmen; so sind etwa auch Versicherungsgesellschaften, Anbieter von Krypto-Dienstleistungen oder Investmentgesellschaften erfasst sowie Kreditinstitute, deren Gesellschafter natürliche Personen sind.[6]

In den Geltungsbereich des Entwurfs sollen nach Art 2 nur Unternehmen fallen, die bestimmte arbeitnehmer- und umsatzbezogene Größenkriterien erfüllen. Hierbei nimmt Art 2 Abs 1 RL-Entwurf eine Untergliederung in zwei Gruppen vor:

- **Gruppe 1** umfasst gem Art 2 Abs 1 lit a nach den Rechtsvorschriften eines Mitgliedstaates gegründete Unternehmen, die durchschnittlich mehr als 500 Beschäftigte haben und einen weltweiten Umsatz von mehr als EUR 150 Millionen erwirtschaften. Abzustellen ist dabei auf das letzte Geschäftsjahr, für das ein Jahresabschluss erstellt wurde.

- **Gruppe 2** bezieht gem Art 2 Abs 1 lit b RL-Entwurf Unionsunternehmen aus bestimmten sensiblen Branchen in den Geltungsbereich der Richtlinie mit ein, wenn diese durchschnittlich mehr als 250 Beschäftigte haben und einen weltweiten Umsatz von über EUR 40 Millionen erwirtschaften. Auch hier ist für die Beurteilung auf das letzte Geschäftsjahr abzustellen, für das ein Jahresabschluss erstellt wurde. Voraussetzung ist, dass mindestens 50 % des Umsatzes in mindestens einem der im RL-Entwurf angeführten sensiblen Sektoren erzielt wurden. Art 2 Abs 1 lit b benennt als solche sensiblen Branchen insbesondere die Textilindustrie, die Land- und Forstwirtschaft, die Lebensmittel-

---

3   RL (EU) 2013/34 ABl L 182, 19.
4   Vgl *Nietsch/Wiedmann*, Der Vorschlag zu einer europäischen Sorgfaltspflichten-Richtlinie im Unternehmensbereich (Corporate Sustainability Due Diligence Directive), CCZ 2022, 125.
5   Vgl ErwGr 22 RL-Entwurf.
6   Vgl *Bettermann/Hoes*, Die EU Corporate Sustainability Due Diligence Directive, BKR 2022, 686.

industrie sowie Industrien, die Bodenschätze betreffen, wie die Herstellung von Grundmetallerzeugnissen oder die Gewinnung mineralischer Ressourcen. Diese Sektoren werden deshalb als besonders sensibel eingeschätzt, weil das Schadenspotenzial dort als hoch angesehen wurde. Kennzeichnend ist auch, dass für diese Branchen OECD-Leitfäden[7] bestehen. Zudem obliegt es der EU-Kommission zu beurteilen, ob weitere Sektoren als Branchen mit hohem Schadenspotenzial aufgenommen werden sollen.[8]

Der seit dem 8.11.2022 vorliegende Berichtsentwurf des Rechtsausschusses zum RL-Entwurf[9] („Berichtsentwurf") der Berichterstatterin *Lara Wolters* sieht eine deutliche Erweiterung des Adressatenkreises durch ein Absenken der Schwellenwerte vor:

- Unter **Gruppe 1** sollen demnach bereits Unternehmen mit durchschnittlich mehr als 250 Beschäftigten fallen, wenn sie einen Umsatz von über EUR 40 Millionen haben.[10]
- **Gruppe 2** soll bereits Unternehmen mit 50 Beschäftigten und einem Umsatz von mehr als EUR 8 Millionen erfassen, wenn diese nur 30 % des Umsatzes in einem der im Entwurf genannten Sektoren erzielen. Ferner wird eine umfassende Ausweitung der in der RL genannten sensiblen Branchen beantragt, etwa bspw auf Energie, das Baugewerbe, die Erbringung von Finanzdienstleistungen sowie Telekommunikationsdienstleistungen. Zudem sollen börsennotierte Unternehmen unter die RL fallen, wenn sie die für Gruppe 2 neu vorgesehenen Schwellenwerte erreichen.[11]

Der Rechtsausschuss hat am 25. April 2023 über die Änderungsvorschläge abgestimmt und diese angenommen.[12] Der finale Bericht[13] („finaler Bericht") des Rechtsausschusses liegt nunmehr vor:

- Hinsichtlich **Gruppe 1** wurde an den Schwellenwerten gemäß dem Berichtsentwurf festgehalten.[14]
- **Gruppe 2** soll hingegen Unternehmen erfassen, die die Schwellenwerte nach Gruppe 1 für sich genommen nicht erreichen, aber das Mutterunternehmen einer Gruppe sind, mit mehr als 500 Beschäftigten und einem weltweiten Umsatz von mehr als EUR 150 Millionen im letzten Geschäftsjahr, für das ein Jahres-

---

7   Sectors – Organisation for Economic Co-operation and Development (oecd.org).
8   Vgl ErwGr 70 RL-Entwurf.
9   Entwurf eines Berichts zu einem Vorschlag für eine Richtlinie des Europäischen Parlaments und des Rates über die Sorgfaltspflichten von Unternehmen im Hinblick auf Nachhaltigkeit und zur Änderung der Richtlinie (EU) 2019/1937 vom 7.11.2022, COM(2022)0071 – C9-0050/2022 – 2022/0051(COD).
10   Vgl Änderungsantrag 51 Berichtsentwurf.
11   Vgl Änderungsantrag 52 ff Berichtsentwurf.
12   Vgl Results of roll-call votes 25.4.2023, Committee on Legal Affairs.
13   Vgl Report on the proposal for a directive of the European Parliament and of the Council on Corporate Sustainability Due Diligence and amending Directive (EU) 2019/1937, COM(2022)0071 – C9-0050/2022 – 2022/0051(COD).
14   Vgl Amendment 89 finaler Bericht.

abschluss erstellt wurde. Auf bestimmte sensible Sektoren soll hingegen nicht abgestellt werden.[15]

- Diese unterschiedlichen Ansätze zeigen auch, dass die konkrete Ausgestaltung des persönlichen Anwendungsbereichs der Corporate Sustainability Due Diligence Directive offenbleibt.

Nach Art 2 Abs 2 RL-Entwurf sollen auch Unternehmen mit Sitz in einem Drittland in den Anwendungsbereich der Richtlinie fallen, wenn sie in der EU einen Umsatz von mehr als EUR 150 Millionen erzielen oder einen Umsatz von mehr als EUR 40 Millionen, unter der Voraussetzung, dass mindestens 50 % des weltweiten Umsatzes in einer der in Art 2 Abs 1 lit b genannten Branchen erzielt werden. Entscheidend sind die Werte im vorletzten Geschäftsjahr. Relevantes Größenkriterium für Unternehmen aus Drittstaaten ist demnach nur der Umsatz. Auf eine bestimmte Anzahl von Beschäftigten hat die EU-Kommission wegen des Fehlens einer gemeinsamen Begriffsdefinition gezielt verzichtet.[16] Indem auf den in der EU erzielten Umsatz abgestellt wird, werden jene Unternehmen aus Drittstaaten erfasst, für welche eine bestimmte Verbindung zum Binnenmarkt besteht. Das Einbeziehen solcher Gesellschaften ermöglicht es, Wettbewerbsnachteile für EU-Unternehmen zu vermeiden, welchen diese sonst gegenüber auf dem EU-Binnenmarkt tätigen ausländischen Unternehmen ausgesetzt wären.[17]

Die Kommission geht davon aus, dass nach dem RL-Entwurf rund 13.000 EU-Unternehmen sowie etwa 4.000 Unternehmen mit Sitz in einem Drittland vom persönlichen Anwendungsbereich der Richtlinie umfasst sein werden.[18] Lediglich 0,06 % der österreichischen Unternehmen würden in den unmittelbaren Geltungsbereich des RL-Entwurfs fallen.[19] Relevant ist der RL-Entwurf aber für praktisch alle österreichischen Unternehmen:

Obwohl KMU[20] nicht direkt vom persönlichen Anwendungsbereich erfasst sind, was mit dem für sie vergleichsweise hohen finanziellen und administrativen Auf-

---

15 Vgl Amendment 90 ff finaler Bericht.
16 Vgl ErwGr 24 RL-Entwurf.
17 Vgl *Heil*, Menschenrechte in Lieferketten: Trend zur Verrechtlichung, wbl 2022, 438.
18 Vgl Begründung RL-Entwurf 20.
19 Vgl *Lukas/Rabenlehner*, Kommentar zum Entwurf der EU-Kommission für ein europäisches Lieferkettengesetz (28.2.2022), https://gmr.lbg.ac.at/news/kommentar-zum-entwurf-der-eu-kommission-fuer-ein-europaeisches-lieferkettengesetz/ (30.6.2022).
20 Der Begriff KMU wird von der EU-Kommission in der EU-Empfehlung 2003/361 genauer definiert. Grundlage sind dafür festgelegte Größenordnungen. KMU steht dabei für kleine und mittelständische Unternehmen, welche in die Anzahl ihrer Mitarbeiter und nach ihrem Umsatz oder ihrer Bilanzsumme eingeteilt werden: Ein Kleinstunternehmen wird sehr oft auch Mikro-Unternehmen genannt. Es handelt sich um ein Unternehmen, welches weniger als zehn Mitarbeiter beschäftigt und einen Umsatz von weniger als EUR 2 Millionen im Jahr erwirtschaftet oder eine Bilanzsumme von weniger als EUR 2 Millionen aufweist. Kleine Unternehmen haben nach der Definition der Europäischen Kommission weniger als 50 Mitarbeiter und weisen einen Umsatz von unter EUR 10 Millionen oder eine Bilanzsumme von unter EUR 10 Millionen auf. Bei einem mittleren Unternehmen handelt es sich um einen Betrieb, der eine Mitarbeiteranzahl von unter 250 hat und der Umsatz bei maximal EUR 50 Millionen oder einer Bilanzsumme von maximal EUR 43 Millionen liegt.

wand begründet wird, der mit der Erfüllung der Sorgfaltspflichten nach der Richtlinie verbunden wäre, und mit der bei Sorgfaltspflichtenerfüllung entstehenden unverhältnismäßigen Belastung, werden sie dennoch den Belastungen nach dem EU-Lieferkettengesetz ausgesetzt sein; und zwar deshalb, weil Unternehmen, welche selbst dem Anwendungsbereich unterliegen und demnach zur Erfüllung der Sorgfaltspflichten verpflichtet sind, ihre Verpflichtungen indirekt auch ihren Lieferanten überbinden müssen, um selbst *compliant* zu sein. Sonst droht die Kündigung der Geschäftsbeziehung. KMU werden also über Geschäftsbeziehungen mit Unternehmen, die diese Sorgfaltspflicht erfüllen müssen, einem Teil der Kosten und Belastungen ausgesetzt sein. Kennzeichnend an den neuen Regeln rund um Lieferketten/Wertschöpfungsketten ist damit, dass der große Teil aller Belastungen genau jene in der Praxis treffen wird, welche gar nicht unmittelbar vom Anwendungsbereich erfasst sind.

Der RL-Entwurf normiert daher Unterstützungspflichten von verpflichteten Unternehmen gegenüber KMU, zu denen sie Geschäftsbeziehungen unterhalten, um KMU beim Aufbau ihrer operativen und finanziellen Kapazitäten zu helfen. Ferner nimmt sie diese im Finanzsektor gänzlich aus der Wertschöpfungskette aus. Damit sind KMU, die Darlehen, Kredite, Finanzierungen, Versicherungen oder Rückversicherungen erhalten, nicht Teil der Wertschöpfungskette des Finanzsektors. Die Richtlinie soll demnach darauf abzielen, ein Abwälzen der Belastung auf Lieferanten zu beschränken und angemessene Anforderungen an KMU gewährleisten.[21] Anerkannt wird zudem die Notwendigkeit zugänglicher und praktischer Unterstützung für KMU, insbesondere wenn die Anforderungen an die Sorgfaltspflichten die Existenzfähigkeit des KMU gefährden würden.[22] Neben den großen Unternehmen sind auch die Mitgliedstaaten zur Unterstützung der KMU verpflichtet, möglich wäre hier auch eine finanzielle Unterstützung.[23]

2.2. Sachlicher Anwendungsbereich

2.2.1. Eigener Geschäftsbereich

Gem Art 1 Abs 1 RL-Entwurf normiert die Richtlinie Bestimmungen über

> Verpflichtungen von Unternehmen in Bezug auf tatsächliche und potenzielle negative Auswirkungen auf die Menschenrechte und die Umwelt in Bezug auf ihre eigenen Tätigkeiten, die Tätigkeiten ihrer Tochterunternehmen und die Tätigkeiten von Unternehmen in ihrer Wertschöpfungskette, mit denen das Unternehmen eine etablierte Geschäftsbeziehung unterhält, und die Haftung für Verstöße gegen die [...] Verpflichtungen.

---

21   Vgl Begründung RL-Entwurf 18.
22   Vgl Begründung RL-Entwurf 27.
23   Vgl ErwGr 47 RL-Entwurf.

Der sachliche Anwendungsbereich definiert sich somit einerseits über die geschützten Rechtspositionen und andererseits über die erfassten Tätigkeiten einschließlich der Wertschöpfungskette.[24]

Vom Anwendungsbereich erfasst sind nach Art 1 Abs 1 lit a der eigene Geschäftsbereich der Unternehmen, derjenige der Tochterunternehmen, sofern beherrschender Einfluss besteht, und die etablierten Geschäftsbeziehungen mit Bezug zur Wertschöpfungskette.[25] Im **eigenen Geschäftsbereich und dem der Tochtergesellschaften** muss daher von uneingeschränkten Sorgfaltspflichten nach dem RL-Entwurf ausgegangen werden; ein Produktionsbezug oder ein Bezug zur Dienstleistungserbringung des Unternehmens ist dafür nicht erforderlich. Die Pflichten bestehen hier demnach losgelöst von einem Bezug zur Wertschöpfungskette. Wird beherrschender Einfluss über ein Tochterunternehmen ausgeübt, ist die Wahrung der Sorgfaltspflichten bezüglich der geschützten Rechtspositionen in diesem sicherzustellen. Eine Abstufung der Sorgfaltspflichten wird hier nicht vorgenommen.

Im Wesentlichen noch offen ist die Frage nach den Sorgfaltspflichten der Muttergesellschaft, wenn Mutterunternehmen und Tochterunternehmen vom Anwendungsbereich erfasst sein sollten.[26] Insbesondere bestimmt der RL-Entwurf nicht näher, ob das gesetzlich unmittelbar erfasste Mutterunternehmen weitergehende Sorgfaltspflichten nicht nur bezogen auf die eigene Tätigkeit, sondern auch auf jene ihres unmittelbar erfassten Tochterunternehmens treffen. Unseres Erachtens kann eine solche Erweiterung des Pflichtenkreises des Mutterunternehmens nur dann eintreten, wenn es nach der üblichen Mechanik des RL-Entwurfs geboten ist, insbesondere also dann, wenn Mutterunternehmen und Tochterunternehmen in einer etablierten Geschäftsbeziehung stehen. Ausschließlich aufgrund der Eigenschaft als Konzernmutter lassen sich keine nicht vom RL-Entwurf vorgesehenen Pflichten begründen. Dies müsste der Gesetzgeber im Einzelfall ausdrücklich vorsehen.

2.2.2. Sonderthema: Die Wertschöpfungskette

Der sachliche Anwendungsbereich grenzt sich über den eigenen Geschäftsbereich und den der erfassten Tochterunternehmen hinaus bezüglich der Geschäftsbeziehungen nach außen hin über den Begriff der **Wertschöpfungskette** ab: Art 3 lit g RL-Entwurf versteht darunter

> Tätigkeiten im Zusammenhang mit der Produktion von Waren oder der Erbringung von Dienstleistungen durch ein Unternehmen, einschließlich der Entwicklung des Produkts oder der Dienstleistung und der Verwendung und Entsorgung des Produkts sowie der damit verbundenen Tätigkeiten im Rahmen vor- und nachgelagerter etablierter Geschäftsbeziehungen des Unternehmens.

---

24 Vgl *Heil*, wbl 2022, 438.
25 Vgl *Bettermann/Hoes*, BKR 2022, 686.
26 Vgl *Bettermann/Hoes*, BKR 2022, 686.

KMU werden für beaufsichtigte Finanzunternehmen aus der Wertschöpfungskette ausgenommen; genauso Kunden, wenn es sich um privat handelnde natürliche Personen oder private Haushalte handelt.[27]

Wie sich aus der Legaldefinition der Wertschöpfungskette nach Art 3 lit g und
aus ErwGr 18 ergibt, sollen sowohl *„vorgelagerte etablierte direkte und indirekte
Geschäftsbeziehungen"* als auch *„nachgelagerte Beziehungen, einschließlich etab-
lierter direkter und indirekter Geschäftsbeziehungen"* – über die Lebensdauer des
Produkts hinweg – von der Wertschöpfungskette umfasst sein. Sie erstreckt sich
daher vom Entwurf über die Gewinnung bzw Herstellung über die Lieferung bis
hin zum Recycling oder der Deponierung. Die gesamte Kette soll daher *upstream*
und *downstream* im Anwendungsbereich der Richtlinie liegen.[28]

Eine **„Geschäftsbeziehung"** ist gem Art 3 lit e RL-Entwurf

> eine Beziehung zu einem Auftragnehmer, einem Unterauftragnehmer oder jedem an-
> deren Rechtssubjekt („Partner"), i) mit denen das Unternehmen eine Geschäftsverein-
> barung geschlossen hat oder denen das Unternehmen Finanzmittel, Versicherungs-
> oder Rückversicherungsleistungen bietet, oder ii) die für das Unternehmen oder in des-
> sen Namen mit den Produkten oder Dienstleistungen des Unternehmens zusammen-
> hängende Geschäftstätigkeiten ausüben.

Über diese Definition der Geschäftsbeziehung werden nicht nur Zulieferer bzw
Absatzhelfer erfasst, sondern auch Abnehmer, weil jede Geschäftsvereinbarung
ausreichend ist. Unklar ist, ob die Zulieferer in ihrer Gesamtheit durch das verpflichtete Unternehmen kontrolliert werden müssen oder ob im Sinne einer
einschränkenden Auslegung eine Überwachung nur dann stattzufinden hat,
wenn der entsprechende Bezug zur Geschäftstätigkeit des Unternehmens gegeben ist.[29]

Die Wertschöpfungskette soll entsprechend dem RL-Entwurf auf **etablierte Geschäftsbeziehungen** beschränkt sein. Art 3 lit f RL-Entwurf zufolge handelt es sich dabei
um eine *„direkte oder indirekte Geschäftsbeziehung, die in Anbetracht ihrer Intensität oder Dauer beständig ist oder sein dürfte und die keinen unbedeutenden oder
lediglich untergeordneten Teil der Wertschöpfungskette darstellt"*. Ein Zeitpunkt,
ab dem von einer etablierten Geschäftsbeziehung ausgegangen werden kann,
wird im RL-Entwurf nicht genannt. Diese Unbestimmtheit setzt die Unternehmen
rechtlichen Risiken aus.[30] Das Bestehen einer etablierten Geschäftsbeziehung ist
zudem nach Art 1 Abs 1 RL-Entwurf regelmäßig, aber zumindest jährlich zu überprüfen. *„Wenn die direkte Geschäftsbeziehung eines Unternehmens als etabliert*

---

27   Vgl ErwGr 19 RL-Entwurf.
28   Vgl *Nietsch/Wiedmann*, CCZ 2022, 125.
29   Vgl *Bettermann/Hoes*, BKR 2022, 686.
30   Vgl *Ruttloff/Rothenburg/Hahn*, Der RL-Entwurf zu unternehmerischen Sorgfaltspflichten im Bereich
     der Nachhaltigkeit – Auswirkungen auf die Corporate Governance, DB 2022, 1116.

gilt, […] sollten auch alle damit verbundenen indirekten Geschäftsbeziehungen als in Bezug auf dieses Unternehmen etabliert betrachtet werden."[31] Von der Wertschöpfungskette sind sohin jedenfalls direkte sowie indirekte Geschäftsbeziehungen erfasst. Kritisch kann angemerkt werden, dass ein Abstellen nur auf etablierte Geschäftsbeziehungen in der Praxis in einem häufigen Wechsel der Geschäftspartner resultieren könnte.[32] Der Berichtsentwurf zum RL-Entwurf möchte das Abstellen auf die etablierten Geschäftsbeziehungen entfallen lassen[33] und unter den Begriff der Geschäftsbeziehung die gesamte Wertschöpfungskette subsumieren, die alle vor- und nachgelagerten Tätigkeiten beinhalten soll,[34] ebenso der finale Bericht des Rechtsausschusses.[35] Der Begriff der Wertschöpfungskette wird demnach auf die Bereiche Verkauf, Vertrieb, Transport, Lagerung sowie Entsorgung von Produkten ausgeweitet. Erfasst ist auch die Erbringung von Dienstleistungen.[36]

Anzumerken ist, dass die Praktikabilität der Bestimmungen nach dem RL-Entwurf bereits in Frage gestellt wurde:

Befürchtet wird ein Informationsdefizit seitens der verpflichteten Unternehmen und ein daraus resultierendes Unvermögen, ihre Geschäftsbeziehungen als von den Sorgfaltspflichten erfasst zu eruieren. Unterhält ein Unternehmen direkte Beziehungen, müsste es zur Anwendung des RL-Entwurfs auch umfassende Informationen über sämtliche Geschäftsbeziehungen eines jeden Partners erhalten.[37] Muss das verpflichtete Unternehmen zukünftig wirklich alle weiteren Vertragspartner jedes ihrer Vertragspartner – und deren Vertragspartner und deren Vertragspartner etc – kennen? Das erscheint nicht nur – wie oben ausgeführt – unpraktikabel. Es ist schlicht untunlich und wirft wettbewerbsrechtliche und kartellrechtliche Fragen auf: Gerade in engen Märkten kann es sich bei der umfassenden Erfassung aller Zulieferer um sensible Informationen handeln, die wettbewerbsrechtlich gar nicht bekannt sein dürfen.

Stattdessen ist jener Auslegung der Vorzug zu geben, dass es in erster Linie nur um den unmittelbaren Vertragspartner gehen kann. Wer Zweifel an dessen Vertragspartnern hat, muss weitere Informationen einholen. Sonst muss keine umfassende „Lieferantenanalyse" bis in das n-te Glied der Wertschöpfungskette durchgeführt werden. Nach dieser Auslegung lässt sich der RL-Entwurf auch mit dem deutschen Lieferkettensorgfaltspflichtengesetz in Einklang bringen.

---

31   ErwGr 20 RL-Entwurf.
32   Vgl *Heil*, wbl 2022, 438.
33   Vgl Änderungsantrag 48 Berichtsentwurf.
34   Vgl Änderungsantrag 74 Berichtsentwurf.
35   Vgl Amendment 85 finaler Bericht.
36   Vgl Amendment 116 finaler Bericht.
37   Vgl *Ruttloff/Rothenburg/Hahn*, DB 2022, 1116.

2.2.3. Sonderthema: Das Verständnis von Nachhaltigkeit

Der RL-Entwurf ordnet Sorgfaltspflichten bezüglich bestimmter **geschützter Rechtspositionen** an. Was unter *„tatsächliche[n] und potenzielle[n] negative[n] Auswirkungen auf die Menschenrechte und die Umwelt"* zu verstehen ist, präzisiert Art 3 lit b und lit c unter Verweis auf den Anhang. Bezüglich der Menschenrechte wird einerseits auf bestimmte in Teil I Abschnitt 1 des Anhangs des RL-Entwurfs genannte Menschenrechte abgestellt, wie das Folterverbot, das Recht auf gerechte und günstige Arbeitsbedingungen, das Verbot der Kinderarbeit oder das Verbot der Zwangsarbeit, und andererseits auf in Abschnitt 2 angeführte internationale Übereinkommen zum Schutz der Menschenrechte. Genannt werden hier beispielsweise die Allgemeine Erklärung der Menschenrechte, die beiden UN-Menschenrechtspakte, die Kinderrechtskonvention und die ILO-Erklärung über grundlegende Prinzipien und Rechte bei der Arbeit. Teil I Abschnitt 1 Z 21 des Anhangs schafft bezüglich der Menschenrechte eine Form von Auffangtatbestand. Schutz besteht auch bezüglich solcher Rechte und Pflichten, die sich aus den dort genannten Übereinkommen ergeben, unter der Voraussetzung, dass es für das Unternehmen erkennbar war und ein Handeln in Übereinstimmung mit Art 4 RL-Entwurf möglich war.[38] Betreffend das menschenrechtskonforme Handeln von Unternehmen stehen etwa Leitlinien der Vereinten Nationen zur Verfügung.

Teil II des Anhangs führt entsprechend die einschlägigen internationalen Umweltübereinkommen an, wie die Minamata-Konvention, das Abkommen von Basel oder das Stockholmer Übereinkommen. Neben den Umweltübereinkommen wird nur eines für das Klima genannt, genauer das zum Schutz der Ozonschicht.[39] Zudem normiert Art 15 RL-Entwurf Pflichten hinsichtlich des Klimaschutzes.

Der Berichtsentwurf nimmt hier eine deutliche Erweiterung des Tatbestandes an: Erfasst sollen vor allem auch nachteilige Auswirkungen auf bestimmte ausdrücklich angeführte Umweltkategorien werden, wie Luft, Atmosphäre, Wasser, Boden, Biodiversität, der Übergang zur Kreislaufwirtschaft sowie das Klima, der Klimawandel und auch Treibhausgasemissionen.[40] Der Rechtsausschuss ist diesem Änderungsantrag im finalen Bericht allerdings nicht gefolgt, eine Konkretisierung hinsichtlich der geschützten Rechtspositionen nach dem Anhang ist aber erfolgt.[41]

Als problematisch könnte sich hier die mangelnde Konkretheit der geschützten Rechtspositionen erweisen. Zu beachten ist zudem, dass die Unternehmen selbst nicht auch die Adressaten der internationalen Abkommen sind. Zweifel bestehen demnach an der Handhabbarkeit der Bestimmungen nach den Abkommen für Unternehmen bzw an der tatsächlichen Möglichkeit der Überprüfbarkeit durch

---

38 Vgl *Nietsch/Wiedmann*, CCZ 2022, 125.
39 Vgl *Velte/Stave*, Zum Entwurf einer EU-Richtlinie zur Corporate Sustainability Due Diligence (CSDD), WPg 2022, 790.
40 Vgl Änderungsantrag 68 Berichtsentwurf.
41 Vgl Amendment 106 finaler Bericht.

Gerichte.[42] Es erfordert erheblichen Interpretationsaufwand, von den in den Anhängen aufgezählten Übereinkommen zwischen Staaten zu an privatrechtlich agierende Unternehmen adressierten Pflichten zu gelangen. Die Übereinkommen stehen weder in einem besonderen zeitlichen noch historischen oder inhaltlichen Zusammenhang. Im Wesentlichen zählt der Gesetzgeber dort schlicht auf, was er thematisch für relevant hält. Das erschwert den Interpretationsaufwand ebenfalls, weil unklar ist, welche Leitprinzipien damit verfolgt werden sollen. Insbesondere fehlt es an einem einheitlichen Nachhaltigkeitsverständnis, das dem RL-Entwurf zugrunde gelegt werden kann. Stattdessen wird der Rechtsanwender auf eine Sammlung an hoheitlichen Übereinkommen verwiesen und muss sich aus diesen Einzelstücken in „phänomenologischer Kleinarbeit" ein holistisches Verständnis „zusammenbauen". Rechtssicherheit sieht anders aus.

3. Verpflichtungen

3.1. Überblick (Art 4)

Art 4 RL-Entwurf gibt einen Überblick über die die Unternehmen treffenden Sorgfaltspflichten. Demnach sind die Mitgliedstaaten verpflichtet sicherzustellen, dass die Unternehmen die in den Art 5 bis 11 RL-Entwurf näher bestimmten Sorgfaltspflichten durch in Abs 1 angeführte Maßnahmen erfüllen. Es besteht die Pflicht zur

a. Einbeziehung der Sorgfaltspflicht in die Unternehmenspolitik;
b. Ermittlung tatsächlicher und potenzieller negativer Auswirkungen;
c. Vermeidung und Abschwächung potenzieller negativer Auswirkungen, Behebung tatsächlicher negativer Auswirkungen und zur Minimierung ihres Ausmaßes;
d. Einrichtung und Aufrechterhaltung eines Beschwerdeverfahrens;
e. Überwachung der Wirksamkeit der Strategien und Maßnahmen hinsichtlich der Sorgfaltspflichten; und zur
f. öffentlichen Kommunikation.

Diese Sorgfaltspflichten sind an den *„Due-Diligence-Prozess des OECD-Leitfadens für die Erfüllung der Sorgfaltspflicht für verantwortungsvolles Handeln"*[43] angelehnt. Nicht ausdrücklich normiert ist eine Dokumentationspflicht hinsichtlich der Sorgfaltspflichten, die aber wohl als von der Berichtspflicht (Kommunikation gem Art 11 RL-Entwurf) mit umfasst angesehen werden muss.[44] Um Sanktionen nach dem RL-Entwurf sowie Schadenersatzpflichten zu entgehen, ist eine umfassende und vollständige Dokumentation der Sorgfaltspflichtenerfüllung jedenfalls zu empfehlen.[45]

---

42 Vgl *Bettermann/Hoes*, Der Entwurf der Europäischen Corporate Sustainability Due Diligence Richtlinie – Vergleich zum deutschen Lieferkettensorgfaltspflichtengesetz, WM 2022, 697.
43 *Nietsch/Wiedmann*, CCZ 2022, 125.
44 Vgl *Nietsch/Wiedmann*, CCZ 2022, 125.
45 Vgl *Bettermann/Hoes*, WM 2022, 697.

Die Unternehmen haben geeignete Schritte zur Erfüllung der Sorgfaltspflichten zu setzen, sind jedoch nicht verpflichtet sicherzustellen, dass in keinem Fall negative Auswirkungen eintreten und diese unter allen Umständen beendet werden. Das bedeutet: Geschuldet sind das Bemühen und die Aufwendung der erforderlichen Sorgfalt (geeignete Schritte), nicht aber der Erfolg des eigenen Bemühens (nicht alle negativen Auswirkungen können beendet werden – trotz geeigneter Schritte).

Wenn negative Auswirkungen etwa aufgrund von staatlichen Eingriffen eintreten, wird ein Unternehmen solche Ergebnisse nicht gewährleisten können.[46] Der RL-Entwurf selbst benennt keine Beispiele dafür, worin staatliche Eingriffe zu sehen sind. Eine Verletzung der Sorgfaltspflichten soll wohl dann nicht gegeben sein, wenn das Unternehmen keinen entsprechenden Einfluss ausüben kann, weil die Verletzungen der geschützten Rechtspositionen vom Staat ausgehen.[47] Der RL-Entwurf interpretiert die Sorgfaltspflichten demnach als *„Mittelverpflichtungen"*[48]. Wie sich aus der englischen Sprachverfassung ergibt, soll es sich daher bei den Pflichten um *„obligations of means"*[49] handeln und somit nicht um *„obligations of result"*. Im Unionsrecht dürfte man darunter die Pflicht zum Einsatz aller vernünftigen Mittel verstehen, um das gewünschte Ergebnis zu erreichen:[50]

> Das Unternehmen sollte [demnach] geeignete Maßnahmen ergreifen, die unter den Umständen des Einzelfalls nach vernünftigem Ermessen zu einer Verhinderung oder Minimierung der negativen Auswirkungen führen.[51]

Bei der Beurteilung sollen etwa die

> Besonderheiten der Wertschöpfungskette, des Wirtschaftszweigs oder des geografischen Gebiets des Unternehmens, in dem seine Partner in der Wertschöpfungskette tätig sind, die Fähigkeiten des Unternehmens, seine direkten und indirekten Geschäftsbeziehungen zu beeinflussen, sowie die Frage berücksichtigt werden, ob das Unternehmen seine Einflussmöglichkeiten erhöhen könnte.[52]

Um die Verhältnismäßigkeit zu wahren, ist es daher ausreichend, wenn die Unternehmen geeignete Maßnahmen ergreifen, wobei sowohl dem Schweregrad als auch der Wahrscheinlichkeit einer negativen Auswirkung Rechnung zu tragen ist. Bei der Beurteilung der Frage, welche Maßnahmen nach vernünftigem Ermessen zu ergreifen sind, spielen auch die Umstände des Einzelfalls und die Besonderheiten der jeweiligen Geschäftsbeziehung hinein. Auch die Notwendigkeit, eine Priorisierung von Maßnahmen vorzunehmen, sollte berücksichtigt

---

46   Vgl ErwGr 15 RL-Entwurf.
47   Vgl *Spindler*, Der Vorschlag einer EU-Lieferketten-Richtlinie, ZIP 2022, 765.
48   Vgl ErwGr 15 RL Entwurf.
49   Vgl Proposal for a Directive of the European Parliament and of the Council on Corporate Sustainability Due Diligence and amending Directive (EU) 2019/1937, COM(2022) 71 final.
50   Vgl Commission Staff working document. Impact assessment, SWD (2016) 168 final 20.
51   ErwGr 15 RL-Entwurf.
52   ErwGr 15 RL-Entwurf.

werden.[53] Je weiter die Distanz zwischen dem Unternehmen und einem Lieferanten entlang der Lieferkette, desto geringer ist die Möglichkeit, auf diesen Einfluss zu nehmen. Gegenüber mittelbaren Lieferanten könnten daher vergleichsweise niedrigerschwellige Maßnahmen genügen.[54]

Auch das deutsche LkSG folgt der Terminologie der Sorgfaltspflichten und normiert keine Erfolgs-, sondern „Bemühenspflichten". Entscheidend für pflichtkonformes Handeln ist demnach das Ergreifen von angemessenen Maßnahmen, um Pflichtverletzungen zu verhindern. Eine nähere Definition dieser Kategorie an Pflichten trifft der deutsche Gesetzgeber nicht:[55] „*Allgemein impliziert der Begriff des Bemühens, dass man alle zumutbaren Maßnahmen ergreift, um den Erfolg, um den man sich bemüht, zu erreichen.*"[56] Es sind aber nur angemessene Maßnahmen zu ergreifen, wobei die Angemessenheit anhand eines individuellen Sorgfaltsmaßstabs zu beurteilen ist. Entscheidend ist es daher, dass ein Unternehmen die Umsetzung der Sorgfaltspflichten in dem Ausmaß nachweist, als es nach dem Einzelfall angemessen ist. Es handelt sich auch hier um unbestimmte Rechtsbegriffe, die die Rechtsanwendung erschweren. Gleichzeitig kommt den Unternehmen ein Ermessensspielraum zu, weil auf die konkrete Situation des Einzelfalls abzustellen ist.[57] Als für die Pflichtenerfüllung relevant werden jedenfalls internationale Leitfäden wie die UN-Leitprinzipien oder die OECD-Leitsätze angesehen;[58] letztendlich wird der Pflichtenmaßstab aber über die höchstrichterliche Auslegung konkretisiert werden.[59]

Verantwortlich für die Einrichtung und Kontrolle der Sorgfaltspflichten nach Art 4 RL-Entwurf sollen gem Art 26 die Mitglieder der Unternehmensleitung sein, die in Art 3 lit o RL-Entwurf legaldefiniert werden: Verpflichtet sind demnach vor allem die Aufsichts- und Leitungsorgane. Nähere Regelungen zur Handhabung der Pflichten im Unternehmen sieht der RL-Entwurf nicht vor. Insbesondere wird nicht festgelegt, wer über die pauschale Verantwortlichkeit der Unternehmensleitung hinaus unternehmensinterner Beauftragter ist bzw sein kann. Art 16 RL-Entwurf verpflichtet lediglich jene Unternehmen, die nach der Richtlinie verpflichtet sind und ihren Sitz im EU-Ausland haben, in der EU einen Bevollmächtigten zu benennen, der im Wesentlichen für die Zusammenarbeit mit den Aufsichtsbehörden zu bestellen ist. Über diesen Bevollmächtigten soll die Beaufsichtigung und die Durchsetzung der Richtlinie sichergestellt werden.[60]

---

53 Vgl Begründung RL-Entwurf 18.
54 Vgl *Ruttloff/Rothenburg/Hahn*, DB 2022, 1116.
55 Vgl *Ruttloff/Kappler* in *Wagner/Ruttloff/Wagner*, Das Lieferkettensorgfaltspflichtengesetz in der Unternehmenspraxis (2022) Rz 466 f.
56 *Ruttloff/Kappler*, LkSG Rz 468.
57 Vgl *Ruttloff/Kappler*, LkSG Rz 470 ff.
58 Vgl *Ruttloff/Kappler*, LkSG Rz 484.
59 Vgl *Ruttloff/Kappler*, LkSG Rz 486.
60 Vgl ErwGr 52 RL-Entwurf.

Gem Art 1 Abs 3 RL-Entwurf lässt die Richtlinie Verpflichtungen nach anderen Unionsrechtsakten zu Menschenrechten, Umweltschutz und Klimawandel unberührt. Die Richtlinie tritt bei spezielleren oder umfassenderen Pflichten nach einem anderen Unionsrechtsakt zurück, wenn dieser denselben Zielen dient und ein Widerspruch zwischen den Gesetzgebungsakten gegeben ist. Das könnte vor dem Hintergrund problematisch sein, dass für die Unternehmen die Unsicherheit besteht, was nun für sie gilt. Siehe dazu insbesondere auch bereits oben die Ausführungen dazu unter 2.2.3., weshalb das Fehlen eines holistischen Nachhaltigkeitsverständnisses für sich genommen bereits erhebliche Rechtsunsicherheit bedeutet.

Die Verpflichtungen werden im Folgenden näher erörtert:

3.2. Einbeziehung in die Unternehmenspolitik (Art 5)

Art 5 RL-Entwurf verpflichtet Unternehmen, *„die Sorgfaltspflicht in alle Bereiche ihrer Unternehmenspolitik einzubeziehen und über eine Strategie zur Erfüllung der Sorgfaltspflicht* [zu] *verfügen"*. Eine Aktualisierung der Strategie hat jährlich stattzufinden. Sie hat zwingend drei Elemente zu enthalten:

- Erstens gem Art 5 Abs 1 lit a *„eine Beschreibung des Ansatzes, den das Unternehmen – auch langfristig – hinsichtlich der Sorgfaltspflicht verfolgt"*;
- zweitens nach Art 5 Abs 1 lit b einen Verhaltenskodex. Dieser hat die von den Beschäftigten und den Töchtern des Unternehmens zu wahrenden Regeln und Prinzipien darzutun; sowie
- drittens gem Art 5 Abs 1 lit c *„eine Beschreibung der Verfahren zur Umsetzung der Sorgfaltspflicht, einschließlich der Maßnahmen zur Überprüfung der Einhaltung des Verhaltenskodexes und zur Ausweitung seiner Anwendung auf* [die] *etablierte[n] Geschäftsbeziehungen"*. Der Verhaltenskodex gilt daher auch für die etablierten Geschäftsbeziehungen. Um hier eine Bindung zu erreichen, werden vertragliche Regelungen erforderlich sein.[61] Der Verhaltenskodex soll in allen Unternehmensfunktionen und Geschäftstätigkeiten bestimmend sein, einschließlich des Beschaffungs- und Auftragswesens.[62]

Offen bleibt die Frage, wie sich die Strategie iSd Art 5 RL-Entwurf zu bereits bestehenden Strategien verhält, vor allem, ob diese in bereits bestehende Risikoleitfäden integriert werden kann. Für das mit der Strategie gem Art 5 RL-Entwurf vergleichbare gem § 4 LkSG einzurichtende Risikomanagementsystem[63] wird davon ausgegangen, dass es *„unproblematisch in die bereits bestehenden Risiko- oder Compliance-Management-Systeme integriert werden* [kann]".[64]

---

61   Vgl *Schneider*, Der Entwurf der EU zur Corporate Sustainability Due Diligence (CSDD) – kritische Analyse und der Konnex zum Reporting, Der Konzern 2022, 366
62   Vgl ErwGr 28 RL-Entwurf.
63   Vgl *Birkholz*, CSDD-E: Konkrete Sorgfaltspflichten für Unternehmen statt Vorgaben zur Sustainable Corporate Governance? DB 2022, 1306.
64   *Wagner/Wagner* in *Wagner/Ruttloff/Wagner*, Das Lieferkettensorgfaltspflichtengesetz in der Unternehmenspraxis (2022) Rz 609

3.3. Ermittlung und Vermeidung negativer Auswirkungen (Art 6 und 7, Art 12)

3.3.1. Ermittlung tatsächlicher und potenzieller negativer Auswirkungen

Art 6 RL-Entwurf verpflichtet Unternehmen, mittels geeigneter Maßnahmen

> tatsächliche und potenzielle negative Auswirkungen auf die Menschenrechte und die Umwelt zu ermitteln, die sich aus ihren eigenen Tätigkeiten oder denen ihrer Tochterunternehmen und – sofern sie mit ihren Wertschöpfungsketten im Zusammenhang stehen – aus ihren etablierten Geschäftsbeziehungen ergeben.

Unter einer geeigneten Maßnahme versteht der RL-Entwurf gem Art 3 lit q Maßnahmen, die zur Erreichung der Sorgfaltsziele geeignet sind und der Schwere und der Wahrscheinlichkeit der negativen Auswirkung Rechnung tragen, *„wobei den Umständen des Einzelfalls, einschließlich der Besonderheiten des Wirtschaftssektors, der spezifischen Geschäftsbeziehung und des diesbezüglichen Einflusses des Unternehmens, sowie der Notwendigkeit, die Priorisierung der Maßnahme sicherzustellen"*, entsprochen wird. Ist sich das Unternehmen nicht in der Lage, alle negativen Auswirkungen zu vermeiden, hat es demnach eine Priorisierung der Maßnahmen vorzunehmen.[65]

Unter die Kategorie „Einfluss des Unternehmens" soll sowohl die Befähigung fallen, den Geschäftspartner zur Maßnahmenergreifung anzuhalten, als auch das Ausmaß, in welchem vernünftigerweise Einfluss genommen werden kann.[66] Art 6 Abs 2 RL-Entwurf normiert allerdings eine Erleichterung für Unternehmen aus Gruppe 2 sowie für Unternehmen aus Drittstaaten, die wegen ihrer Tätigkeit in einem Risikosektor vom Anwendungsbereich des RL-Entwurfs erfasst sind. Die Ermittlungspflicht trifft diese Unternehmen nur unter der Voraussetzung, dass *„schwerwiegende negative Auswirkungen"* im gegenständlichen sensiblen Sektor drohen. Eine schwerwiegende negative Auswirkung liegt gem Art 3 lit l dann vor, wenn *„nachteilige Auswirkungen auf die Umwelt oder die Menschenrechte* [drohen], *die ihrer Art nach besonders gravierend sind, eine große Zahl von Personen oder einen großen Bereich der Umwelt betreffen, irreversibel sind oder die sich […] nur besonders schwer beheben lassen".*

Besonderheiten gelten gem Art 6 Abs 3 für Finanzunternehmen, deren Ermittlungspflicht als der Dienstleistungserbringung vorgelagert normiert wird. Für die Ermittlung sind gem Art 6 Abs 4 RL-Entwurf qualitative und quantitative Informationen heranzuziehen, inklusive unabhängiger Berichte und Informationen, die aus einem Beschwerdeverfahren gem Art 9 hervorgehen. Zudem haben die Unternehmen etwa Arbeitnehmer oder betroffene Interessenträger zu konsultie-

---

65 Vgl ErwGr 30 RL-Entwurf.
66 Vgl ErwGr 29 RL-Entwurf.

ren, weil potenziell betroffene Gruppen gegebenenfalls in den Ermittlungsprozess einzubeziehen sind. Damit einher geht die Verpflichtung der Mitgliedstaaten, entsprechende angemessene Ressourcen für die Unternehmen zu gewährleisten. Die Pflicht zur Konsultation bestimmter Gruppen nach Art 6 Abs 4 kann als indirektes Partizipationsrecht derselben verstanden werden.[67]

Ermittlungen iSd Art 6 RL-Entwurf sollen auf der Basis dynamischer Bewertungen erfolgen, die regelmäßig stattzufinden haben und auf Veränderungen reagieren.[68] Dabei sind *„auch die Auswirkungen des Geschäftsmodells und der Strategien einer Geschäftsbeziehung, einschließlich Handel-, Beschaffungs-, und Preisbildungspraktiken, [zu] ermitteln und [zu] bewerten".*[69] Die Ausnahme bilden die beaufsichtigten Finanzunternehmen, die lediglich vor Vertragsbeginn zur Ermittlung der negativen Auswirkungen verpflichtet sind.[70] Nicht geklärt ist allerdings, ob diese Einschränkung auch bei Kenntnis belastbarer Hinweise gelten soll.[71]

3.3.2. Vermeidung potenzieller negativer Auswirkungen

Art 7 RL-Entwurf verpflichtet unter Verweis auf die gem Art 6 durchzuführenden Ermittlungen, geeignete Maßnahmen zur Vermeidung bzw subsidiär zur Minimierung der potenziellen negativen Auswirkungen zu ergreifen. Art 7 Abs 2 benennt hierfür **gegebenenfalls** zu ergreifende Maßnahmen:

Relevant ist vor allem die Pflicht zur Erstellung eines Präventionsaktionsplans gem Art 7 Abs 2 lit a RL-Entwurf. Dieser hat klare und angemessene Zeitpläne für die Maßnahmensetzung zu enthalten und qualitativen und quantitativen Indikatoren zu folgen, die auch eine Messung der Verbesserung ermöglichen. Auch bei der Erstellung des Präventionsaktionsplans sind die betroffenen Interessenträger einzubeziehen. Komplementär dazu verpflichtet Art 7 Abs 2 lit b zur Einholung vertraglicher Zusicherungen der Geschäftspartner, um die Einhaltung von Verhaltenskodex (Art 5 Abs 1 lit b) und Präventionsplan sicherzustellen.

Weitere Verpflichtungen bestehen darin, notwendige Investitionen zu tätigen, gegebenenfalls in der Unterstützung von KMU und in der Zusammenarbeit mit anderen Unternehmen unter Wahrung des EU- und Wettbewerbsrechts. Art 7 Abs 3 RL-Entwurf sieht zudem die Einholung entsprechender vertraglicher Zusicherungen von indirekten Geschäftspartnern vor, wenn sich die Maßnahmen gem Abs 2 als nicht ausreichend herausstellen. Diese vertraglichen Zusicherungen sind gem Art 7 Abs 4 RL-Entwurf um geeignete Kontrollmaßnahmen zu ergänzen. Bezüglich der KMU müssen die Vertragsbedingungen zudem *„fair, angemessen*

---

67 Vgl *Dutzi/Hasenau/Schneider,* Verschärfte Anforderungen an die Sorgfaltspflichten in Liefer- und Wertschöpfungskette, Der Konzern 2022, 372.
68 Vgl ErwGr 30 RL-Entwurf.
69 ErwGr 30 RL-Entwurf.
70 Vgl ErwGr 30 RL-Entwurf.
71 Vgl *Bettermann/Hoes,* BKR 2022, 686.

und nichtdiskriminierend sein". Die Kosten der Überwachung durch einen unabhängigen Dritten sind nicht vom KMU, sondern vom unmittelbar verpflichteten Unternehmen zu tragen. Diese Regelung kann wohl damit in Verbindung gesetzt werden, dass der RL-Entwurf es sich zum Ziel nimmt, *„den finanziellen oder administrativen Aufwand für KMU zu verringern"*.[72] Unternehmen werden daher auch explizit angehalten, Geschäftspartner, die KMU sind, im Falle einer Existenzgefährdung zu unterstützen.[73] Hier wird eine Maßnahme festgelegt, *„um eine Abwälzung der Belastung von […] großen Unternehmen auf die kleineren Lieferanten in der Wertschöpfungskette zu begrenzen und um faire, angemessene, diskriminierungsfreie und verhältnismäßige Anforderungen gegenüber den KMU anzuwenden"*.[74] Intention ist daher der Schutz von KMU.

Erweisen sich die zur Vermeidung potenzieller negativer Auswirkungen ergriffenen Maßnahmen als unzureichend, dürften nach Art 7 Abs 5 RL-Entwurf keine neuen Beziehungen oder Erweiterungen der Beziehungen mit dem betreffenden Partner bzw in der Wertschöpfungskette eingegangen werden. Lässt das maßgebliche Recht dies zu, ist die Geschäftsbeziehung auszusetzen und sind Bemühungen zur Auswirkungsvermeidung bzw -verminderung sind zu unternehmen. Drohen **schwerwiegende negative Auswirkungen**, ist als *Ultima Ratio* die Geschäftsbeziehung zu beenden. Dies soll demnach das letzte Mittel darstellen, insbesondere weil es auch schwerwiegendere negative Auswirkungen zur Folge haben könnte.[75] Primäres Ziel ist es, Lösungen im Rahmen der bestehenden Geschäftsbeziehungen sicherzustellen.[76] Nicht geklärt ist, was die Qualifikation einer Auswirkung als *schwerwiegend* erfordert.[77] Ausnahme bilden gem Art 7 Abs 6 RL-Entwurf die beaufsichtigten Finanzunternehmen, die nicht zur Beendigung der Geschäftsbeziehung verpflichtet sind, sofern dem dienstleistungsempfangenden Unternehmen nach vernünftigem Ermessen ein erheblicher Schaden entstehen würde. Nach dem Berichtsentwurf des Rechtsausschusses soll diese Bestimmung allerdings entfallen.[78] Anders nunmehr der finale Bericht: Eine Verpflichtung zur Beendigung soll dann nicht bestehen, wenn dem Finanzdienstleistungsempfänger ansonsten die Insolvenz droht. Bei der Beendigung der Geschäftsbeziehung soll es sich um die Ultima Ratio handeln.[79] Die Mitgliedstaaten haben die Möglichkeit zur Vertragsbeendigung sicherzustellen. Den Bestimmungen des Art 7 (und Art 8) RL-Entwurf entsprechende vertragliche Kündigungsrechte müssen jedenfalls von den Mitgliedstaaten anerkannt werden; ein gesetzliches Kündigungsrecht muss hingegen nicht zwingend verankert werden, würde aber die Umsetzung erleichtern.[80]

---

72   ErwGr 47 RL-Entwurf.
73   Vgl ErwGr 47 RL-Entwurf.
74   Begründung RL-Entwurf 18 f.
75   Vgl ErwGr 32 RL-Entwurf.
76   Vgl ErwGr 36 RL-Entwurf.
77   Vgl *Dutzi/Hasenau/Schneider*, Der Konzern 2022, 372.
78   Vgl Änderungsantrag 116 Berichtsentwurf.
79   Vgl Amendment 177 finaler Bericht.
80   Vgl *Bettermann/Hoes*, WM 2022, 697.

3.3.3. Mustervertragsklauseln

„Um die Unternehmen bei der Einhaltung von Artikel 7 Absatz 2 Buchstabe b und Artikel 8 Absatz 3 Buchstabe c [siehe unter 3.4.] *zu unterstützen, nimmt die Kommission* [gem Art 12 RL-Entwurf] *Leitlinien zu freiwilligen Mustervertragsklauseln an.“* Dadurch soll einerseits für die Unternehmen die Sorgfaltspflichtenerfüllung entlang der Wertschöpfungskette vereinfacht werden, und andererseits will man so auch einer Aufwandsverlagerung hin zu den KMU entgegentreten.[81] Diese Mustervertragsklauseln müssen erst erarbeitet werden und liegen derzeit noch nicht vor.

3.4. Behebung negativer Auswirkungen (Art 8)

Die Unternehmen sind gem Art 8 RL-Entwurf verpflichtet, die tatsächlichen negativen Auswirkungen mittels geeigneter Maßnahmen zu beheben; subsidiär besteht die Verpflichtung zur Minimierung, falls eine Behebung nicht möglich sein sollte.

Beheben bedeutet, die tatsächlichen negativen Auswirkungen abzustellen, indem das verursachende Verhalten beendet wird. Von der Behebungsmöglichkeit wird jedenfalls für die eigene Geschäftstätigkeit sowie für jene der Tochtergesellschaften ausgegangen. Der RL-Entwurf nimmt dabei offenbar an, dass zumindest der eigene Konzern so weit unter Kontrolle ist, dass schädliche Handlungen unmittelbar beendet werden können. Das kann abgeschwächt zwar auch außerhalb des Konzerns gelten, etwa wenn es das vertragliche Recht gibt, den Vertragspartner zu bestimmtem Handeln oder Unterlassen anzuhalten. Damit ist freilich nicht gesagt, dass der Vertragspartner dem auch tatsächlich nachkommt.

Ist ein Abstellen der negativen Auswirkungen in der Wertschöpfungskette nicht möglich, besteht dennoch die Pflicht, die Auswirkungen zu minimieren; dabei hat die Minimierung der Abstellung möglichst gleichzukommen.[82] Der RL-Entwurf sieht verschiedene abstrakt umschriebene Möglichkeiten solcher Minimierung vor. So können die negativen Auswirkungen gem Art 8 Abs 3 lit a durch verhältnismäßige Schadenersatzzahlungen an Betroffene und finanzielle Entschädigungen für die betroffenen Gemeinschaften auszugleichen sein. Die konkrete Ausgestaltung ist allerdings offen. Klar ist laut dem RL-Entwurf nur, dass die Zahlungen – genau wie andere Handlungen zum Minimieren der negativen Auswirkungen – vom verpflichteten Unternehmen kommen müssen. Denkbar ist etwa, dass ein verpflichtetes Unternehmen, dessen Vertragspartner einen Fluss durch verunreinigtes Abwasser kontaminiert hat, angehalten wird, Maßnahmen zur Wiederherstellung der Wasserqualität zu setzen. Ob sich das verpflichtete Unternehmen am Vertragspartner regressieren kann, wird sich maßgeblich nach

---

81   Vgl ErwGr 45 RL-Entwurf.
82   Vgl ErwGr 38 RL-Entwurf.

dem Vertrag und auch nach dem nationalen Recht (insbesondere dessen Schadenersatzrecht) richten.

Diese Ausgleichspflicht ist eine spezifische Ausformung der Pflicht, die negativen Auswirkungen zu minimieren. Wie sich die oben genannten „Ausgleichszahlungen" zur Minimierung der negativen Auswirkungen nach Maßgabe des Art 8 zu allfälligen Schadenersatzansprüchen verhalten, ist im RL-Entwurf nicht näher ausgeführt.[83] Angestrebt wird ein Kompensationseffekt unabhängig vom Bestehen einer zivilrechtlichen Haftung des Unternehmens.[84] *„Unternehmen* [leisten] *quasi aus Anerkennung eines abstrakten Kompensationserfordernisses* […] [Schadenersatzzahlungen bzw Entschädigung], *ohne dass damit eine eigenständige Haftungsgrundlage geschaffen oder gar ein Anknüpfungspunkt für punitive damages geschaffen würde."*[85]

Nach dem Vorbild des Präventionsaktionsplans ist zudem gem Art 8 Abs 3 lit b RL-Entwurf ein Korrekturmaßnahmenplan zu erstellen. Darüber hinaus umfasst der Maßnahmenkatalog, vertragliche Zusicherungen der direkten Partner betreffend die Wahrung von Verhaltenskodizes und des Korrekturmaßnahmenplans, Investitionen zu tätigen, KMU zu unterstützen und in rechtskonformer Weise mit anderen Unternehmen zusammenzuarbeiten. Art 8 Abs 3 spiegelt insofern Art 7 Abs 2. Auch Art 8 Abs 4 schafft die Möglichkeit, entsprechende Verträge betreffend die Einhaltung mit indirekten Geschäftspartnern abzuschließen.

Ist weder eine Behebung noch eine Minimierung der negativen Auswirkungen möglich, *„darf das Unternehmen mit dem Partner oder in der Wertschöpfungskette, von dem bzw. der die Auswirkungen ausgehen,* [gem Art 8 Abs 6 RL-Entwurf] *keine neuen Beziehungen eingehen oder bestehende Beziehungen ausbauen".* Demnach sind die Geschäftsbeziehungen auszusetzen und Behebungsmaßnahmen anzustrengen. Erweisen sich die negativen Auswirkungen als schwerwiegend, ist die Geschäftsbeziehung zu beenden. Ausgenommen sind gem Art 8 Abs 7 RL-Entwurf wiederum die Finanzunternehmen.

3.5. Laufende Pflichten (Art 10 und 11)

Um die Wirksamkeit der Sorgfaltspflichten nach dem RL-Entwurf sicherzustellen, normiert Art eine Überwachungspflicht für die Unternehmen. Die *„eigenen Tätigkeiten und Maßnahmen, jene* […] *ihrer Tochterunternehmen, wenn diese im Zusammenhang mit den Wertschöpfungsketten des Unternehmens stehen, und jene* […] *ihrer etablierten Geschäftsbeziehungen"* sind einer regelmäßigen Bewertung zu Überwachungszwecken zu unterziehen. Ein Monitoring ist zumindest jährlich, jedenfalls aber aus begründetem Anlass vorzunehmen, wenn erhebliche

---

83   Vgl *Bettermann/Hoes*, WM 2022, 697.
84   Vgl *Ruttloff/Rothenburg/Hahn*, DB 2022, 1116.
85   *Ruttloff/Rothenburg/Hahn*, DB 2022, 1116.

neue Risiken drohen. Hierfür sind qualitative und quantitative Indikatoren heranzuziehen. Die Strategie nach Maßgabe des Art 5 RL-Entwurf ist entsprechend den Ergebnissen der laufenden Überwachung anzupassen.

Art 11 normiert zudem eine Berichtspflicht, wonach jährlich ein Bericht in gängiger Verkehrssprache auf der Website des Unternehmens zu veröffentlichen ist. Die Veröffentlichung hat spätestens zum 30. April des Folgejahres zu erfolgen. Die Anforderungen an die Berichterstattung sind noch mit delegiertem Rechtsakt der Kommission zu konkretisieren.

Unternehmen, die den Berichtspflichten gem Art 19a und Art 29a CSR-RL unterliegen, werden von Art 11 RL-Entwurf ausgenommen. Sie sollen weiterhin gem der CSR-RL Bericht erstatten. Darüber hinausgehende Berichtspflichten sind nicht vorgesehen.[86] Nach Art 11 RL-Entwurf werden vor allem Unternehmen mit Sitz in einem Drittland Bericht zu erstatten haben.[87] *„Die EU-Kommission betont selbst, sich mit den vorgeschlagenen neuen Berichtspflichten gem. Art. 11 in den bereits bestehenden bzw. entwickelten Berichtspflichten einzufügen und hierüber auch nicht hinauszugehen."*[88] Im Verhältnis zur TaxonomieVO können die Berichtspflichten nach dem RL-Entwurf als zusätzliche Informationen für Stakeholder verstanden werden, die Auskunft zu den *„angewandten Mechanismen zur Einhaltung des Mindestschutz-Kriteriums"*[89] geben. Insofern verbessert der RL-Entwurf das Verständnis über die Umsetzung der TaxonomieVO im Unternehmen, weil die Verordnung selbst dazu keine wesentlichen Angaben trifft. In Zukunft wird davon ausgegangen werden können, dass das Mindestschutz-Kriterium erfüllt ist, wenn keine Verletzungen der Sorgfaltspflichten nach dem RL-Entwurf dokumentiert sind. Jedenfalls sind die europäischen Nachhaltigkeitsberichtspflichten eng miteinander verwoben.[90]

Fraglich ist, ob ein Unternehmen einen gemeinsamen Bericht erstellen kann, wenn es auch anderen Berichtspflichten unterliegt. Hierzu nehmen weder Art 11 RL-Entwurf noch die Erwägungsgründe explizit Stellung. Für die entsprechende Berichtspflicht gem § 10 LkSG wird, unter Berufung auf die Gesetzesbegründung, grundsätzlich von der Notwendigkeit eines gesonderten Berichts ausgegangen. Im Einzelfall könnte aber dennoch ein einheitlicher Bericht erstellt werden; vor allem dann, wenn sonst inhaltsgleiche Berichte zu erstellen wären und den Anforderungen nach sämtlichen Berichtspflichten entsprochen wird. Die Integration in einen anderen Bericht ist nach LkSG nicht zulässig.[91]

---

86 Vgl ErwGr 44 RL-Entwurf.
87 Vgl *Nietsch/Wiedmann*, CCZ 2022, 125.
88 *Baumüller/Needham/Scheid*, Vorschlag der EU-Kommission zur Corporate Sustainability Due Diligence Directive (CSDDD), DB 2022, 1401.
89 *Baumüller/Needham/Scheid*, DB 2022, 1401.
90 Vgl *Baumüller/Needham/Scheid*, DB 2022, 1401.
91 Vgl *Wagner/Wagner*, LkSG Rz 727 ff.

3.6. Eindämmung des Klimawandels (Art 15)

Eine Besonderheit stellt Art 15 RL-Entwurf zur Eindämmung des Klimawandels dar. Gem Art 15 Abs 1 sind demnach Unternehmen der Gruppe 1 sowie Unternehmen mit Sitz in einem Drittstaat mit Umsatz von über EUR 150 Millionen in der EU verpflichtet, einen Plan zu erstellen, der gewährleisten soll, *„dass das Geschäftsmodell und die Strategie des Unternehmens mit dem Übergang zu einer nachhaltigen Wirtschaft und der Begrenzung der Erderwärmung auf 1,5 °C gemäß dem Übereinkommen von Paris vereinbar sind"*. Basierend auf dem Informationsstand, den das Unternehmen vernünftigerweise hat, ist im Rahmen des Planes zu ermitteln, inwiefern der *„Klimawandel ein Risiko für die Unternehmenstätigkeit darstellt bzw. sich darauf auswirkt"*. Stellt der Klimawandel sogar *„ein Hauptrisiko oder eine Hauptauswirkung der Unternehmenstätigkeit"* dar, hat das Unternehmen gem Art 15 Abs 2 Emissionsreduktionsziele im Plan festzulegen.

Die Bestimmung trägt dem Umstand Rechnung, dass die Einbeziehung des Privatsektors bei der Erreichung der Ziele von internationalen Klimaabkommen als entscheidend angesehen wird.[92] Auch im Hinblick auf die mit dem Europäischen Klimagesetz definierten Ziele hinsichtlich der Emissionsreduktion wird eine Änderung der Vorgehensweise von Unternehmen für zwingend angesehen. Entsprechend ist man auch im Klimazielplan der EU-Kommission auf Unternehmen eingegangen. Dieser verlangt etwa von den unterschiedlichen Wirtschaftssektoren divergierende Grade der Emissionsverringerung.[93]

Zweifelhaft ist, ob Art 15 RL-Entwurf lediglich zur Erstellung eines Planes verpflichtet oder ob eine zusätzliche Sorgfaltspflicht zur Erreichung der Klimaziele geschaffen wird. Eine Pflicht zur Eindämmung des Klimawandels findet sich in Art 4 nicht, weshalb nach Maßgabe des Art 26 keine diesbezügliche Verantwortlichkeit der Mitglieder der Unternehmensleitung besteht. Auch Art 22 über die zivilrechtliche Haftung knüpft nicht an Art 15 RL-Entwurf an.[94] Ebenso unklar ist, welche Emissionen unter Abs 2 erfasst sein sollen; vor allem, ob neben direkten (also vom verpflichteten Unternehmen unmittelbar verursachten) Emissionen auch indirekte (also von mit dem verpflichteten Unternehmen in Geschäftsbeziehung stehenden Personen verursachte Emissionen; üblicherweise wird je nach Enge oder Weite des Verständnisses nach Scope 1-, Scope 2- oder Scope 3-Emissionen unterschieden) einbezogen werden sollen. Aber auch, was unter die Begriffe „Hauptrisiko" oder „Hauptauswirkung" fallen soll, wird nicht näher konkretisiert. Zusätzlich handelt es sich beim Übereinkommen von Paris um einen völkerrechtlichen Vertrag, dessen Adressaten die Staaten sind und nicht die Unternehmen,[95] und der noch dazu unverbindlich ist. Auszugehen ist demnach von *„eine[r] länderspezifische[n] und*

---

92 Vgl ErwGr 8 RL-Entwurf.
93 Vgl ErwGr 9 RL-Entwurf.
94 Vgl *Ruttloff/Rothenburg/Hahn*, DB 2022, 1116.
95 Vgl *Nietsch/Wiedmann*, CCZ 2022, 125.

sektorabhängige[n] *Reduktionsagenda*"[96]. Nicht in jedem Land und nicht in jedem Industriesektor kann vergleichbar reduziert werden. So sollen etwa Unternehmen in Ländern, in denen bereits bisher deutliche Reduktionen vorgenommen wurden, nicht übermäßig benachteiligt werden. Umgekehrt wird es bestimmte Industriesparten geben, bei denen Emissionsreduktionen mehr geboten sind als bei anderen. Art 15 RL-Entwurf, der alle diese Fragen nicht regelt, erweist sich demnach uE als zu unbestimmt, um tatsächlich vollzogen werden zu können. Die nationale Umsetzung bleibt abzuwarten. Ist diese ähnlich unbestimmt, ist die Bestimmung wohl verfassungswidrig und eine Vollziehung praktisch nicht möglich.

Der Berichtsentwurf will den Klimaplan vor allem um die Erreichung der Klimaneutralität bis 2050 und die Klimaziele für 2030 erweitert sehen und konkretisiert dessen Inhalt: Im Klimaplan wären demnach auch konkrete Nachhaltigkeitsziele festzulegen, einschließlich absoluter Emissionsreduktionsziele bis 2030 bzw 2050. Auch wird explizit die Pflicht zur wirksamen Umsetzung normiert.[97] Nach dem finalen Bericht soll der Klimaplan nunmehr in Übereinstimmung mit den Anforderungen der CSRD-Berichterstattung erstellt werden. Zudem sollen Geschäftsführer hierfür verantwortlich sein.[98]

Den Pflichten zur Eindämmung des Klimawandels ist gem Art 15 Abs 3 RL-Entwurf bei der Festlegung von variablen Vergütungen zu entsprechen, sofern sie „*an den Beitrag eines Mitglieds der Unternehmensleitung zur Strategie und zu den langfristigen Interessen und zur Nachhaltigkeit des Unternehmens geknüpft ist*". Damit meint der RL-Entwurf also offenbar die auch sonst im Aufsichtsrecht gängige Verknüpfung der variablen Vergütung leitender Mitarbeiter mit langfristigen Unternehmenszielen, die ein vorausschauendes Wirtschaften incentivieren. Konkret kann das heißen, auf vom RL-Entwurf vorgegebene Ziele angepasste Key Performance Indicator (ganz einfaches Beispiel: relative Entwicklung der Scope-1-Treibhausgasemissionen des verpflichteten Unternehmens im Vergleich zum Vorjahr) zu entwickeln und die Höhe der variablen Vergütung von deren Erreichen abhängig zu machen.

4. Sanktionen

Um eine wirksame Durchsetzung der Sorgfaltspflicht zu gewährleisten, sieht der EU-RL-Entwurf neben zivilrechtlicher Haftung Sanktionen für die Nichteinhaltung der gebotenen Sorgfalt vor. Damit verfolgt der RL-Entwurf einen *smart mix* aus *public* und *private enforcement*, der schon in den UN-Leitprinzipien für Wirtschaft und Menschenrechte angelegt ist.[99]

---

96 *Nietsch/Wiedmann*, CCZ 2022, 125.
97 Vgl Änderungsantrag 166 f Berichtsentwurf.
98 Vgl Amendment 247 ff finaler Bericht.
99 Vgl *Hübner/Habrich/Weller*, Corporate Sustainability Due Diligence: Der EU-Richtlinienentwurf für eine Lieferkettenregulierung, NZG 2022, 648.

4.1. Beschwerde vor dem Unternehmen (Art 9)

Die vom Anwendungsbereich des RL-Entwurfs erfassten Unternehmen haben unternehmensintern ein Verfahren für die Bearbeitung von Beschwerden einzurichten und betroffene Arbeitnehmer sowie Gewerkschaften darüber zu informieren. Dieses Beschwerdeverfahren zählt zu den in Art 4 des RL-Entwurfs angeführten Maßnahmen zur Erfüllung der Sorgfaltspflicht. Dadurch soll sichergestellt werden, dass berechtigte Bedenken hinsichtlich potenzieller oder tatsächlicher negativer Auswirkungen eines Unternehmens auf die Menschenrechte oder die Umwelt an dieses herangetragen werden können. Ob die negativen Auswirkungen aus der eigenen Geschäftstätigkeit, der eines Tochterunternehmens oder entlang der Wertschöpfungskette resultieren, ist, ganz im Sinne der Zielsetzung des RL-Entwurfs, unerheblich.

4.1.1. Beschwerdeführer

Art 9 Abs 2 des RL-Entwurfs enthält eine Aufzählung jener Personen, die zur Erhebung einer Beschwerde vor dem betroffenen Unternehmen legitimiert sein sollen:

- Personen, die von den negativen Auswirkungen betroffen sind oder berechtigten Grund zur Annahme haben, sie könnten davon betroffen sein;
- Gewerkschaften und andere Arbeitnehmervertreter, die in der betreffenden Wertschöpfungskette tätige Personen vertreten; und
- Organisationen der Zivilgesellschaft, die in den mit der jeweiligen Wertschöpfungskette verbundenen Bereichen aktiv sind.

Der Kreis der Personen und Institutionen, die Unternehmen ihre berechtigten Bedenken anzeigen können, ist denkbar weit. Sobald eine Person annehmen darf, von negativen Auswirkungen des Unternehmens iSd RL-Entwurfs betroffen zu sein, muss ihr der Weg zum Unternehmen offenstehen, um die Bedenken vor diesem kundtun zu können. Der EU-Gesetzgeber betont zwar, dass der Zugang zu Unternehmen nicht zu unangemessenen Kontaktaufnahmen führen soll, spezifiziert aber nicht, wie dieses Ziel gewährleistet werden kann.[100]

4.1.2. Handlungsbedarf des betroffenen Unternehmens

Beschwerdeführer müssen über den Fortgang ihrer Beschwerde von dem betroffenen Unternehmen informiert werden und es muss ihnen das Recht eingeräumt werden, von der Gesellschaft angemessene Folgemaßnahmen zu ihrer Beschwerde zu fordern. Das beinhaltet die Möglichkeit eines Treffens mit einem Unternehmensvertreter, um Gelegenheit zur Erörterung schwerwiegender negativer Auswirkungen zu erlangen. Die Inanspruchnahme des unternehmensinternen Beschwerde-

---

100   Vgl ErwGr 42 RL-Entwurf.

verfahrens soll allerdings niemanden daran hindern, gerichtliche Rechtsbehelfe in der Sache einzulegen.[101]

4.1.3. Kenntnisfiktion bei hinreichend begründeten Beschwerden

Wird dem Unternehmen eine begründete Beschwerde vorgelegt, hat es sich damit inhaltlich auseinanderzusetzen. Um das zu gewährleisten, enthält der RL-Entwurf in Art 9 Abs 3 S 2 eine wirkmächtige Kenntnisfiktion:

Negative Auswirkungen auf die Menschenrechte oder die Umwelt, die Gegenstand der begründeten Beschwerde sind, gelten als iSd Art 6 des RL-Entwurfs ermittelt. Gilt eine negative Auswirkung, von der das Unternehmen keine positive Kenntnis hat (und selbst bei Erfüllung seiner Pflichten nach Art 6 des RL-Entwurfs keine Kenntnis erlangt hätte), als ermittelt, hat es Präventions- und Abhilfemaßnahmen iSd Art 7 und 8 in die Wege zu leiten. Ergreift das betroffene Unternehmen keine derartigen Maßnahmen, verstößt es gegen wesentliche Bestandteile seiner Sorgfaltspflicht und ist Sanktionen sowie potenziell zivilrechtlicher Haftung ausgesetzt. Damit kreiert der EU-Gesetzgeber eine strenge Beweislastumkehr zu Lasten des beschwerdeempfangenden Unternehmens und möchte auf diese Weise verhindern, dass aufgedeckte negative Auswirkungen nicht gebührend behandelt werden.[102] In jedem Fall führt diese Regelung dazu, dass sich das betroffene Unternehmen mit fundierten Beschwerden hinsichtlich der Erfüllung seiner Sorgfaltspflichten beschäftigen muss. In weiterer Folge hat es entweder die erforderlichen Maßnahmen zu setzen, um der negativen Auswirkung entgegenzuwirken, oder zumindest Rechenschaft über sein Handeln in diesem Bereich gegenüber dem Beschwerdeführer abzulegen.

Es soll an dieser Stelle nicht unerwähnt bleiben, dass der Eintritt der Kenntnisfiktion vom Vorliegen einer *begründeten* Beschwerde abhängt, jedoch im Richtlinientext keine Aussage darüber getroffen wird, wann eine Beschwerde als hinreichend begründet anzusehen ist. In Frage kämen hierbei sowohl die subjektive Sichtweise der betroffenen Gesellschaft selbst als auch die objektive Außenperspektive eines unbeteiligten Dritten. Die konkrete Ausgestaltung der jeweiligen unternehmensinternen Beschwerdeverfahren wird davon abhängig sein, wer über die Schwelle der hinreichenden Begründung entscheiden darf.[103] Völlig unbegründete Beschwerden, Beschwerden mit einer offensichtlich unplausiblen Begründung oder Beschwerden mit ganz pauschalen Begründungen (zB solchen, die sich ausschließlich auf ohnehin öffentlich bestens bekannte Informationen stützen) können uE nicht ausreichen. Die Schwelle ist hoch anzusetzen, weil sonst die Rechtsfolge der Kenntnisfiktion nicht angemessen wäre.

---

101 Vgl ErwGr 42 RL-Entwurf.
102 Vgl *Hübner/Habrich/Weller*, Corporate Sustainability Due Diligence: Der EU-Richtlinienentwurf für eine Lieferkettenregulierung, NZG 2022, 647.
103 Vgl *Hübner/Habrich/Weller*, Corporate Sustainability Due Diligence: Der EU-Richtlinienentwurf für eine Lieferkettenregulierung, NZG 2022, 647.

4.2. Aufsichtsbehörden (Art 17, 18, 19, 21)

4.2.1. Einrichtung der unabhängigen Aufsichtsbehörden

Die Überwachung der ordnungsgemäßen Umsetzung der Sorgfaltspflichten der Unternehmen erfordert die Einrichtung von Aufsichtsbehörden in jedem Mitgliedstaat. Dabei soll es sich um unabhängige staatliche Stellen handeln, die von sich aus oder aufgrund von an sie herangetragenen Beschwerden zur Durchführung von Untersuchungen hinsichtlich begründeter Bedenken iSd RL-Entwurfs befugt sind.[104] Die Mitgliedstaaten haben hierfür eine oder mehrere nationale Aufsichtsbehörden zu benennen. Dafür kann eine bestehende Behörde herangezogen oder eine neue eingerichtet werden. Wer diese Rolle in Österreich übernehmen wird, ist noch nicht entschieden.

Art 17 des RL-Entwurfs enthält neben diversen Zuständigkeitsbestimmungen die Anforderung an die Mitgliedstaaten, die Unabhängigkeit der Überwachungsbehörden zu gewährleisten. Die Erfüllung des Unabhängigkeitskriteriums betrifft allerdings nicht die Weisungsfreiheit[105] der Behörden von Parlament oder Regierung, wie oft von unionsrechtlich einzurichtenden Behörden verlangt wird, sondern vielmehr, dass für keine der Mitarbeiter, Prüfer oder Experten der Behörde Interessenkonflikte oder Abhängigkeiten von anderen Unternehmen oder generellen Marktinteressen bestehen.[106] Es handelt sich damit praktisch gesprochen um eine „Marktunabhängigkeit", wie es bereits bei den Regulierungsbehörden im Bereich Energie, Telekommunikation und Schiene der Fall war.

4.2.2. Kompetenzen der Aufsichtsbehörden

Art 18 RL-Entwurf fordert die Mitgliedstaaten auf, die Aufsichtsbehörden mit angemessenen Befugnissen und Ressourcen auszustatten, damit diese ihren Aufsichts- und Durchsetzungsaufgaben nachkommen können. Als Mindestkompetenzen der Behörden sind die Folgenden zu nennen. Aufsichtsbehörden können:

- Informationen betreffend die Einhaltung der im RL-Entwurf festgelegten Verpflichtungen anfordern; und
- Untersuchungen von Amts wegen oder aufgrund von übermittelten begründeten Bedenken einleiten und durchführen.

Darüber hinaus ist die Behörde mit materiellen Befugnissen auszustatten. Um Verletzungen der Sorgfaltspflicht auf geeignete Weise entgegenzutreten, kann die Behörde:

---

104 Vgl ErwGr 53 RL-Entwurf.
105 Nach österreichischem Recht als weisungsfrei verstandene Behörden (vgl Art 20 Abs 2 B-VG) wie die Finanzmarktaufsichtsbehörde entsprechen nicht der Tradition des österreichischen Verwaltungsrechts, werden aber insbesondere vom europäischen Gesetzgeber immer öfter vorgesehen.
106 Vgl *Spindler*, Der Vorschlag einer EU-Lieferkettenrichtlinie, ZIP 2022, 773.

- die Beendigung von Verstößen anordnen;
- die Unterlassung der Begehung weiterer Verstöße auftragen;
- die Ergreifung angemessener und erforderlicher Abhilfemaßnahmen fordern;
- Bußgelder verhängen; und
- vorläufige Maßnahmen erlassen, um das Risiko des Eintritts gravierender und irreversibler Schäden zu vermeiden.

Vor der Verhängung dieser Maßnahmen hat die Aufsichtsbehörde dem betroffenen Unternehmen die Möglichkeit zu gewähren, binnen angemessener Frist Abhilfe gegen die ermittelten Verstöße zu schaffen. Diese Vorgehensweise ist auch dem sonstigen österreichischen Aufsichtsrecht als Auftrag zur (Wieder-)Herstellung des rechtmäßigen Zustandes bekannt. Ob die Behörde dabei konkrete Organisationsanordnungen treffen kann, lässt der Entwurf offen. Mangels detaillierterer Ausgestaltung der Befugnisse der Behörde in diesem Zusammenhang stellt sich die Frage, wie sie organisatorische Vorgaben bestimmt genug treffen kann, ohne zu sehr in das unternehmerische Ermessen einzugreifen, aber dennoch für wirksame Abhilfe sorgen kann.[107] Das Ziel der Abhilfeleistung durch die Gesellschaft, die für die negativen Auswirkungen nach den Bestimmungen des RL-Entwurfs verantwortlich ist, muss konsequenterweise darin bestehen, den vom EU-Gesetzgeber geforderten rechtmäßigen Zustand (wieder) herzustellen und somit ein weiteres behördliches Einschreiten obsolet zu machen. Der RL-Entwurf scheint die Wahl der geeigneten Abhilfemaßnahme dem Unternehmen selbst überlassen zu wollen. Die Ergreifung von Abhilfemaßnahmen schließt die Verhängung von verwaltungsrechtlichen Sanktionen oder das Eintreten von zivilrechtlicher Haftung bei Schäden nicht aus.

4.2.3. Beschwerde vor der Aufsichtsbehörde

Um der Bevölkerung die Möglichkeit zu geben, Verstöße durch die Unternehmen gegen die einzuhaltende Sorgfaltspflicht an die zuständige Aufsichtsbehörde heranzutragen, räumt Art 19 RL-Entwurf allen natürlichen und juristischen Personen mit begründeten Bedenken die Möglichkeit der Erhebung einer Beschwerde vor der Behörde ein. Hierbei handelt es sich um ein separates Beschwerdeverfahren vor der zuständigen Aufsichtsbehörde, das nicht mit der internen Beschwerdemöglichkeit vor dem betroffenen Unternehmen zu verwechseln ist. Dem Wortlaut der Bestimmung nach ist der Grund zur Annahme eines Verstoßes anhand objektiver Kriterien zu belegen, jedoch spezifiziert der EU-Gesetzgeber auch hinsichtlich dieses Verfahrens nicht weiter, welchen Substanziierungsgrad eine Beschwerde erreichen muss.[108]

---

107 Vgl *Spindler*, Der Vorschlag einer EU-Lieferkettenrichtlinie, ZIP 2022, 773.
108 Vgl *Spindler*, Der Vorschlag einer EU-Lieferkettenrichtlinie, ZIP 2022, 774.

Für die Meldung von Verstößen gegen die im RL-Entwurf statuierten Verpflichtungen und für den Schutz der Personen, die derartige Verstöße vor einer Aufsichtsbehörde melden, gilt die Whistleblowerrichtlinie[109] der EU entsprechend. Das soll Hinweisgebern die Mitarbeit an der Aufdeckung von Verstößen gegen die Sorgfaltspflicht erleichtern und Unternehmen von weiterem Zuwiderhandeln abschrecken. Begründend führt der EU-Gesetzgeber aus, dass Personen, die für ein in den Anwendungsbereich des RL-Entwurfs fallendes Unternehmen arbeiten oder mit diesem in Kontakt stehen, oft eine Schlüsselrolle bei der Enthüllung von Verstößen spielen.[110] Mangels Einschränkungen im Richtlinientext oder Anforderungen an die Person des Hinweisgebers erstreckt sich der Schutz auf alle Personen, die Verletzungen gegen die im RL-Entwurf normierten Pflichten melden.[111]

4.2.4. Europäisches Netz der Aufsichtsbehörden

Die EU-Kommission wird ein europaübergreifendes Netz der Aufsichtsbehörden einrichten, um die einheitliche Anwendung und Durchsetzung der aufgrund der Richtlinie erlassenen einzelstaatlichen Vorschriften zu gewährleisten.[112] Dadurch sollen die Zusammenarbeit der nationalen Behörden sowie der Informationsaustausch zwischen ihnen erleichtert und die Koordinierung der jeweiligen Regulierungs-, Untersuchungs-, Sanktions- und Aufsichtsverfahren ermöglicht werden. Das Netz soll aus Vertretern sämtlicher Aufsichtsbehörden bestehen und kann um EU-Agenturen mit einschlägigem Fachwissen erweitert werden. Hinsichtlich der Zusammenarbeit bei der Ausübung der den Behörden zukommenden Befugnissen ordnet Art 21 Abs 2 RL-Entwurf die gegenseitige Amtshilfe der betroffenen Überwachungsbehörden an. Diese Bestimmung soll insgesamt für eine möglichst effektive Umsetzung sorgen, geht dabei allerdings nicht so weit wie die Kohärenz- bzw One-Stop-Shop-Verfahren nach der DSGVO.[113, 114]

4.3. Verwaltungsstrafrecht (Art 20)

Verstöße gegen die Sorgfaltspflicht sollen mit der Verhängung von abschreckenden, verhältnismäßigen und wirksamen Sanktionen geahndet werden. Der RL-Entwurf sieht eine begrenzte Anzahl an Sanktionen vor, die in allen Mitgliedstaaten anwend-

---

109 Richtlinie (EU) 2019/1937 des Europäischen Parlaments und des Rates zum Schutz von Personen, die Verstöße gegen das Unionsrecht melden, ABl L 2019/305, 17.
110 Vgl ErwGr 65 RL-Entwurf.
111 Vgl *Spindler*, Der Vorschlag einer EU-Lieferkettenrichtlinie, ZIP 2022, 772.
112 Vgl ErwGr 55 RL-Entwurf.
113 Verordnung (EU) 2016/679 des Europäischen Parlaments und des Rates zum Schutz natürlicher Personen bei der Verarbeitung personenbezogener Daten, zum freien Datenverkehr und zur Aufhebung der Richtlinie 95/46/EG, ABl L 2016/119, 1.
114 Vgl *Spindler*, Der Vorschlag einer EU-Lieferkettenrichtlinie, ZIP 2022, 773.

bar sein sollen, aber keinen abschließenden Katalog darstellen. Grundsätzlich bleibt es den Mitgliedstaaten überlassen, ein angemessenes Durchsetzungsverfahren im Einklang mit ihrem nationalen Recht zu gewährleisten und konkrete Sanktionsvorschriften auf nationaler Ebene zu erlassen. Eine wirksame Sanktionsregelung hat laut EU-Gesetzgeber jedenfalls Geldbußen zu umfassen.[115] Art 20 Abs 3 RL-Entwurf normiert diesbezüglich, dass die Höhe von finanziellen Sanktionen wie im EU-Recht üblich vom erzielten Umsatz des Unternehmens abhängig sein soll, um eine verhältnismäßige Höhe der Strafe zu gewährleisten.

Daneben besteht die Verpflichtung der sanktionierenden Behörde, ihre Beschlüsse im Zusammenhang mit der Nichteinhaltung der gebotenen Sorgfalt durch ein Unternehmen zu veröffentlichen (auch das ist eine mittlerweile üblich gewordene Sanktion im europäisch determinierten Aufsichtsrecht). Diese Bestimmung ist ebenfalls geeignet, Unternehmen wirksam von der Begehung sanktionsbedürftiger Verstöße abzuschrecken. Das öffentliche „Anprangern" der Nichteinhaltung der Sorgfaltspflicht in diesem sensiblen Bereich (sogenanntes *„naming and shaming"*) kann einen schwerwiegenden Reputationsschaden für das betroffene Unternehmen bedeuten, weshalb davon auszugehen ist, dass es sich dabei um eine abschreckende Sanktion handelt.

Außerdem verlangt Art 24 RL-Entwurf die Erbringung eines Nachweises von Unternehmen, die öffentliche Unterstützung beantragen, dass gegen sie in der Vergangenheit keine Sanktionen wegen Nichteinhaltung der aus der Richtlinie resultierenden Verpflichtungen verhängt wurden. Dabei ist zum jetzigen Zeitpunkt unklar, ob ein (einmaliger) Verstoß gegen die Sorgfaltspflicht einen permanenten Ausschluss von der Gewährung von Beihilfen und Subventionen für das sanktionierte Unternehmen bedeutet.[116] Auch geht der EU-Gesetzgeber nicht erläuternd darauf ein, wie der Begriff der öffentlichen Unterstützung zu verstehen ist und was genau davon umfasst sein soll. Der Ausschluss von der Gewährung jeglicher öffentlichen Unterstützung auf unbestimmte Zeit stellt einen massiven Nachteil für betroffene Unternehmen dar. Vergleichbare Regeln kennt das österreichische Recht nicht. Aus unserer Sicht würde es sich dabei um einen unverhältnismäßigen Eingriff handeln. Wie beim Ausschluss vom Vergabeverfahren kann ein Ausschluss von der Gewährung öffentlicher Unterstützung wohl immer nur eine zumindest zeitlich begrenzte Sanktion sein. Allenfalls ist auch eine inhaltliche Begrenzung auf etwa nur bestimmte Unterstützungsleistungen, die einen Konnex zum Verstoß bilden, vorzusehen.

---

115 Vgl ErwGr 54 RL-Entwurf.
116 Vgl *Ruttloff/Rothenburg/Hahn*, Der RL-Entwurf zu unternehmerischen Sorgfaltspflichten im Bereich der Nachhaltigkeit – Auswirkungen auf die Corporate Governance, DB 2022/18, 1121.

4.4. Sorgfaltspflicht der Mitglieder der Unternehmensleitung (Art 25, 26)

4.4.1. Allgemeine Sorgfaltspflicht der Unternehmensleitung und die Pflicht zur Berücksichtigung von Nachhaltigkeitsaspekten

Die nationalen Rechtsordnungen aller Mitgliedstaaten der EU verpflichten Geschäftsführer und Vorstände zur allgemeinen Sorgfalt gegenüber dem Unternehemen. Der EU-RL-Entwurf setzt an dieser allgemeinen Pflicht, im besten Interesse der Gesellschaft zu handeln, an und erweitert sie um das Erfordernis der systematischen Berücksichtigung von Nachhaltigkeitsaspekten bei Entscheidungen der Geschäftsleitung.[117] Hintergrund der Konkretisierung ist ein unterschiedlicher Pflichtenmaßstab für die Mitglieder der Unternehmensleitung in den jeweiligen Mitgliedstaaten, der durch die Harmonisierung des EU-Gesetzgebers auf ein einheitliches Niveau gebracht werden soll.[118]

Die neue Verpflichtung zur Berücksichtigung von Nachhaltigkeitsaspekten steht in einem Spannungsverhältnis zu der bestehenden allgemeinen Sorgfaltspflicht der Geschäftsleitung: Nachhaltige Entscheidungen können dem Unternehmenswohl entgegenwirken, wenn dadurch beispielsweise höhere Kosten entstehen. Betrachtet man aber andere Aspekte, wie etwa die Berücksichtigung der Reputation der Gesellschaft oder die Vermeidung von Rechtsrisiken, ist es möglich, dass sich die beiden zu verfolgenden Interessen decken. Es dient dem Unternehmen zweifelsfrei, die Achtung von Menschenrechts- und Umweltbelangen entlang der gesamten Wertschöpfungskette vorweisen zu können, um nicht nur erheblichen Verwaltungsstrafen, sondern vor allem auch schwierig wiedergutzumachenden Reputationsschäden zu entgehen. Nichtsdestotrotz verändert die Pflicht zur Berücksichtigung von Nachhaltigkeitsaspekten die bisher bekannte Verpflichtung der Unternehmensleiter der Gesellschaft gegenüber und revolutioniert die mitgliedstaatliche Definition des Unternehmensinteresses.

Art 25 Abs 2 RL-Entwurf verlangt von den Mitgliedstaaten die Gleichstellung der besonderen Pflicht zur Berücksichtigung von Nachhaltigkeitsaspekten mit den nach nationalem Recht bestehenden Geschäftsleiterpflichten bezüglich der unternehmerischen Sorgfalt, die auf österreichischer Ebene in § 84 AktG und § 25 GmbHG normiert sind.[119] Auch § 70 AktG, der den Vorstand verpflichtet, die Gesellschaft so zu leiten, wie es das Wohl des Unternehmens erfordert, könnte in diesem Zusammenhang eine Veränderung erfahren, weil sich das zugrunde liegende Verständnis

---

117 Vgl ErwGr 63 RL-Entwurf.
118 Vgl *Ruttloff/Rothenburg/Hahn*, Der RL-Entwurf zu unternehmerischen Sorgfaltspflichten im Bereich der Nachhaltigkeit – Auswirkungen auf die Corporate Governance, DB 2022/18, 1116.
119 Vgl *Hübner/Habrich/Weller*, Corporate Sustainability Due Diligence: Der EU-Richtlinienentwurf für eine Lieferkettenregulierung, NZG 2022, 649.

des Unternehmenswohls in Anbetracht der Vorgaben des RL-Entwurfs weiterentwickeln wird. Systemumbrüche im Gesellschaftsrecht sind laut EU-Gesetzgeber durch die Implementierung dieser neuen Verpflichtung nicht intendiert; er spricht von einer bloßen *„Klarstellung in harmonisierender Weise"*, die keine Änderung bestehender nationaler Unternehmensstrukturen erforderlich macht.[120]

4.4.2. Unternehmensleitung

Teil der Unternehmensleitung sind gem Art 3 lit o RL-Entwurf alle Mitglieder des Verwaltungs-, Leitungs- oder Aufsichtsorgans eines Unternehmens, der Exekutivdirektor sowie sein Stellvertreter, sofern solche Funktionen im Unternehmen bestehen, und sämtliche sonstige Personen, die ähnliche Funktionen wahrnehmen. Die EU-Kommission legt dem Begriff der Unternehmensleitung ein denkbar weites Verständnis zugrunde. Nach österreichischem Recht ist die Bestimmung demnach an GmbH-Geschäftsführer und AG-Vorstandsmitglieder als Mitglieder des Leitungsorgans sowie an die Mitglieder des (AG- und, wenn vorhanden, GmbH-) Aufsichtsrats als Angehörige des Aufsichtsorgans adressiert, aber grundsätzlich auch an sämtliche leitende Angestellte des Unternehmens.[121]

4.4.3. Managementvergütung

Art 15 RL-Entwurf normiert die Pflicht zur Festlegung eines Planes zur Eindämmung des Klimawandels durch die Unternehmen, geht dabei aber einen entscheidenden Schritt weiter. Variable Vergütungen der Mitglieder der Unternehmensleitung sollen von der Erfüllung dieser Pflicht abhängig gemacht werden, wenn sie an den Beitrag eines Unternehmensführers zur Strategie, zu den langfristigen Interessen und zur Nachhaltigkeit des Unternehmens geknüpft sind. Auch das kann eine Modifikation des geltenden Gesellschaftsrechts nach sich ziehen.

4.4.4. Nachhaltigkeit des Unternehmensinteresses

Art 25 Abs 1 RL-Entwurf spricht von der die Unternehmensleitung treffenden Pflicht zur Berücksichtigung von kurz-, mittel- und langfristigen Folgen ihrer Entscheidungen für Nachhaltigkeitsaspekte, ggf auch für Menschenrechte, Klimawandel und Umwelt. Was genau unter den zu beachtenden Nachhaltigkeitsaspekten zu verstehen ist, lässt der EU-Gesetzgeber mangels ausdrücklicher Definition des Begriffs teilweise offen. Er gibt insbesondere nicht zu erkennen, ob und bejahendenfalls welche konkreten Pflichten der Geschäftsleitung daraus erwachsen.[122] Einen Anhaltspunkt liefert Erwägungsgrund 63 des RL-Entwurfs, wonach die in

---

120 Vgl ErwGr 63 RL-Entwurf.
121 Vgl *Bauer/Blach/Mayer/Morschhäuser*, Organpflichten und -haftung im Lichte des Vorschlags einer Corporate Sustainability Due Diligence Directive, ZIP 2002, 1741.
122 Vgl *Ruttloff/Rothenburg/Hahn*, Der Richtlinienvorschlag zu unternehmerischen Sorgfaltspflichten im Bereich der Nachhaltigkeit – Auswirkungen auf die Corporate Governance, DB 2022/18, 1117.

der EU-Bilanzrichtlinie[123] genannten Nachhaltigkeitsaspekte zu berücksichtigen sind. Darin wird jedoch an keiner Stelle ein derartiges Nachhaltigkeitskonzept definiert, weshalb auf den Kommissionsvorschlag zur Änderung dieser Richtlinie zurückgegriffen werden muss. Der Vorschlag für eine Richtlinie zur Nachhaltigkeitsberichterstattung von Unternehmen[124] verweist in Art 1 Abs 3 Z 17 für die Bedeutung von Nachhaltigkeitsaspekten auf die Nachhaltigkeitsfaktoren iSd Art 2 Z 24 der Verordnung (EU) 2019/2088[125] sowie Governance-Faktoren. Darunter fallen Umwelt-, Sozial- und Arbeitnehmerbelange, die Achtung der Menschenrechte sowie die Bekämpfung von Korruption und Bestechung. Eine umfassende Verpflichtung der Geschäftsleitung, negative Auswirkungen der Unternehmenstätigkeit zu verhindern oder zu beenden, kann der Diktion des EU-Gesetzgebers jedenfalls nicht entnommen werden.

4.4.5. Haftung der Unternehmensleitung

Gem Art 26 RL-Entwurf ist es Aufgabe der Unternehmensleiter, die in Art 4 und 5 enthaltenen Sorgfaltspflichten im Unternehmen zu implementieren und die diesbezüglich gesetzten Maßnahmen zu kontrollieren sowie die Unternehmensstrategie dahingehend anzupassen, negative Auswirkungen der Unternehmenstätigkeit zu ermitteln und zu verhindern bzw zu beenden.[126] Dabei sind Beiträge von Interessenträgern und Organisationen der Zivilgesellschaft zu berücksichtigen.[127] Dem Wortlaut der Bestimmung nach sind die Unternehmensleiter für die Einrichtung und Kontrolle der Maßnahmen sowie für die Anpassung der Unternehmensstrategie *„verantwortlich"*. Ob daraus zwingend eine Haftung der handelnden Organe resultieren soll oder ob die Bestimmung nur auf die Zuweisung von Kompetenzen abzielt, geht aus der Norm nicht klar hervor. Angesichts der Tatsache, dass der Begriff der Unternehmensleitung iSd RL-Entwurfs neben dem Geschäftsführungsorgan auch Aufsichtsratsmitglieder und leitende Angestellte erfasst, wäre eine Präzisierung der haftungsrechtlichen Bedeutung für die einzelnen Betroffenen geboten.[128]

---

123 Richtlinie (EU) 2013/34 des Europäischen Parlaments und des Rates über den Jahresabschluss, den konsolidierten Abschluss und damit verbundene Berichte von Unternehmen bestimmter Rechtsformen und zur Änderung der Richtlinie 2006/43/EG des Europäischen Parlaments und des Rates und zur Aufhebung der Richtlinien 78/660/EWG und 83/349/EWG des Rates, ABl L 2013/182, 19.

124 Vorschlag für eine Richtlinie des Europäischen Parlaments und des Rates zur Änderung der Richtlinien 2013/34/EU, 2004/109/EG und 2006/43/EG und der Verordnung (EU) Nr 537/2014 hinsichtlich der Nachhaltigkeitsberichterstattung von Unternehmen, COM(2021) 189 final.

125 Verordnung (EU) 2019/2088 des Europäischen Parlaments und des Rates über nachhaltigkeitsbezogene Offenlegungspflichten im Finanzdienstleistungssektor, ABl L 2019/317, 1.

126 Vgl *Birkholz*, CSDD-E: Konkrete Sorgfaltspflichten für Unternehmen statt Vorgaben zur Sustainable Corporate Governance? Der Betrieb 2022/21, 1306.

127 Vgl ErwGr 64 RL-Entwurf.

128 Vgl *Bauer/Blach/Mayer/Morschhäuser*, Organpflichten und -haftung im Lichte des Vorschlags einer Corporate Sustainability Due Diligence Directive, ZIP 2022, 1742.

4.4.6. Sanktionen für Mitglieder der Unternehmensleitung

Wie bereits erwähnt sieht der RL-Entwurf im Rahmen seiner öffentlich-rechtlichen Durchsetzung die Verhängung von Sanktionen für die Nichteinhaltung der gebotenen Sorgfalt vor. Als unbestrittene Sanktionsadressaten dürften die Unternehmen selbst als juristische Personen gelten. Anhand des Wortlautes lässt sich allerdings nicht eruieren, ob daneben noch andere Individuen der Verhängung von Sanktionen ausgesetzt sein können, wie etwa einzelne Mitglieder der Unternehmensleitung. Dass Mitgliedstaaten bei der Umsetzung diesen Ansatz wählen, ist jedenfalls denkbar, weil im Richtlinientext nicht ausdrücklich anders angeordnet.[129]

5. Zivilrechtliche Folgen (Art 22)

Eine Besonderheit des RL-Entwurfs besteht darin, dass er in Art 22 eine zivilrechtliche Haftung normiert. Adressaten dieser Haftungsbestimmung sind die nach der Richtlinie verpflichteten Unternehmen – sie sollen unter den kumulativen Voraussetzungen des Art 22 Abs 1 für Schäden haften. Haftung tritt ein, wenn die Pflichten nach Art 7 und 8 (Vermeidung und Behebung negativer Auswirkungen) nicht erfüllt wurden, sofern aus dieser Pflichtverletzung negative Auswirkungen resultieren, *„die ermittelt, vermieden, abgeschwächt, behoben oder durch angemessene Maßnahmen nach den Artikeln 7 und 8 minimiert hätten werden müssen und zu Schaden geführt haben"*. Fraglich ist, ob der Haftungsfall bereits bei Vorliegen einer Pflichtwidrigkeit eintritt oder ob es sich um eine Verschuldenshaftung handelt. Mangels anderweitiger Anhaltspunkte ist aber nicht von einer Gefährdungshaftung auszugehen.[130]

Art 22 Abs 2 RL-Entwurf sieht eine Erleichterung bezüglich der Tätigkeiten eines indirekten Partners vor: Sofern das Unternehmen nach Maßgabe der Art 7 und 8 RL-Entwurf vertragliche Zusicherungen betreffend die Befolgung von Verhaltenskodex sowie Präventions- bzw Korrekturmaßnahmenplan eingeholt hat und geeignete Maßnahmen zur Einhaltungsüberwachung getroffen wurden, soll es nicht *„für Schäden durch negative Auswirkungen als Ergebnis der Tätigkeiten eines indirekten Partners hafte[n], mit dem es eine etablierte Geschäftsbeziehung unterhält"*. Mitumfasst ist hier auch die Verpflichtung des Unternehmens gegenüber KMU, die Kosten für die Überprüfung durch Dritte zu übernehmen. Eine Befreiung von der Haftung tritt hingegen nicht ein, wenn in unangemessener Weise von der Eignung der ergriffenen Maßnahmen, den negativen Auswirkungen entgegenzuwirken, ausgegangen wurde.

---

129 Vgl *Ehgartner*, Der Kommissionsvorschlag für eine Richtlinie über Nachhaltigkeitspflichten von Unternehmen, GesRZ 2022, 267.
130 Vgl *Spindler*, ZIP 2022, 765.

Im Sinne der Verhältnismäßigkeit wird bei der zivilrechtlichen Haftung zwischen der eigenen Geschäftstätigkeit sowie derjenigen der Tochterunternehmen und den etablierten indirekten Geschäftsbeziehungen differenziert,[131] weil für Letztere die Haftung bei Erfüllung der Bedingungen nach Art 22 Abs 2 nicht eintritt. Damit wird der Forderung nach einem *„safe harbor"* entsprochen.[132] *„Im Umkehrschluss zu Art. 22 Abs. 2 Satz 1 RL-E ist anzunehmen, dass das Unternehmen für die negativen Auswirkungen einer Pflichtverletzung im eigenen Geschäftsbereich, bei Tochterunternehmen und bei direkten Geschäftspartnern in vollem Umfang einstehen muss."*[133]

Zudem sind nach Art 22 Abs 2 RL-Entwurf im Haftungsfall weitere Umstände zu berücksichtigen: die Bemühungen des Unternehmens bei der Umsetzung der wegen des Schadens durch die Aufsichtsbehörde angeordneten Abhilfemaßnahmen sowie Investitionen, welche das Unternehmen iSd Art 7 und Art 8 getätigt hat, die geleistete gezielte Unterstützung und die rechtskonforme Zusammenarbeit mit anderen Unternehmen.

Ein Ausfall bzw eine Minimierung der Haftung kann auch nachträglich über Schadenswiedergutmachungsbemühungen herbeigeführt werden, was dogmatisch aber nicht unproblematisch ist.[134] Dem österreichischen Schadenersatzrecht ist der Entfall einer einmal durch rechtswidrig-schuldhaften Verstoß gegen eine Norm begründeten Haftung aufgrund „tätiger Reue" schlicht unbekannt. Unklar bleibt außerdem, ob diese Regelung lediglich für die Haftung bei durch mittelbare Geschäftspartner verursachten Schäden gelten soll oder allgemein.[135]

Die zivilrechtliche Haftung eines Tochterunternehmens oder eines (in)direkten Geschäftspartners in der Wertschöpfungskette bleibt gem Art 22 Abs 3 RL-Entwurf von der Haftung des Unternehmens unberührt. Die Ansprüche bestehen nebeneinander. Ungeregelt bleibt in diesem Zusammenhang das Verhältnis mehrerer Haftender zueinander, wie die Haftungsverteilung im Innenverhältnis oder nach welchem Recht sich die Regressansprüche bestimmen. Eine vertragliche Regelung wäre denkbar.[136]

Ebenso werden unionsrechtliche sowie nationale zivilrechtliche Haftungsbestimmungen betreffend Menschenrechte und Umwelt nach Art 22 Abs 4 nicht beeinträchtigt, wenn sie neben der Haftungsregelung des RL-Entwurfs bestehen oder über diese hinausgehen. So bleibt etwa die Umwelthaftungsrichtlinie 2004/35/EG unberührt.[137] Bei negativen Auswirkungen auf die Umwelt kann Schadenersatz

---

131 Vgl Begründung RL-Entwurf 21.
132 Vgl *Hübner/Habrich/Weller*, Corporate Sustainability Due Diligence. Der EU-Richtlinienentwurf für eine Lieferkettenregulierung, NZG 2022, 644.
133 *Ruttloff/Rothenburg/Hahn*, DB 2022, 1116.
134 Vgl *Hübner/Habrich/Weller*, NZG 2022, 644.
135 Vgl *Bettermann/Hoes*, WM 2022, 697.
136 Vgl *Bettermann/Hoes*, WM 2022, 697.
137 Vgl ErwGr 62 RL-Entwurf.

gem Art 22 RL-Entwurf auch bei „*Überschneidungen mit Ansprüchen aus der Verletzung von Menschenrechten*"[138] geltend gemacht werden.

Im Rahmen des nationalen Rechts soll der Haftungsnorm gem Art 22 Abs 5 RL-Entwurf zwingender Charakter zukommen – sie wird für das internationale Privatrecht als Eingriffsnorm definiert. Hintergedanke ist die Gewährleistung von Schadenersatzansprüchen der Opfer auch in jenen Fällen, in denen sich die Ansprüche nicht auf das Recht eines Mitgliedstaates gründen, beispielsweise bei Schadenseintritt in einem Drittstaat.[139] Die nationalen Rechtsvorschriften der Mitgliedstaaten haben hier demnach Vorrang vor dem nach den Regeln des Internationalen Privatrechts anzuwendenden Recht, die zwingende Bestimmung geht sonstigen Kollisionsnormen vor. Unliebsame Folge dieser Regelung könnten aber Justizkonflikte sein, denn auch nach dem Recht am Handlungsort könnte eine vom Recht des Mitgliedstaates abweichende Entscheidung ergehen. Fraglich ist auch, ob die Gesamtvorschrift als Eingriffsnorm konzipiert sein soll oder ob auch die Vorschriften des Internationalen Privatrechts greifen.[140]

Art 22 RL-Entwurf schweigt bezüglich der Verteilung der Beweislast, deren Regelung den Mitgliedstaaten bewusst freigestellt wird.[141] Ungeregelt lässt Art 22 zudem die Frage der Aktivlegitimation, weder ein allfälliges Verbandsklagerecht noch eine Prozessstandschaft werden thematisiert. Eine Regelung der Aktivlegitimation über die Geschädigten hinaus steht den Mitgliedstaaten aber wohl frei. Gleiches gilt für die Frage der Verjährungsfristen.[142]

Der Berichtsentwurf des Rechtsausschusses möchte die Haftungsregelung weiter fassen: Der Entwurf sieht einerseits eine Erweiterung der Haftung über die Pflichten nach Art 7 und Art 8 hinaus auf alle Verpflichtungen nach der Richtlinie vor, andererseits nimmt er aber jedes Unternehmen von der Haftung aus, „*das nachweisen kann, dass es seinen Verpflichtungen aus* [der] *Richtlinie nachgekommen ist*".[143] Zudem werden konkrete Regeln zu verfahrensrechtlichen Fragen wie Verjährungsfristen, Eilverfahren, Verfahrenskosten, und Verbandsklagerecht festgelegt, die vom RL-Entwurf der Kommission offengelassen wurden.[144]

Auch der Bericht des Rechtsausschusses nimmt eine Haftung für alle Verpflichtungen nach der Richtlinie an. Eine Haftungsbefreiung für den Fall, dass ein Unternehmen nachweisen kann, dass es seinen Verpflichtungen nachgekommen ist, ist hingegen nicht vorgesehen.[145]

Nach der Vorstellung des EU-RL-Entwurfs soll abschließend auf die bereits in Kraft getretene deutsche Regelung eingegangen werden:

---

138   ErwGr 60 RL-Entwurf.
139   Vgl ErwGr 61 RL-Entwurf.
140   Vgl *Nietsch/Wiedmann*, CCZ 2022, 125.
141   Vgl ErwGr 58 RL-Entwurf.
142   Vgl *Spindler*, ZIP 2022, 765.
143   Änderungsantrag 198 Berichtsentwurf.
144   Vgl Änderungsantrag 196 ff Berichtsentwurf.
145   Vgl Amendment 298 ff finaler Bericht.

6. Exkurs: Das deutsche Lieferketten-sorgfaltspflichtengesetz

6.1. Hintergrund

International operierende Unternehmen wurden in der Vergangenheit nicht von verbindlichen Rechtsakten der EU dazu verpflichtet, ausreichende Sorgfalts-pflichten in ihren Lieferketten vorzusehen und einzuhalten. Im Dezember 2016 – also lange vor der Veröffentlichung des RL-Entwurfs – beschloss die deutsche Bundesregierung deshalb den „Nationalen Aktionsplan Wirtschaft und Men-schenrechte" („NAP"), um gemeinsam mit Unternehmen einen Beitrag dazu zu leisten, die weltweite Menschenrechtslage zu verbessern und die Globalisierung mit Blick auf die Agenda 2030 für nachhaltige Entwicklung sozial zu gestalten. Das Vertrauen in das freiwillige Etablieren von Menschenrechts- und Umwelt-schutzstandards führte nicht zu signifikanten Verbesserungen der herrschenden globalen Bedingungen: Weniger als ein Fünftel der in Deutschland ansässigen Unternehmen mit mehr als 500 Beschäftigten kamen ihren Sorgfaltspflichten entlang ihren Lieferketten ausreichend nach, wie eine Unternehmensbefragung der Bundesregierung im Jahr 2020, das NAP-Monitoring, zeigte.[146]

Im Koalitionsvertrag hatte die damals amtierende Bundesregierung für diesen Fall vereinbart, national gesetzlich tätig zu werden und sich gleichzeitig auf euro-päischer Ebene für verbindliche Regeln einzusetzen. Deshalb entschied sich der deutsche Gesetzgeber dazu, das (mit 1.1.2023 in Kraft getretene) Lieferketten-sorgfaltspflichtengesetz („LkSG")[147] zu verabschieden. In Österreich fordern mehrere Initiativen schon seit längerem ein Lieferkettengesetz, das sich am deut-schen Vorbild orientiert. Die Proponenten rekrutieren sich etwa aus den Reihen von Gewerkschaft, Arbeiterkammer, NGOs wie Attac und Südwind und katholi-schen Einrichtungen wie der Dreikönigsaktion.[148] Die derzeitige österreichische Bundesregierung beschloss aber, auf eine einheitliche Regelung der EU aus Brüssel zu warten, enthielt sich gleichzeitig aber im Rat beim Beschluss des Gemeinsamen Standpunktes der Stimme.

Mit dem LkSG wird in Deutschland ein rechtlich verbindlicher Rahmen geschaffen, der Unternehmen zur Einhaltung menschenrechtlicher und umweltbezogener Sorgfaltspflichten entlang ihrer Lieferkette anhält; wenn auch – im europäischen Kontext betrachtet – nur vorläufig, weil der EU-Gesetzgeber bestrebt ist, Anforde-rungen an Unternehmen in diesem Bereich zu harmonisieren.[149] Wie dem deut-

---

146 https://www.csr-in-deutschland.de/DE/Wirtschaft-Menschenrechte/NAP/Ueber-den-NAP/Monitoring/monitoring.html.

147 Lieferkettensorgfaltspflichtengesetz (deutsches) BGBl I 2021/2959.

148 Lieferkettengesetz: Was bedeutet das für Österreich? (profil.at).

149 Vgl *Rühl/Knauer*, Zivilrechtlicher Menschenschutz? Das deutsche Lieferkettengesetz und die Hoff-nung auf den europäischen Gesetzgeber, JZ 2022, 105.

schen Regierungsentwurf zu entnehmen ist, hat der deutsche Gesetzgeber das mitbedacht: Das LkSG soll an eine künftige europäische Regelung angepasst werden, um Wettbewerbsnachteile für deutsche Unternehmen zu verhindern.[150]

Aufgrund der zeitlichen und vor allem thematischen Nähe zwischen dem Erlass des LkSG und der Veröffentlichung des EU-RL-Entwurfs finden sich in den beiden Regelungswerken viele Gemeinsamkeiten und kann das deutsche Gesetz Aufschluss über die praktische Umsetzung derartiger gesetzlicher Vorschriften geben. Das LkSG ist daher eine Art „Role Mode" und kann als Anhaltspunkt dienen, wie Sorgfaltspflichten entlang der Lieferketten umgesetzt werden können. Außerdem können österreichische Unternehmen seit dem Inkrafttreten – direkt und indirekt – vom LkSG betroffen bzw zur Umsetzung der dort festgelegten Sorgfaltspflichten verpflichtet sein.

6.2. Persönlicher Anwendungsbereich des LkSG

Das LkSG ist gem § 1 Abs 1 leg cit auf Unternehmen jeder Rechtsform anzuwenden, die ihre Hauptverwaltung, Hauptniederlassung, ihren Verwaltungs- oder satzungsmäßigen Sitz oder eine Zweigniederlassung in Deutschland haben und das größenabhängige Kriterium des § 1 Abs 2 LkSG erfüllen. Auch ausländische Gesellschaften können somit vom deutschen Gesetz erfasst sein, wenn sie über eine Zweigniederlassung iSd § 13d (d)HGB in Deutschland verfügen. Darüber hinaus kann das Gesetz ebenso für Unternehmen von Bedeutung sein, die nicht in den direkten Anwendungsbereich fallen, weil sie mittelbar betroffen sein können, etwa als Zulieferer eines in der gesetzlichen Verantwortung stehenden Unternehmens. Unternehmen außerhalb des Anwendungsbereichs können allerdings nicht Adressaten von Bußgeldern oder gesetzlichen Verpflichtungen sein.

6.2.1. Arbeitnehmerschwellen

Der deutsche Gesetzgeber stellt in § 1 Abs 2 LkSG auf die Anzahl der Arbeitnehmer einer Gesellschaft ab und legt den Schwellenwert vorerst bei mindestens 3.000 Beschäftigten fest, wodurch ca 900 Unternehmen in den Anwendungsbereich dieses Gesetzes fallen. Ab 1.1.2024 wird diese Schwelle auf in der Regel 1.000 Arbeitnehmer gesenkt, was die Anzahl der von diesem Gesetz betroffenen Unternehmen auf ca 4.800 erhöhen soll.[151] Ausweislich des Regierungsentwurfs soll sich für die Wirtschaft durch das LkSG eine Steigerung des jährlichen Erfüllungsaufwands in Höhe von rund EUR 43,47 Millionen ergeben. Davon entfallen ca EUR 15,14 Millionen auf Bürokratiekosten aus den Informationspflichten.

---

150   Entwurf eines Gesetzes über die unternehmerischen Sorgfaltspflichten in Lieferketten (bmas.de).
151   Vgl (deutsches) *Bundesministerium für wirtschaftliche Zusammenarbeit und Entwicklung*, Das Lieferkettengesetz, https://www.bmz.de/de/themen/lieferkettengesetz (6.12.2022).

Insgesamt entsteht einmaliger Aufwand von rund EUR 109,67 Millionen. Kompensiert werden soll dies durch das „Dritte Bürokratieentlastungsgesetz".[152, 153]

Im Unterschied zu den im EU-RL-Entwurf normierten Kriterien ist der erzielte Umsatz eines Unternehmens nach der deutschen Rechtslage nicht ausschlaggebend. Es kommt ausschließlich auf die Anzahl der beschäftigten Arbeitnehmer an. Dabei verfolgt das LkSG einen rein statischen Ansatz, der nicht nach der jeweiligen Tätigkeit eines Unternehmens differenziert. Dem RL-Entwurf hingegen liegt ein risikobasierter Ansatz zugrunde, der neben den fixen Größen- und Umsatzkriterien auch darauf abstellt, ob ein Unternehmen in bestimmten Sektoren mit hohem Schädigungspotenzial tätig ist, und unterwirft auf Basis dessen auch andere Unternehmen den nach dem RL-Entwurf umzusetzenden Sorgfaltspflichten.[154]

Beide Regelungen verfolgen einen rechtsformübergreifenden Ansatz, der sich zwar in seiner Regelungstechnik, nicht aber in der Sache selbst unterscheidet: Das LkSG verpflichtet Unternehmen ungeachtet ihrer Rechtsform, während der RL-Entwurf betroffene Gesellschaften durch Verweis auf Definitionen in der Bilanz-Richtlinie[155] sowie durch Sonderregelungen für beaufsichtigte Finanzunternehmen abgrenzt.[156]

Gemeinsam mit dem RL-Entwurf hat das LkSG weiters seine – bereits erwähnte – mittelbare Wirkung auf KMU: Die jeweiligen Regelungen werden sich auf Unternehmen, die die einschlägigen Größenmerkmale nicht erfüllen, aufgrund ihrer Einbeziehung in die Lieferketten von Unternehmen, die den jeweiligen Kriterien entsprechen, faktisch auswirken.[157] KMU werden daher aufgrund vertraglicher Weiterverpflichtungen ebenfalls menschen- und umweltrechtliche Sorgfaltspflichten zu erfüllen haben, durch das LkSG selbst – wie dargetan – können nur die in den Anwendungsbereich fallenden Unternehmen verpflichtet sein.

---

152 Mit der Neuregelung sollen die Wirtschaft, Bürger und Verwaltung von Bürokratie entlastet werden. Dazu soll eine elektronische Arbeitsunfähigkeitsbescheinigung eingeführt werden. Ein elektronisches Meldeverfahren soll die Einreichung des Krankenscheins ersetzen, heißt es. Künftig sollen die Krankenkassen den Arbeitgeber auf Abruf elektronisch über Beginn und Dauer der Arbeitsunfähigkeit seines gesetzlich versicherten Arbeitnehmers informieren. Vorgesehen sind auch Erleichterungen bei der Archivierung elektronisch gespeicherter Steuerunterlagen. Für Unternehmen entfällt die Pflicht, bei einem Wechsel der Steuersoftware zehn Jahre lang die alten Datenverarbeitungsprogramme in Betrieb zu halten. Diese sollen künftig fünf Jahre nach dem Wechsel abgeschafft werden dürfen, wenn ein Datenträger mit den gespeicherten Steuerunterlagen vorhanden ist. https://www.bgbl.de/xaver/bgbl/text.xav?SID=&tf=xaver.component.Text_0&tocf=&qmf=&hlf=xaver.component.Hitlist_0&bk=bgbl&start=%2F%2F%5B%40node_id%3D%27941675%27%5D&skin=pdf&tlevel=-2&nohist=1&sinst=321691A9.
153 Entwurf eines Gesetzes über die unternehmerischen Sorgfaltspflichten in Lieferketten (bmas.de).
154 Vgl *Birkholz*, CSDD-E: Konkrete Sorgfaltspflichten für Unternehmen statt Vorgaben zur Sustainable Corporate Governance? DB 2022/21, 1309.
155 Richtlinie (EU) 2013/34 des Europäischen Parlaments und des Rates über den Jahresabschluss, den konsolidierten Abschluss und damit verbundene Berichte von Unternehmen bestimmter Rechtsformen und zur Änderung der Richtlinie 2006/43/EG des Europäischen Parlaments und des Rates und zur Aufhebung der Richtlinien 78/660/EWG und 83/349/EWG des Rates, ABl L 2013/182, 19.
156 Vgl *Hübner/Habrich/Weller*, Corporate Sustainability Due Diligence: Der EU-Richtlinienentwurf für eine Lieferkettenregulierung, NZG 2022, 645.
157 Vgl ErwGr 47 RL-Entwurf.

6.2.2. Persönlicher Anwendungsbereich im Konzern

§ 1 Abs 3 LkSG enthält einen besonderen Zurechnungstatbestand für iSd § 15 dAktG verbundene Unternehmen, also für Unternehmen innerhalb eines Konzerns. Bei der Ermittlung der Arbeitnehmeranzahl der Obergesellschaft sind die in Deutschland beschäftigten Arbeitnehmer verbundener Gesellschaften mitzuzählen, wenn die Obergesellschaft einen *bestimmenden* Einfluss auf die verbundene Gesellschaft ausübt (zum Begriff des *bestimmenden* Einflusses siehe 6.3.3.1.2.).[158]

Die Zurechnung erfolgt nur nach oben, also von der Tochter- zur Muttergesellschaft, nicht aber in die umgekehrte Richtung: Tochterunternehmen werden die Arbeitnehmer übergeordneter Konzerngesellschaften sowie von Schwestergesellschaften nicht zugerechnet. Die am weitesten unten in der Konzernstruktur angesiedelten Unternehmen (sprich konzernzugehörige Unternehmen ohne eigene Untergesellschaften) sind also nur dann vom Anwendungsbereich des LkSG erfasst, wenn sie selbst die Mindestanzahl der in der Regel im Inland beschäftigten Arbeitnehmer aufweisen.[159] Die Zurechnungsregelung des § 1 Abs 3 fordert kein Über-/Unterordnungsverhältnis zwischen den konzernzugehörigen Gesellschaften und gilt daher auch im Gleichordnungskonzern.[160]

Bei der Berechnung der einschlägigen Schwelle zu berücksichtigen sind folgende Arbeitnehmer:

- ins Ausland entsandte Arbeitnehmer;
- Leiharbeitnehmer, wenn die Einsatzdauer beim Entleihunternehmen sechs Monate übersteigt;
- leitende Angestellte;
- folgende besondere Gruppen von Arbeitnehmern:
  - Arbeitnehmer in Probezeit;
  - Heimarbeiter;
  - unselbstständige Handelsvertreter;
  - Arbeitnehmer in Kurzarbeit; oder
  - wegen Mutterschaftsurlaub Abwesende.

Nicht zu berücksichtigen sind:

- Leiharbeitnehmer, wenn die Einsatzdauer beim Entleihunternehmen sechs Monate nicht übersteigt;
- freie Mitarbeiter und Selbstständige;
- Organmitglieder juristischer Personen;

---

158 Vgl *Domsdorf/Blatecki Burgert*, Lieferketten-Richtlinie und Lieferkettensorgfaltspflichtengesetz, ZRP 2022, 141.
159 Vgl *E. Wagner/Ruttloff/S. Wagner*, Das Lieferkettensorgfaltspflichtengesetz in der Unternehmenspraxis (2022) Rz 9 bis 11.
160 Vgl *E. Wagner/Ruttloff/S. Wagner*, Das Lieferkettensorgfaltspflichtengesetz in der Unternehmenspraxis (2022) Rz 12.

- in aller Regel Gesellschafter juristischer Personen;
- Personen, bei denen die Hauptpflichten aus dem Arbeitsverhältnis im Geschäftsjahr mehr als sechs Monate ruhen (zB ausgeschiedene Vorruheständler, Personen in der passiven Phase der Altersteilzeit, Arbeitnehmer in Elternzeit);
- Beamte sowie Soldaten (hier liegt ein öffentlich-rechtliches Dienstverhältnis vor);
- Auszubildende, Umzuschulende, Praktikanten und Volontäre.[161]

Beschäftigte einer ausländischen Muttergesellschaft bzw von ausländischen Tochtergesellschaften einer inländischen Obergesellschaft werden nicht berücksichtigt. Das hat zur Folge, dass, wenn ein ausländisches Unternehmen in Deutschland mehrere Tochtergesellschaften unterhält, die jeweils einzeln die Mindestarbeitnehmeranzahl nicht erreichen, zusammengerechnet insgesamt aber schon, dieser Sachverhalt dem LkSG nicht unterliegt. Da § 1 Abs 3 nicht auf ausländische Obergesellschaften anwendbar ist, ist eine solche Zusammenrechnung für die Zwecke dieses Gesetzes nicht durchzuführen.

6.3. Sachlicher Anwendungsbereich des LkSG

Der sachliche Anwendungsbereich ist neben den zu schützenden Rechtspositionen vor allem durch den Begriff der Lieferkette definiert. Die von diesem Gesetz etablierten Sorgfaltspflichten sind gem § 3 Abs 1 in den jeweiligen Lieferketten der betroffenen Unternehmen einzuhalten.

6.3.1. Definition Lieferkette und Wertschöpfungskette

Der Legaldefinition des § 2 Abs 5 LkSG entsprechend sind sämtliche Schritte im In- und Ausland, die zur Herstellung von Produkten und zur Erbringung von Dienstleistungen *erforderlich* sind, vom Begriff der Lieferkette umfasst. Sie beginnt mit der Gewinnung von Rohstoffen und endet mit der Lieferung oder Erbringung an den Endkunden. Der Begriff *„erforderlich"* ist weit auszulegen. Erfasst werden etwa auch der Bürobedarf oder das Reinigungsunternehmen eines verpflichteten Unternehmens. Allerdings hat das nichts damit zu tun, welche Lieferketten und Risiken ein Unternehmen im Rahmen seines Risikomanagements untersuchen muss. Hier geht es darum, Risiken zu bewerten, zu priorisieren und ihnen angemessen zu begegnen. Risiken bei den für Hilfsschritte (zB Gebäudereinigung oder Kantinenbetrieb) zuständigen Zulieferern, die zwar grundsätzlich auch erfasst sind, können häufig vernachlässigt oder mit geringen Bemühungen bearbeitet werden, entweder weil ein Verursachungsbeitrag überhaupt fehlt oder weil dieser gering ist.

Der RL-Entwurf spricht im Gegensatz dazu von der Wertschöpfungskette, welche Tätigkeiten im Zusammenhang mit der Produktion von Waren oder der Erbrin-

---

161   CSR – Fragen und Antworten zum Lieferkettengesetz (csr-in-deutschland.de).

gung von Dienstleistungen durch ein Unternehmen, einschließlich deren Entwicklung, Verwendung und Entsorgung, sowie die damit verbundenen Tätigkeiten im Rahmen vor- und nachgelagerter Geschäftsbeziehungen bezeichnet.

Sowohl der Begriff der Lieferkette als auch der der Wertschöpfungskette umfasst neben der Herstellung von Produkten auch die Erbringung von Dienstleistungen.

6.3.2. Abgrenzung Lieferkette–Wertschöpfungskette

Die Lieferkette iSd LkSG bezieht sich auf den eigenen Geschäftsbereich sowie auf die unmittelbaren und mittelbaren Zulieferer des Unternehmens, womit das LkSG grundsätzlich nur zur Überprüfung der vorgelagerten *„Up-stream"*-Lieferkette verpflichtet. Kunden sind in der Regel unabhängig vom Unternehmen, sie zählen daher nicht zu dessen eigenem Geschäftsbereich.[162] Der RL-Entwurf geht vom grundsätzlich weiteren Begriff der Wertschöpfungskette aus, was auch den maßgeblichen Prüfungsumfang erweitert: Dieser bezieht sich nicht nur auf die der Tätigkeit des Unternehmens vorgelagerten Schritte, sondern auch auf nachgelagerte Kundenbeziehungen sowie mittelbare Zulieferer, insofern es sich dabei um enge etablierte Geschäftsbeziehungen handelt.[163] Damit verpflichtet der EU-Gesetzgeber auch zur Überprüfung der nachgelagerten *„Down-stream"*-Lieferkette und verfolgt somit einen deutlich weitergehenden Ansatz als der deutsche Gesetzgeber.

6.3.3. Differenzierung des Pflichtenmaßstabes nach dem LkSG

Das LkSG unterscheidet neben dem eigenen Geschäftsbereich zwischen mittelbaren und unmittelbaren Zulieferern. Eine derartige Abgrenzung ist dem EU-RL-Entwurf fremd. Dieser bezieht sich grundsätzlich auf die gesamte Wertschöpfungskette, ohne vergleichbare Differenzierungen hinsichtlich der einzuhaltenden Sorgfaltspflichten vorzunehmen. § 2 Abs 5 Z 1 bis 3 LkSG normiert drei Sphären der Lieferkette, an die jeweils unterschiedliche Sorgfaltspflichtenmaßstäbe geknüpft sind:

- den eigenen Geschäftsbereich (Tier-0),
- unmittelbare Zulieferer (Tier-1) und
- mittelbare Zulieferer (Tier-2).

Die Sorgfaltspflichten gelten hauptsächlich für das Handeln der Gesellschaft in ihrem eigenen Geschäftsbereich; daneben in teils abgeschwächter Weise für das Handeln der Zulieferer des Unternehmens. Die tatsächliche Verantwortung und

---

162 Vgl *Bomsdorf/Blatecki-Burgert*, Lieferketten-Richtlinie und Lieferkettensorgfaltspflichtengesetz, ZRP 2022, 142.

163 Vgl *Birkholz*, CSDD-E: Konkrete Sorgfaltspflichten für Unternehmen statt Vorgaben zur Sustainable Corporate Governance? DB 2022/21, 1309.

die daran geknüpfte Haftung der dem LkSG direkt unterliegenden Unternehmen bemisst sich nach dem Grad, der Nähe sowie der Kenntnisnahme- und Einflussmöglichkeit bezüglich der unmittelbaren und mittelbaren Zulieferer und folgt diesem abgestuften System.[164] Nur wenn einem Unternehmen tatsächliche Anhaltspunkte vorliegen, die eine Verletzung einer menschenrechts- oder umweltbezogenen Pflicht bei mittelbaren Zulieferern möglich erscheinen lassen, hat es anlassbezogen auch dort tätig zu werden.

Dabei gilt das Prinzip der Angemessenheit: Von Unternehmen wird nur verlangt, was ihnen angesichts ihres individuellen Kontextes – etwa ihrer Größe, der Art ihrer Geschäftstätigkeit oder ihrer Nähe zum Zulieferer – möglich und zumutbar ist. Kommt es trotz einer Konzentration auf die wesentlichen Risiken etwa zu einer Menschrechtsverletzung in der Lieferkette, hat das verpflichtete Unternehmen das nicht zu vertreten.[165]

6.3.3.1. Eigener Geschäftsbereich (Tier-0)

Insbesondere ist vom Begriff der Lieferkette der eigene Geschäftsbereich eines Unternehmens erfasst. Dieser wird in § 2 Abs 6 LkSG als jede Tätigkeit definiert, die der Erreichung des Unternehmenszieles dient. Ob die Tätigkeit an einem Standort im In- oder Ausland ausgeführt wird, ist unerheblich, solange der Standort als Teil der Gesellschaft gilt und somit mit dieser eine rechtliche Unternehmenseinheit bildet.[166]

6.3.3.1.1. Eigener Geschäftsbereich im Konzern (Tier-0)

Innerhalb eines Konzerns zählt zum eigenen Geschäftsbereich der Obergesellschaft jede konzernangehörige Gesellschaft, auf die die Obergesellschaft einen *bestimmenden* Einfluss ausübt. Diese Bestimmung kreiert eine faktische Verantwortung der Obergesellschaft, indem ihr der Geschäftsbereich der Tochtergesellschaft zugerechnet wird. Sie hat dafür Sorge zu tragen, dass die aus diesem Gesetz resultierenden Sorgfaltspflichten auch bei den betreffenden untergeordneten konzernangehörigen Unternehmen und entlang dessen Lieferketten, also im Zusammenhang mit dessen Zulieferern, beachtet werden. Dadurch erweitert sich der Pflichtenkreis des übergeordneten Konzernunternehmens erheblich. Fällt das Tochterunternehmen selbst in den persönlichen Anwendungsbereich des LkSG, kann es zu einer parallelen Sorgfaltspflichtigkeit der über- und untergeordneten Konzerngesellschaft kommen.[167]

---

164 Vgl *Falder/Frank-Fahle/Poleacov*, Lieferkettensorgfaltspflichtengesetz (2022) 43.
165 CSR – Fragen und Antworten zum Lieferkettengesetz (csr-in-deutschland.de).
166 Vgl *E. Wagner/Ruttloff/S. Wagner*, Das Lieferkettensorgfaltspflichtengesetz in der Unternehmenspraxis (2022) Rz 45.
167 Vgl *E. Wagner/Ruttloff/S. Wagner*, Das Lieferkettensorgfaltspflichtengesetz in der Unternehmenspraxis (2022) Rz 46 bis 47.

Konkret ist zu unterscheiden, ob jedes im Konzern erfasste Unternehmen die Sorgfaltspflichten nach dem LkSG erfüllen muss oder ob das zentral durch die Obergesellschaft erledigt werden kann. Dabei kommt es auf folgende Unterscheidung bzw Konstellation an:

- Wenn sowohl die Konzernobergesellschaft als auch die Tochtergesellschaft in den Anwendungsbereich des LkSG fallen, aber kein bestimmender Einfluss der Obergesellschaft auf die Tochter besteht, dann müssen beide Unternehmen – unabhängig voneinander – die Sorgfaltspflichten für ihren eigenen Geschäftsbereich erfüllen. Allerdings können sich die verpflichteten Unternehmen abstimmen, wenn sie Maßnahmen ergreifen. Beispielsweise kann ein Tochterunternehmen von der Obergesellschaft initiierte geeignete Maßnahmen (zB bei Grundsatzerklärung/Schulungen) übernehmen und sich – eigenverantwortlich – zu eigen machen. Ist das Tochterunternehmen gleichzeitig unmittelbarer Zulieferer der Obergesellschaft, dann hat Letztere entsprechende auf unmittelbare Zulieferer bezogene Sorgfaltspflichten auch im Hinblick auf die Tochter zu erfüllen.
- Besteht ein bestimmender Einfluss der Ober- auf die Tochtergesellschaft, so muss die Konzernobergesellschaft die Sorgfaltspflichten für ihren eigenen Geschäftsbereich und entlang ihrer Lieferketten erfüllen. Dies schließt auch den Geschäftsbereich und die Lieferketten des Tochterunternehmens mit ein. Die Verantwortung erfasst dabei die wirtschaftlichen Aktivitäten der Tochtergesellschaft, um Produkte herzustellen oder zu verwerten oder um Dienstleistungen zu erbringen.
- Wenn nur die Konzernobergesellschaft, nicht aber die Tochter in den Anwendungsbereich des LkSG fällt, muss die Obergesellschaft die Sorgfaltspflichten für ihren eigenen Geschäftsbereich und entlang ihrer Lieferketten erfüllen. Dies schließt auch den Geschäftsbereich und die Lieferketten eines Tochterunternehmens mit ein, wenn die Obergesellschaft einen bestimmenden Einfluss ausübt.
- Wenn nur das Tochterunternehmen, nicht aber die Obergesellschaft in den Anwendungsbereich des LkSG fällt, muss es die Sorgfaltspflichten für den eigenen Geschäftsbereich und entlang seiner Lieferketten erfüllen, nicht aber für den Gesamtkonzern. Die Tätigkeit der Obergesellschaft kann für das Tochterunternehmen außer Betracht bleiben.[168]

6.3.3.1.2. Bestimmender Einfluss

Der deutsche Gesetzgeber hat sich bewusst dazu entschieden, die Zurechnung des Geschäftsbereichs innerhalb eines Konzerns vom Vorliegen eines *„bestimmenden Einflusses"* abhängig zu machen und nicht die aus dem Gesellschaftsrecht bekannte

---

168 CSR Fragen und Antworten zum Lieferkettengesetz (csr-in-deutschland.de).

Diktion des „*beherrschenden* Einflusses" zu verwenden. Allerdings gibt das LkSG nicht an, wann ein bestimmender Einfluss auf ein Unternehmen ausgeübt wird oder anhand welcher Kriterien das Bestehen eines solchen Einflusses zu ermitteln ist. Aus systematischen Überlegungen liegt die Annahme nahe, dass der bestimmende Einfluss im Vergleich zum bekannten beherrschenden Einfluss eine stärkere Einflussnahme des Unternehmens verlangt, und setzt nach der hier vertretenen Ansicht Folgendes voraus:[169]

Für die Beurteilung, ob ein bestimmender Einfluss vorliegt, sind alle erheblichen Gesichtspunkte in einer Gesamtschau zu würdigen. Hierfür sind alle wirtschaftlichen, personellen, organisatorischen und rechtlichen Bindungen zwischen Tochter- und Muttergesellschaft im Zusammenhang zu betrachten und zu gewichten. Für das Vorliegen eines bestimmenden Einflusses spricht Folgendes:

- eine hohe Mehrheitsbeteiligung an der Tochtergesellschaft;
- das Bestehen eines konzernweiten Compliance-Systems;
- die Übernahme von Verantwortung für die Steuerung von Kernprozessen im Tochterunternehmen;
- eine entsprechende Rechtskonstellation, in der die Möglichkeit der Einflussnahme angelegt ist;
- personelle Überschneidungen in der (Geschäfts-)Führungsebene;
- ein bestimmender Einfluss auf das Lieferkettenmanagement der Tochtergesellschaft;
- die Einflussnahme über die Gesellschafterversammlung; und
- dass der Geschäftsbereich der Tochtergesellschaft dem Geschäftsbereich der Obergesellschaft entspricht, etwa weil die Tochtergesellschaft die gleichen Produkte herstellt und verwertet oder die gleichen Dienstleistungen erbringt wie die Obergesellschaft.[170]

6.3.3.2. Unmittelbare Zulieferer (Tier-1)

Gem § 2 Abs 7 gelten als unmittelbare Zulieferer eines Unternehmens alle Vertragspartner der Gesellschaft, sofern sich der Vertrag auf die Lieferung von Waren oder die Erbringung von Dienstleistungen bezieht, die für die Produktherstellung oder Dienstleistungserbringung des Unternehmens notwendig sind. Als unmittelbare Zulieferer können – wie schon oben ausgeführt – auch Vertragspartner gelten, die nur Hilfsschritte für die Herstellung eines Produktes oder die Erbringung bzw Inanspruchnahme einer Dienstleistung ausführen.[171]

---

169   Vgl *E. Wagner/Ruttloff/S. Wagner*, Das Lieferkettensorgfaltspflichtengesetz in der Unternehmenspraxis (2022) Rz 48 bis 52.
170   CSR – Fragen und Antworten zum Lieferkettengesetz (csr-in-deutschland.de).
171   Vgl *E. Wagner/Ruttloff/S. Wagner*, Das Lieferkettensorgfaltspflichtengesetz in der Unternehmenspraxis (2022) Rz 65.

6.3.3.3. Mittelbare Zulieferer (Tier-2)

§ 2 Abs 8 LkSG definiert den Begriff des mittelbaren Zulieferers durch eine negative Abgrenzung vom unmittelbaren Zulieferer. Demnach versteht man unter einem mittelbaren Zulieferer eines Unternehmens jeden Zulieferer in der Lieferkette der Gesellschaft, mit dem kein direkter Vertrag abgeschlossen wurde, dessen Tätigkeit aber dennoch für die Produktherstellung oder Dienstleistungserbringung des Unternehmens notwendig ist.

Naturgemäß bestehen für Unternehmen größere Einflussmöglichkeiten hinsichtlich seiner unmittelbaren Vertragspartner als gegenüber dessen (Unter-)Lieferanten, mit denen die Gesellschaft selbst keinen Vertrag abgeschlossen hat. Daher werden Unternehmen im Hinblick auf das Handeln ihrer unmittelbaren Zulieferer weitergehende Pflichten auferlegt als im Zusammenhang mit der Tätigkeit von bloßen mittelbaren Zulieferern. Die unternehmerischen Sorgfaltspflichten gelten gem § 9 Abs 3 LkSG bezüglich des Handelns von mittelbaren Zulieferern – wie oben dargetan – nur dann, wenn das Unternehmen substanziierte Kenntnis von einer potenziellen Verletzung menschrechts- oder umweltbezogener Pflichten hat. Dabei ist zu beachten, dass an das Erlangen dieser substanziierten Kenntnis keine hohen Anforderungen gestellt werden: So genügt hierfür schon der Umstand, dass der Zulieferer in einer Region oder Branche mit generell bestehenden menschenrechts- oder umweltbezogenen Risiken tätig ist und das betreffende Unternehmen davon weiß.[172] Trotzdem ist anhand der unterschiedlichen Ausgestaltung des Pflichtenmaßstabes für die Tätigkeit von direkten Vertragspartnern einerseits und für das Handeln von bloßen Akteuren entlang der Lieferkette andererseits ersichtlich, dass der deutsche Gesetzgeber dem Umstand der abgestuften tatsächlichen Einflussmöglichkeit eines Unternehmens für die Einhaltung der gebotenen Sorgfaltspflichten Rechnung tragen möchte.

Das macht auch vor dem oben bereits erwähnten Angemessenheits- und Verhältnismäßigkeitsprinzip Sinn, weil Verantwortlichkeit und Steuerbarkeit bzw Beherrschbarkeit kommunizierende Gefäße sind: Nur insoweit das Verhalten der Zulieferer entlang der Lieferkette durch das verpflichtete Unternehmen beeinflussbar ist, kann Verantwortlichkeit bestehen. Je weiter entfernt der Lieferant in der Lieferkette angesiedelt ist, desto weniger Sorgfaltspflichten können bestehen bzw desto weniger streng dürfen die Anforderungen an die Sorgfalt der Verpflichteten sein. Alles andere wäre unverhältnismäßig und deshalb verfassungswidrig – in Deutschland wie in Österreich. Dass sich der EU-RL-Entwurf auf die *gesamte* Wertschöpfungskette bezieht, ist das entscheidende Manko der künftigen EU-Regelung, das insbesondere von den Wirtschaftsvertretern – zu Recht – kritisiert wird. Selbst wenn EU-(Richtlinien-)Recht dem nationalen Verfassungsrecht vorgeht, sind auch die Sorgfaltspflichten nach dem RL-Entwurf zwangsläufig

---

172 Vgl *Falder/Frank-Fahle/Poleacov*, Lieferkettensorgfaltspflichtengesetz (2022) 43.

durch die Angemessenheit und die Verhältnismäßigkeit begrenzt. Klar zu bevorzugen ist dennoch die deutsche Regelung, welche durch die Tier-Abstufung eine tragbare und praktikable Regelung schafft und eine Überforderung der betroffenen Unternehmen vermeidet, gleichzeitig aber als zur Zielerreichung geeignet anzusehen ist.

6.4. Menschenrechts- und umweltbezogene Risiken und Pflichtverletzungen

Dem deutschen Gesetz liegt ein rechtsgutsbezogener Schutzansatz zugrunde.[173] Daher knüpfen die im LkSG normierten unternehmerischen Sorgfaltspflichten entweder an das Bestehen eines menschenrechts- oder umweltbezogenen Risikos oder an die Verletzung einer menschenrechts- oder umweltbezogenen Verpflichtung an.

Das LkSG definiert ein menschenrechts- und umweltbezogenes Risiko als einen Zustand, bei dem aufgrund tatsächlicher Umstände mit hinreichender Wahrscheinlichkeit ein Verstoß gegen die in § 2 Abs 2 und 3 LkSG angeführten Verbote droht, während die Verletzung einer menschenrechts- und umweltbezogenen Pflicht gem § 2 Abs 4 LkSG in jedem tatsächlichen Verstoß gegen jene Verbote besteht. Daran lässt sich erkennen, dass der deutsche Gesetzgeber zwischen menschenrechts- und umweltbezogenen Aspekten ebenso wie zwischen Risiken und Pflichtverletzungen unterscheidet und diese mithilfe von umfangreichen Verbotskatalogen voneinander abgrenzt.

6.4.1. Menschenrechtsbezogene Sorgfaltspflichten

Menschenrechtsbezogene Verbotstatbestände des § 2 Abs 2 Z 1 bis 11 LkSG umfassen insbesondere die Beschäftigung von Personen in Zwangsarbeit, Kinderarbeit sowie alle Formen der Sklaverei. § 2 Abs 2 Z 12 LkSG enthält darüber hinaus einen Auffangtatbestand, wonach jedes über die gesondert normierten Verbote hinausgehende Verhalten untersagt ist, welches unmittelbar geeignet ist, eine geschützte Rechtsposition in besonders schwerwiegender Weise zu beeinträchtigen.

Die relevanten geschützten Rechtspositionen ergeben sich aus § 1 Abs 1 LkSG und den in der Anlage aufgelisteten internationalen Übereinkommen zum Schutz der Menschenrechte, wie den ILO-Konventionen, dem Internationalen Pakt über bürgerliche und politische Rechte und dem Internationalen Pakt über wirtschaftliche, soziale und kulturelle Rechte.

---

173 Vgl *Birkholz*, CSDD-E: Konkrete Sorgfaltspflichten für Unternehmen statt Vorgaben zur Sustainable Corporate Governance? DB 2022/21, 1310.

6.4.2. Umweltbezogene Sorgfaltspflichten

Unter die umweltbezogenen Verbotstatbestände fallen gem § 2 Abs 3 LkSG einzelne abschließende Verbote aus den drei folgenden völkerumweltrechtlichen Verträgen: dem Minamata-Übereinkommen über Quecksilber (2013), dem Stockholmer Übereinkommen über persistente organische Schadstoffe (2001) sowie dem Basler Übereinkommen über die Kontrolle der grenzüberschreitenden Verbringung gefährlicher Abfälle und ihrer Entsorgung (1989).

Als vorrangiges Ziel des deutschen Gesetzes lässt sich der Schutz von grundlegenden Menschenrechten in den globalen Lieferketten von Unternehmen erkennen, insbesondere die Durchsetzung des Verbots von Kinder- und Zwangsarbeit. Aspekte des Umweltschutzes sind relevant, wenn sie zu Menschenrechtsverletzungen führen oder dem Schutz der menschlichen Gesundheit dienen.[174]

6.4.3. Klimaschutz als geschützte Rechtsposition?

In Zusammenschau mit dem RL-Entwurf fällt auf, dass das LkSG an keiner Stelle von Klimaschutzerwägungen spricht oder klimaschutzbezogene Sorgfaltspflichten vorsieht. Aber auch ohne explizite Erwähnung könnte das LkSG klimaschutzrechtliche Bedeutung erlangen, weil jüngste rechtliche Entwicklungen auf diesem Gebiet zeigen, dass Klimaschutzrechte im Bereich der Menschenrechte angesiedelt sein können, konkret im Recht auf Leben und im Recht auf Privatleben (zB Art 6 und 17 Internationaler Pakt über bürgerliche und politische Rechte). Das LkSG sieht diese beiden Menschenrechte als geschützte Rechtspositionen iSd § 1 Abs 1 leg cit. Sohin könnte ein Verstoß dagegen in den Auffangtatbestand des § 2 Abs 2 Z 12 LkSG fallen und damit die Verletzung einer menschenrechtsbezogenen Pflicht sein.[175]

Die besseren Gründe sprechen allerdings gegen diese – implizite – Einbeziehung, weil es sich dabei um eine wesentlich belastende Regelung handelt, die aufgrund der strengen Vorgaben des Rechtsstaatsprinzips – auch in Deutschland – nicht so ohne weiteres „durch die Hintertür" verpflichtend sein kann. Die geschützten Rechtspositionen müssen für die Rechtsunterworfenen eindeutig voraussehbar sein, was einer interpretativen Ausweitung durch die (mittelbare) Drittwirkung von Menschenrechten klar entgegensteht. Für die Einbeziehung des Klimaschutzes in das LkSG kann auch nicht die durch das (deutsche) Bundesverfassungsgericht neu entwickelte Grundrechtsdimension der intertemporalen Freiheitssicherung ins Treffen geführt werden.[176] Das Bundesverfassungsgericht ging – lediglich

---

171 Vgl (deutsches) *Bundesministerium für wirtschaftliche Zusammenarbeit und Entwicklung*, Das Lieferkettengesetz, https://www.bmz.de/de/themen/lieferkettengesetz (6.12.2022).

175 Vgl *Seibt/Vesper-Gräske*, Lieferkettensorgfaltspflichtengesetz erweitert Compliance-Pflichten, CB 2021, 357.

176 *E. Wagner/Ruttloff/S. Wagner*, Das Lieferkettensorgfaltspflichtengesetz in der Unternehmenspraxis (2022) Rz 209 mwN.

staatsbezogen – von einer relevanten eingriffsähnlichen Vorwirkung der Grund- und Menschenrechte auf das vom Gesetzgeber im Klimaschutzgesetz festgesetzte, aus Sicht des Bundesverfassungsgericht zum Schutze der Lebensgrundlagen der zukünftigen Generationen zu wenig ambitionierte Budget an CO_2-Emissionen aus. Verfahrensgegenständlich war nicht eine (mittelbare) Drittwirkung der Grundrechte (ie eine Grundrechtsgeltung in der horizontalen Ebene zwischen den einzelnen Rechtsunterworfenen, die in der deutschen wie der österreichischen Grundrechtsdogmatik stets die Ausnahme ist), sondern die Grundrechtsbindung des Staates in seiner Funktion als Gesetzgeber, also eine Mediatisierung der Grundrechte durch den (einfachen) Gesetzgeber. Nur weil der Klimaschutz also unter die Grundrechte fallen könnte, die geschützte Rechtsgüter nach dem LkSG sind, lässt die hier vertretene Ansicht weder aus legalitätsrechtlicher Sicht noch aus dem Blickwinkel der Grundrechtsdogmatik eine Ausweitung des LkSG auf den Klimaschutz zu.

6.5. Sorgfaltspflichten

Die den Unternehmen durch das LkSG auferlegten Sorgfaltspflichten zielen darauf ab, menschenrechts- und umweltbezogenen Risiken in ihren Lieferketten vorzubeugen, deren Auftreten zu minimieren sowie Verletzungen von menschenrechts- und umweltbezogenen Pflichten zu beenden. § 3 Abs 1 Z 1 bis 9 LkSG nennt die konkreten Sorgfaltspflichten, die Unternehmen zum Schutz von Menschenrechten und Umweltbelangen in ihren Lieferketten treffen:

6.5.1. Risikomanagement

Kernelement der Sorgfaltspflichten nach dem LkSG ist die Einrichtung eines angemessenen und wirksamen Risikomanagements zur Überwachung der Lieferkette durch das Unternehmen. Das Risikomanagement muss sich über die gesamte Lieferkette der Gesellschaft erstrecken und gem § 4 Abs 1 LkSG in allen maßgeblichen unternehmensinternen Geschäftsabläufen verankert sein.[177]

Risikomanagement bedeutet in diesem Zusammenhang, sich um Transparenz und Kenntnis der eigenen Lieferkette zu bemühen und eine Risikoanalyse durchzuführen. Das heißt, dass verpflichtete Unternehmen zunächst im eigenen Geschäftsbereich sowie bei den unmittelbaren Zulieferern die Bereiche identifizieren müssen, die besonders hohe menschenrechtliche und umweltbezogene Risiken bergen. Mit Blick auf mittelbare Zulieferer ist die Risikoanalyse durchzuführen, wenn einem Unternehmen tatsächliche Anhaltspunkte vorliegen (substanziierte Kenntnis, wobei daran – wie dargetan – keine hohen Ansprüche zu stellen sind), die eine Verletzung einer menschenrechtsbezogenen oder einer umweltbezogenen

---

177 Vgl *Falder/Frank-Fahle/Poleacov*, Lieferkettensorgfaltspflichtengesetz (2022) 47.

Pflicht möglich erscheinen lassen. Tatsächliche Anhaltspunkte können neben eigenen Erkenntnissen etwa Berichte über die schlechte Menschenrechtslage in der Produktionsregion, die Zugehörigkeit eines Zulieferers zu einer Branche mit besonderen menschenrechtlichen oder umweltbezogenen Risiken oder Hinweise der zuständigen Behörde sein. Zudem muss ein Unternehmen mittelbare Zulieferer im Rahmen einer anlassbezogenen Risikoanalyse in den Blick nehmen, wenn es mit einer wesentlich veränderten oder erweiterten Risikolage in der Lieferkette rechnen muss, etwa durch die Einführung neuer Produkte, Projekte oder eines neuen Geschäftsfeldes.[178]

6.5.1.1. Überwachung des Risikomanagements

Die Implementierung eines institutionalisierten Risikomanagements verlangt darüber hinaus die Festlegung der Zuständigkeit für die Überwachung des Risikomanagements innerhalb des Unternehmens. Das Gesetz spricht hier von der Benennung eines Menschenrechtsverantwortlichen. Dabei muss aber nicht zwingend diese Bezeichnung übernommen oder gar eine einzige Person beauftragt werden; mögliche wäre auch die Aufteilung der Zuständigkeit auf mehrere Personen oder die Übertragung der Zuständigkeit auf ein Gremium.[179]

6.5.2. Risikoanalyse

Das LkSG verpflichtet Unternehmen in § 5 Abs 1 außerdem zur Durchführung einer angemessenen Risikoanalyse. Diese dient der Identifikation, Bewertung und Priorisierung von menschenrechts- und umweltbezogenen Risiken als Grundlage für die Festlegung wirksamer Präventions- und Abhilfemaßnahmen.[180]

6.5.2.1. Unterschiedliche Anforderungen für die Sphären der Lieferkette

Bezüglich des eigenen Geschäftsbereichs und bei unmittelbaren Zulieferern hat das Unternehmen regelmäßig, sprich mindestens einmal pro Jahr, sowie anlassbezogen, also bei wesentlich veränderter oder erweiterter Risikolage, zu überprüfen, ob eine Verletzung von Menschenrechts- oder Umweltbelangen vorliegt. Demgegenüber besteht die Pflicht zur (anlassbezogenen) Durchführung einer Risikoanalyse im Zusammenhang mit mittelbaren Zulieferern eines Unternehmens nur eingeschränkt, nämlich dann, wenn das Unternehmen substanziierte Kenntnis einer möglichen Verletzung hat.[181]

---

178 CSR – Fragen und Antworten zum Lieferkettengesetz (csr-in deutschland.de).
179 Vgl *Harings/Jürgens/Thalhammer*, Die Rolle des Menschenrechtsbeauftragten im Lieferkettensorgfaltspflichtengesetz, CB 2022, 93.
180 Vgl *Dohrmann*, Das deutsche Lieferkettensorgfaltspflichtengesetz als Vorbild für den europäischen Gesetzgeber? – Eine kritische Analyse, CCZ 2021, 268.
181 Vgl *Falder/Frank-Fahle/Poleacov*, Lieferkettensorgfaltspflichtengesetz (2022) 47.

6.5.3. Präventionsmaßnahmen

Kann im Rahmen der Risikoanalyse ein im Sinne dieses Gesetzes relevantes Risiko festgestellt werden, hat das Unternehmen diesem mit angemessenen Präventionsmaßnahmen entgegenzuwirken. Diesbezüglich schreibt das Gesetz in § 6 Abs 1 LkSG die Verankerung von Präventionsmaßnahmen im eigenen Geschäftsbereich und gegenüber unmittelbaren Zulieferern vor, in Bezug auf Risiken bei mittelbaren Zulieferern verlangt es die Umsetzung von Sorgfaltspflichten gem § 9 LkSG. Die Wirksamkeit der Präventionsmaßnahmen ist gem § 6 Abs 5 LkSG regelmäßig und anlassbezogen zu überprüfen.

6.5.3.1. Maßnahmen im eigenen Geschäftsbereich

Präventionsmaßnahmen im eigenen Geschäftsbetrieb umfassen vor allem die Umsetzung der unternehmenseigenen Menschenrechtsstrategie, die Durchführung risikobasierter Kontrollmaßnahmen sowie die Entwicklung und Implementierung geeigneter Beschaffungsstrategien und Einkaufspraktiken. Außerdem sollen ein Verhaltens- und Lieferantenkodex erstellt und entsprechende Mitarbeiterschulungen durchgeführt werden.[182]

6.5.3.2. Maßnahmen bei unmittelbaren Zulieferern

Maßnahmen, die gegenüber unmittelbaren Zulieferern zu ergreifen sind, bestehen hauptsächlich darin, diese Zulieferer vertraglich zu verpflichten, die vom Unternehmen verlangten menschenrechts- und umweltbezogenen Erwartungen einzuhalten und entlang der Lieferkette weiterzugeben sowie sich das Recht auf gewisse Kontrollmechanismen vorzubehalten. Das Unternehmen soll außerdem seine menschenrechts- und umweltbezogenen Erwartungen bei der Auswahl neuer unmittelbarer Zulieferer berücksichtigen.[183]

6.5.4. Grundsatzerklärung über die Menschenrechtsstrategie

Das LkSG verpflichtet die betroffenen Gesellschaften zur Einführung einer Menschenrechtsstrategie und die Leitungsebene der Unternehmen zur Abgabe einer Grundsatzerklärung darüber. Die Grundsatzerklärung hat gem § 6 Abs 2 Z 1 bis 3 LkSG eine Beschreibung des Verfahrens, mit dem das Unternehmen seinen übrigen Sorgfaltspflichten nach diesem Gesetz nachkommt, sowie etwaige Risikofeststellungen zu beinhalten, die im Rahmen der Risikoanalyse ermittelt wurden. Außerdem hat es darin die an seine Zulieferer gerichteten menschenrechts- und umweltbezogenen Erwartungen innerhalb der Lieferkette aufzunehmen. Die Verabschiedung einer Grundsatzerklärung ist kein einmaliger Prozess; vielmehr bedarf sie, wie im Übrigen

---

182   Vgl *Dohrmann*, Das deutsche Lieferkettensorgfaltspflichtengesetz als Vorbild für den europäischen Gesetzgeber? – Eine kritische Analyse, CCZ 2021, 269.
183   Vgl *Dohrmann*, Das deutsche Lieferkettensorgfaltspflichtengesetz als Vorbild für den europäischen Gesetzgeber? – Eine kritische Analyse, CCZ 2021, 269.

auch alle anderen Sorgfaltspflichten, regelmäßiger Überprüfung und ggf Aktualisierung.[184]

6.5.5. Abhilfemaßnahmen

Resultiert eine durchgeführte Risikoanalyse in der Feststellung einer Pflichtverletzung menschenrechtlicher oder umweltbezogener Art im eigenen Geschäftsbereich oder bei einem unmittelbaren Zulieferer, hat das Unternehmen unverzüglich Abhilfemaßnahmen nach § 7 Abs LkSG zu ergreifen, um der Verletzung entgegenzuwirken. Im eigenen Geschäftsbereich muss die ergriffene Abhilfemaßnahme gem § 7 Abs 1 letzter Satz LkSG zu einer tatsächlichen Beendigung der Verletzung führen. Tritt die Verletzung bei einem unmittelbaren Zulieferer auf und ist sie so beschaffen, dass das Unternehmen sie nicht in absehbarer Zeit beenden kann, ist gem § 7 Abs 2 LkSG unverzüglich ein Konzept zur Minimierung zu erstellen und umzusetzen. Entsprechend dem Ansatz des EU RL Entwurfs sieht auch das LkSG den Abbruch einer Geschäftsbeziehung als letztes zu ergreifendes Mittel vor.[185]

6.5.6. Beschwerdeverfahren

§ 8 LkSG verpflichtet Unternehmen zur Einrichtung eines unternehmensinternen, für außenstehende Personen zugänglichen Beschwerdeverfahrens und enthält Vorgaben hinsichtlich der Kommunikation mit Hinweisgebern sowie deren Schutz, die in ähnlicher Weise auch in der EU-Whistleblowerrichtlinie[186] enthalten sind. Auch diese Bestimmung entspricht im Wesentlichen den Vorgaben des EU-RL-Entwurfs.

6.5.7. Dokumentations- und Berichtspflicht

Schließlich ist die Erfüllung der Sorgfaltspflichten nach § 10 Abs 1 LkSG unternehmensintern fortlaufend zu dokumentieren und hat gem § 10 Abs 2 LkSG jedes betroffene Unternehmen jährlich und öffentlich zugänglich über die Einhaltung der Erfüllung seiner Sorgfaltspflichten Bericht zu erstatten.[187]

6.5.8. Ausgestaltung der Sorgfaltspflichten als Bemühenspflichten und Angemessenheitsvorbehalt

Ebenso wie die Sorgfaltspflichten des EU-RL-Entwurfs sind die des LkSG nicht als Erfolgs-, sondern als Bemühenspflichten ausgestaltet. Die Unternehmen müssen nicht garantieren, dass keine menschenrechts- oder umweltbezogenen Pflichten

---

184 Vgl *Falder/Frank-Fahle/Poleacov*, Lieferkettensorgfaltspflichtengesetz (2022) 65
185 Vgl ErwGr 32 RL-Entwurf.
186 RL (EU) 2019/1937 des Europäischen Parlaments und des Rates zum Schutz von Personen, die Verstöße gegen das Unionsrecht melden, ABl L 2019/305, 17.
187 Vgl *Dohrmann*, Das deutsche Lieferkettensorgfaltspflichtengesetz als Vorbild für den europäischen Gesetzgeber? – Eine kritische Analyse, CCZ 2021, 265.

verletzt werden. Sie erfüllen ihre Sorgfaltspflichten, indem sie in angemessenem Umfang Maßnahmen ergreifen, um derartige Pflichtverletzungen zu verhindern. Der relevante Maßstab für die Feststellung eines Verstoßes gegen das LkSG ist daher nicht die tatsächliche Verletzung einer menschenrechts- oder umweltbezogenen Verpflichtung, sondern die Verletzung der Bemühenspflicht. Trotzdem kann die hinreichende Erfüllung einer Sorgfaltspflicht im Einzelfall das Eintreten eines Erfolgs verlangen, etwa wenn es zum Ergreifen von Abhilfemaßnahmen gegen Pflichtverletzungen im eigenen Geschäftsbereich kommt.[188] Das LkSG setzt ferner die Anforderungen an die Erfüllung der Sorgfaltspflichten unter einen Angemessenheitsvorbehalt, welcher den betroffenen Unternehmen einen gewissen Handlungs- und Ermessensspielraum bei der Wahl und Umsetzung ihrer Maßnahmen einräumt.[189] Alles andere wäre – wie bereits oben dargetan – aus dem Blickwinkel des Verfassungsrechts unverhältnismäßig und daher verfassungswidrig. Einerseits kann nur dort Sorgfalt gefordert werden, wo Einfluss bzw Steuerung besteht; andererseits müssen die geforderten Maßnahmen in einer angemessenen Relation zu den zu erreichenden Zielen stehen, zumal die Erfüllung der Sorgfaltspflichten entlang der Lieferkette für die Unternehmen mit einem nicht zu vernachlässigenden (wirtschaftlichen) Aufwand verbunden ist.

6.6. Zuständige Behörde

Gem § 19 Abs 1 LkSG ist das (deutsche) Bundesamt für Wirtschaft und Ausfuhrkontrolle (BAFA) für die Durchsetzung und behördliche Kontrolle der zuvor genannten Sorgfaltspflichten zuständig. Dabei verfolgt die Behörde einen risikobasierten Ansatz. Dem BAFA kommt hinsichtlich der Durchsetzung und Kontrolle eine Doppelfunktion zu, es übt zwei voneinander unabhängige Funktionen aus:

- Einerseits wird es als Aufsichtsbehörde zur Gefahrenabwehr tätig und überwacht die Einhaltung der auferlegten Pflichten nach dem LkSG, wobei es Verstöße gegen die Sorgfaltspflichten feststellt, verhindert oder beseitigt. Hierfür wird das BAFA gem § 14 Abs 1 LkSG von Amts wegen oder auf Antrag tätig, wenn die antragstellende Person substanziiert geltend macht, dass sie infolge der Nichterfüllung einer Sorgfaltspflicht in einer geschützten Rechtsposition verletzt ist oder dass eine derartige Verletzung unmittelbar bevorsteht. Das – bereits mehrfach erwähnte – Angemessenheitsprinzip gibt den verpflichteten Unternehmen großen Spielraum bei der Entscheidung, welche Risiken es zuerst angehen soll und welche Maßnahmen dabei sinnvoll sind. Dieser Spielraum wird bei der behördlichen Kontrolle anerkannt und berücksichtigt. Das BAFA prüft, ob ein Unternehmen zum Zeitpunkt der Entscheidung, also *ex*

---

188 Vgl *E. Wagner/Ruttloff/S. Wagner*, Das Lieferkettensorgfaltspflichtengesetz in der Unternehmenspraxis (2022) Rz 467.
189 Vgl *E. Wagner/Ruttloff/S. Wagner*, Das Lieferkettensorgfaltspflichtengesetz in der Unternehmenspraxis (2022) Rz 475.

ante, angemessen gehandelt hat. So hat das betroffene Unternehmen nachzuweisen, nach welchen Kriterien es die Risiken bewertet und seine Maßnahmen ergriffen hat. Der unternehmensinterne Abwägungsprozess muss dabei plausibel und für das BAFA nachvollziehbar sein. Es hinterfragt die Unternehmensentscheidung nicht aus einer *Ex-post-facto*-Sicht, sodass das Unternehmen nicht für Rückschaufehler sanktioniert werden kann.[190]

- Andererseits ist das BAFA für die Verfolgung und bußgeldliche Ahndung von derartigen Verstößen zuständig.[191]

6.7. Sanktionen

Das LkSG sieht eine Vielzahl an Sanktionen für Verstöße gegen die gebotenen Sorgfaltspflichten vor: Sie reichen von der Verhängung von Zwangs- und Bußgeldern bis hin zu vergaberechtlichen Konsequenzen. Im Gegensatz zum EU-RL-Entwurf kennt das LkSG keine entsprechenden Sanktionsnormen, nach welchen die sanktionierende Behörde ihre Beschlüsse im Zusammenhang mit der Nichteinhaltung der Sorgfaltspflichten veröffentlichen muss oder sanktionierte Unternehmen von der Gewährung öffentlicher Unterstützung auszuschließen sind. Innerhalb des Sanktionsregimes bestehen für das BAFA (als zuständige Behörde) mehrere Möglichkeiten, Verstöße gegen die im LkSG normierten unternehmerischen Sorgfaltspflichten zu ahnden. Man spricht hierbei von einer Rechtsfolgentrias, die mitunter davon geprägt ist, dass mehrere Sanktionsarten miteinander kombiniert werden:[192]

6.7.1. Zwangsgeld

Als einer der Sanktionsmechanismen ist die Verhängung von Zwangsgeld gem § 23 LkSG zu nennen. Zwangsgelder können im Rahmen des Verwaltungsverfahrens in einer Höhe von bis zu EUR 50.000 verhängt werden; das ist die doppelte Höhe des sonst in Deutschland maximal zu entrichtenden Zwangsgeldes.[193]

6.7.2. Bußgeld

§ 24 LkSG enthält eine Reihe von detailliert angeführten Ordnungswidrigkeitstatbeständen (Verwaltungsstraftatbestände), die eine Vielzahl von Verstößen gegen die Sorgfaltspflichten umfassen. Für die Verwirklichung einer der angeführten Ordnungswidrigkeiten genügt einfaches fahrlässiges Handeln. § 24 Abs 2 LkSG enthält einen abgestuften Bußgeldrahmen: Gegen natürliche Personen können Bußgelder in Höhe von maximal EUR 800.000 verhängt werden, gegen juristische

---

190   CSR – Fragen und Antworten zum Lieferkettengesetz (csr-in-deutschland.de).
191   Vgl *Seibt/Vesper-Gräske*, Lieferkettensorgfaltspflichtengesetz erweitert Compliance-Pflichten, CB 2021, 361.
192   Vgl *Falder/Frank-Fahle/Poleacov*, Lieferkettensorgfaltspflichtengesetz (2022) 129.
193   Vgl *Falder/Frank-Fahle/Poleacov*, Lieferkettensorgfaltspflichtengesetz (2022) 130.

Personen sogar bis zu höchstens EUR 8 Mio. Außerdem können, im Einklang mit der im EU-RL-Entwurf vorgesehenen Sanktionierungstechnik, die Verstöße von großen Unternehmen mit umsatzbasierten Bußgeldern bis zu zwei Prozent des Jahresumsatzes geahndet werden.[194]

6.7.3. Ausschluss von der Vergabe öffentlicher Aufträge

Als weitere Sanktionsmöglichkeit sieht § 22 LkSG den Ausschluss von der Vergabe öffentlicher Aufträge vor, eine dem deutschen Recht nicht unbekannte Art der Strafe. Nicht jeder Verstoß gegen Sorgfaltspflichten nach dem LkSG soll sofort zum Ausschluss von sämtlichen öffentlichen Aufträgen führen. Dafür bedarf es eines rechtskräftig festgestellten Verstoßes, der mit einer Geldstrafe von wenigstens EUR 175.000 belegt wird. Insofern besteht ein Zusammenhang zwischen der Verhängung eines Bußgeldes wegen der Begehung von Ordnungswidrigkeiten und der Vergabesperre. Grundsätzlich darf der Ausschluss nur innerhalb eines angemessenen Zeitraumes von höchstens drei Jahren erfolgen; es ist den ausgeschlossenen Unternehmen aber möglich, die verhängte Vergabesperre durch ein Selbstreinigungsverfahren schon vor Ablauf der verhängten Sperrfrist zu beseitigen.[195] Ähnliches wird auch in Österreich zum Tragen kommen, wenn der RL-Entwurf umzusetzen ist.

6.8. Zivilrechtliche Haftung

Das LkSG normiert keine eigenständige zivilrechtliche Haftung für Schäden, die aus Verletzungen von menschenrechts- oder umweltbezogenen Verpflichtungen resultieren. Der deutsche Gesetzgeber geht sogar noch einen Schritt weiter, indem er eine solche Haftung in § 3 Abs 3 LkSG ausdrücklich ausschließt.[196] Nach geltendem Recht bestehende Haftungen sowie daraus resultierende zivilrechtliche Ansprüche bleiben unberührt. Die Durchsetzung der Sorgfaltspflichten und die Sanktionierung der Verstöße dagegen sollen demnach grundsätzlich ausschließlich auf öffentlich-rechtlichem Wege erfolgen.[197]

In diesem Punkt unterscheidet sich das LkSG wohl am gravierendsten von dem RL-Entwurf der EU. Im Gegensatz zum deutschen Gesetz schreibt der EU-Gesetzgeber das Eintreten zivilrechtlicher Haftungsfolgen für Menschenrechtsverletzungen oder Umweltschäden in der Wertschöpfungskette zwingend vor und setzt somit auf eine Mischung aus privat- und öffentlich-rechtlicher Durchsetzung der aus dem RL-Entwurf resultierenden Sorgfaltspflicht.

---

194 Vgl *Seibt/Vesper-Gräske*, Lieferkettensorgfaltspflichtengesetz erweitert Compliance-Pflichten, CB 2021, 362.

195 Vgl *Falder/Frank-Fahle/Poleacov*, Lieferkettensorgfaltspflichtengesetz (2022) 134.

196 Vgl *Bomsdorf/Blatecki-Burgert*, Lieferketten-Richtlinie und Lieferkettensorgfaltspflichtengesetz, ZRP 2022, 143.

197 Vgl *Falder/Frank-Fahle/Poleacov*, Lieferkettensorgfaltspflichtengesetz (2022) 112.

6.9. Fazit

Im Grunde verfolgen die beiden Regelungswerke dasselbe Ziel: Unternehmen sollen zur Einhaltung von Sorgfaltspflichten nicht nur bei sich selbst, sondern auch entlang ihrer globalen Lieferketten verpflichtet werden. Während die Inhalte einiger Regelungen der beiden Normtexte weitgehend deckungsgleich sind, gehen die Anforderungen des EU-RL-Entwurfs zum Teil deutlich über die des deutschen LkSG hinaus. Wird die Richtlinie auf europäischer Ebene verabschiedet, werden für den deutschen Gesetzgeber einige Anpassungen des derzeitigen LkSG notwendig sein, um den EU-Vorgaben voll zu entsprechen. Das LkSG sollte – umgekehrt – zum Anlass genommen werden, den EU-Gesetzgeber dazu anhalten, über die Verhältnismäßigkeit des RL-Entwurfs nachzudenken und zu einer angemessenen Mittel-Ziel-Relation zurückzukehren, wie sie das LkSG vorsieht. Insbesondere gilt das für die deutlich eingeschränkten Sorgfaltspflichten bei mittelbaren Zulieferern und die stärkere Gewichtung der Angemessenheit der zu setzenden Sorgfaltsmaßnahmen. Die Zeichen im EU-Gesetzgebungsprozess deuten derzeit – leider – in die genau entgegengesetzte Richtung. Anstatt auf den Boden der Realität des LkSG zurückzukehren, werden auf EU-Ebene immer weitreichendere Sorgfaltspflichten gefordert, die am Ende des Tages von den verpflichteten Unternehmen sowieso nicht umgesetzt werden können.

7. Resümee

Die Corporate Sustainability Due Diligence Directive und die Regeln zu Lieferketten und Wertschöpfungsketten überhaupt stehen rechtlich noch ganz am Anfang. Es stellen sich viele dogmatische und praktische Fragen. Im Unterschied zu den sonstigen nachhaltigkeitsbezogenen Regeln (wie zB der Offenlegungs-VO oder der Nachhaltigkeitsberichterstattung) behandeln die neuen Regeln wie dargestellt jedenfalls nicht nur die Bereitstellung von Informationen, sondern verpflichten Unternehmen auch zu aktivem Tun. Bereits heute kann deshalb festgehalten werden, dass es sich dabei um eine ganz neue Qualität und Quantität des Eingriffs in die Geschäftstätigkeit von praktisch allen Unternehmen handelt – egal ob als großes Unternehmen unmittelbar erfasst oder als KMU „nur" mittelbar aufgrund der Rolle als Lieferant eines großen Unternehmens betroffen.

Greenwashing am Kapitalmarkt

Axel Anderl/Alexandra Ciarnau

1. Einleitung

Mit gutem Gewissen Geld verdienen? Impact- und andere „grüne"[1] Investments locken viele Anleger an. Sie erhoffen sich, eine gute Rendite zu erzielen und gleichzeitig einen Beitrag zum Beispiel zur Kreislaufwirtschaft zu leisten. **Umweltbezogene Zusätze**, wie *„grüne"* Girokonten, *„ESG"*-Fonds, *„nachhaltige"* Lebensversicherungen oder *„ökologische"* Investments, sind daher besonders werbewirksam, bergen allerdings auch eine **hohe Irreführungsgefahr** in sich:

Das ist einerseits auf **fehlende einheitliche Mindeststandards für nachhaltige Anlageprodukte** zurückzuführen:[2] Während nachhaltigkeitsorientierte Anleger

---

1   „Grün" wird – wie häufig – in der Folge als stellvertretend für alle ESG-Faktoren genannt, also auch für das häufig übersehene „S" und das „G".
2   Vgl https://www.bafin.de/DE/Verbraucher/Finanzwissen/NachhaltigeGeldanlage/NachhaltigeGeldanlage_node.html (4.7.2023).

bei Umweltbegriffen von einer Form des Impact Investment ausgehen, wollen Unternehmen meist bloß eine hohe Rendite erzielen. Hierfür begnügen sie sich oft mit unverbindlichen Umweltzielen.[3] Die TaxonomieVO und die OffenlegungsVO legen zwar gewisse Mindestkriterien für einzelne ökonomische Aktivitäten fest, schließen aber noch nicht alle Lücken in der Praxis. So definiert die Taxonomie die Umweltaspekte (also das „E" in ESG) für einzelne Tätigkeiten, lässt aber die Parameter für Soziales und Themen der guten Unternehmensführung (das „S" und „G") noch offen.[4] Die Offenlegungs-VO definiert zwar auch das „S" und das „G",[5] bleibt dabei aber sehr vage. In der Praxis stellen sich bei der Definition der beiden VO zudem viele Auslegungsfragen. Allerdings übertreiben viele Unternehmer bewusst bei ihrem grünen Engagement. Sie weisen Finanzprodukte bspw als „nachhaltig" aus, obwohl sie weiterhin klima- oder umweltschädliche Elemente enthalten oder finanzieren.[6]

Das Schutzbedürfnis hinsichtlich irreführender Nachhaltigkeitswerbung ist am Kapitalmarkt daher besonders groß. Neben den kapitalmarktrechtlichen Spezialbestimmungen[7] bietet das Gesetz gegen unlauteren Wettbewerb („UWG") eine effektive Rechtsgrundlage im Kampf gegen **„Greenwashing"**. Damit kann jede Geschäftspraktik auf ihre Unlauterkeit bzw Irreführungseignung geprüft werden. Das erfasst zB den Außenauftritt auf Social Media, Werbungen auf der Website, Flyer, Plakate, Produktblätter und Prospekte oder Beratungsgespräche. Bei Verstößen gegen das UWG drohen Klagen von Mitbewerbern und nach § 14 UWG klagslegitimierten Verbänden, va auf Unterlassung und Urteilsveröffentlichung. Bei weitverbreiteten Verstößen bzw Verstößen mit Unionsdimension können zudem Verwaltungsstrafen iHv 4 % des im vorausgegangenen Geschäftsjahr erzielten Jahresumsatzes bzw bis zu EUR 2 Mio verhängt werden (vgl 4.).

Die Eindämmung von Greenwashing steht seit einigen Jahren nicht nur im Fokus der Aufsichtsbehörden, wie der ESAs (EBA, ESMA und EIOPA),[8] der FMA[9] oder der BaFin,[10] sondern auch der Verbraucherschutzverbände.[11] Der VKI geht regel-

---

3 *Anderl/Ciarnau* in *Anderl*, Praxishandbuch UWG 78.
4 Vgl für einen Überblick *Lejsek*, Grundzüge des nachhaltigen Kapitalmarkts, in diesem Band 1.
5 Vgl das Verständnis „nachhaltiger Investitionen" in Art 2 Nr 17 OffenlegungsVO.
6 Vgl https://www.bmk.gv.at/green-finance/bildung/privat.html (4.7.2023).
7 Vgl zB *Zahradnik/Varga/Choma/Auf*, European Green Bond Standard – Entwurf für eine Verordnung über europäische grüne Anleihen und aktuelle Rechtspraxis, in diesem Band 33, für einen Überblick über die Transparenzregeln bei grünen Anleihen.
8 ESAs Call for Evidence on Better Understanding Greenwashing, https://www.esma.europa.eu/sites/default/files/library/esas_call_for_evidence_on_greenwashing.pdf (6.7.2023).
9 FMA-Pressemitteilung vom 27.4.2021 zu „Green Washing – Achtung vor Grünfärberei von Finanzprodukten", https://www.fma.gv.at/greenwashing-achtung-vor-gruenfaerberei-von-finanzprodukten/ (4.7.2023).
10 Ba-Fin-Jahresbericht 2021, https://www.bafin.de/SharedDocs/Downloads/DE/Jahresbericht/dl_jb_2021.pdf?__blob=publicationFile&v=16 (4.7.2023).
11 Vgl https://www.arbeiterkammer.at/nachhaltig-investieren (4.7.2023) und https://vki.at/greenwashing-check-haelt-das-gruene-versprechen/5610 (4.7.2023).

mäßig gegen entsprechende Verstöße vor.[12] Darüber hinaus ist die Verhinderung von Greenwashing auch eine wesentliche Maßnahme des EU-Aktionsplans für Kreislaufwirtschaft.[13] Die Regulierung wird auf EU-Ebene laufend nachgeschärft. Potenzielle Fälle sollen zur besseren Rechtsdurchsetzung auch gesetzlich konkretisiert werden (vgl 5.).

2. Überblick über die lauterkeitsrechtlichen Werbebeschränkungen

2.1. Die relevanten Tatbestände

Im Green Finance sind insb folgende UWG-Tatbestände relevant:

2.1.1. Die Generalklausel des § 1 UWG

§ 1 UWG gilt als *„große Generalklausel"* und untersagt ganz allgemein unlautere Geschäftspraktiken. Der Auffangtatbestand wurde von der Rsp durch Fallgruppen konkretisiert.[14] Im Zusammenhang mit Nachhaltigkeitswerbung ist aufgrund zahlreicher Kennzeichnungs- und Informationspflichten insb der **Rechtsbruch** relevant. Diesen begeht, wer

- **gesetzliche oder vertragliche Normen** (zB Gesetz, Verordnung, Kollektivvertrag, Vertrag) **verletzt** und
- sich dadurch einen **sachlich ungerechtfertigten Vorsprung im Wettbewerb** verschafft.

Die Verletzung muss zudem auf einer **unvertretbaren Rechtsansicht beruhen**. Von den Marktteilnehmern kann nämlich nicht verlangt werden, sich im Zweifel immer nach der strengsten Gesetzesauslegung zu richten.[15] Zudem muss der Rechtsbruch **spürbar** sein. Das liegt vor, wenn der Rechtsbrecher durch die gesetzte Maßnahme merkbar weniger Aufwendungen tätigen musste, höhere Umsätze erzielen oder seinen Kundenkreis erweitern könnte.[16] Die Vorteile müssen aber nicht tatsächlich eingetreten sein.[17]

---

12 Der VKI setzt dabei auch auf die Mithilfe der Bevölkerung und fordert sie auf, Verdachtsfälle über ein Online-Formular zu melden (Greenwashing-Check: Meldeformular | KONSUMENT.AT, 4.7.2023).

13 EU-Kommission, Ein neuer Aktionsplan für Kreislaufwirtschaft: für ein sauberes und wettbewerbsfähigeres Europa (2020) https://data.europa.eu/doi/10.2779/05068.

14 Vgl *Heidinger/Handig/Wiebe/Frauenberger/Burgstaller* in *Wiebe/Kodek*, UWG² § 1 Rz 21; neben dem Rechtsbruch gibt es noch die Rufausbeutung, die Behinderung und den Kundenfang.

15 OGH 4 Ob 225/07b MR 2008, 114.

16 *Heidinger/Handig/Wiebe/Frauenberger/Burgstaller* in *Wiebe/Kodek*, UWG² § 1 Rz 911.

17 *Heidinger/Handig/Wiebe/Frauenberger/Burgstaller* in *Wiebe/Kodek*, UWG² § 1 Rz 890.

Beispiel

Im Zuge des Beratungsgesprächs über die Veranlagung von fondsgebundenen Lebensversicherungen unterlässt ein Unternehmen die verpflichtende Abfrage der Nachhaltigkeitspräferenzen des Kunden. Das kann einen Verstoß gegen die DelVO (EU) 2021/1257 begründen und von Mitbewerbern als Rechtsbruch aufgegriffen werden: Auch wenn es über die genaue Art und insbesondere die Detailtiefe der Abfrage unterschiedliche Ansichten geben kann, ist die gänzlich unterlassene Abfrage jedenfalls unvertretbar. Außerdem ist der Verstoß wohl idR auch spürbar: Der Werbende erspart sich durch das verkürzte Beratungsgespräch und den Entfall der zeitintensiven Thematisierung von Nachhaltigkeitspräferenzen merkbare Personalressourcen. Weiters kann das Unternehmen durch das verkürzte Beratungsgespräch potenziell zu einer abweichenden Empfehlung gelangen und könnte hypothetisch teurere Produkte absetzen. Damit verschafft es sich ungerechtfertigt einen Vorsprung im Wettbewerb.

Die **„kleine Generalklausel"** des § 1a UWG zu aggressiven Geschäftspraktiken hat im Green Finance wenig praktische Bedeutung. Die dort geregelten Belästigungs- und Nötigungsfälle müssen in einer solchen Intensität und Nachhaltigkeit vorliegen, dass dem angesprochenen Zielpublikum eine rational-kritische Entscheidung nicht mehr möglich ist.[18] Hierfür reicht die bloße Werbung mit sozialem Engagement idR nicht aus.[19]

2.1.2. Das Irreführungsverbot des § 2 UWG

Neben der großen Generalklausel ist das Irreführungsverbot des § 2 UWG **in der Praxis der wichtigste Tatbestand bei UWG-Klagen** im Nachhaltigkeitsumfeld. Das Verbot beruht auf der Vorstellung, dass sich am Markt der günstigste oder beste Anbieter durchsetzen soll. Macht ein Unternehmen falsche oder unvollständige Angaben, kann das dazu führen, dass der Marktteilnehmer getäuscht wird und nicht mit dem Besten kontrahiert.[20] Nach § 2 UWG ist eine Geschäftspraktik daher sowohl im B2B- als auch im B2C-Bereich **irreführend**, wenn sie:

- **gegen ein Per-se-Verbot der Z 1 bis Z 23c des Anhangs zum UWG (sog „schwarze Liste") verstößt,**
- **unrichtige Angaben** enthält,
- bei Aufforderungen zum Kauf[21] **wesentliche Informationen iSd § 2 Abs 6 Z 1 bis Z 7 UWG**[22] unterlässt oder

---

18 *Burgstaller* in *Wiebe/Kodek*, UWG² § 1a Rz 58/1.
19 OGH 17.10.2006, 4 Ob 164/06f; vgl dazu auch *Anderl/Ciarnau*, Die Grenzen des Marketings, in *Zahradnik/Richter-Schöller*, Handbuch Nachhaltigkeitsrecht (2021) 89.
20 *Anderl/Woltran* in *Anderl*, Praxishandbuch UWG 9.
21 „Aufforderung zum Kauf" meint nach § 1 Abs 4 Z 5 UWG jede Kommunikation, die den Verbraucher in die Lage versetzt, einen Kauf zu tätigen. Das wird vom EuGH in C-122/10 sehr weit verstanden. So ist hierfür nicht erforderlich, dass bereits das Werbemedium eine solche Kaufoption bietet. Es reicht vielmehr, dass der Konsument auf Basis der vermittelten Informationen eine Kaufentscheidung treffen kann.
22 Das sind zB die wesentlichen Produktmerkmale, die Identität des Unternehmers und der Preis.

- sonst geeignet ist, einen Marktteilnehmer in Bezug auf ein **Produkt** zu **täuschen**, und dieser dadurch veranlasst wird, eine **geschäftliche Entscheidung zu treffen**, die er andernfalls nicht getroffen hätte.

Der Verstoß gegen ein Per-se-Verbot und die Unterlassung wesentlicher Kaufinformationen begründen ohne weitere Prüfung jedenfalls eine irreführende Geschäftspraktik. In allen anderen Fällen muss die Spürbarkeit – insb die Täuschungseignung – gesondert geprüft werden.

Beispiele
- Werden Emissionszertifikate mit einer Einsparung von 20 Millionen Tonnen CO_2 zum Kauf angeboten, obwohl im Rahmen der umgesetzten Projekte nur die Hälfte erreicht werden kann, liegt eine unrichtige Angabe vor. Die Geschäftspraktik ist daher irreführend.
- Die Aussage „Erster klimaneutraler Stempel" ist irreführend, wenn die Produktion, Lieferung und/oder Leistung im Werbezeitpunkt nicht ohne Austausch von Treibhausgasen erfolgt und auch nicht durch Kompensationszahlungen vollständig ausgeglichen wird.[23]

2.1.3. Die Sondertatbestände

Vergleichende Werbung nach § 2a UWG

Im Green Finance kann ebenso der Sondertatbestand der **vergleichenden Werbung** einschlägig sein:

Bei dieser Werbeform werden die eigenen **Waren oder Dienstleistungen mit jenen der Konkurrenz direkt oder indirekt verglichen** und zwecks Absatzförderung vorteilhafter dargestellt.[24] Handelt es sich dabei um einen aussagekräftigen und richtigen Vergleich, erhöht das die Markttransparenz. Verbraucher können auf Basis des Vergleichs eine besser informierte Kaufentscheidung treffen. Allerdings besteht gleichzeitig eine gewisse Gefahr der Rufausbeutung und – wenn das Sachlichkeitskriterium nicht eingehalten wird – der Verunglimpfung oder Herabsetzung des Mitbewerbers. Für den notwendigen Interessenausgleich greift das Lauterkeitsrecht regelnd ein: Es erlaubt vergleichende Werbung nur bei Einhaltung gewisser Spielregeln.[25]

Zu den Voraussetzungen:

Eine Werbung ist vergleichend, wenn sie ein Anbieter von Waren und Dienstleistungen in Bezug zu Produkten eines oder mehrerer Mitbewerber stellt und damit wirbt. Unter den Werbebegriff fallen aber auch bezugnehmende **Imagewerbung** (also die allgemeine positive Darstellung eines Unternehmens im Vergleich zu

---

23 OGH 28.11.2012, 4 Ob 202/12b.
24 Art 2 lit a Irreführungs-RL.
25 Siehe auch § 2a UWG und *Heinzl/Woltran* in *Anderl*, Praxishandbuch UWG 55.

Dritten ohne konkrete Bezugnahme auf ein Produkt) und bei Förderung fremden Absatzes vergleichende **Werbung durch Dritte** (zB ESG-Rating-Agenturen).[26]

Beispiele zum Werbebegriff

- Der Vergleich von Versicherungen unterschiedlicher Anbieter durch einen Versicherungsmakler wird als Werbung unter § 2a UWG subsumiert, wenn der Makler bspw durch den Erhalt von Provisionen von einem Vertragsabschluss profitiert.[27]
- Die Rsp bejaht die Werbeeigenschaft auch dann, wenn Leistungen nicht ausdrücklich dargestellt werden, aber indirekt identifizierbar sind. Die Erkennbarkeit ist laut OGH zB dann gegeben, wenn eine Branche von drei Unternehmen dominiert wird und die Konkurrenten zwar nicht namentlich genannt werden, aber in einem Balkendiagramm mit nur drei Balken mittelbar auf deren Leistungen Bezug genommen wird.[28]
- Keine vergleichende Werbung liegt vor, wenn der Vergleich den Mitbewerb und dessen Waren bzw Dienstleistungen weder direkt oder indirekt ersichtlich macht (*„Anonymvergleich"*).

Liegt eine vergleichende Werbung vor, so ist sie nur dann **zulässig**, wenn

- sie **nicht gegen die §§ 1, 1a, 2, 7, oder 9 Abs 1 bis 3 UWG verstößt**, also zB nicht aggressiv, irreführend, herabsetzend ist,
- **Waren und Dienstleistungen für den gleichen Bedarf oder dieselbe Zweckbestimmung** miteinander verglichen werden,[29]
- sie **objektiv eine oder mehrere wesentliche, relevante, nachprüfbare und typische Eigenschaften der Waren und Dienstleistungen** miteinander vergleicht,
- durch sie die Marken, Handelsnamen, Unterscheidungszeigen, Waren oder Dienstleistungen die Tätigkeiten oder Verhältnisse eines Mitbewerbers **nicht herabgesetzt oder verunglimpft werden**,
- eine Ware oder Dienstleistung **nicht als Imitation oder Nachahmung** einer Ware/Dienstleistung mit geschützter Marke oder geschütztem Handelsnamen präsentiert wird,
- **keine Rufausbeutung** von Marken, Handelsnamen oder anderen Unternehmenskennzeichen eines Mitbewerbers erfolgt,
- **keine Verwechslungsgefahr** zwischen dem Werbenden und einem Mitbewerber oder zwischen den Warenzeichen, Warennamen, sonstigen Kennzeichen, Waren oder Dienstleistungen des Werbenden und denen eines Mitbewerbers entsteht.

---

26   *Herzig* in *Wiebe/Kodek*, UWG² § 2a Rz 11 f.
27   OGH 4 Ob 165/11k ÖBl 2012, 59 (*Gamerith*).
28   OGH 21.11.2006, 4 Ob 179/06m.
29   Der EuGH verlangt eine hinreichende Austauschbarkeit der Produkte.

Beispiele zu den Zulässigkeitsvoraussetzungen[30]

- Ein Vergleich von Telefontarifen, bei dem zwar die jeweiligen Grund- und Gesprächsgebühren genannt werden, aber die enthaltenen Freiminuten nicht berücksichtigt werden, ist irreführend nach § 2 UWG. Durch das Vorenthalten dieser Information wurde nämlich der Gesamteindruck erweckt, das beworbene Angebot sei günstiger als das des Mitbewerbers.[31]
- Der OGH hat einen Vergleich von Kosmetika mit dem Slogan *„Die ungeschminkte Wahrheit. Andere tragen bei den Preisen dick auf"* und einer Anspielung auf die betroffenen Produkte als herabsetzend gemäß § 7 UWG beurteilt.[32]
- Ein direkter, offener Vergleich zwischen nachhaltigen Anleiheprodukten eines Mitbewerbers und den eigenen Fondsprodukten ist mangels Austauschbarkeit nach § 2a UWG unzulässig. Anleihen und Fondsanteile sind schließlich unterschiedliche Produkte und es fehlt damit die Objektivität.

Kapitalmarktrechtliche Werbebeschränkungen

Wenn Unternehmen der Prospektpflicht unterliegen, müssen öffentliche Angebote den Vorgaben des **Art 22 VO (EU) 2017/1129 (Wertpapiere) und des § 4 KMG (Veranlagungen)** entsprechen. Vergleichbare Regeln gibt es in sektoralen Vorschriften, ganz einschlägig zB in Art 2 **DelVO 2022/1288**.[33] Demnach dürfen – kurz zusammengefasst – Werbeanzeigen insb nicht irreführend oder unrichtig sein. Es reicht daher zB ein allgemeiner Hinweis auf im Kapitalmarktprospekt näher beschriebene und mit der Anlage verbundene Risiken nicht aus, wenn diese nach dem Gesamteindruck der Unterlagen sonst heruntergespielt werden. Kurz gesagt: Es zählt das Gesamtbild, wozu insbesondere auch alle Marketingunterlagen gehören. Ergibt sich aus diesen, dass ein Investment risikofrei ist, hilft das gegenteilige Kleingedruckte im Kapitalmarktprospekt (den Anleger üblicherweise ohnehin nicht lesen) auch nicht. Die Unzulässigkeit einer solchen Vorgehensweise ergibt sich auch schon daraus, dass Werbeaussagen ohnehin nicht im Widerspruch zum Kapitalmarktprospekt stehen dürfen.[34]

2.2. Die Auslegungsregeln

Bei der Prüfung der UWG-Tatbestände kommt es darauf an, wie das jeweilige Zielpublikum eine Äußerung nach ihrem Gesamteindruck versteht. Es ist somit auf das **fiktive Verständnis der relevanten Marktteilnehmer** – Verbraucher oder Unternehmer – abzustellen. Für das fiktive Verständnis eines Verbrauchers wird grundsätzlich ein durchschnittlicher, informierter, aufmerksamer und verständiger Verbraucher als Maßfigur herangezogen. Richten sich Geschäftspraktiken an Unternehmer, gilt das Leitbild eines *„dynamischen eigenverantwortlichen Unternehmers"*. Beim Fachpublikum wird daher ein gewisses Spezialwissen voraus-

---

30   Vgl *Heinzl/Woltran* in *Anderl*, Praxishandbuch UWG 55 ff für weitere Beispiele.
31   OGH 13.11.2001, 4 Ob 212/01g.
32   OGH 29.10.1996, 4 Ob 2283/96f.
33   Konkretisiert die OffenlegungsVO.
34   OGH 4 Ob 188/08p MR 2009, 92 (*Heidinger*)

gesetzt.[35] Diese **Grundsätze** wurden in der Rsp zu umweltbezogenen Angaben **verschärft**:[36]

- Die Maßfigur im B2C-Bereich ist per se **sensibler, beinflussbarer und schutzwürdiger** als in anderen Zusammenhängen.
- Jede Werbung mit Umwelthinweisen muss **eindeutig belegt** sein und eine **Irreführung ausschließen**.[37]
- Könnten Nachhaltigkeitsangaben missverstanden werden, ist der Werbende zu **aufklärenden Hinweisen** verpflichtet. Da bei vielen Angaben ein großer Auslegungsspielraum besteht, kommt derartigen Disclaimern in der Praxis große Bedeutung zu.[38]

2.3. Das Prüfschema in der Praxis

Nach stRsp und gelebter Praxis wird die Unlauterkeit einer Geschäftspraktik nach folgenden Schritten geprüft:[39]

- Schritt 1: Fällt eine Geschäftspraktik unter einen **Sondertatbestand** als **lex specialis** zur Generalklausel bzw dem Irreführungsverbot?
- Schritt 2, wenn kein Sondertatbestand anwendbar ist: Liegt eine **irreführende (oder aggressive) Geschäftspraktik** nach der schwarzen Liste vor?
- Schritt 3, wenn kein Tatbestand der schwarzen Liste erfüllt ist: Fällt die Geschäftspraktik unter die **kleinen Generalklauseln** (§§ 1a, 2 UWG)?
- Schritt 4, wenn kein Tatbestand der kleinen Generalklauseln erfüllt ist: Liegt eine **unlautere Geschäftspraktik oder sonstige unlautere Handlung nach § 1 Abs 1 UWG** vor?

3. Grüne Werbemethoden am Kapitalmarkt

Während es zu allgemeinen Nachhaltigkeitsangaben bereits eine Fülle an lauterkeitsrechtlicher Rsp gibt,[40] sieht es diesbezüglich zu Green Finance bislang mager aus. Das erschwert Unternehmen eine rechtskonforme Bewerbung ihrer Produkte und Vorhaben, da klare Leitlinien und gerichtliche Erfahrungswerte fehlen. Dennoch kristallisieren sich aus der spärlichen Rsp, den zunehmenden Abmahnungen von Verbraucherschutzverbänden in Österreich und Deutschland und

---

35 *Anderl/Appl* in *Wiebe/Kodek*, UWG[2] § 2 Rz 58.
36 RIS-Justiz RS0078210.
37 OGH 20.9.1994, 4 Ob 90/94; OGH 28.11.2012, 4 Ob 202/12b.
38 *Anderl/Ciarnau* in *Anderl*, Praxishandbuch UWG 81.
39 Die Gerichte wenden dieses Prüfschema aber nicht immer sklavisch an. Sie überspringen oft die Prüfung der Sondertatbestände oder der Anhänge, wenn § 1 oder § 2 UWG offensichtlich erfüllt sind.
40 *Anderl/Ciarnau*, Die Grenzen des Marketings, in *Zahradnik/Richter-Schöller*, Handbuch Nachhaltigkeitsrecht (2021).

durch europäische und internationale Empfehlungen[41] wichtige Do's & Don'ts für die Gestaltung von Werbesujets und sonstigen Geschäftspraktiken heraus. Auf die in der Praxis derzeit häufigsten Anwendungsbereiche umgelegt ergeben sich folgende Erkenntnisse:

3.1. Geldanlagen

3.1.1. Irreführende Werbung

Verstöße gegen die schwarze Liste

Im Green Finance sind vor allem Verstöße gegen das **Per-se-Verbot der Z 2 und Z 3 der schwarzen Liste** denkbar:

- Nach Z 2 ist die **zustimmungslose Verwendung von Gütezeichen, Qualitätskennzeichen** oder Ähnlichem untersagt. Für den Kapitalmarkt kann zB die konsenslose Verwendung des Umweltzeichens 49 für nachhaltige Finanzprodukte relevant sein.

- Z 3 verbietet Unternehmen **unrichtige Behauptungen über die Zugehörigkeit zu einem Verhaltenskodex** oder die Billigung eines Verhaltenskodex von einer öffentlichen oder einer anderen Stelle aufzustellen. Häufig stößt man in der Praxis zB auf die Behauptung, ein Unternehmen „orientiere" sich an den United Nations Sustainable Development Goals. Da sich diese primär an Staaten richten, ist auf einer tatsächlichen Ebene bereits fraglich, was die Orientierung daran für ein privatwirtschaftlich agierendes Unternehmen konkret bedeuten soll. Wenn dieser Behauptung keine (dokumentierten) Schritte folgen, dann ist die Berühmung damit jedenfalls problematisch. Allgemein werden Aufsichtsbehörden auf diese Art von vager Bezugnahme auf lose Standards immer aufmerksamer. Praktisch wird das wohl dazu führen, dass auch Mitbewerber darauf sensibler reagieren werden.

Die zustimmungslose Verwendung des Umweltzeichens , FNG-Siegels oder EU-EcoLabels ist nach Z 2 der schwarzen Liste verboten und jedenfalls irreführend.

Aussagen zu „grün" und „nachhaltig"

Geldanlagen werden oft als *„grün"* oder *„nachhaltig"* bezeichnet. Diese Aussagen können sich entweder auf einzelne Finanzprodukte (zB Tages-/Festgeldkonten, Sparprodukte, Anleihen) oder gesamte Portfolios (zB verwaltete Portfolios oder Investmentfonds) beziehen. Damit möchten Unternehmer idR zum Ausdruck bringen, dass sie in Projekte zur Unterstützung des Umweltschutzes, fairer Arbeitsbedin-

---

41 IOSCO-Recommendations on Sustainability-Related Practices, Policies, Procedures and Disclosure in Asset Management (2021) (https://www.iosco.org/library/pubdocs/pdf/IOSCOPD679.pdf, 4.7.2023); ICMA-Green Bonds Principles (2021) (https://www.icmagroup.org/sustainable-finance/the-principles-guidelines-and-handbooks/green-bond-principles-gbp/, 4.7.2023).

gungen und/oder vorausschauender Unternehmensführung investieren. Da **keine gesetzliche Definition** *„grüner"* bzw *„nachhaltiger"* Geldanlagen besteht, sind diese Begriffe **hochgradig täuschungsgeeignet** und werden regelmäßig angegriffen:

Beispiele

- Ein Finanzinstitut rühmte sich, *„grün"* und damit insgesamt *„nachhaltig"* zu sein. Die Produktpalette der Bank stützt nach Meinung der Bundesarbeiterkammer aber nicht diese Werbebotschaft. So hätte der Werbende kein einziges nachhaltiges Spar- und Giroprodukt, Kreditprodukt oder Art-9-Fondsprodukt nach der TaxonomieVO („dunkelgrüne Fonds") angeboten. Ebenso fehlten Zertifizierungen für das FNG-Gütesiegel.[42] Die Bundesarbeiterkammer betrachtet das offenbar als Greenwashing. Unseres Erachtens vermischt die Bundesarbeiterkammer die Nachhaltigkeit des Unternehmens mit derjenigen der angebotenen Produkte und schließt vom einen ohne Weiteres auf das andere. Der europäische Gesetzgeber unterscheidet hier allerdings konsequent zwischen diesen beiden Aspekten (sSiehe zB die Trennung der unternehmensbezogenen und produktbezogenen Offenlegungspflichten in der bereits oben erwähnten gerade auch für den Kapitalmarkt einschlägigen OffenlegungsVO).
- Ein Vermögensmanager hat mit *„Bewiesen: Nachhaltig performt besser"* geworben, ohne die Kriterien und entsprechenden Informationen in der Bewerbung darzustellen. Durchschnittskonsumenten würden außerdem den Eindruck gewinnen, dass zu den empfohlenen Teilen des Investments auch Anleihen- und Gold-Investments zählen. Darin sah der Verbraucherverband eine irreführende Geschäftspraktik und strengte ein Verfahren gegen den Vermögensmanager an.[43]
- Eine Versicherung bewarb *„nachhaltige Investition"* als *„grüne Rente"* ohne Offenlegung der Rahmenbedingungen und wesentlichen Informationen zu den Nachhaltigkeitskriterien. Darin sah die deutsche Verbraucherzentrale Baden-Württemberg eine Irreführung und unterband diese.[44]
- Die deutsche Verbraucherzentrale sieht eine Irreführungsgefahr auch bei Werbung für ein Girokonto mit der Behauptung, das eingezahlte Geld würde in ökologische und soziale Produkte in ganz Deutschland investiert werden, wenn kein transparenter Hinweis auf weitere Informationen zu Art und Umfang dieser Investitionen bereitgehalten wird.[45] Das eingeleitete Verfahren wurde nach Klagseinbringung durch Abgabe einer Unterlassungserklärung beendet.

Daraus lassen sich folgende Grundsätze zur Beseitigung einer Irreführung ableiten:

- **„Hellgrüne"** und **„dunkelgrüne" Finanzprodukte** nach Art 8 bzw Art 9 der TaxonomieVO sowie etwaige **Nachhaltigkeitssiegel** können als Indizien für nachhaltiges Wirtschaften dienen.

---

42 Vgl https://www.arbeiterkammer.at/nachhaltig-investieren (4.7.2023).
43 Vgl Greenwashing bei der Geldanlage: Werbung mit Nachhaltigkeit | Verbraucherzentrale Baden-Württemberg (verbraucherzentrale-bawue.de) (4.7.2023). Das Ergebnis des Verfahrens ist öffentlich noch nicht bekannt.
44 Der Rechtsstreit wurde außergerichtlich verglichen und hat sich das Unternehmen der Unterlassungserklärung unterworfen; Greenwashing bei der Geldanlage: Werbung mit Nachhaltigkeit | Verbraucherzentrale Baden-Württemberg (verbraucherzentrale-bawue.de) (4.7.2023).
45 Der Rechtsstreit wurde durch Abgabe einer Unterlassungserklärung nach Klagseinbringung beendet; Greenwashing bei der Geldanlage: Werbung mit Nachhaltigkeit | Verbraucherzentrale Baden-Württemberg (verbraucherzentrale-bawue.de) (4.7.2023).

- Die **Nachhaltigkeitskriterien** sind im Werbesujet explizit **offenzulegen**.
- **Pauschale Aussagen zur Nachhaltigkeit sind zu vermeiden**, wenn nicht das gesamte Unternehmen und Produktangebot diese Erwartungshaltung erfüllt.

Werbung mit konkreten Wirkungsversprechen

Eine gängige Werbemethode sind konkrete Wirkungsversprechen. Dabei ist zwischen **„Investor Impact"** und **„Company Impact"** zu unterscheiden. Ersteres beschreibt die Herausstellung der konkreten ökologischen Auswirkungen durch das getätigte Investment (zB die Geldanlage ermöglicht den Kauf einer Photovoltaikanlage oder die Finanzierung eines nachhaltigen Projekts und es wird damit konkrete CO_2-Einsparung erzielt). Letzteres zeichnet sich dadurch aus, dass sich die Wirkung auf Unternehmensebene ausgelöst wird (zB Betreiber von Windkraftanlagen stoßen zwar CO_2 aus, leisten aber mit ihrem Produktangebot einen Beitrag zur Energiewende und damit zu einem generell sinkenden CO_2-Ausstoß).

Wirkungsversprechen sind besonders werbewirksam, da sie an das Gewissen des Verbrauchers appellieren und diesem konkrete Einsparungspotenziale suggerieren. Wenn in der Praxis **verbindliche, unrichtige oder unbelegbare Aussagen** zur Wirkung verwendet werden, birgt diese Maßnahme eine **hohe Irreführungsgefahr** in sich:

Beispiele

- Eine Bank bewarb auf ihrer Website ihren Aktienfonds wie folgt: *„Investieren mit positivem Einfluss", „Wer heute Geld anlegen möchte, kann sich für nachhaltige Anlageformen entscheiden, die verantwortungsvoll investieren und eine positive Wirkung auf Umwelt und Gesellschaft haben.", „Mit Ihrer Geldanlage von 10.000 Euro haben Sie eine Wirkung auf die folgenden nachhaltigen Kriterien: 830 kWh erneuerbare Energien werden produziert, 6,71 Tonnen Abfall werden eingespart, 575 kg CO₂ werden eingespart."*
  Dabei versprach sie anhand eines Impact-Rechners, dass Anleger mit ihrer Geldanlage eine konkrete Wirkung erzielen würden. Die angegebenen Werte beruhten aber lediglich auf Schätzungen, wobei nicht einmal die Wirkung aller in den Fonds einbezogenen Unternehmen berücksichtigt wurde. Eine diesbezügliche Offenlegung erfolgte erst auf einer Unterseite. Dies sah die deutsche Verbraucherzentrale Baden-Württemberg als unzureichend an und warf der Bank erfolgreich irreführende Werbung durch Investor Impact vor.[46]
- Eine Bank hat mit der allgemeinen Aussage *„Dein CO₂-Fußabdruck kompensiert"* geworben, ohne dies näher zu erläutern oder die individuellen Emissionen einer Person zu kennen. Die deutsche Verbraucherzentrale Baden-Württemberg erachtete die ultimative Werbeaussage als irreführend und hat den Werbenden abgemahnt.[47] Dieser hat eine strafbewährte Unterlassungserklärung abgegeben und sich

---

46 LG Frankfurt Az 3-06 O 57/20; das Verfahren durch Anerkenntnis zur Unterlassung derartiger Geschäftspraktiken in erster Instanz beendet (https://www.verbraucherzentrale-bawue.de/pressemeldungen/presse-bw/nachhaltig-irrefuehrend-59299, 4.7.2023).
47 Vgl Werbung mit Klimaneutralität | Verbraucherzentrale Baden-Württemberg (verbraucherzentralebawue.de, 4.7.2023).

verpflichtet, künftig nicht mehr mit dieser Aussage ohne nähere Erläuterung ihres Bedeutungsgehalts zu werben.

- Ein Finanzinstitut hat mit folgenden Ankündigungen geworben:

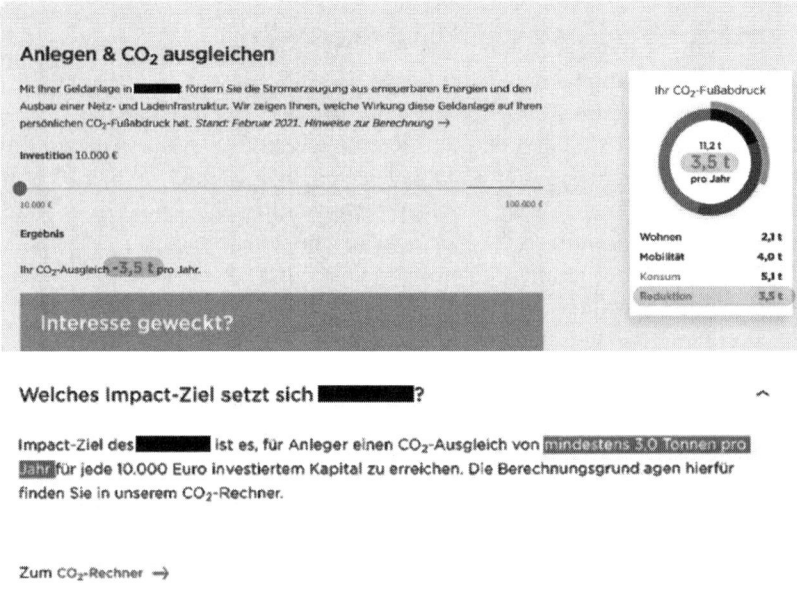

Das LG Stuttgart hat diese als irreführend qualifiziert. Die Bewerbung eines bestimmten Investments mit einer positiven ökologischen Wirkung unter Angabe konkreter Treibhausgas-Einsparungen ist unzulässig, wenn der dem Fonds zugeschriebene messbare Beitrag nur ein unverbindliches Anlageziel ist.[48]

- Weiters ist auch die Werbung für Fonds mit *„messbarer ökologischer Wirkung"* irreführend, wenn in der Werbung nicht erläutert wird, welche Messungen welche Ergebnisse belegen.[49]

Rühmen mit sozialem Engagement

Viele Unternehmen heben zur Imageaufwertung ihre ökologisches und soziales Engagement insb in ESG-Berichten hervor. Derartige Angaben sind aufgrund der hervorgerufenen positiven Assoziationen geeignet, Kaufentscheidungen zu beeinflussen, und daher kritisch auf ihre Irreführungseignung zu prüfen. Bezieht sich das Reporting auf bestimmte Produkte, dann gelten die obigen Ausführungen zur Irreführung. Allgemeine Hinweise zur beabsichtigten Förderung der Umwelt, der Arbeitsbedingungen oder sonstiger gesellschaftlicher Aspekte **ohne Bezugnahme auf konkrete Produkte** sind hingegen grundsätzlich **zulässig**. Hier erwarten sich die angesprochenen Verkehrskreise nämlich nicht, dass der Werbende tatsächlich die Welt nachweislich verbessert, sondern verstehen derartige

---

48   LG Stuttgart Az 36 O 92/21 KfH (rechtskräftig).
49   Vgl https://www.verbraucherzentrale-bawue.de/pressemeldungen/presse-bw/nachhaltig-irrefuehrend-59299 (4.7.2023).

Aussagen als unverbindliche Zielbestimmungen. Unternehmen sind in diesem Fall daher nicht verpflichtet, ihre Aktivitäten und Auswirkungen im Detail nachzuweisen.[50] Überschießende Werbung, die nicht mehr von den tatsächlichen Aktivitäten des Unternehmens gedeckt ist, kann aber dennoch irreführend sein.[51]

3.1.2. Vorsprung durch Rechtsbruch

Wie in 2.1.1. ausgeführt, hat bei Green Finance auch der Tatbestand des Wettbewerbsvorsprungs durch Rechtsbruch einen weiten Anwendungsbereich. Gerade am Kapitalmarkt bestehen zahlreiche Informations- und Transparenzpflichten. In Bezug auf Nachhaltigkeit sind insb die Folgenden relevant:

- TaxonomieVO;
- Delegierter Rechtsakt zu Klimaschutz und Klimawandelanpassung;
- Ergänzender Delegierter Rechtsakt zu Klima;
- Delegierter Rechtsakt zu Art 8 TaxonomieVO;
- Offenlegungs-VO;
- Delegierter Rechtsakt zur OffenlegungsVO;[52]
- EU-Lieferkettenrichtlinie (derzeit erst als Entwurf) und das deutsche Lieferkettensorgfaltspflichtgesetz.

Verletzt ein Unternehmer anwendbare Informationspflichten, handelt er bei Vorliegen der oben ausgeführten allgemeinen Voraussetzungen unlauter nach § 1 UWG. In der Praxis ist allerdings der Nachweis der Spürbarkeit schwierig. Hat die verletzte Norm einen wettbewerbsregelnden Charakter, wird die Beeinflussung des Wettbewerbs schon direkt aufgrund der Rechtsverletzung angenommen. Solche Regelungen sollen idR dem Verbraucher eine informierte geschäftliche Entscheidung ermöglichen und weisen damit einen unmittelbaren Zusammenhang zur Absatzförderung auf.[53] Diesfalls wird die Eignung zur Beeinflussung des Wettbewerbs vermutet. Bei der Verletzung sonstiger Normen muss der Kläger die Sachverhaltselemente behaupten und beweisen, die eine Spürbarkeit – sohin die Beeinflussung des Wettbewerbs – begründen. Das kann aber dann entfallen, wenn ein ausreichend gravierender Wettbewerbsvorteil geradezu typisch ist. Dies ist stets im Einzelfall zu beurteilen.[54] In der Praxis ist oft strittig, ob eine marktverhaltensregelnde Rechtsvorschrift vorliegt. Daher sollte der Kläger in einem Verfahren im Zweifel auch zum Vorliegen der Spürbarkeit ausführen.

---

50 Allerdings sind im öffentlichen Interesse stehende Unternehmen mit mehr als 500 Mitarbeitern seit Inkrafttreten des Nachhaltigkeits- und Diversitätsverbesserungsgesetzes verpflichtet, über ihre Aktivitäten und Auswirkungen im ökologischen und sozialen Bereich zu berichten. Vgl zur Nachhaltigkeitsberichterstattung *Frey/Brogyányi*, Nachhaltigkeitsberichterstattung im Lichte der Corporate Sustainability Reporting Directive und deren Relevanz für Finanz- und Kapitalmärkte, in diesem Band 125.

51 *Bornkamm/Feddersen* in *Köhler/Bornkamm/Feddersen*, UWG[36] § 5 Rz 5.4; *Anderl/Ciarnau*, Die Grenzen des Marketings, in *Zahradnik/Richter-Schöller*, Handbuch Nachhaltigkeitsrecht (2021) 84.

52 DelVO 2022/1288.

53 *Heidinger/Handig/Wiebe/Frauenberger/Burgstaller* in *Wiebe/Kodek*, UWG[2] § 1 Rz 895.

54 OGH 4 Ob 48/18i VbR 2018, 191.

Beispiel

Auch die Verletzung von bloßen Umsetzungspflichten, wie zB Dokumentationspflichten, kann wettbewerbsrechtlich relevant sein, wenn sich der Unternehmer dadurch erhebliche Kosten erspart. Das ist etwa dann der Fall, wenn ein dem deutschen Lieferkettensorgfaltspflichtengesetz unterliegendes Unternehmen mit Sitz in Österreich und relevanten deutschen Tochtergesellschaften die Lieferkette gar nicht nachvollzieht und keine entsprechenden Vorkehrungen trifft, das Gesetz einzuhalten (zB Implementierung eines Risikomanagementsystems, Vereinbarung vertraglicher Bestimmungen mit bestimmten Lieferanten wie Überbindung von Verboten von Kinderarbeit, Sklaverei und Zwangsarbeit, die Missachtung des Arbeits- und Gesundheitsschutzes, die Vorenthaltung eines angemessenen Lohns in der Zuliefererkette).[55] Eine punktuell lückenhafte Dokumentation wird uE dagegen idR zu keinem relevanten Wettbewerbsvorteil bzw keiner Nachfrageverlagerung führen.[56]

3.2. ESG-Ratingagenturen

Vergleichende Werbung

Vergleichende Werbung am Kapitalmarkt kann von ESG-Ratingagenturen betrieben werden. Sie beurteilen die unternehmerischen Aktivitäten und Anlageprodukte der Finanzmarktteilnehmer, zB der Kreditinstitute und Fondsverwalter, auf Basis von sozialen und ökologischen Merkmalen und vergeben konkrete Ratings. Das ESG-Rating gibt also Auskunft darüber, wie nachhaltig ein Emittent oder Finanzprodukt ist bzw inwiefern die ESG-Kriterien innerhalb eines Unternehmens umgesetzt werden. Der Mehrwert der ESG-Ratingagenturen liegt darin, die relevanten Informationen aus der Fülle an Daten für Anleger herauszufiltern und entsprechend aufzubereiten, damit Letztere eine informierte Investmententscheidung treffen können. Dabei werden zwangsläufig **Vergleiche zu anderen Produkten gezogen**. Der Vergleich kann dabei eigene oder fremde Absatzförderungsinteressen verfolgen. Für die eigene Absatzförderung spricht, dass Ratingagenturen oft als Tippgeber/Vermittler bezüglich der von ihnen verglichenen Produkte auftreten. Über ihre Online-Plattform werden dann durch Klick auf einen Link zum Produkthersteller Geschäfte vermittelt, wofür die Ratingagenturen Provisionen vom Produkthersteller erhalten.[57] Stellt die Agentur ohne eigene Provisionsbeteiligung bewusst ein fremdes Unternehmen besonders heraus, fördert es aber auch damit fremden Absatz. Daher sind auch Ratings **am Maßstab des § 2a UWG nach den obigen Zulässigkeitsvoraussetzungen zu prüfen**. In der Praxis kämpfen Agenturen oft damit, dass es keine allgemein gültigen Nachhaltigkeitskriterien gibt und jedes Finanzinstitut – abseits der Vorgaben der

---

55 Vgl *Müller/Richter-Schöller*, Corporate Sustainability Due Diligence Directive: Der neue Rechtsrahmen rund um Lieferketten und Wertschöpfungsketten, in diesem Band 159.

56 OGH 18.8.2004, 4 Ob 151/04s zur wettbewerbsrechtlichen Relevanz von Datenschutzverstößen.

57 Meistens wird über *affiliated links* festgestellt werden, dass ein Nutzer über die Rating-Plattform zur Website des Emittenten weitergeleitet wurde und ein Anlageprodukt gekauft hat. Für diese Absatzförderung erhält die Agentur vom anbietenden Unternehmen eine Provision.

TaxonomieVO – seine eigenen Schwerpunkte festlegt. Das erschwert eine objektive Vergleichbarkeit. Das wiederum kann eine Unlauterkeit begründen. Gleiches gilt, wenn Dritte in ihrer Werbung Rating-Scores unterschiedlicher Agenturen miteinander vergleichen. Die Anbieter unterscheiden sich nämlich idR in ihrer Methodologie. Das gilt insbesondere für die Dauer des Ratingprozesses und die Gewichtungen von E, S und G für ein und dieselbe Branche. Ein solcher Vergleich von „Äpfeln mit Birnen" kann unlauter sein, weil aufgrund der unterschiedlichen Methodologie keine faire Gegenüberstellung möglich ist.

Irreführende Angaben

Eine weitere Herausforderung bei der Erstellung von Ratings ist, dass ESG-Daten meist automatisiert aus öffentlichen Quellen (zB ESG-Reports der Unternehmen) erhoben werden. Werden diese ungeprüft übernommen und sind fehlerhaft oder unvollständig, können darauf beruhende Auswertungen eine Irreführung nach § 2 UWG begründen.

> **Beispiel**
>
> Ein Finanzinstitut verschweigt in seinem ESG-Report, dass die so beworbenen Nachhaltigkeitsfonds nicht nur positive, sondern für gewisse Umweltziele nach der TaxonomieVO auch negative Auswirkungen haben. Die verkürzten öffentlichen Angaben fließen jedoch in ein ESG-Rating von Rating-Agenturen ein und so erweckt der Vergleich auf den Rating-Plattformen einen falschen Eindruck.

4. Rechtsfolgen bei unlauterer Werbung

Im Fall eines UWG-Verstoßes drohen

- **zivilrechtliche Ansprüche** nach §§ 14 ff UWG auf Unterlassung, Beseitigung, Auskunft, Schadenersatz und Urteilsveröffentlichung;
- **Geldstrafen bis zu 180 Tagessätzen** bei wissentlich aggressiven oder irreführenden Geschäftspraktiken gem § 4 UWG;[58]
- **Bußgelder von mindestens 4 % des letzten Jahresumsatzes oder bei unterlassener Offenlegung der Umsätze bis zu EUR 2 Millionen** bei weitverbreiteten Verstößen mit und ohne Unionsdimension gem § 22 UWG.

Den zivilrechtlichen Unterlassungs-, Beseitigung- und Urteilsveröffentlichungsansprüchen kommt die größte praktische Bedeutung zu. Das Unterlassungsbegehren ist darauf gerichtet, dass die wettbewerbswidrige Handlung zukünftig nicht mehr gesetzt wird, also zB eine Greenwashing-Aussage nicht mehr getätigt wird. Der Beseitigungsanspruch zielt darauf ab, rechtsverletzende Eingriffsgegenstände zu vernichten, zB mit dem unlauteren Claim bedruckte Marketingartikel einzuziehen. Der Urteilsveröffentlichungsanspruch zielt darauf ab, das angespro-

---

58   In der Praxis wird das regelmäßig nicht schlagend.

chene Publikum über die Unlauterkeit bzw Täuschung aufzuklären, um ein Gegengewicht zur Sogwirkung der rechtswidrigen Maßnahme zu bilden.

Das Unterlassungsbegehren kann auch im Rahmen eines Verfahrens auf Erlass einer einstweiligen Verfügung in einem Eilverfahren durchgesetzt werden. Dabei entscheidet das Gericht auf Basis der Schriftsätze beider Parteien[59] und vorgelegten Bescheinigungsmittel. Zeugen oder Sachverständige werden nicht gehört. Allerdings finden regelmäßig Anhörungen von Auskunftspersonen statt. Die Entscheidung erfolgt beschleunigt nach einer summarischen Prüfung der Argumente und Nachweise. Wird die einstweilige Verfügung später aufgehoben, haftet der Antragsteller verschuldensunabhängig für den dadurch entstandenen Schaden.[60]

Der Beseitigungs- und Urteilsveröffentlichungsanspruch kann nur im Hauptverfahren zugesprochen werden.

Die zivilrechtlichen Ansprüche stehen primär Mitbewerbern und ausgewählten klagebefugten Verbänden, wie dem Verein für Konsumenteninformation (VKI) oder der Bundesarbeiterkammer (BAK), zu.[61] Unterlassungs- und Schadenersatzansprüche können aber auch Verbraucher geltend machen.

In der Praxis sind die Interessenverbände bei der Rechtsdurchsetzung von Wettbewerbsverstößen am aktivsten. Sie mahnen vor der Klagserhebung – obwohl rechtlich nicht notwendig – idR ab und verlangen die Unterlassung eines potenziellen Wettbewerbsverstoßes. Gibt der Abgemahnte die Unterlassungserklärung ab, wird die Gegenseite regelmäßig so gestellt wie nach einem gewonnenen Verfahren und unterbleibt die Klagsführung. Ob das sinnvoll ist, hängt von der Berechtigung der Aufforderung und strategischen Überlegungen ab. Jedenfalls sind Abmahnungen genau zu prüfen, da sie nicht nur strittige Sachverhalte betreffen, sondern auch überschießende Forderungen enthalten können. Gibt man sie zu voreilig ab, verpflichtet man sich unter Umständen zu einem Verhalten, das sonst nicht geschuldet wäre. Allerdings kann es sinnvoll sein, bei einem klaren Sachverhalt und einem Versehen Verfahrenskosten zu sparen.

Wettbewerbsrechtliche Ansprüche sind gemäß § 51 Abs 1 Z 10 JN unabhängig vom Streitwert vor den Handelsgerichten geltend zu machen. Unterlassungsansprüche verjähren gem § 20 UWG binnen sechs Monaten ab Kenntnis des Rechtsverstoßes, spätestens aber drei Jahre nach Begehung. Schadenersatzansprüche verjähren binnen drei Jahren nach Kenntnis von Schaden und Schädiger.[62]

---

59 Es ist auch möglich, aufgrund besonderer Dringlichkeit die Erlassung der einstweiligen Verfügung ohne Anhörung der Gegenseite zu beantragen. Die Gerichte sind aus Fair-trial-Gründen trotz des verschuldensunabhängigen Schadenersatzes als Ausgleich (siehe weiter unten im Absatz) dazu sehr zurückhaltend.

60 Siehe § 394 EO. Im Detail siehe *Nageler-Petritz* in *Anderl*, Praxishandbuch UWG 404.

61 Siehe § 29 KSchG.

62 *Nageler-Petritz* in *Anderl*, Praxishandbuch UWG 365.

5. Ausblick auf die geplanten EU-Regulierungen gegen Greenwashing im Werberecht

Eines der großen Ziele des europäischen Green Deal und des daraus entspringenden EU-Aktionsplans ist die Verhinderung von Greenwashing. Irreführende Umweltaussagen verzerren schließlich den Markt und steuern ökologische Kaufintentionen in die falsche Richtung. Daher hat die Europäische Kommission vor kurzem gleich zwei neue Richtlinienvorschläge unterbreitet:

- RL zur Stärkung der Verbraucher für den ökologischen Wandel durch **besseren Schutz gegen unlautere Praktiken** und bessere Informationen;[63]
- RL über **Green Claims**.[64]

5.1. RL zur Stärkung der Verbraucher für den ökologischen Wandel durch besseren Schutz gegen unlautere Praktiken und bessere Informationen

Die RL zur Stärkung der Verbraucher für den ökologischen Wandel durch besseren Schutz gegen unlautere Praktiken und bessere Informationen soll die zwei bestehenden RL über unlautere Geschäftspraktiken („UGP-RL")[65] und die VerbraucherrechteRL („VR-RL")[66] um Umwelttatbestände ergänzen. Aus werberechtlicher Sicht ist konkret die Einführung neuer Irreführungsverbote bei Nachhaltigkeitswerbung und Informationspflichten über die Haltbarkeit und Reparierbarkeit von Waren in der UGP-RL geplant:[67]

Die Fallgruppe der *„wesentlichen Produktmerkmale"* soll um die Kriterien *„ökologische und soziale Auswirkungen"*, *„Haltbarkeit"* und *„Reparierbarkeit"* konkretisiert werden.

Beispiel

Slogans wie *„Wir handeln fair!"* oder *„Wir verbessern nachhaltig die Arbeitsbedingungen, vor allem in Entwicklungs- und Schwellenländern."* fallen dann unter diesen neuen Tatbestand. Erwecken sie einen falschen Eindruck, sind sie bei potenzieller Beeinflussung der Geschäftsentscheidung nach § 2 Abs 1 UWG irreführend.

Weiters sollen allgemeine Aussagen über künftige Umweltleistungen bei fehlender Aktivität und Wirkung – anders als bisher (vgl 3.1.1.) – irreführend sein.

---

63 Vorschlag für eine Richtlinie des Europäischen Parlaments und des Rates zur Änderung der Richtlinien 2005/29/EG und 2011/83/EU hinsichtlich der Stärkung der Verbraucher für den ökologischen Wandel durch besseren Schutz gegen unlautere Praktiken und bessere Informationen, COM(2022) 143 final.
64 Proposal for a Directive on substantiation and communication of explicit environmental claims (Green Claims Directive), COM(2023) 166 final.
65 RL (EG) 2005/29 ABl L 2005/149, 22.
66 RL (EU) 2011/83 ABl L 2011/304, 64.
67 ÖBl 2022/60 (*Anderl/Ciarnau*).

Beispiel

„Wir wollen bis 2050 klimaneutral sein" ist zB zukünftig bei fehlender Nachweisbarkeit der getroffenen Maßnahmen und erzielten Wirkungen irreführend.

Die Werbung mit Selbstverständlichem im Nachhaltigkeitsbereich wird dezidiert als Irreführungstatbestand aufgenommen. Damit wird aber lediglich ein bereits nach der Rsp anerkannter Sonderfall des allgemeinen Irreführungsverbots auch gesetzlich verankert und ist also nichts Neues.

Beispiel

Die Werbung mit *„Biomineralwasser"* wurde als Werbung mit Selbstverständlichem beanstandet. Der OGH sah darin aber keine Irreführung, weil sich das fragliche Mineralwasser tatsächlich von anderen Mineralwässern abgehoben hat und damit gegenüber ähnlichen Produkten einen Vorteil hatte. So war der Anteil an Rückständen und Schadstoffen besonders niedrig.[68]

Informationen über die Vergleichsmethode, die betreffenden Produkte und die Lieferanten dieser Produkte sowie die bestehenden Maßnahmen, um die Daten aktuell zu halten, werden weiters künftig als *„wesentliche Informationen"* eines nachhaltigen Produktvergleichs qualifiziert. Eine fehlende Aufklärung bzw Offenlegung dieser Merkmale kann dann eine Irreführung durch Unterlassung begründen. Das wird künftig insbesondere ESG-Rating-Agenturen betreffen.

Schließlich wird die schwarze Liste um neue Per-se-Verbote ergänzt. Diese betreffen das Anbringen ungeprüfter Nachhaltigkeitssiegel und die Verwendung von Fantasie-Kennzeichen; die Nutzung allgemeiner, unbelegter Umweltaussagen; die Werbung mit selbstverständlichen Produktanforderungen; die fehlende oder unrichtige Behauptung über die Haltbarkeit und Reparierbarkeit von Produkten etc.

Beispiele

- Zukünftig ist das Anbringen von Nachhaltigkeitssiegeln unlauter, wenn es nicht auf einem Zertifizierungssystem beruht oder von einer staatlichen Stelle festgesetzt wurde.
- Weiters sollen die inflationär verwendeten allgemeinen Angaben wie zB *„umweltfreundlich", „umweltschonend", „öko", „grün", „naturfreundlich", „ökologisch", „umweltgerecht", „klimafreundlich", „umweltverträglich", „CO₂-freundlich", „CO₂-neutral", „CO₂-positiv", „klimaneutral", „energieeffizient", „biologisch abbaubar", „biobasiert", „bewusst", „verantwortungsbewusst"* bei fehlendem Nachweis ohne weitere Prüfung der Täuschungseignung jedenfalls irreführend sein. Das führt zu einer Verschärfung der bisherigen Rechtslage.

Die meisten Tatbestände sind ohnehin bereits nach der nationalen Rsp vom in Kraft stehenden nationalen UWG erfasst. Die explizite Aufnahme dieses Sammelsuriums an Detailthemen in das Gesetz würde die kompakten Generalklauseln

---

68   BGH 13.9.2012, I ZR 230/11; *Anderl/Ciarnau*, Die Grenzen des Marketings, in *Zahradnik/Schöller-Richter*, Handbuch Nachhaltigkeitsrecht (2021).

ausladender und unübersichtlicher gestalten. Angesicht der angestrebten unionsweiten Harmonisierung kann die Festschreibung aber bei etwaiger abweichender oder fehlender Rsp in anderen Mitgliedstaaten durchaus Sinn machen. Es bleibt nun abzuwarten, wann die RL final beschlossen wird und ob sich daraus ein echter Handlungsbedarf für den nationalen Gesetzgeber ergibt.[69]

5.2. RL über Green Claims

Der RL-Vorschlag über Green Claims[70] soll die bestehenden Regularien zur Nachhaltigkeitswerbung und die geplante Änderung der UGP-RL durch die Verknüpfung zum ökologischen Fußabdruck erweitern. Demnach müssen Unternehmen bei grünen Werbeversprechen im B2C-Bereich insb strenge wissenschaftliche Anforderungen zur Untermauerung der Aussage und der zugrunde liegenden Methodik offenlegen. Diese gehen über die Nachweispflicht nach aktueller Rsp (vgl 2.2.) hinaus: So muss der Beleg für die Versprechen auf allgemein anerkannten wissenschaftlichen Erkenntnissen und dem Stand der Technik beruhen und die einschlägigen internationalen Normen berücksichtigen. Die Messmethodik muss es bspw ermöglichen, die Umweltauswirkungen des Produkts oder des Unternehmens inklusive etwaiger negativer Auswirkungen zu ermitteln. Bei Verstößen sollen abschreckende Sanktionen greifen. Die RL überlässt die konkrete Ausgestaltung und insb Höhe von etwaigen Bußgeldern aber den Mitgliedstaaten. Angesichts des aktuellen Trends zu hohen Geldbußen ist damit zu rechnen, dass sich diese an § 22 UWG orientieren und mindestens 4 % des letzten Jahresumsatzes oder bei unterlassener Offenlegung der Umsätze bis zu EUR 2 Millionen betragen werden.

---

69 Der Richtlinienvorschlag wird im nächsten Schritt in der ersten Lesung im Europäischen Parlament behandelt, bevor er beschlossen werden kann.
70 Proposal for a Directive on substantiation and communication of explicit environmental claims (Green Claims Directive), COM(2023) 166 final.

Nachhaltige Finanzierung
von Klein- und Mittelunternehmen

Brigitte Frey[1]

---

[1]   Der Inhalt dieses Beitrags stellt die persönliche Meinung der Autorin dar.

1. Einleitung

Wir leben in der Zukunft. Vieles, was vor zehn oder sogar noch vor fünf Jahren kaum vorstellbar war, ist heute Realität. Wir bezweifelten die Relevanz der Zeichen für Veränderung, heute zählen einige davon zu unseren größten Herausforderungen. Beispiele dazu sind Teil des vorliegenden Beitrags und lassen sich folgendermaßen skizzieren. Nach jahrzehntelangem erfolglosem Bemühen soll es nunmehr gelingen, die Funktion von Finanz- und Kapitalmärkten als Teil des nachhaltigen Transformationsprozesses in der Wirtschaft einzubetten?! Wirtschaftsaktivitäten werden naturwissenschaftlichen Wirkungsanalysen unterzogen, um Greenwashing zu verhindern?! Visionslose Geschäftsmodelle und Strategien in Sachen Klimarelevanz gefährden unternehmenseigene Vermögenswerte?!

So weit, so gut. In der Wirtschaft betroffene Akteure beginnen mit dem Um- und Aufbau von Unternehmenskonzepten, welche diesen neuen Anforderungen gerecht werden. Dabei handelt es sich insbesondere um große Unternehmen, welche entweder bereits jetzt oder in absehbarer Zukunft durch straffe EU-Regulatorien betroffen sind beziehungsweise sein werden.[2] Bei alldem sollte nicht übersehen werden, dass es nicht die Europäische Kommission ist, welche die Zeichen der Zeit bestimmt. Vielmehr ist im umgekehrten Sinn festzustellen, dass der eingangs angesprochene *Sprung in die Zukunft* notwendige Veränderungen mit sich bringt. Ein eingeschränkter Fokus auf neue Rechtsrahmen würde zu kurz greifen. Erfolg oder Misserfolg einer nachhaltigen Transformation hängen nicht primär von der gelungenen Umsetzung neuer EU-Vorschriften ab. Auf internationaler Ebene sind es vor allem die Kapitalmärkte und deren Finanzströme, die genau beobachtet werden. Vielfach unter der Wahrnehmungsschwelle liegt hierbei die Bedeutung von Klein- und Mittelunternehmen(KMU)[3]. Es bestehen strategische Bemühungen der Europäischen Kommission, dazu ausgleichend zu wirken. Inklusivität soll KMU einen besseren Zugang zur nachhaltigen Finanzierung ermöglichen.[4]

Der Europäische Grüne Deal[5] und neue Anforderungen an die Nachhaltigkeitsberichterstattung zeigen zusätzlich Rückwirkungen auf die Geschäftstätigkeit von

---

2   Vgl dazu ausführlich *Frey/Brogyányi*, Nachhaltigkeitsberichterstattung im Lichte der Corporate Sustainability Reporting Directive und deren Relevanz für Finanz- und Kapitalmärkte, in diesem Band 125.

3   Auf eine Definition von KMU wird für Zwecke des vorliegenden Beitrags verzichtet, da auch in den herangezogenen Quellen kein einheitlicher Kriterienkatalog herangezogen wird. Dennoch können die gemäß § 221 Abs 3 UGB angeführten Kriterien für mittelgroße Kapitalgesellschaften als Orientierung für eine Obergrenze dienen: bis zu 250 Mitarbeiter, EUR 20 Mio Bilanzsumme, EUR 40 Mio Umsatzerlöse.

4   Demnach wurde im vorliegenden Beitrag *Nachhaltige Finanzierung* im Kontext mit KMU definitorisch folgendem Dokument zugeordnet: Mitteilung der Kommission an das Europäische Parlament, den Rat, den europäischen Wirtschafts- und Sozialausschuss und den Ausschuss der Regionen, Strategie zur Finanzierung einer nachhaltigen Wirtschaft, COM 2021/390 final (im Folgenden: *Finanzierung einer nachhaltigen Wirtschaft*) 5 und 9.

5   Vgl im Überblick *Europäische Kommission*, Europäischer Grüner Deal, https://commission.europa.eu/strategy-and-policy/priorities-2019-2024/european-green-deal_de (zuletzt abgerufen 30.6.2023) (im Folgenden EU Grüner Deal).

KMU. Vor allem sind es Regulatorien und Standards, welche einerseits Finanzierungsrisiken und andererseits Aspekte der Lieferketten-Thematik mit sich bringen. Der zunehmend kritische Faktor einer nachhaltigen Finanzierung schlägt für KMU in mehreren Bereichen durch. Traditionelle KMU-Finanzierungen mittels Krediten stellen dabei nicht den einzigen Anknüpfungspunkt dar. Auch Förderungen und Eigenmittelfinanzierung verlangen kritische Analysen des Geschäftsmodells.

Der Beitrag schließt mit Überlegungen zu möglichen Handlungsfeldern und Maßnahmen für KMU. Dabei gilt es aufzuzeigen, dass naheliegende und verhältnismäßige Maßnahmen identifiziert werden können, um auch aus KMU-Perspektive unternehmerisches Handeln proaktiv und erfolgreich zu gestalten.

2. Die Position von KMU als Ausgangspunkt der Betrachtungen

Die volkswirtschaftliche Bedeutung von KMU auf Grundlage statistischer Materialien ist weitreichend aufbereitet beziehungsweise wird laufend erhoben.[6] In mancherlei Hinsicht lässt sich bei dieser Unternehmensgruppe das Rückgrat der Wirtschaft verortet. Zahlenmäßig trifft dies zweifelsfrei zu (99,6 %), aber auch aufgrund der überwiegenden Zahl an Mitarbeitern (67 %) und des Anteils an der Wertschöpfung (61 %) ist die Relevanz nachvollziehbar, wenn auch nicht mit dieser Eindeutigkeit. Das statistische Material aus Österreich entspricht im Wesentlichen den europäischen Leistungszahlen, wobei auf europäischer Ebene noch weitere umweltrelevante Aspekte in die Betrachtungen einbezogen werden.[7]

Wie könnte nun ein Entwurf aussehen, um die Position von KMU im Kontext nachhaltiger Entwicklung darzustellen?

Einerseits haftet dieser Unternehmensgruppe ein Image an, wonach Nachhaltigkeit eine selbstverständliche Determinante im unternehmerischen Handeln ist. Dies hat möglicherweise mit der Eigentümer-/Geschäftsführer-Struktur kleiner und mittlerer Betriebe zu tun, welche häufig eine bestimmend-personengeführte Unternehmensleitung aufweisen. Soweit dies im Einzelfall mit aktiv wahrgenommener unternehmerischer Verantwortung gleichzusetzen ist, könnten demnach diese Governance-Strukturen einen positiven Beitrag für eine nachhaltige Entwicklung leisten. Andererseits ist ein stetes Bemühen von Interessengruppen festzustellen, administrative Bürden von KMU fernzuhalten. In einem punktuell stark regulierten Land wie Österreich ist dies nachvollziehbar. Dennoch führt eine solche Position zu einem heftig unterschätzten Effekt. Es besteht die Gefahr, dass der

---

6   *Bundesministerium Digitalisierung und Wirtschaftsstandort*, KMU im Fokus 2021, Bericht über die Situation und Entwicklung kleiner und mittlerer Unternehmen der Österreichischen Wirtschaft (2022) (im Folgenden KMU im Fokus) 9.

7   Vgl *Platform on Sustainable Finance*, Platform Recommendations on Data and Usability (Oktober 2022) (im Folgenden Recommendations on Data and Usability) 100.

unternehmerische Mittelstand im rasch voranschreitenden Prozess der Transformation den Anschluss verliert. Transparenz nach innen und nach außen ist dafür ein erster notwendiger Schritt. Die eingangs dargestellten Dimensionen der Veränderung lassen eine Aus- und Abgrenzung nicht zu. Lobbyismus, welcher in dieser Situation die Marktdynamik von Akteuren der Wirtschaft unterbindet, verfehlt seinen Zweck.

Zweifellos wären noch weitere Befunde zu benennen, welche die spezielle Situation von KMU im Nachhaltigkeitskontext näher beleuchten. Gleichermaßen erscheint jedoch ein systematischer Ansatz relevant, um eine überblicksartige Betroffenheitsanalyse vorzunehmen. Für diesen Zweck wird mit der Darstellung der drei wichtigen Treiber der grünen Transformation in regulatorischen Bereichen fortgesetzt. Ziel dabei ist die Aufarbeitung und Beleuchtung der Perspektiven von KMU.

2.1. Drei Treiber der grünen Transformation mit Wirkung auf Klein- und Mittelunternehmen

Für die inhaltliche Bestimmung bleibt vorerst bewusst offen, ob Transformationsprozesse primär „grün", also im Sinne ökologisch wirksamer Veränderungen, oder „nachhaltig" im Sinne weiter einzubeziehender sozialer und gesellschaftlicher Kriterien stattfinden. Aufgrund national und international priorisierter Maßnahmenpakete gegen den Klimawandel ist die „ökologische Brille" jedenfalls von zentraler Bedeutung.

Nachstehende Abbildung 1 gibt einen Überblick zu drei wichtigen Impulsgebern im regulatorischen Bereich beziehungsweise als Standardsetzer.

Drei Impulsgeber für eine grüne Transformation

Abb 1: Impulsgeber für grüne Transformation

2.1.1. Finanz- und Kapitalmarktaufsicht

Es sind nicht nur die europäischen Finanz- und Kapitalmarktaufsichtsorgane, welche vergleichbar zu internationalen Organisationen zunehmend eine bestimmende Rolle im Transformationsprozess spielen. Die in der Grafik angeführten Organisationen übernehmen mehrfach relevante Rollen, wenn es darum geht, die Stabilität von Finanz- und Kapitalmärkten sicherzustellen.[8] Der Rechtsrahmen zum Grünen Deal der EU hat in der Umsetzung aufsichtsrechtlicher Agenden einen verstärkenden Effekt.[9]

Die Analyse von ESG-Risiken hat zunehmende Bedeutung am Finanz- und Kapitalmarkt.[10] Dieser Befund beschränkt sich keineswegs auf den EU-Raum. Internationale Kapitalmärkte sehen insbesondere ein hohes Gefährdungspotenzial durch den Verlust gewaltiger Vermögenswerte aufgrund von „Stranded Assets", also bilanziell wirksame Vermögensverluste, aufgrund fehlender Ertragskraft früherer Investments. Ursachen für den hohen Wertberichtigungsbedarf werden sowohl im technologischen Wandel in Richtung klimaneutraler Wirtschaft als auch in der physischen Gefährdung bestehender Betriebsanlagen durch den Klimawandel gesehen. Der Vertrauensverlust durch Investoren aufgrund von unvorhersehbaren Ereignissen gefährdet die Stabilität von Finanz- und Kapitalmärkten. Damit steht die realitätsnahe Bewertung von ESG-Risiken bereits im Fokus des Risikomanagements der Finanzdienstleister. Auch wenn hier vordergründig kapitalmarktverhangene Unternehmen und Konzerne im Visier von Aufsichtsbehörden und Standardsetzern sind, so zeigt dennoch Kapitel 3. des vorliegenden Beitrags, dass sich der Wirkungsradius zunehmend auch auf KMU erstrecken wird. Die Erklärung dafür ist gleichermaßen einfach wie herausfordernd: Die Komplexität, welche wirtschaftlichem Handeln zugrunde liegt, verlangt die Einbeziehung aller Wirtschaftsakteure.

2.1.2. Europäischer Grüner Deal und Sustainable-Finance-Strategie

Zweiter Impulsgeber ist der mächtige Rechtsrahmen des europäischen Green Deal. Dabei handelt es sich um den Fahrplan der EU, um einen Übergang zu einer modernen, ressourceneffizienten und wettbewerbsfähigen Wirtschaft zu finden. Bis zum Jahr 2050 soll das Wirtschaftswachstum von der Ressourcennutzung entkoppelt sein und sollen keine Netto-Treibhausgase mehr ausgestoßen werden.[11]

---

8   Vgl Finanzierung einer nachhaltigen Wirtschaft, mit weiteren Ausführungen zur Überwachung eines geordneten Übergangs des Finanzsystems der EU 20.

9   Vgl dazu beispielhaft *FMA*, FMA-Leitfaden zum Umgang mit Nachhaltigkeitsrisiken (2020); *European Central Bank*, Guide on climate-related and environmetal risks (2020), *European Banking Authority*, EBA/GL/2020/06, Leitlinie für die Kreditvergabe und Überwachung (Mai 2020).

10   Vgl Finanzierung einer nachhaltigen Wirtschaft, wonach Maßnahmen getroffen werden, um die wirtschaftliche und finanzielle Widerstandsfähigkeit gegen Nachhaltigkeitsrisiken auf Systemebene zu stärken 16.

11   Vgl *Bundesministerium Klimaschutz, Umwelt, Energie, Mobilität, Innovation und Technologie*, Europäischer Green Deal und LIVE, https://www.bmk.gv.at/themen/klima_umwelt/eu_international/life/hintergrund/green-deal.html (zuletzt abgefragt am 27.6.2023).

Bereits im Vorfeld zum Green Deal starteten mit dem „Aktionsplan: Finanzierung nachhaltigen Wachstums" umfassende Bemühungen, um Finanzfragen und die spezifischen Erfordernisse der europäischen und der globalen Wirtschaft zum Nutzen des Planeten und unserer Gesellschaft miteinander zu verknüpfen.[12] Dafür sollen Kapitalflüsse in Richtung nachhaltige Investitionen umgelenkt werden, um ein nachhaltiges und integratives Wachstum zu erreichen. Ziel dabei ist, die finanziellen Risiken, die sich aus dem Klimawandel, der Ressourcenknappheit, der Umweltzerstörung und sozialen Problemen ergeben, zu bewältigen. Für diesen Zweck gilt es Transparenz und Langfristigkeit von Finanz- und Wirtschaftstätigkeiten zu fördern.[13]

In weiterer Folge wurden von der Kommission unter der „Strategie zur Finanzierung einer nachhaltigen Wirtschaft" Maßnahmen kommuniziert, welche unmittelbar die Zielsetzungen des Grünen Deal reflektieren und damit eine Schlüsselrolle bei der Verwirklichung dieser Ziele spielen sollen.[14]

> Investitionen in nicht nachhaltige Tätigkeiten und Vermögenswerte dürften mehr und mehr in eine Sackgasse führen, je stärker klima- und umweltpolitische Herausforderungen greifbar werden. Die unzureichende Berücksichtigung dieser Risiken behindert die Umverteilung von Ressourcen und Risiken, was in Zukunft zu störenden Nachregulierungen führen wird mit Folgen für die Finanzstabilität.[15]

Damit ist klargestellt, dass der EU Grüne Deal via „Sustainable Finance" eine wichtige Schnittstelle zu finanz- und kapitalmarktrelevanten Maßnahmen darstellt.

Gleichzeitig ist jedoch ein grundlegender Unterschied gegenüber einer ausschließlich investororientierten Politik erkennbar. Vorrangig geht es um nachhaltige Tätigkeiten, welche einen Lösungsbeitrag zu den klima- und umweltpolitischen Herausforderungen leisten. Es erfolgt die Zuordnung wirtschaftlichen Handelns zu den Zielen des Green Deal, während als begleitende Maßnahme ein geeigneter Rechtsrahmen errichtet wird, welcher als Anreiz dienen soll, um private Finanzströme in relevante Wirtschaftsaktivitäten zu lenken.[16] Dieser konzeptionelle Zugang für die Transformation der Wirtschaft zieht sich als roter Faden durch das regulatorische EU-Rahmenwerk des Green Deal. Insbesondere erklärt sich daraus auch die Bedeutung des Begriffs der „doppelten Wesentlichkeit". Unternehmerisches Handeln wird dabei hinsichtlich der relevanten Auswirkungen auf Umwelt und Gesellschaft untersucht („inside-out"), während gleichzeitig Risiken und Chancen im gegebenen Kontext auf Unternehmen wirken („outside-in").[17]

---

12 Mitteilung der Kommission an das Europäische Parlament, den Rat, den europäischen Wirtschafts- und Sozialausschuss und den Ausschuss der Regionen, Aktionsplan: Finanzierung nachhaltigen Wachstums, COM(2018) 97 final (im Folgenden Aktionsplan).
13 Vgl Aktionsplan 3.
14 Vgl Finanzierung einer nachhaltigen Wirtschaft 1.
15 Vgl Finanzierung einer nachhaltigen Wirtschaft 1.
16 Vgl Finanzierung einer nachhaltigen Wirtschaft 2.
17 Vgl Finanzierung einer nachhaltigen Wirtschaft 13.

An dieser Stelle wäre es zu kurz gegriffen, wenn man die konzeptionelle Bedeutung von „Sustainable Finance" ausschließlich bei Akteuren auf Kapitalmärkten verortet.[18] Die systematische Durchleuchtung wirtschaftlicher Aktivitäten und deren Auswirkungen stellen ebenso wie die Identifizierung potenzieller Risiken und Chancen einen wesentlichen Baustein der Transformation der gesamten Wirtschaft dar. Bereits eingangs wurde auf die wirtschaftliche Bedeutung von KMU hingewiesen. In Anbetracht von 23 Millionen KMU in der EU verweist die Europäische Kommission auf die Notwendigkeit, kleinen und mittleren Unternehmen Finanzierungsmöglichkeiten im Rahmen eines nachhaltigen Finanzwesens zu bieten. Dabei sind der Europäischen Kommission die Schwierigkeiten bei den erforderlichen Übergangsbemühungen von KMU bewusst, da diese häufig nicht kompetent und informiert genug sind, um die Möglichkeiten, die nachhaltige Finanzinstrumente bieten, nutzen zu können. Es gilt mittels Beratungsstellen für Nachhaltigkeit auf die speziellen Erfordernisse einzugehen. Dies wird mit dem Hinweis bekräftigt, dass KMU unentbehrlich für den Übergang der Wirtschaft zur Nachhaltigkeit sind.[19]

2.1.3. Standardsetzer für Nachhaltigkeitsberichterstattung

Der dritte Impuls geht von Standardsetzern für Nachhaltigkeitsberichterstattung aus. Hier hat zuletzt ein – zumindest scheinbarer – Wettlauf zwischen dem International Sustainability Standards Board (ISSB) und der European Financial Reporting Advisory Group (EFRAG) um die „besseren" Standards zur Nachhaltigkeitsberichterstattung eingesetzt.[20] Was damit manifest wird, ist, dass ein breiter Konsens zu einer fundamentalen Umwälzung der relevanten Topics in der Unternehmensberichterstattung gegeben ist, auch wenn zu einzelnen Details auf internationaler Ebene noch Einigkeit fehlt.

Es ist davon auszugehen, dass die umfassenden Berichterstattungspflichten großer Unternehmen zu weitergehenden Transparenzanforderungen betreffend Zulieferer und auch Kunden in der Lieferkette führen werden.[21] Ebenso ist der dringende Ruf nach Daten des Finanzsektors manifest. In Summe betrachtet bedeutet das für KMU, dass bereits heute wichtige Geschäftspartner mit unterschiedlichsten Inhalten ein im Umfang stetig steigendes Reporting zu ESG-Daten anfordern.

In der Mitteilung vom 21. April 2021 hält die Kommission fest, dass sie angemessene Standards für KMU entwickeln wird. Diese KMU-Standards sollen unter anderem dabei unterstützen, Informationen von kleinen und mittleren Zuliefe-

---

18 Vgl *European Banking Authority*, EBA Action Plan on Sustainable Finance (Dezember 2019), (im Folgenden EBA Action Plan) 4, wonach das Zusammenwirken mit dem EU-Aktionsplan zur Finanzierung nachhaltigen Wachstums einen wichtigen Baustein darstellt.

19 Vgl Finanzierung einer nachhaltigen Wirtschaft 9 f.

20 Vgl dazu ausführlich *Frey/Brogyányi* in diesem Band 125.

21 Vgl dazu ausführlich *Frey/Brogyányi* in diesem Band 125.

rern und Abnehmern in der Wertschöpfungsketten in vertretbarer und zumutbarer Weise aufzubereiten.[22] Dabei wurde bewusst auf die obligatorische Erstellung von Nachhaltigkeitsberichte verzichtet.[23] Vorrangig wird auf faktische Verpflichtungen der Fokus gelegt. Die Kommission plant, Mitgliedstaaten bei ihren Bemühungen um Kapazitätsaufbau und fachliche Beratung für KMU in Bezug auf ihre freiwillige Berichterstattung über Risiken und Auswirkungen im Zusammenhang mit der Nachhaltigkeit zu unterstützen. Zu diesem Zweck wird EFRAG einen vereinfachten Standard für die Nachhaltigkeitsberichterstattung erarbeiten, mit dem KMU ein angemessenes Instrument zur Berichterstattung erhalten sollen.[24]

2.2. Verortung bestehender und kommender Regularien

Mit nachstehender Grafik wird zum Ausdruck gebracht, dass es essenziell ist, die zahlreichen neuen Regelungsmechanismen in Verbindung mit den Beweggründen der Impulsgeber zu betrachten. Dabei ist die hohe Komplexität des gesteckten Rahmens offensichtlich. Allzu leicht geraten die strukturellen und strategischen Zielsetzungen der Maßnahmen aus dem Blickfeld. In 2.1. wurden einige wichtige Hintergründe herausgearbeitet und bilden nunmehr die Grundlage für ein geschärftes Verständnis bestehender Anforderungen und Erwartungen an das EU-Recht sowie die kommenden Anforderungen. Die Zuordnung der Scheiben in der Grafik ist dabei nicht als einzige denkbare Darstellung zu verstehen, sondern soll primär den Fokus nachfolgender Erläuterungen veranschaulichen.

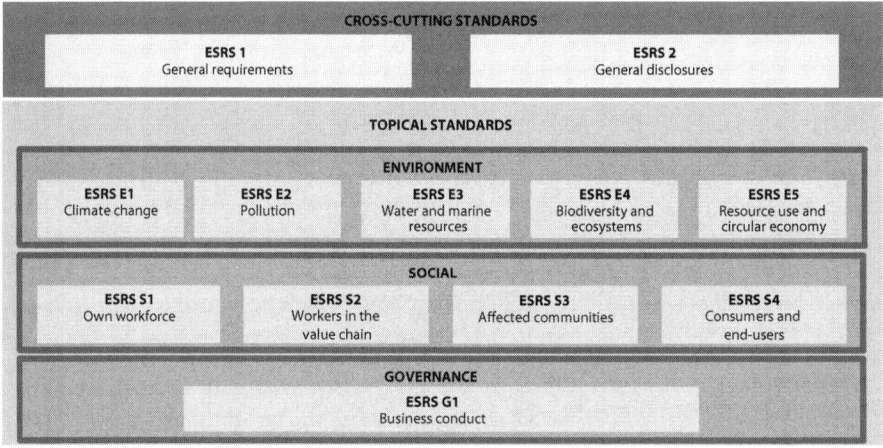

22   Mitteilung der Kommission an das Europäische Parlament, den Rat, den europäischen Wirtschafts- und Sozialausschuss und den Ausschuss der Regionen, EU-Taxonomie, Nachhaltigkeitsberichterstattung von Unternehmen, Nachhaltigkeitspräferenzen und treuhänderische Pflichten: Finanzielle Mittel in Richtung des europäischen Grünen Deals lenken (im Folgenden Finanzielle Mittel in Richtung des Grünen Deals lenken) COM(2021) 188 final 2.
23   Vgl Finanzielle Mittel in Richtung des Grünen Deals lenken 11.
24   Vgl Finanzierung einer nachhaltigen Wirtschaft 10.

Regulatorische Treiber der grünen Transformation

Abb 2: Regulatorische Treiber der Grünen Transformation

Bereits der Betrachtung fällt die Dominanz der Scheiben auf, welche jeweils für EU-Regelungen stehen beziehungsweise zu Berichtsstandards überleiten. Die Überschneidungen bringen die zuvor angesprochene hohe Komplexität der Anforderungen zum Ausdruck. Und noch etwas wird damit bewusst: Die volle Wirkungskraft dieses primär zum Grünen Deal und dem nachhaltigen Finanzwesen errichteten Rechtsrahmens entfaltet sich durch eine gesamthafte Umsetzung. Daher würde es auch keinen Sinn machen, einzelne Umsetzungsschritte zu unterlaufen. Nachteilige Wirkungen in der Gesamtkonzeption sowie bei den jeweiligen Schnittstellen wären die Folgen. Eine ähnlich unbefriedigende Situation entsteht, wenn die aufeinander abgestimmten Zeitpläne in der Umsetzung punktuell nicht halten. Neben Rechts- und Planungsunsicherheit für die betroffenen Unternehmen zeigte sich bereits aufgrund der im Jahr 2022 eingetretenen zeitlichen Verschiebungen der Umsetzung angekündigter EU-Regelungen[25] eine steigende Skepsis gegenüber diesem wirtschaftspolitischen EU-Jahrzehnteprojekt des Grünen Deals.

KMU sind in dieser Phase besonders ungünstig betroffen. Einerseits fehlt es an Ressourcen, um die notwendigen Informationen zu generieren, welche für die Erstellung einer individuellen Betroffenheitsanalyse erforderlich sind, andererseits geht wertvolle Zeit verloren, welche genutzt werden sollte, um das eigene Unternehmen zukunftsfit zu machen. Um es mit klaren Worten festzuhalten: Das

---

25 Während die signifikante Verzögerung der Verabschiedung der CSRD vor allem durch einen intensiven parlamentarischen Trilog-Prozess verursacht wurde, dürfte wohl das gewaltige Pensum an Facharbeit daran schuld gewesen sein, dass die Delegierten EU-Verordnungen zu den technischen Bewertungskriterien der Umweltziele 3–6 nicht zeitgerecht finalisiert werden konnten.

Zusammenwirken der kommenden Anforderungen ergibt einen brisanten Cocktail, dessen Wirkung keinesfalls auf „In-scope-Unternehmen" beschränkt bleibt. Und auch folgender Punkt ist aktuell nicht diskutierbar: Selbst wenn auf Ebene der Europäischen Kommission und bei den EU-Mitgliedstaaten der Motor in der Umsetzung stottert und der Weg obendrein holprig ist – es geht weiter in Richtung Transformation via Grüner Deal. Ein Abbiegen ist nicht vorgesehen.

Demzufolge werden nachstehend die einzelnen EU-Regularien dahingehend untersucht, in welcher Form und auf welche erwartbare Art und Weise die Vorschriften auf KMU wirken – obwohl grundsätzlich keine unmittelbare Betroffenheit ausgelöst wird. Diesen Untersuchungen liegt die Erwartungshaltung zugrunde, dass trotz vielfacher zeitlicher und inhaltlicher Unklarheiten in den Umsetzungen die Fundament-Bausteine für die notwendige Transformation im KMU-Bereich auch auf regulatorischer Ebene längst gelegt sind.

2.2.1. EU-Taxonomie-Verordnung und Artikel 8-Berichterstattung

Die EU-Taxonomie-Verordnung (TaxonomieVO) ist ein Klassifizierungssystem und enthält Bestimmungskriterien, ob eine Wirtschaftstätigkeit als ökologisch nachhaltig einzustufen ist.[26] Damit soll die Grundlage geschaffen werden, um den Grad ökologischer Nachhaltigkeit einer Investition ermitteln zu können.[27] Für weitere Erörterungen ist der Fokus auf folgende Tatsachen zu lenken:

- Die TaxonomieVO stellt einen bedeutenden Meilenstein dar, wodurch es erstmals in der jungen Geschichte der nachhaltigen Entwicklung von Unternehmen in Angriff genommen wird, umfassend und wissenschaftsbasiert **Wirtschaftsaktivitäten** nach einer strikten Nomenklatur zu klassifizieren.
  Die Tatsache, dass es sich dabei primär um ein Klassifizierungssystem von Wirtschaftsaktivitäten handelt, hat Wirkung auf einen notwendig sachgerechten Umgang. Es handelt sich weder um ein „Label" noch um ein ausschlaggebendes Kriterium zwischen „green" und „brown economy". Vielmehr geht es im wahrsten Sinn des Wortes um (Taxonomie-)Konformität zu bestehendem EU-Recht. Und zwar ausschließlich im positiven Sinn. Dh das Klassifizierungssystem sieht die Einstufung von „taxonomiekonform" vor. Wenn die Kriterien nicht erfüllt sind, gibt es ein Spektrum an Ursachen, weshalb eine Konformität nicht gegeben ist. Dieses reicht von *fehlender Relevanz der Tätigkeit in deren Auswirkungen* über *Beeinträchtigung anderer Umweltziele* bis hin zur *fehlenden Vollständigkeit der EU-Kriterienkataloge für Wirtschaftsaktivitäten* uvm. Es

---

26 Vgl Art 1 Verordnung (EU) 2020/852 des Europäischen Parlaments und des Rates vom 18. Juni 2020 über die Einrichtung eines Rahmens zur Erleichterung nachhaltiger Investitionen und zur Änderung der Verordnung (EU) 2019/2088 (im Folgenden TaxonomieVO).

27 Vgl Art 2 Z 1 TaxonomieVO, wonach *„ökologisch nachhaltige Investitionen"* Investitionen in eine oder mehrere Wirtschaftsaktivitäten darstellen, die gemäß TaxonomieVO als ökologisch nachhaltig gelten.

kann und sollte keine (insbesondere vergleichende!) Wertung bei fehlender Taxonomiekonformität vorgenommen werden, ohne die genauen Ursachen zu hinterfragen. Es handelt sich um eine ausschließlich rechtliche und wissenschaftsbasierte Untersuchung horizontaler und vertikaler Aspekte zur Anwendung von Kriterien, zur Bestimmung der Taxonomiekonformität von Tätigkeiten von Wichtigkeit.[28]

- Durch die TaxonomieVO wird eine umfassende Definition von **ökologischer Nachhaltigkeit** festgeschrieben. Dieser Umweltfokus entspricht dem auswirkungsorientierten Konzept des Grünen Deals. Die frühe Ankündigung der Kommission zur Ausarbeitung einer Sozial-Taxonomie sowie die Berücksichtigung des Mindestschutzes in Art 18 TaxonomieVO stellen klar, dass der Europäischen Kommission bewusst ist, dass mit der vorgelegten Nomenklatur keine umfassende Definition für nachhaltige Wirtschaftsaktivitäten erfolgt ist. Vielmehr geht es um eine Priorisierung der brennenden Themen – und hier stehen Klimaschutz und Klimaanpassung an oberster Stelle, gefolgt von den weiteren Umweltzielen der TaxonomieVO.

- Die Konzeption des EU-Rahmens zum Grünen Deal stellt immer wieder den Kampf gegen jede Form von Grünfärberei („**Greenwashing**") in den Vordergrund. Durch die gemeinsame Definition von ökologischer Nachhaltigkeit in der Taxonomie-VO soll ein robustes wissenschaftsbasiertes Instrument verfügbar sein.[29]

- Seit dem In-Kraft-Treten der Verordnung im Jahr 2020 wurden auf Basis der Verordnungsermächtigung in der Taxonomie-VO bedeutende delegierte Verordnungen erlassen. Dennoch sind weitere angekündigte Rechtsakte noch ausständig. Verstärkt wird sich künftig die Frage stellen, in welcher Weise mit dem bis auf Weiteres unvollständigen Regelwerk umzugehen ist. Ungeachtet dessen ist zu beachten, dass eine freiwillige Anwendung durch Wirtschaftsteilnehmer erfolgen kann. Auf diese Möglichkeit für kleinere Unternehmen wird ausdrücklich hingewiesen.[30] Die Brisanz ist nicht zu übersehen. Es wird ausdrücklich auf die „Nutzung" des Klassifizierungssystems außerhalb des Kreises von Finanz-/Nichtfinanzunternehmen iS der Taxonomie-VO verwiesen. Gleichzeitig muss dabei bewusst sein, dass es nicht akzeptabel wäre, das hohe Anspruchsniveau der Taxonomie-VO zu verwässern.

Aufgrund dieser Punkte ist ein möglichst gut moderierter Prozess für alle Akteure bei der Umsetzung der Taxonomie-VO wünschenswert. Die Platform on Sustainable

---

28 Vgl Delegierte Verordnung (EU) der Kommission zur Ergänzung der Verordnung (EU) 2020/852 des Europäischen Parlaments und des Rates durch Festlegung der technischen Bewertungskriterien, anhand deren bestimmt wird, unter welchen Bedingungen davon auszugehen ist, dass eine Wirtschaftstätigkeit einen wesentlichen Beitrag zum Klimaschutz oder zur Anpassung an den Klimawandel leistet, und anhand deren bestimmt wird, ob diese Wirtschaftstätigkeit erhebliche Beeinträchtigungen eines der übrigen Umweltziele vermeidet, C(2021) 2800 final 5.

29 Vgl Finanzierung einer nachhaltigen Wirtschaft 3.

30 Vgl TaxonomieVO Erwägungsgrund 22.

Finance hat dazu Untersuchungen im Bericht „Platform Recommendations on Data and Usability, October 2022" veröffentlicht.[31] Der Fokus dabei liegt primär auf Sachverhalten betreffend Finanzmarktteilnehmer. Umso klarer treten folgende Punkte hervor.

- This report does not address the application of the EU Taxonomy to Small and Medium-sized Enterprises (SMEs) or the treatment of SMEs within financial institutions reporting obligations be it at entity-level or at financial product level. This is because the Platform is preparing a separate report on SMEs as part of its work on data and usability.[32]
- Outside of the current scope of Taxonomy reporting, but subject to a 2024 review period, would be Small- and Medium-sized Enterprises and the public sector. The Platform has considered approaches for Taxonomy use within these user groups as part of our recommendations in this report.[33]
- While there are some issues that merit longer time horizons for assessment and review (e.g., the treatment and disclosure derivative exposures), other matters such as the inclusion of sovereign green bonds or green loans to SMEs should be addressed more swiftly given their importance for more complete Taxonomy alignment disclosures and more wide-spread adoption of the Taxonomy.[34]
- Increasing incentives for issuers to report driven by investor demand – even if it can eventually be driven by regulation. Investors could push for voluntary reporting in order to recognise the environmental credentials of the investment.[35]

Zusammengefasst geben obige Hinweise ein Bild davon, dass es Wirtschaftsakteuren, öffentlichen Behörden und nicht zuletzt der Europäischen Kommission obliegen wird, wann und wie konkret die Taxonomie-VO und deren delegierte Verordnungen Wirksamkeit auch für KMU entfalten.

Auch wenn eine obligatorische Berichterstattung gemäß Artikel 8 TaxonomieVO für KMU nicht zutrifft,[36] so zeigen obige Untersuchungen dennoch, dass künftig mit steigender Relevanz für ökologisch nachhaltige Informationen zu rechnen ist. Ähnlich wie in der Diskussion rund um die Nachhaltigkeitsberichterstattung wird es dabei darum gehen, dass Verhältnismäßigkeit und Standardisierung greifen, um eine uneingeschränkte Beliebigkeit an Anforderungen gegenüber KMU, insbesondere von finanzierenden Stellen, zu unterbinden.

---

31 *Platform on Sustainable Finance*, Platform Recommendations on Data and Usability (October 2022) (im Folgenden Recommendations on Data and Usability.
32 Vgl Recommendations on Data and Usability 9.
33 Vgl Recommendations on Data and Usability 28.
34 Vgl Recommendations on Data and Usability 86.
35 Vgl Recommendations on Data and Usability 117.
36 Vgl im Gegensatz dazu die Regeln bei der Erstellung einer nichtfinanziellen Erklärung iVm Artikel 19a der Richtlinie 2013/34/EU des Europäischen Parlaments und des Rates oder eine konsolidierte nichtfinanzielle Erklärung nach Artikel 29a der Richtlinie.

2.2.2. Corporate Sustainability Reporting Directive (CSRD)

Aus Abbildung 2 ist ersichtlich, dass die CSRD[37] eine enge Verknüpfung sowohl mit Aspekten zur „Sustainable-Finance-Strategie" als auch zur Taxonomie-VO aufweist. Transparenz und Vergleichbarkeit einer klimabezogenen Berichterstattung stellen zusätzlich den gemeinsamen Nenner in der europäischen und internationalen Nachhaltigkeitsberichterstattung dar und bilden den dritten Impulsgeber zur Transformation im Schaubild.

Vor diesem Hintergrund stellt sich die Frage der regulatorischen Implikationen der CSRD für KMU.

In den Erwägungsgründen zur CSRD gibt es dazu mehrfach Klarstellungen.

Die Europäische Kommission führt aus, dass künftige Standards für Nachhaltigkeitsberichterstattung den Umstand einbeziehen sollen, wonach es für Unternehmen nicht immer problemlos möglich ist, Informationen bei Akteuren der gesamten Wertschöpfungskette, insbesondere von Lieferanten, bei denen es sich um kleine und mittlere Unternehmen handelt, einzuholen. Entsprechende Verpflichtungen zur Offenlegung in Bezug auf Wertschöpfungsketten sollten angemessen sein, insbesondere unter Berücksichtigung von Umfang und Komplexität der Tätigkeiten der Unternehmen sowie insbesondere den Kapazitäten und Merkmalen von Unternehmen, die nicht den Anforderungen an die Nachhaltigkeitsberichterstattung iS der CSRD unterliegen. Es gilt sicherzustellen, dass Unternehmen keiner Verpflichtung unterliegen, Informationen von kleinen und mittleren Unternehmen in der Wertschöpfungskette einzuholen, die über jene Informationen hinausgehen, welche gemäß den „Standards für die Nachhaltigkeitsberichterstattung für kleine und mittlere Unternehmen" offenzulegen sind.[38]

Dies führt vorrangig zu der Frage, wann und auf welcher Grundlage es zu KMU-Standards kommen wird. Die Antwort findet sich in einer Regelung für kapitalmarktverhangene KMU, für welche die Einführung eines „verhältnismäßigen" Berichtsstandards vorgesehen ist. Gemäß Art 19a erstatten kleine und mittlere Unternehmen, deren Wertpapiere zum Handel auf einem geregelten Markt zugelassen sind, gemäß den Standards für die Nachhaltigkeitsberichterstattung durch kleine und mittlere Unternehmen nach Artikel 29c Bericht.[39]

Diese Standards für die „Nachhaltigkeitsberichterstattung von kleinen und mittleren Unternehmen" sollen als Referenz für den Umfang freiwilliger Nachhaltigkeitsinformationen dienen, wie sie von kleinen und mittleren Unternehmen, die Zulie-

---

37 Richtlinie (EU) 2022/2464 des Europäischen Parlaments und des Rates vom 14. Dezember 2022 zur Änderung der Verordnung 2014/537 und der Richtlinien 2004/109/EG, 2006/43/EG und 2013/34/EU, hinsichtlich der Nachhaltigkeitsberichterstattung von Unternehmen (im Folgenden CSRD).
38 CSRD Erwägungsgrund 53.
39 Vgl im Detail Art 1 iVm Art 19a Abs 6 CSRD.

ferer oder Abnehmer entlang der Wertschöpfungskette berichtspflichtiger Unternehmen sind, in vertretbarer Weise verlangt werden können. Ausdrücklich wird hervorgehoben, dass KMU, welche nicht zum Handel auf einem geregelten Markt in der Union zugelassen sind, ebenfalls die Möglichkeit haben sollen, sich dafür zu entscheiden, solche verhältnismäßigen Standards freiwillig anzuwenden.[40]

Doch es geht nicht nur um Transparenzanforderungen, welche sich primär an Unternehmen in der Wertschöpfungskette richten. Zu einem eher späten Zeitpunkt in den Trilog-Verhandlungen zur CSRD wurde ein spezifisches Governance-Thema in die Berichterstattungspflichten großer Unternehmen aufgenommen. Es werden Zahlungspraktiken thematisiert, insbesondere in Bezug auf verspätete Zahlungen an kleine und mittlere Unternehmen.[41] In den Erwägungen der Kommission heißt es dazu:

> Jedes Jahr müssen Tausende von Unternehmen, insbesondere kleine und mittlere Unternehmen (KMU), administrative und finanzielle Belastungen tragen, weil sie verspätet oder gar nicht bezahlt werden. Letztendlich führt Zahlungsverzug zu Insolvenz und Konkurs mit destruktiven Auswirkungen auf ganze Wertschöpfungsketten. Wenn Unternehmen mehr Informationen zur Zahlungspraktiken zur Verfügung gestellt werden, dürften sie besser in der Lage sein, schnelle und zuverlässige Zahler zu ermitteln, unlautere Zahlungspraktiken aufzudecken, sich über Unternehmen, mit denen sie Handel treiben, zu informieren und fairere Zahlungsbedingungen auszuhandeln.[42]

Auch wenn die Wirksamkeit solcher Transparenzvorschriften aus heutiger Sicht noch nicht abschätzbar ist, so wird dennoch bewusst, dass das Thema „KMU-Finanzierung" durchaus weitgesteckt im neuen Kontext zu sehen ist.

Abschließend wird für weiterführende Informationen auf den Beitrag von *Frey/Brogyányi* im vorliegenden Band verwiesen, worin ein inhaltlicher Überblick zu den Regelungen der CSRD sowie der ESRS gegeben wird.

2.2.3. European Sustainability Reporting Standards (ESRS)

Gemäß Artikel 29c CSRD erlässt die Kommission bis zum 30. Juni 2024 delegierte Rechtsakte, um Standards für die Nachhaltigkeitsberichterstattung festzulegen, welche den Kapazitäten und Merkmalen kleiner und mittlerer Unternehmen und dem Umfang und der Komplexität ihrer Tätigkeiten angemessen sind und entsprechen. Zum Zeitpunkt der Erstellung des vorliegenden Beitrags waren dazu noch keine ausreichend fundierten Informationen verfügbar, um eine weitere Analyse vorzunehmen. Vielmehr zeigen sich anlässlich der kommenden Verabschiedung des ersten Sets an Standards via delegierte Verordnung signifikante Abweichungen vom ursprünglichen Zeitplan in den Vorbereitungen durch EFRAG.

---

40 CSRD Erwägungsgrund 21.
41 Vgl Art 29b Abs 2 c v CSRD.
42 CSRD Erwägungsgrund 50.

Damit ist davon auszugehen, dass Inhalt und zeitliche Verfügbarkeit aus heutiger Sicht mit Juni 2024 zwar gegeben sein sollten, jedoch Standardentwürfe mit großer Unsicherheit behaftet sind, solange sie nicht final vorliegen. Eine erste Skizze für Kommendes lässt sich dennoch erstellen:

Der Rahmen für kommende Standards ist für kleine und mittlere Unternehmen in Artikel 2 Nummer 1 Buchstabe a CSRD spezifiziert.[43] Demnach sind folgende Informationen gemäß Artikel 19a Absatz 6 in die Berichterstattung aufzunehmen.

a) eine kurze Beschreibung von Geschäftsmodell und Strategie des Unternehmens;
b) eine Beschreibung der Unternehmenspolitik hinsichtlich Nachhaltigkeit;
c) die wichtigsten tatsächlichen oder potenziellen negativen Auswirkungen des Unternehmens in Bezug auf Nachhaltigkeitsaspekte sowie jegliche Maßnahmen zur Ermittlung, Überwachung, Verhinderung, Minderung oder Behebung solcher tatsächlichen oder potenziellen negativen Auswirkungen;
d) die wichtigsten Risiken, denen das Unternehmen im Zusammenhang mit Nachhaltigkeitsaspekten ausgesetzt ist, und die Handhabung dieser Risiken durch das Unternehmen;
e) Schlüsselindikatoren, die für die unter den Buchstaben a bis d genannten Offenlegungen erforderlich sind.

Abgesehen davon, dass dieser Berichtsrahmen keine ausreichende Konkretisierung zulässt, muss hier offenbleiben, in welcher Form die notwendigen Ergänzungen oder Klarstellungen in den kommenden verhältnismäßigen Berichtsstandard einfließen werden. Diese Frage stellt sich, da in Art 29c CSRD vorgesehen ist, dass bei den Standards für die Nachhaltigkeitsberichterstattung für kleine und mittlere Unternehmen die in Artikel 29b Absätze 2 bis 5 festgelegten Kriterien zu *„berücksichtigen"* sind. Dh bei einer engen Auslegung wäre demnach das volle Set an Berichtsstandards, wie sie für große Unternehmen vorgesehen sind, zumindest der Ausgangspunkt der Arbeit der Standardsetzer.

Abschließend sollen internationale Entwicklungen nicht unerwähnt bleiben. Nahezu zeitgleich mit dem Start der EU-Bemühungen zur Implementierung europäischer Berichtsstandards wurden auch von Seiten der IFRS-Foundation erste Schritte gesetzt, um Standards zur Nachhaltigkeitsberichterstattung auf internationaler Ebene zu etablieren.[44] Zwischenzeitlich wurden vom ISSB zwei IFRS Sustainability Disclosure Standards im Entwurf vorgelegt.[45]

Transparenz, Vergleichbarkeit und Glaubwürdigkeit, das sind jene Merkmale, welche vordringlich als Voraussetzung für eine robuste Berichterstattung erach-

---

43   Art 29c Abs 1 CSRD.
44   Vgl *International Sustainability Standards Board*, https://www.ifrs.org/groups/international-sustainability-standards-board/ (abgefragt 1.3.2023).
45   Vgl Informationen zu den beiden Standard-Entwürfe unter https://www.ifrs.org/projects/work-plan/general-sustainability-related-disclosures/ sowie https://www.ifrs.org/projects/work-plan/climate-related-disclosurcs/ (abgefragt 1.3.2023).

tet werden. Die intensiven Bemühungen der Standardsetzer zeigen, dass Nachhaltigkeit als erfolgsbestimmende Determinante für unternehmerisches Handeln erkannt wurde. Damit ist der Weg beschritten, um in Fragen der Finanzierung ESG-Faktoren[46] entscheidungsrelevant einzubeziehen. Diese breitflächige Entwicklung von neu gedachten, rational begründbaren, unternehmerischen Handlungsfeldern und Finanzierungsvoraussetzungen machen auch vor KMU nicht Halt. Dafür bedarf es keiner obligatorischen Einbindung. Die faktischen Anforderungen werden ausschlaggebend sein.

2.2.4. Corporate Sustainability Due Diligence Directive (CSDDD)

Abschließend wäre noch der jüngste Richtlinien-Entwurf auf der Landkarte regulatorischer Treiber der Transformation anzuführen. Im ersten Halbjahr 2023 wurde dem Ratsvorsitz das Mandat zur Aufnahme der Verhandlungen mit dem Europäischen Parlament erteilt.[47] Da eine ähnlich heftige Parlamentsdebatte, vergleichbar zur CSRD, nicht auszuschließen ist und auch der Richtlinientext voraussichtlich einen beachtlichen nationalen Umsetzungsspielraum für Mitgliedsstaaten offenlassen wird, wäre es im an dieser Stelle verfrüht, auf Details einzugehen. Auch ist eine Einordnung anhand der erwartbaren Wirkungsrichtung der Richtlinie vorerst unklar, sodass keine Zuordnung in Abbildung 2 erfolgte, und zwar auch deshalb, weil die Bestimmungen über Sorgfaltspflichten zur Liefer-/Aktivitätskette, Leitlinien für Mustervertragsklauseln uvm einen wesentlich erweiterten Rechtsrahmen gegenüber den bisherigen Regelungsinhalten zum Grünen Deal und zu Sustainable Finance adressieren. Die geplante Einführung zusätzlicher Sanktionen und zivilrechtlicher Haftungen lässt vermuten, dass es zu einer gewichtigen Verschärfung der Umsetzungsmechanismen kommen könnte.

Nichtsdestotrotz ist ein bereits bekanntes, wiederkehrendes Muster im EU-Rechtsrahmen erkennbar, soweit es sich auf die Behandlung von KMU bezieht. Auch bei diesem Richtlinien-Entwurf sind KMU vom direkten Geltungsbereich ausgenommen und dennoch ist mit gewichtigen Auswirkungen zu rechnen.

In Erwägungsgrund 47 wird angegeben:[48]

> Obwohl KMU nicht in den Anwendungsbereich der Richtlinie fallen, könnten sich die Bestimmungen auf KMU als Auftragnehmer oder Unterauftragnehmer (direkte oder indirekte Geschäftspartner) der in den Anwendungsbereich dieser Richtlinie fallenden Unternehmen auswirken. Ziel ist es jedoch, den finanziellen oder administrativen Aufwand für KMU zu verringern, von denen viele bereits vor dem Hintergrund der weltweiten Wirtschafts- und Gesundheitskrise zu kämpfen haben.

---

46 Environment – Social – Governance.
47 Vgl mit weiteren Details zum vorläufigen Stand des geplanten Richtlinientextes https://www.consilium.europa.eu/de/press/press-releases/2022/12/01/council-adopts-position-on-due-diligence-rules-for-large-companies/ (zuletzt abgefragt 1.7.2023).
48 Vgl https://data.consilium.europa.eu/doc/document/ST-15024-2022-REV-1-ADD-1/en/pdf (abgefragt 1.3.2023).

Im Entwurf zu Artikel 8 CSDDD sollen zur Vermeidung tatsächlicher negativer Auswirkungen Unternehmen verpflichtet werden, gezielte und angemessene Unterstützung für ein KMU zu leisten, welches ein Geschäftspartner des Unternehmens ist, sofern die Einhaltung des Verhaltenskodex oder des Korrekturmaßnahmenplans die Tragfähigkeit des KMU gefährden würde. Die gezielte und angemessene Unterstützung kann in Form einer Finanzierung erfolgen, wie etwa direkte Finanzierung, zinsgünstige Darlehen, Garantien für die fortgesetzte Beschaffung oder Mitwirkung bei der Sicherstellung von Finanzierung, oder in Form von Beratung, wie Schulungen oder Modernisierung von Managementsystemen.

Diese Entwurftexte werfen für den Fall der Umsetzung eine Vielzahl von ungeklärten Rechtsfragen auf. Dennoch ist der Succus der Bestimmungen klar zu erkennen: KMU werden in einem Spannungsfeld neuer Herausforderungen gesehen. Dies erscheint im kommenden Transformationsprozess unumgänglich. Gleichzeitig werden Schritte unternommen, um die Härte der Maßnahmen abzufedern und die Last der Umsetzung bestmöglich zu verteilen.

Abschließend wird auch hier für weiterführende Informationen auf den Beitrag von *Müller/Richter-Schöller* im vorliegenden Band verwiesen, worin ein inhaltlicher Überblick zu den neuen Regeln rund um Lieferketten und Wertschöpfungsketten gegeben wird (unter besonderer Berücksichtigung der CSDDD und des deutschen Lieferkettensorgfaltspflichtengesetzes).

3. Finanzierung im Lichte der EU-Regulatorien

In 2. wurde ausführlich beleuchtet, welche Einflussfaktoren auf impulsgebende Organisationen und Institutionen erkennbar sind. Vor diesem Hintergrund ergibt sich ein stimmiges Bild über die regulatorischen Treiber und deren Relevanz für KMU.

Es ist festzustellen, dass praxisrelevante Instrumente zur Finanzierung von KMU bereits von den ersten Auswirkungen der Transformation betroffen sind. Fragen der Finanzierung von KMU gehören zu den sensibelsten Punkten hinsichtlich der notwendigen Bestandskraft kleiner und mittlerer Unternehmen. Unvorhersehbare Änderungen im Anforderungsprofil finanzierender Stellen können existenzbedrohende Hürden darstellen, wenn plötzlich kein für den Fortbestand des KMU benötigtes Geld mehr fließt – insbesondere dann, wenn die Situation aufgrund einer dünnen Eigenkapitaldecke und des fehlenden Risikokapitals bereits angespannt ist. Nachhaltige Finanzierungsformen beinhalten ein größeres Set an Vergabekriterien als konventionelle Finanzmodelle in der Vergangenheit. Die Aufbereitung und Bereitstellung relevanter Informationen durch das Unternehmen braucht Zeit. Damit soll nicht gesagt sein, dass Kennzahlen aus dem Finanzbereich an Bedeutung verlieren werden. Für den Fortbestand der Unternehmen und damit für die Minimierung eines Ausfallsrisikos[49] spielen Finanzdaten insbesondere aus kurzfristiger Sicht auch weiterhin eine ausschlaggebende Rolle. Mit einer schlüssigen Finanzplanung ist jedoch nicht alles getan. Das wandelnde Umfeld bringt zahlreiche neue Risiken und Chancen ... auch für KMU. Geschäftsmodelle funktionieren teilweise nicht mehr und auch traditionelle Unternehmensstrategien verlieren an Überzeugungskraft. Hinzu kommen regulatorische Einflussfaktoren, und zwar jene, welche in virtuell konzentrischen Kreisen von der Taxonomie-VO, der CSRD sowie den kommenden Standards für Nachhaltigkeitsberichterstattung ausgehen.

Betrachtet man die längere Entwicklung des Finanzsektors zum Thema Nachhaltigkeit, so ist erkennbar, dass es noch bis vor wenigen Jahren ausschließlich um die Investorenperspektive ging. Dabei hat sich die Relevanz von ESG-Risiken erstmals etabliert. Wie so oft ist auch hier die Verwendung von Definitionen rund um „Nachhaltigkeit" zu hinterfragen. Es kann davon ausgegangen werden, dass ab dem Jahr 2018 durch den EU-Aktionsplan zur Finanzierung nachhaltigen Wachstums begonnen wurde, mit großer Klarheit und Begriffsschärfe „ESG" neu zu etablieren. Diese Feststellung ist nicht unwesentlich, da in weiterer Folge erkennbar ist, dass der Finanzmarkt damit direkt und indirekt einen starken Impuls in der Umsetzung nachhaltiger Finanzierung erhalten hat.[50]

Von Seiten der EBA wurde mit der Veröffentlichung „Action Plan on Sustainable Finance" ein wichtiger Umsetzungsschritt zur tiefergehenden Verankerung von ESG-Aspekten gesetzt.[51] Dieser Bericht ist aus mehreren Gründen zukunftsweisend zu verstehen. An dieser Stelle ist vor allem die Zielsetzung der Reports von Interesse. Es werden ausführlich die geplanten Schritte bezüglich der Einbettung von ESG-Faktoren und ESG-Risiken hervorgestrichen. Vor diesem Hintergrund rücken in weiterer Folge ESG-Kriterien regelmäßig in den Fokus von Empfehlungen, Richtlinien, Leitfäden uvm.

Die Relevanz von ESG-Faktoren geht Hand in Hand mit den kommenden EU-Standards zur Nachhaltigkeitsberichterstattung und stellt gleichzeitig einen wichtigen Baustein der CSRD dar. Neben der Taxonomie-VO sind ESG-Kriterien damit bereits jetzt ein wichtiges Merkmal im Anforderungsprofil von Seiten finanzierender Stellen.

Nachhaltige Finanzierung erfordert (Aus-)Bildung aller Wirtschaftsakteure. Bereits jetzt ist erkennbar, dass die mit hoher Fachexpertise verfassten Richtlinien und Regelungen nur schleppend umgesetzt werden – ungeachtet abgelaufener

---

49   Das zunehmend nicht nur von finanziellen, sondern auch von nichtfinanziellen Informationen abhängen kann; vgl den Beitrag von *Stern* in diesem Band 113.

50   Vgl EBA Action Plan 4 zur engen Verbindung mit dem EU-Aktionsplan.

51   Vgl EBA Action Plan 3, wonach mit großer Klarheit zur Relevanz von ESG-Faktoren und -Risiken Stellung genommen wird.

zeitlicher Fristen und verpflichtender Anforderungen. Dafür sind wohl mehrere Gründe verantwortlich, es ist aber nicht zu unterschätzen, wie anspruchsvoll der Aufbau der notwendigen fachlichen Expertise in einer Organisation ist. Dies betrifft sowohl die Verfügbarkeit einschlägig ausgebildeter Mitarbeiter als auch die inhaltliche und organisatorische Integration nachhaltiger Aspekte. Besonders schwer wiegt, dass dieses Manko flächendeckend besteht. Das heißt es geht nicht nur bei KMU um eine mögliche Ressourcenknappheit, sondern auch auf Seiten der finanzierenden Geschäftspartner. Kundenbetreuer, Risikomanager, Investoren uvm stehen ihrerseits ebenso unter Druck, um das notwendige Fachwissen zu erlangen. Es ist offensichtlich, dass es eine geraume Zeit brauchen wird, bis beiderseitige Sprechfähigkeit in Sachen ESG-Faktoren gegeben ist. Dies kann als Chance gesehen werden, um neue Berufsbilder zu schaffen. Gleichzeitig besteht das Risiko, dass in der ersten Umsetzungsphase Missverständnisse und Unwissenheit das Vertrauen in den Erfolg der gewaltigen Anstrengungen zur Transformation untergraben könnten.[52]

Im Weiteren erfolgt eine Bestandsaufnahme, ob und mit welcher Ausdrücklichkeit Änderungen im Anforderungsprofil finanzierender Stellen gegenüber KMU zu erwarten sind.

3.1. Kreditfinanzierung als nachhaltige Finanzierungsform

Fremdfinanzierung von KMU mittels Bankkrediten stellt eine konventionelle und etablierte Finanzierungsform dar. Eine Einschätzung möglicher Änderungen der Erfüllungskriterien anlässlich der Kreditvergabe ist aus unternehmerischer Sicht von Interesse. Insbesondere bei langfristigen Investitionskrediten erscheint eine möglichst zutreffende Kenntnis ausschlaggebender Faktoren für einen erfolgreich eingebrachten Kreditantrag von Wichtigkeit. Aber auch kurzfristig benötigte Mittel, wie dies häufig bei Betriebsmittelkrediten der Fall ist, lassen wegen der oft angespannten Liquiditätssituation kaum Spielraum für Überraschungen zu.

Die EBA-Leitlinie für die Kreditvergabe und Überwachung[53] bringt bedeutende Veränderungen in der Gestaltung der Kreditvergabe von Banken. Als Adressatenkreis werden zuständige Behörden und Finanzinstitute benannt.[54] Die Leitlinien gelten seit dem 30. Juni 2021 und sind im ersten Schritt für Neukreditvergaben anzuwenden. Für neu verhandelte Bestandskredite ist der 30. Juni 2022 ausschlaggebend, während ab 30. Juni 2024 die vollständigen Überwachungsvorschriften in Kraft treten.[55]

---

52 Vgl Finanzierung einer nachhaltigen Wirtschaft 10, wonach die Kommission auf die Notwendigkeit der Unterstützung im Kapazitätsaufbau und der fachlichen Beratung in mehrerlei Hinsicht hinweist.
53 *European Banking Authority*, EBA/GL/2020/06, Leitlinie für die Kreditvergabe und Überwachung (Mai 2020) (im Folgenden: EBA-Leitlinie für die Kreditvergabe).
54 Vgl EBA-Leitlinie für die Kreditvergabe Rz 13.
55 Vgl EBA-Leitlinie für die Kreditvergabe Abschnitt 3 Umsetzung Rz 18 ff.

3.1.1. Ökologisch nachhaltige Kreditvergabe

Die Definition für eine ökologisch nachhaltige Kreditvergabe ist für die Finanzierung nachhaltiger Projekte von besonderer Bedeutung.

> Eine ökologisch nachhaltige Kreditvergabe bezeichnet die Kreditvergabe zur Finanzierung ökologisch nachhaltiger Wirtschaftstätigkeiten. Sie ist Bestandteil des breiter gefassten Konzepts „nachhaltige Finanzierung", welches jegliche Finanzinstrumente oder eine Anlage bezeichnet (inkl. Eigenkapital, Fremdkapital, Garantie oder ein Risikomanagementinstrument), die für die Finanzierung von Aktivitäten im Austausch für Finanzierungen begeben werden, welche die Kriterien der ökologischen Nachhaltigkeit erfüllen.[56]

Die enge Verschränkung und Bezugnahme auf den Wirkungsmechanismus der Taxonomie-VO gehen aus diesen Erläuterungen eindeutig hervor. Wie in 2.1.2. erläutert, wird damit klar der Konzeption von Sustainable Finance entsprochen.

Auch die weiteren Erläuterungen zur Umsetzung durch die Institute streichen eine wichtige Stoßrichtung der Taxonomie-VO heraus: es sind alle notwendigen Vorkehrungen und Maßnahmen zu treffen, um Greenwashing zu vermeiden. Demnach sind im Falle der Einrichtung einer ökologisch nachhaltigen Kreditvergabe die Strategien und Verfahren im Einzelnen festzulegen und dabei auch die Genehmigung und Überwachung solcher Kreditfazilitäten zu regeln.

- Einholen von Informationen über die klimabezogenen und ökologisch oder anderweitig nachhaltigen Geschäftsziele der Kreditnehmer;
- Beurteilung, ob die zu finanzierenden Projekte der Kreditnehmer die Anforderungen an ökologisch nachhaltige Projekte oder Aktivitäten und die damit zusammenhängenden Kriterien erfüllen;
- Sicherstellung, dass die Kreditnehmer über die Bereitschaft und Kapazität verfügen, die Zuweisung der Erträge an ökologisch nachhaltige Projekte oder Tätigkeiten angemessen zu überwachen und darüber zu berichten;
- regelmäßige Überwachung der ordnungsgemäßen Zuweisung der Erträge (zB durch die Auflage, dass die Kreditnehmer bis zur Rückzahlung der betreffenden Kreditfazilität aktuelle Informationen über die Verwendung der Erträge übermitteln).[57]

Ökologisch nachhaltige Kredite können für KMU eine außerordentliche Chance darstellen. Innovationsgeist, Kreativität und hohe Kundennähe wirken unterstützend, um mit ambitionierten Projekten den Sprung in dieses Portfolio von Instituten zu schaffen.

---

56 Vgl EBA-Leitlinie für die Kreditvergabe Rz 15.
57 Vgl EBA-Leitlinie für die Kreditvergabe Rz 58 f.

3.1.2. Prüfung der Kreditwürdigkeit des Kreditnehmers

Eine weitere Auswirkung der Leitlinie betrifft die Prüfung der Kreditwürdigkeit des Kreditnehmers.

Institute bewerten die mit ESG-Faktoren verbundenen Risiken des Kreditnehmers, insbesondere Umweltfaktoren und die Auswirkungen auf den Klimawandel, sowie die risikomindernden Maßnahmen des Kreditnehmers. Diese Analyse erfolgt auf der Ebene des einzelnen Kreditnehmers, ggf kann erwogen werden, sie auf der Ebene des Portfolios vorzunehmen.[58] Aktuell sind große Steine ins Rollen gebracht worden, um mittels Fragebogen und Datenauswertungen Informationen zu generieren, welche eine solche Risikobewertung ermöglichen. Überzeugende Ergebnisse auf diesem Weg scheint es bis jetzt noch nicht zu geben. Gleiches ist für Portfoliobetrachtungen anzunehmen. Insbesondere die spärliche Gewinnung aussagekräftiger Primärdaten erschweren statistisch ausreichend zuverlässige Auswertungen.

Verschärfend kommt hinzu, dass laut Leitlinie kritischen Entwicklungen weiter nachzugehen sind. Bei Darlehen oder Kreditnehmern mit einem erhöhten ESG-Risiko ist eine eingehendere Analyse des aktuellen Geschäftsmodells des Kreditnehmers erforderlich, einschließlich einer Überprüfung der tatsächlichen und geschätzten Treibhausgasemissionen, des Marktumfeldes, der aufsichtlichen ESG-Vorschriften für die betrachteten Unternehmen und der voraussichtlichen Auswirkungen von ESG-Vorschriften auf die Finanzlage des Kreditnehmers.[59] Derartige Untersuchungen stellen vielfach notwendige Bausteine einer nachhaltigen Unternehmensstrategie dar. Sie sollten demnach auch aus unternehmerischer Sicht künftig zumindest als Positionspapier bereits aufliegen.

Abschließend wird auf die in 2. getroffenen Feststellungen verwiesen. Für unternehmerisches Handeln und unternehmerische Verantwortung entwickelt sich ein neues Bild einer „Good Practice", welches als Orientierungspunkt zwischen Akteuren der Wirtschaft sichtbar wird. Am Beispiel der Relevanz von ESG-Kriterien sowie der Bedeutung „ökologisch nachhaltiger Kreditvergabe" ist zu erkennen, dass bereits jetzt die Wirkung des Transformationsprozesses faktische Anforderungen an KMU wachsen lässt.

Betreffend weitere Überlegungen und Vertiefungen zur Identifizierung und Management von Nachhaltigkeitsrisiken bei der Kreditvergabe vergleiche den Beitrag von *Linzner/Selden* im vorliegenden Band.

---

58   Vgl EBA-Leitlinie für die Kreditvergabe Rz 126.
59   Vgl EBA-Leitlinie für die Kreditvergabe Rz 127.

3.2. Investoren und Eigenmittel

Ein nachhaltiges Finanzwesen bezieht sich in der Regel auf die angemessene Berücksichtigung klimatischer, ökologischer und sozialer Erwägungen bei Investitionsentscheidungen, wodurch vermehrt Investitionen in längerfristige und nachhaltige Tätigkeiten erfolgen sollten.[60] Im Gegensatz dazu werden Investitionen in nicht nachhaltige Tätigkeiten und Vermögenswerte mehr und mehr in eine Sackgasse führen, und zwar je deutlicher klima- und umweltpolitische Herausforderungen greifbar werden.[61]

Wenn in diesem Abschnitt die Rolle von Investoren beleuchtet wird, so geschieht dies nicht in Verbindung mit fungiblen Titeln, welche auf dem Kapitalmarkt gehandelt werden. Innovation und Wandel wird oft von der jungen Unternehmensszene, durch den Generationenwechsel bei KMU oder von Start-ups vorangetrieben. Hier stellt sich die Frage, ob und inwieweit eine grüne Transformation von Finanzinvestitionen in entsprechende Projekte und Aktivitäten unterstützt wird.

Klare Stoßrichtungen der Europäischen Kommission führen nicht in jedem Fall unmittelbar zum Umdenken. In erster Linie sind es wohl subjektive Erfahrungen, die kapitalsuchende Wirtschaftsakteure sammeln, um festzustellen, dass die Bereitschaft von Investoren bei kleinformatigen Investments vor allem konservative Ansätze zeigt. Finanzielle Robustheit und Markterfahrung rangieren vor der Beleuchtung von ESG-Risiken. Spätestens wenn es um die Beurteilung des Erfolgspotenzials eines Geschäftsmodells geht, ist jedoch offensichtlich, dass ein komplexerer Ansatz vonnöten wäre. Methodisch ist dies anhand von Auswirkungen auf den Unternehmenswert nachzuvollziehen.

In einer aktuellen Publikation, „ESG in Deals and Investments"[62], wird praxisnah dargestellt, wie ESG-Kriterien systematisch in M&A-Transaktionen einbezogen werden können. Beispiele für ESG-Due-Diligence-Prozesse, ESG-Reifegrad-Modelle, aber auch mögliche Doppel-Zählung von ESG-Impact in der Bewertung[63] zeigen einerseits, dass es einer fundierten Fachexpertise bedarf, um im Hinblick auf ESG-Faktoren schlüssige Erkenntnisse zu gewinnen, andererseits lässt sich feststellen, dass Wachstum, Wettbewerbsvorteil und leistbarer Zugang zu Finanzmitteln damit einhergehen.[64]

---

60 Vgl Finanzierung einer nachhaltigen Wirtschaft 1 FN 4.
61 Vgl Finanzierung einer nachhaltigen Wirtschaft 1.
62 *Deloitte*, ESG in Deals and Investment, https://www.icaew.com/-/media/corporate/files/technical/corporate-finance/guidelines/environmental-and-social-governance-in-deals-and-investment-issue-69.ashx?la=en (zuletzt abgefragt 5.7.2023) (im Folgenden: ESG in Deals and Investment).
63 Vgl ESG in Deals and Investments 23, wonach vier Beispiele dargestellt werden, wie es zu doppelter Berücksichtigung von ESG-Impacts in Bewertungsmodellen kommen könnte.
64 Vgl ESG in Deals and Investment 29.

Bei Bewertungsfragen kleiner und mittlerer Unternehmen und insbesondere bei Start-ups wird zu bedenken sein, dass es bewertungstechnisch lediglich verhältnismäßige methodische Anleitungen gibt.[65] Die Einbeziehung von ESG-Kriterien und -Risiken finden hierin noch keine Berücksichtigung. Erste methodische Arbeiten für eine entsprechende Bewertung finden sich im „Perspectives Paper: ESG and Business Valuation", worin die Schlussfolgerung getroffen wird, dass ESG-Faktoren grundlegende Überlegungen für Bewertungsanalysen darstellen und es bedeutsam ist, sie in die Bewertungspraxis aufzunehmen.[66]

Damit ergibt sich ein sehr durchwachsenes Bild, wenn man die Möglichkeiten einer Eigenkapitalfinanzierung kleiner und mittlerer Unternehmen im Lichte eines nachhaltigen Finanzwesens untersucht. Mangelnde methodische Ansätze in der Bewertung zur Einbeziehung von ESG-Kriterien betreffen jedoch vorerst generell die Unternehmensbewertung ungeachtet der Unternehmensgröße. Was bleibt, ist die Chance zur Erstellung aussagekräftiger Finanzpläne, und zwar vor dem Hintergrund nachhaltiger Geschäftsmodelle und ESG-konformer Strategien sowie Umsetzungsmaßnahmen. Aufgrund der Überschaubarkeit und auch der Flexibilität, welche im KMU-Sektor gegeben sind, besteht ein klarer Wettbewerbsvorteil gegenüber großen Unternehmen. Die Integration von ESG-Kriterien kann glaubwürdig und unmittelbar erfolgen. Eine Botschaft, welche auch konventionell ausgerichtete Investoren überzeugen sollte.

3.3. Förderungen

Mit einem nachhaltigen Finanzwesen verbindet man nicht unmittelbar Förderungen. Dennoch ist ein Exkurs angebracht, um die spezifische Finanzierungsstruktur von Klein- und Mittelbetrieben ausreichend zu beleuchten.

Im Förderwesen spiegelt sich wirtschaftspolitischer Wille wider. Demnach zielen aktuelle Förderinitiativen in großem Maße unverändert auf COVID-19-Programme ab. Dennoch wird jener Weg fortgesetzt, welcher bereits vor der Pandemie erkennbar war. Wirtschaftlich erwünschtes Handeln wird durch Anreizsysteme verstärkt. Klima- und Umweltschutz gehören dazu. Das Transparenzportal des Bundesministeriums für Finanzen gibt einen weit gefassenden Über- und Einblick über/in die Förderlandschaft in Österreich.[67]

Es ist naheliegend, dass Förderstellen, welche mit öffentlichen Mitteln operieren, zunehmend Einfluss auf wirtschaftlich notwendige Schritte in Richtung Trans-

---

65   Vgl Fachgutachten des Fachsenats für Betriebswirtschaft und Organisation der Kammer der Wirtschaftstreuhänder zur Unternehmensbewertung (26.3.2014), KSW/BW1, unter Abschnitt 7. Besonderheiten bei der Bewertung bestimmter Unternehmen Rz 134 ff.
66   *International Valuation Standards Council IVSC*, Perspectives Paper: ESG and Business Valuation 11 f.
67   Vgl *Bundesministerium Finanzen*, Transparenzportal, So fördert Österreich, https://transparenzportal.gv.at/tdb/tp/startpage (5.1.2023).

formation nehmen. Einen Schwerpunkt dabei stellt die Digitalisierung dar, ein anderer ist Nachhaltigkeit. Bei einer kurzen Durchsicht der Programme wichtiger Förderstellen in Österreich ist offensichtlich, dass Programmschwerpunkte und Bewertungskriterien sich zunehmend an ESG-Kriterien und Taxonomiebegriffen orientieren.

Die FFG, als Förderstelle des Bundesministeriums für Arbeit und Wirtschaft sowie des Klimaschutzministeriums, hat im Basisprogramm Aspekte der Nachhaltigkeit berücksichtigt und nimmt unter „Nachhaltigkeit in Forschung, Technologie, Entwicklung und Innovation" Bezug auf SDGs (Sustainable Development Goals), den EU Green Deal sowie auf DNSH (Do-No-Significant-Harm) der Taxonomie-VO.[68]

Im Rahmen der Initiative *klimaaktiv* des Klimaschutzministeriums wurde das Austrian-Green-Investment-Pioneers-Programm gestartet. Es erleichtert Unternehmen, Banken und Investor:innen den Einstieg in grüne Projekte und unterstützt beim Auf- und Ausbau zukunftsweisender und nachhaltiger Geschäftsmodelle. Die geförderten Projektkonstellationen stellen zweckgerichtete Kooperationen mit dem Banken- und Finanzsektor dar, womit die Verbindung zu „green finance" hergestellt wird.[69]

Aws-Garantien werden mit dem Ziel ausgestellt, die Finanzierung von Projekten im Zusammenhang mit ökologisch nachhaltigen Wirtschaftstätigkeiten zu erleichtern, welche sich deutlich positiv auf Klima und Umwelt auswirken und zur Erreichung von sechs Umweltzielen konkreten beitragen. Vom austria wirtschaftsservice werden damit Projektfinanzierungen mit Nähe zur Taxonomie-VO unterstützt.[70]

Bereits anhand dieser wenigen Beispiele wird klar, dass die Umlenkung von Finanzmitteln im Sinne des EU-Rahmens zum Grünen Deal und zur nachhaltigen Finanzierung gleichzeitig Auswirkungen auf das Förderwesen mit sich bringt. Auch hier gilt, dass beide Seiten – also Förderwerber ebenso wie Fördergeber – gefordert sind, die notwendige Fachexpertise aufzubauen, um qualitätsvoll und zielgerichtet nachhaltige Projekte weiterzuentwickeln.

---

68 Vgl *FFG*, Nachhaltigkeit in Forschung, Technologie, Entwicklung und Innovation, https://www.ffg.at/nachhaltigkeit-kriterien (zuletzt abgefragt 5.7.2023).

69 Vgl *Bundesministerium Klimaschutz, Umwelt, Energie, Mobilität, Innovation und Technologie*, Austrian Green Investment Pioneers Programm, https://www.klimaaktiv.at/unternehmen/finanzierung/green_investment_pioneers.html (abgefragt 3.8.2023).

70 *aws austria wirtschaftsservice*, aws Garantie – spezielle Konditionen/Bedingungen: ökologische Nachhaltigkeit und Digitalisierung, https://www.aws.at/aws-garantie/oekologische-nachhaltigkeit-und-digitalisierung/ (zuletzt abgefragt 3.7.2023).

4. Gestaltungsspielraum für KMU

4.1. Zwischenergebnis der Untersuchungen

Mit Blick auf die Kapitel 2. und 3. lässt sich festhalten, dass aufgrund des engmaschigen EU-Rahmens zum Grünen Deal und auch wegen des sensibilisierten internationalen Kapitalmarktes zu Umwelt- und Klimarisiken eine maßgebliche Betroffenheit von KMU festzustellen ist – teilweise wegen (faktischer) Auswirkungen regulatorischer Anforderungen, teilweise aufgrund von realen Transformationsprozessen in der Wirtschaft, welche sämtliche Akteure betreffen.

Sosehr Transparenz in der Lieferkette künftig einen bestimmenden Faktor bei der Ausgestaltung unternehmerischer Verantwortung darstellen wird, in der nächsten Zukunft präsentieren sich vordringlich geänderte Spielregeln zu Finanzierungsfragen – und zwar voraussichtlich deshalb, weil geldgebende Stellen ihrerseits – dem Ansatz des Grünen Deal folgend – starkem Druck oder klaren Anreizsystemen folgen, um Risiken und Chancen neu zu sortieren.

4.2. Vom Businessplan zur Nachhaltigkeitsberichterstattung

Was bleibt, ist die Frage, wie KMU sich auf diese Situation einstellen können. Es kann nicht darum gehen, der großen Zahl an hervorkommenden Herausforderungen im Einzelnen entgegenzutreten. Mit einer passiven Herangehensweise würde man vermutlich bald in einer Flut unkoordinierter Anfragen und Verpflichtungen untergehen. Es bleibt zu hoffen, dass sich mit den kommenden EU-Standards für Nachhaltigkeitsberichte von KMU ein weitreichendes Verständnis von Zumutbarkeit und Notwendigkeit entwickelt.

Bis dahin wird es aber noch dauern und die Zeichen der Zeit lassen vermuten, dass zeitnahe Lösungen vonnöten sind. Nämlich jene, die bereits heute in die richtige Richtung führen, um morgen umso schneller Fahrt aufnehmen zu können.

Die Struktur von Businessplänen von Start-ups für Investoren, aber auch jene für Zwecke von Förderanträgen können einen ersten Ausgangspunkt für ein Konzept darstellen.[71] Während Start-ups sich im ersten Schritt vor allem auf die Beschreibung eines Problems und dessen Lösung in einem neuen Geschäftsmodell und der Definition des potenziellen Marktes konzentrieren, verlangt der Businessplan von KMU einen weiter gesteckten Rahmen. Es ist zu bedenken, dass ein bestehender Betrieb erweitert/neu strukturiert/reduziert werden soll.

---

71   Vgl dazu ein Beispiel für den Aufbau eines Businessplan von FFG und asw, https://www.aws.at/file admin/user_upload/Downloads/ergaenzende_Information/Businessplan_fuer_kleine_und_mittlere_ Unternehmen.pdf (zuletzt abgefragt 3.7.2023).

Egal ob Start-up oder KMU, eine integrierte Finanzplanung und rollierende Liquiditätsplanung sind unabdingbare Voraussetzungen, um Dritte zu überzeugen. Die Erstellung eines Businessplans ist nicht nur bedeutend für Geld- und Kapitalgeber. Die notwendige Selbstreflexion verschafft Klarheit im Kopf.

In 2.2.3. wurde ein erster Überblick zu den erwartbaren Themenfeldern einer KMU-Nachhaltigkeitsberichterstattung geben. Auch wenn an dieser Stelle ausdrücklich auf die bestehende Ungewissheit hinzuweisen ist, ist erwartbar, dass letztlich auch die Berichte von kleinen und mittleren Unternehmen einem hohen Anspruchsniveau unterliegen werden.[72] Eine Analyse von Artikel 19a Absatz 6 CSRD und den inhaltlichen Schwerpunkten kann als erster Ausgangspunkt dienen.

4.3. Daran führt kein Weg vorbei

Abschließend werden thematische Bausteine für Nachhaltigkeit in Unternehmen angeführt, welchen gleichermaßen im wirtschaftlichen Diskurs sowie in Regulatorien eine gefestigte Bedeutung zukommt. Die Auseinandersetzung und praktische Umsetzung kann und sollte jederzeit gestartet und konsequent fortgesetzt werden.

4.3.1. Geschäftsmodell und Strategie

Veränderungen, welche mit der Transformation einhergehen, zwingen zum Überdenken bestehender Geschäftsmodelle und Strategien. Der Kriterienkatalog für neues Geschäft mit Erfolgspotenzial hat sich ebenfalls geändert. Dementsprechend ist ein in sich schlüssiges Unternehmenskonzept nicht nur Startpunkt einer Selbstreflektion, sondern auch Teil von Transparenzanforderungen aller finanzierenden Stellen.

Die Widerstandsfähigkeit von Geschäftsmodellen und Strategien gegenüber Risiken, aber auch die Aussicht auf Chancen im Zusammenhang mit Nachhaltigkeitsaspekten sind darzulegen.[73] Oft fällt der thematische Einstieg aus Top-Down-Perspektive schwer. Der SDG-Kompass[74] bietet Unternehmen Hilfestellung, um die Unternehmensstrategie an den Sustainable Developmpent Goals (SDGs) auszurichten und ihren Beitrag zu messen und zu steuern.[75]

---

72 Erste Klarheit wird es erst geben, wenn Entwürfe von EFRAG vorliegen. Zum regulatorischen Rahmen zur Umsetzung im Rahmen der delegierten EU-Verordnung vgl Artikel 29c CSRD, wonach bei den Standards für die Nachhaltigkeitsberichterstattung für kleine und mittlere Unternehmen die in Artikel 29b Abs 2 bis 5 festgelegten Kriterien berücksichtigt werden.
73 Vgl dazu sehr anschaulich Artikel 19a Abs 2 CSRD.
74 *GRI, United Nations Global Compact, wbcsd*, SDG Compass, Leitfaden für Unternehmensaktivitäten zu den SDGs (im Folgenden: SDG Compass) https://www.globalcompact.de/fileadmin/user_upload/Dokumente_PDFs/SDG-Compass_German.pdf (zuletzt abgerufen 3.7.2023).
75 SDG Compass 5 mit einer weiteren übersichtlichen Schritt-für-Schritt-Anleitung.

Wie ist beabsichtigt, sicherzustellen, dass das Geschäftsmodell und die Strategie mit dem Übergang zu einer nachhaltigen Wirtschaft und der Begrenzung der Erderwärmung auf 1,5 °C im Einklang mit […] dem Übereinkommen von Paris […] vereinbar sind […].[76] Was auf den ersten Blick völlig unverhältnismäßig erscheint, stellt sich zunehmend als neue Realität heraus. Es geht um die Ausarbeitung von Klimastrategien auf Unternehmensebene. Dabei handelt es sich nicht um „Performance-Vorgaben“. Es geht um Geschäftsmodelle, die letztlich in einem zu planenden Zeitrahmen zur Klimaneutralität führen. Internationale Kapitalmärkte ebenso wie regionale Initiativen fokussieren auf klimarelevante Auswirkungen und Maßnahmen. Es muss klar sein, dass dabei in Anbetracht bekannter Klimarisiken eine Abkoppelung des KMU-Sektors nicht denkmöglich ist. Unternehmerische Verantwortung erfährt dadurch eine wichtige Erweiterung.

4.3.2. Wesentlichkeit, Auswirkungen und Risiken

Aus heutiger Sicht kann noch nicht klar sein, welche Informationen und Indikatoren in die gängige Praxis des unternehmerischen Controllings von KMU einfließen müssen. Dennoch wird es Fixpunkte geben, wie dies bei der klimabezogenen Berichterstattung der Fall ist. Es ist auch zu erwarten, dass ökologische Nachhaltigkeit, wie sie durch die Klima- und Umweltziele der Taxonomie-VO definiert ist, wachsende Bedeutung bekommen wird.[77]

Bei diesem Punkt angelangt geht es um die Notwendigkeit der Erhebung der wichtigsten tatsächlichen oder potenziellen negativen Auswirkungen in Bezug auf Nachhaltigkeitsaspekte und um notwendige Maßnahmen (im Sinne einer unternehmensbezogenen Inside-out-Betrachtung) sowie um die wichtigsten Risiken, denen das Unternehmen im Zusammenhang mit Nachhaltigkeitsaspekten ausgesetzt ist, und die Handhabung dieser Risiken (im Sinne einer unternehmensbezogenen Outside-in-Betrachtung).[78]

Für die Durchführung einer solchen Wesentlichkeitsanalyse hat sich bereits eine gängige Praxis etabliert. Es gibt naheliegende Gründe, weshalb auch KMU diesen Prozess in zumindest verhältnismäßigem Umfang durchführen sollten. Die Ergebnisse bieten einen fachlich fundierten Ausgangspunkt, um proaktiv Ziele, Maßnahmen und Controlling zu gestalten. Damit lassen sich das Geschäftsmodell und die Unternehmensstrategie weiter erhärten. Im Kontakt mit finanzierenden Stellen kann ein gegebener gestalterischer Freiraum zur Präsentation überzeugend und zielgerichtet genutzt werden.

---

76   Vgl Artikel 19a Abs 2 iii CSRD.
77   Zur erweiterten Anwendung auch für KMU vgl 2.2.1.
78   Vgl Artikel 19a Abs 6 CSRD.

4.3.3. Maßnahmenprogramm und Controlling

Informationen über kurz-, mittel- und langfristige Zeiträume ebenso wie die Beschreibung zeitgebundener Nachhaltigkeitsziele stecken einen großen Zeithorizont im Rahmen der obligatorischen Berichterstattung ab.[79] Eine Aussage darüber, welche Planungszeiträume sich künftig etablieren werden, ist schwer zu treffen. Die klimabezogene Berichterstattung, aber auch die Sustainable Development Goals erhärten jedoch den Eindruck, dass im Langfristbereich zunehmend in Jahrzehnte-Schritten operiert wird: 2030, 2040 und 2050 stellen bereits jetzt signifikante Meilensteine dar.

Maßnahmenprogramme berücksichtigen die Fristigkeit der Zielsetzungen. Gleichzeitig stellt sich die Frage nach geeigneten Messkriterien. Sowohl im Umwelt- als auch im Sozialbereich haben sich operable Kennzahlensets etabliert. Damit kann jedenfalls mit Aufzeichnungen gestartet werden, um im nächsten Schritt zu messen und zu steuern. Die praktische Herausforderung ist jedoch die Integration in den Routineprozessen. Begonnen bei den Messpunkten über die Aufbereitung der Daten bis hin zur zeitlichen und geschäftsstellenmäßigen Verdichtung sind völlig neue Prozesse zu etablieren. Entsprechend hoch ist zu Beginn die Fehleranfälligkeit.

Wenn alles gelungen ist, besteht eine hohe Chance, verblüffende Erkenntnisse zu gewinnen. Unternehmenssteuerung im nichtfinanziellen Bereich richtet das Scheinwerferlicht oft auf Sachverhalte, welche bis dahin völlig im Dunkeln gelegen sind.

5. Fazit und Ausblick

Der EU-Rechtsrahmen zum Grünen Deal beinhaltet mehrfach indirekte Steuerungsmaßnahmen. Transparenz und Vergleichbarkeit von Daten und Informationen sind dabei wichtige Instrumente, um konkrete Wirkung auf den grünen Transformationsprozess der Wirtschaft auszuüben. Einen zweiten Anschub zur Veränderung stellen Maßnahmen der Finanz- und Kapitalmärkte zur nachhaltigen Finanzierung dar. Die Beleuchtung beider Aspekte hat gezeigt, dass im stattfindenden Transformationsprozess die Position von KMU nicht gesondert gedacht werden kann. Mit 23 Millionen Betrieben in der Europäischen Union sind sie wichtiger Wirtschaftsfaktor und eng in alle wirtschaftlichen Entwicklungen eingebunden. Auch wenn KMU bei den Anwendungsbereichen der Regulatorien vielfach bewusst ausgenommen sind, ist dennoch eine faktische und reale Betroffenheit aufgrund des sich dynamisch verändernden Umfeldes zu erwarten.

In der nächsten Zukunft wird zu beobachten sein, ob die Europäische Kommission das hohe regulative Umsetzungstempo aufrechterhalten kann. Einerseits ist dies von Bedeutung, um eine zielgerichtete Wirkungskraft in der Umsetzung des

---

[79] Vgl Artikel 19a Abs 2 CSRD, auch wenn hier ein ausdrücklicher Bezug auf kommende KMU-Standards fehlt.

Grünen Deals zu erzeugen. Andererseits stellen bereits jetzt das fachlich anspruchsvolle Niveau und die weitgehend neuen Rechtsmaterien nicht nur KMU vor übermächtige Herausforderungen. Ungeachtet höchster Ambition wird es künftig für alle Wirtschaftsakteure schwierig sein, auf die dringend benötigten Experten in den unterschiedlichen Fachbereichen zugreifen zu können. Damit stellt Aus- und Weiterbildung zum Thema Nachhaltigkeit als vielseitige Querschnittsmaterie einen zentralen Erfolgsfaktor dar.

Für KMU zeichnet sich bei alldem eine spezifische Chance ab. Steigende Flexibilität im Berufsleben macht unternehmerisches Denken und Handeln vieler Menschen greifbarer. Neue Geschäftsmodelle und Strategien sind oft Ausgangspunkt für Veränderungsprozesse. Kleine und mittlere Unternehmen nehmen dabei eine glaubwürdige Rolle ein, um ganz vorne mit dabei zu sein.

Green Real Estate und Finanzierung aus Sicht der Praxis

Stefan Artner/Maximilian Cojocea

1. Green Real Estate – von der Freiwilligkeit zum Muss

In der Immobilienbranche wurde der ökologische Fußabdruck von Immobilien lange Zeit als Randthematik wahrgenommen. Nachhaltige Immobilienprojekte wurden aufgrund des hohen Kostenfaktors lediglich als Leuchtturmprojekte realisiert.

Die ersten Schritte einer Verrechtlichung von Regelungen zum Klimaschutz setzten im Jahr 2015 die Vereinten Nationen mit der **Agenda 2030** und dem Pariser Abkommen sowie Ende 2019 auch die Europäische Union mit dem **EU Green Deal**, die als Vorreiter für Ziele, Vorschläge und Strategien für ein klimaneutrales Europa dienen.[1] Der Plan der EU-Kommission dafür sieht eine Senkung um mindestens

---

1   ÖGNI (Hrsg), Bestandsgebäude 10 f.

55 % bis 2030 gegenüber den Werten aus 1990 und eine gänzliche Eliminierung der Netto-Treibhausgasemission bis 2050 vor.[2] Zu diesem Zweck wurde im Rahmen des EU Green Deal die **EU-TaxonomieVO**[3] erlassen. Sie ist das rechtliche Rahmenwerk für ein Klassifizierungssystem für ökologisch nachhaltige Wirtschaftstätigkeiten. Durch die Klassifizierung der Wirtschaftstätigkeiten sowohl von großen Finanzmarktteilnehmern als auch von Nicht-Finanzmarktteilnehmern in ökologisch nachhaltige und ökologisch nicht nachhaltige Wirtschaftstätigkeiten soll das Investitionsverhalten von privaten und öffentlichen Investoren innerhalb der EU in Richtung ökologisch nachhaltige Wirtschaftstätigkeiten gelenkt werden. Auf diesem Wege soll bereits die Anlegerebene mittels bereitgestellter Transparenzberichte über das Nachhaltigkeitsverhalten der großen Finanzmarktteilnehmern und auch der Nicht-Finanzmarktteilnehmer informiert und zu ökologisch nachhaltigen Investitionen angeregt werden.[4]

Dadurch wird die Nachfrage nach nachhaltig ökonomischen Wirtschaftstätigkeiten – und somit insbesondere auch im Immobilienbereich – angekurbelt und ein Anstieg an spiegelbildlichen Angeboten der von der EU-TaxonomieVO betroffenen Wirtschaftsteilnehmer forciert.[5]

Weiters soll durch die Festlegung von Umweltzielen und einheitlichen Kriterien, mit welchen diese erreicht werden können, das sogenannte **Greenwashing** verhindert werden.[6]. Mit *Greenwashing* wird die Praxis bezeichnet, einen unfairen Wettbewerbsvorteil zu erlangen, indem ein Finanzprodukt als umweltfreundlich beworben wird, obwohl es nicht den grundlegenden Umweltstandards entspricht.[7] Im **Immobilienbereich** ist die Inangriffnahme der Steigerung der Nachhaltigkeit vor allem deshalb von großer Relevanz, weil Gebäude rund 36 % der gesamten Treibhausgasemissionen verursachen und rund 40 % des gesamten Energieverbrauchs erzeugen, aber bloß rund 75 % sämtlicher Gebäude energieeffizient ausgestattet oder gebaut sind.[8] Damit die Lenkungseffekte der EU-TaxonomieVO auch frühzeitig im Immobiliensektor ankommen und nicht nur auf Branchen-, sondern vor allem auf Immobilienebene ihre Wirkung entfalten können, ist es essenziell, sich mit den gesetzlichen Grundlagen und Kriterien vertraut zu machen, was ab jetzt und in Zukunft innerhalb der EU unter **Green Real Estate** verstanden wird.

---

2   Mitteilung der Kommission an das Europäische Parlament, den Rat, den Europäischen Wirtschafts- und Sozialausschuss und den Ausschuss der Regionen, Eine Renovierungswelle für Europa – umweltfreundlichere Gebäude, mehr Arbeitsplätze und bessere Lebensbedingungen, COM(2020) 662 final.

3   VO (EU) 2020/852 des Europäischen Parlaments und des Rates vom 18. Juni 2020 über die Einrichtung eines Rahmens zur Erleichterung nachhaltiger Investitionen und zur Änderung der Verordnung (EU) 2019/2088.

4   EU-Taxonomie: Kommission legt ergänzenden delegierten Klima-Rechtsakt vor, um die Dekarbonisierung zu beschleunigen, https://ec.europa.eu/commission/presscorner/detail/de/ip_22_711 (2.7.2023).

5   *Vockenhuber/Grosse*, EU-Taxonomie – Implikationen für die Immobilienwirtschaft, immolex 2021/ 177, 376.

6   ÖGNI 11.

7   VO (EU) 2020/852 ErwGr 11.

8   ÖGNI 45.

Im Zusammenhang mit diesen Neuerungen nehmen insbesondere Vermieter und Projektentwickler eine Schlüsselrolle ein, weil sie die unterschiedlichen Interessenlagen von Mietern, Käufern oder Investoren erkennen, vermitteln und abwägen müssen. Dies sind hohe Anforderungen des Gesetzgebers, deren generelle Umsetzbarkeit und deren tatsächliche Umsetzung sich in den kommenden Jahren erst zeigen werden.

Die Immobilienbranche steht damit vor neuen Herausforderungen, denn bisher wurden Nachhaltigkeitsfaktoren bei Immobilien vor allem im Rahmen von freiwilligen Green-Building-Zertifizierungen bedacht und umgesetzt. Diese Zertifizierungsrahmenwerke waren und sind nicht gesetzlich verpflichtend und zudem untereinander nur eingeschränkt vergleichbar. In den letzten Jahren hatten sich in Europa vor allem die Green-Buildings-Standards von BREEAM aus Großbritannien, LEED und WELL aus den USA sowie verschiedene regionale Ableger der DGNB aus Deutschland wie beispielsweise ÖGNI in Österreich etabliert. Durch die Einführung und Anwendbarkeit der EU-TaxonomieVO erfährt die ökologische Nachhaltigkeit von Gebäuden jedoch eine gesetzlich einheitliche Grundlage, deren Umsetzung und Komplexität für viele Branchenvertreter und weitere Stakeholdergruppen besonders in der Praxis Neuland ist, nicht zuletzt deshalb, weil sich die dahinterliegende Theorie teilweise noch in der Findungsphase befindet und im Implementierungsprozess der gesetzlichen Anforderungen zusätzliche Flexibilität abverlangt.

2. Gesetzliche Grundlagen des Green Real Estate – die EU-TaxonomieVO

Die EU-TaxonomieVO, die am 12.7.2020 in Kraft getreten ist, sowie die dazugehörigen Delegierten Verordnungen der Kommission stellen die gesetzlichen Grundlagen für die Klassifizierung von Wirtschaftätigkeiten als ökologisch nachhaltig dar. Relevant sind hier für den Immobilienbereich va die Folgenden:

- DelVO (EU) 2021/2139 der Kommission vom 4. Juni 2021 zur Ergänzung der Verordnung (EU) 2020/852 des Europäischen Parlaments und des Rates durch Festlegung der technischen Bewertungskriterien, anhand deren bestimmt wird, unter welchen Bedingungen davon auszugehen ist, dass eine Wirtschaftätigkeit einen **wesentlichen Beitrag zum Klimaschutz oder zur Anpassung an den Klimawandel** leistet, und anhand deren bestimmt wird, ob diese Wirtschaftätigkeit erhebliche Beeinträchtigungen eines der übrigen Umweltziele vermeidet;[9]
- DelVO (EU) 2021/2178 der Kommission vom 6. Juni 2021 zur Ergänzung der Verordnung (EU) 2020/852 des Europäischen Parlaments und des Rates durch Festlegung des Inhalts und der Darstellung der Informationen, die von Unternehmen, die unter Artikel 19a oder Artikel 29a der Richtlinie 2013/34/EU („nicht

finanzielle Berichterstattung") fallen, in Bezug auf **ökologisch nachhaltige Wirtschaftstätigkeiten** offenzulegen sind, und durch Festlegung der Methode, anhand deren die Einhaltung dieser Offenlegungspflicht zu gewährleisten ist.[10]

Insbesondere die erstgenannte DelVO ist wichtig. Diese enthält nämlich die Ausführungen zu den technischen Bewertungskriterien, anhand deren die Erfüllung der einzelnen Umweltziele und deren Nichtbeeinträchtigung durch die im Einzelfall zu beurteilende **Wirtschaftstätigkeit** – also ua die Entwicklung, den Bau, den Betrieb und den Abbruch von Immobilien – nach der EU-TaxonomieVO zu beurteilen ist.

2.1. Die EU-TaxonomieVO

Der Artikel 1 Abs 1 der EU-TaxonomieVO beschreibt als Gegenstand *„die Kriterien zur Bestimmung, ob eine Wirtschaftstätigkeit als ökologisch nachhaltig einzustufen ist, um damit den Grad der ökologischen Nachhaltigkeit einer Investition ermitteln zu können"*. Sie legt somit einheitliche Kriterien fest, nach denen eine Wirtschaftstätigkeit als nachhaltig ökologisch beworben werden darf.[11]

Der Grad der ökologischen Nachhaltigkeit einer Wirtschaftstätigkeit richtet sich nach den in Artikel 3 lit a bis d EU-TaxonomieVO festgelegten vier wesentlichen Kriterien, die kumulativ vorliegen müssen. Demnach muss eine Wirtschaftstätigkeit

- einen wesentlichen Beitrag zur Verwirklichung eines oder mehrerer Umweltziele leisten (**Substantial Contribution**), wobei es
- nicht zu einer erheblichen Beeinträchtigung eines oder mehrerer Umweltziele führen darf (**Do No Significant Harm, DNSH**),
- unter Einhaltung der Mindestanforderungen der Menschenrechte und Arbeitsstandards (**Social Safeguards**)
- und unter Einhaltung der von der Kommission festgelegten **technischen Bewertungskriterien** zur Bewertung des wesentlichen Beitrages zu den jeweiligen Umweltzielen sowie deren nicht erheblichen Beeinträchtigung.[12]

Die Erarbeitung dieser einheitlichen Kriterien sind nach Artikel 290 AEUV der Kommission übertragen und sind in Form von Delegierten Verordnungen unter

---

9   Die DelVO (EU) 2021/2139 enthält eine Auflistung von Wirtschaftsbranchen und deren wesentlichen Wirtschaftstätigkeiten, welche anhand konkret ausformulierter technischen Bewertungskriterien auf ihre Tauglichkeit, einen wesentlichen Beitrag zum Klimaschutz zu leisten, und Vereinbarkeit mit den übrigen Umweltzielen geprüft werden können. In Punkt 7 sind die technischen Bewertungskriterien für die Bau- und Immobilienbranche aufgelistet.

10   In der DelVO (EU) 2021/2178 werden die KPIs (*OpEx* und *CapEx*) für Nicht-Finanz- und Finanzunternehmen konkret ausformuliert und festgelegt. Dadurch soll es diesen Unternehmen erleichtert und veranschaulicht werden, wie ihre Berichterstattung im Zusammenhang mit den Offenlegungspflichten ihrer ESG-Maßnahmen zu erfolgen hat.

11   *Roth*, Die Auswirkung der Taxonomie-Verordnung auf den Immobilienmarkt, immolex 2022/73, 174.

12   VO (EU) 2020/852 Artikel 3.

Beiziehung einer eigens eingerichteten Plattform, zu der Experten aus verschiedenen Wirtschaftssektoren und Funktionen zugelassen werden, zu erarbeiten, damit den spezifischen Erfordernissen beim Erlass der Delegierten Verordnungen jeweils Rechnung getragen wird.[13]

Der **Adressatenkreis** umfasst auf wirtschaftlicher Ebene Finanzunternehmen sowie bestimmte große Nicht-Finanzunternehmen im Zusammenhang mit dem Anbieten und Erbringen ökologisch nachhaltiger Wirtschaftstätigkeiten.[14] Die Anwendung der EU-TaxonomieVO ist für den angesprochenen Adressatenkreis grundsätzlich freiwillig; sie ist allerdings dann verpflichtend, wenn sie ihre Wirtschaftstätigkeiten als EU-konform ökologisch nachhaltig anbieten wollen und somit einen Wettbewerbsvorteil gegenüber jenen Marktteilnehmern haben (wollen), die dem Klassifikationssystem der EU nicht entsprechen.[15]

Jene Marktteilnehmer, auf die die EU-TaxonomieVO Anwendung findet und die ihre Wirtschaftstätigkeiten als EU-konform ökologisch nachhaltig ausweisen wollen, sind daher verpflichtet, Angaben darüber zu machen und offenzulegen, inwieweit ihre Produkte und Dienstleistungen den Nachhaltigkeitserfordernissen der EU-TaxonomieVO entsprechen, und – falls sie diesen nicht entsprechen – offenzulegen, ob und inwiefern sich das Nichtentsprechen der Nachhaltigkeitserfordernisse nachteilig auf ihre Rentabilität auswirken kann. Artikel 7 der TaxonomieVO sieht für letzteren Fall sogar eine verbindliche Erklärung vor, die besagt: *„Die diesem Finanzprodukt zugrunde liegenden Investitionen berücksichtigen nicht die EU-Kriterien für ökologisch nachhaltige Investitionen.“*[16]

2.2. Bestimmung der betroffenen Wirtschaftstätigkeiten

Konkret für Immobilienunternehmen ist zu bestimmen, welche in der EU-TaxonomieVO adressierten Wirtschaftstätigkeiten für das eigene Geschäft relevant sind. Das sind in den meisten Fällen einer oder mehrere der **sieben Tätigkeitsbereiche des Abschnitts 7 „Baugewerbe und Immobilien"** der DelVO 2021/2139, welche neben den konkreten technischen Bewertungskriterien (wesentlicher Beitrag, DNSH) auch die jeweilige Beschreibung der Tätigkeit enthält. Um eine EU-weite harmonisierte Einordnung der Wirtschaftstätigkeiten in die jeweils richtige Kategorie zu gewährleisten, sieht die DelVO 2021/2139 neben einer Definition auch die Klassifizierung nach den EU-standardisierten *NACE-Codes* vor:

7.1. Neubau (*„Construction of new buildings"*):
„Entwicklung von Bauprojekten für Wohn- und Nichtwohngebäude durch Zusammenführung finanzieller, technischer und materieller Mittel zur Reali-

---

13   VO (EU) 2020/852 ErwGr 50 ff.
14   Gemäß Artikel 19a und 29a VO (EU) 2017/1129.
15   ÖGNI 10 ff.
16   ÖGNI 44 f.

sierung der Bauprojekte für den späteren Verkauf sowie Bau vollständiger Wohn- oder Nichtwohngebäude auf eigene Rechnung zum Weiterverkauf oder auf Honorar- oder Vertragsbasis" (NACE-Codes F.41.1 und F.41.2).

7.2. Renovierung bestehender Gebäude (*„Building renovation"*): *„Hoch- und Tiefbauarbeiten"* (NACE-Codes F.41 und F.43).

7.3. Renovierung bestehender Gebäude: *„Hoch- und Tiefbauarbeiten oder deren Vorbereitung"* (NACE-Codes: F.41 und F.43).

7.4. Installation, Wartung und Reparatur von energieeffizienten Geräten: *„Einzelne Renovierungsmaßnahmen, die in der Installation, Wartung oder Reparatur von energieeffizienten Geräten bestehen"* (NACE-Codes: F.42, F.43, M.71, C.16, C.17, C.22, C.23, C.25, C.27, C.28, S.95.21, S.95.22 und C.33.12).

7.5. Installation, Wartung und Reparatur von Ladestationen für Elektrofahrzeuge in Gebäuden (und auf zu Gebäuden gehörenden Parkplätzen): *„Installation, Wartung und Reparatur von Ladestationen für Elektrofahrzeuge in Gebäuden (und auf zu Gebäuden gehörenden Parkplätzen)"*; NACE-Codes: F.42, F.43, M.71, C.16, C.17, C.22, C.23, C.25, C.27 oder C.28.

7.6. Installation, Wartung und Reparatur von Geräten für die Messung, Regelung und Steuerung der Gesamtenergieeffizienz von Gebäuden *„Installation, Wartung und Reparatur von Geräten für die Messung, Regelung und Steuerung der Gesamtenergieeffizienz von Gebäuden"* (NACE-Codes: F.42, F.43, M.71 sowie C.16, C.17, C.22, C.23, C.25, C.27 und C.28).

7.7. Installation, Wartung und Reparatur von Technologien für erneuerbare Energien (7.3 bis 7.6 *„Individual measures and professional services"*): *„Installation, Wartung und Reparatur von Technologien für erneuerbare Energien vor Ort"* (NACE-Codes: F.42, F.43, M.71, C.16, C.17, C.22, C.23, C.25, C.27 oder C.28).

7.8. Erwerb von und Eigentum an Gebäuden (*„Acquisition and ownership"*): *„Erwerb von Immobilien und Ausübung des Eigentums an diesen Immobilien"* (NACE-Code: L.68).

Die Bestimmung der relevanten Kategorie muss für jedes Unternehmen individuell erfolgen. Je nach Haupttätigkeit des Unternehmens können aber zur Vereinfachung mehrere der oben angeführten Kategorien zusammengelegt und aggregiert berichtet werden. Bspw ist für Immobilienbestandhalter vor allem die Kategorie 7.7. von Bedeutung. Sollte ein Unternehmen nun ein neues Gebäude mit der Absicht errichten, es in den eigenen Bestand zu übernehmen, oder sollten Photovoltaikanlagen in mehreren Bestandsgebäuden installiert werden, so kann dies unter Umständen sowohl unter die Kategorie 7.7. als auch unter die Kategorie 7.1. bzw 7.6. fallen. Solche Gesamtbetrachtungen sind immer im Einzelfall im Licht der jeweils gegebenen Umstände zu entscheiden und bei Bedarf zu begründen.

2.3. Die sechs Umweltziele

Die EU-TaxonomieVO legt insgesamt sechs Umweltziele fest, die zur Verwirklichung einer nachhaltigeren Zukunft unentbehrlich sind:

- **Klimaschutz**
  umfasst *„die Vorgehensweise, den Anstieg der durchschnittlichen Erdtemperatur deutlich unter 2 °C zu halten und Anstrengungen zu seiner Begrenzung auf 1,5 °C über dem vorindustriellen Niveau zu unternehmen, wie im Übereinkommen von Paris festgelegt".*[17]
- **Anpassung an den Klimawandel**
  umfasst Wirtschaftstätigkeiten, die zur Verringerung oder gänzlichen Vermeidung nachteiliger Auswirkungen auf das aktuelle und zukünftige Klima oder die Gefahr für Menschen, Natur oder Vermögenswerte.[18]
- **Nachhaltige Nutzung und Schutz der Wasser- und Meeresressourcen**
  wird durch Wirtschaftstätigkeiten erreicht, die den guten Zustand von Gewässern fördern oder deren Verschlechterung vermeiden, wie beispielsweise die sachgerechte Sammlung, Behandlung und Entsorgung von Abwässern sowie der schonende Gebrauch und die Wiederbenutzung von gebrauchtem Wasser.[19]
- **Übergang zu einer Kreislaufwirtschaft**
  soll durch *„ein Wirtschaftssystem, bei dem der Wert von Produkten, Materialien und anderen Ressourcen in der Wirtschaft so lange wie möglich erhalten bleibt und ihre effiziente Nutzung in Produktion und Verbrauch verbessert wird, wodurch die Auswirkungen ihrer Nutzung auf die Umwelt reduziert und das Abfallaufkommen sowie die Freisetzung gefährlicher Stoffe in allen Phasen ihres Lebenszyklus minimiert werden, auch durch Anwendung der Abfallhierarchie",* erreicht werden.[20]
- **Vermeidung der Umweltverschmutzung**
  durch die Hintanhaltung der *„durch menschliche Hand direkt oder indirekt bewirkte[n] Zuführung von Schadstoffen in Luft, Wasser und Boden".*[21]
- **Schutz und Wiederherstellung der Biodiversität und Ökosysteme**
  wird in erster Linie durch die Verbesserung der Ökosystemdienstleistungen erreicht. Darunter fallen die vier Kategorien Versorgungsleistungen (Bereitstellung von Lebensmittel und Wasser), Regulierungsleistungen (Klima und Krankheiten), Unterstützungsdienste (Nährstoffkreisläufe und Sauerstofferzeugung) und kulturelle Dienstleistungen (Zurverfügungstellung geistiger Werte und Erholungswert).[22]

---

17 VO (EU) 2020/852 Artikel 2 Ziffer 5.
18 VO (EU) 2020/852 ErwGr 25.
19 VO (EU) 2020/852 Artikel 12.
20 VO (EU) 2020/852 Artikel 2 Ziffer 9.
21 VO (EU) 2020/852 Artikel 2 Ziffer 12.
22 VO (EU) 2020/852 ErwGr 24–31.

Die Kommission hat im Auftrag des Europäischen Parlaments und des Rates zunächst eine Delegierte Verordnung zu den ersten beiden Umweltzielen „Klimaschutz" und „Anpassung an den Klimawandel" ausgearbeitet, die seit 1.1.2022 in Kraft ist (die oben erwähnte DelVO [EU] 2021/2139). Sie enthält technische Bewertungskriterien (sogenannte Screening-Kriterien), die die Kriterien zur Erfüllung des wesentlichen Beitrags zu den Umweltzielen und die Nichtbeeinträchtigung der anderen Umweltziele zum Gegenstand haben. Die Delegierten Verordnungen zu den übrigen vier Umweltzielen „Nachhaltige Nutzung und Schutz von Wasser- und Meeresressourcen", „Übergang zu einer Kreislaufwirtschaft", „Vermeidung und Verminderung der Umweltverschmutzung" sowie „Schutz und Wiederherstellung der biologischen Vielfalt und der Ökosysteme" wurden noch nicht erlassen, sollen allerdings in Kürze folgen.

2.4. Nachhaltigkeitsprüfung einer Wirtschaftstätigkeit

Die in der EU-TaxonomieVO festgelegten Umweltziele unterliegen jeweils einheitlichen technischen Bewertungskriterien, die deren Überprüfbarkeit und grenzüberschreitende Vergleichbarkeit ermöglichen. Möchte man prüfen, ob denn die EU-TaxonomieVO auf die ausgeübte Wirtschaftstätigkeit Anwendung findet (2.1.), ist deren Einordnung in eine Ober- und Unterkategorie, gegebenenfalls mithilfe der NACE-Codes nach 2.2., vorzunehmen. Als Nächstes ist festzustellen, ob die Wirtschaftstätigkeit in wesentlichem Ausmaß zu einem oder mehreren Umweltzielen beiträgt. Schließlich ist darauf zu achten, dass die Wirtschaftstätigkeit keine erheblichen Beeinträchtigungen anderer Umweltziele herbeiführt (sog **DNSH-Prinzip**: Do No Significant Harm).[23] Die technischen Bewertungskriterien, anhand deren der wesentliche Beitrag zu einem oder mehreren Umweltzielen zu qualifizieren ist, und die Bedingungen,unter denen keine erhebliche Beeinträchtigung der anderen Umweltziele vorliegt, werden in den von der Kommission ausgearbeiteten technischen Bewertungskriterien in den jeweiligen Delegierten Verordnungen der einzelnen Umweltziele festgelegt; falls erforderlich, werden diese nach und nach angepasst.

2.4.1. Wesentlicher Beitrag

Wie bereits in 2.2. erwähnt, sieht die DelVO 2021/2139 im Kapitel 7 für den Sektor Baugewerbe und Immobilien insgesamt sieben Unterkategorien vor. Für jede Unterkategorie sind eigene Kriterien für die Erfüllung des wesentlichen Beitrags der Wirtschaftstätigkeit zu einem oder mehreren Umweltzielen vorgesehen. Als **Beispiele** werden die Kriterien eines wesentlichen Beitrags für das Umweltziel Klimaschutz zu den Unterkategorien Neubau, Renovierung bestehender Gebäude und Erwerb von Eigentum an Gebäuden angeführt:

---

23   VO (EU) 2020/852 ErwGr 34.

Neubau (Punkt 7.1 der DelVO 2021/2139)

Ein wesentlicher Beitrag zum Umweltziel Klimaschutz in der Unterkategorie **Neubau** wird angenommen, wenn der Primärenergiebedarf (mit dem die Gesamtenergieeffizienz des neu errichteten Gebäudes definiert wird) zumindest 10 % unter dem nationalen Schwellenwert für Niedrigstenergiegebäude liegt. Die Anknüpfung an den nationalen Werten führt bewusst zu unterschiedlichen Anforderungen an die einzelnen EU-Staaten, da der Fortschritt der nachhaltigen Bauführung und -errichtung staatenindividuell zu berücksichtigen ist.[24] Bisher untersagt die EU-TaxonomieVO (noch) nicht den Betrieb von Gebäuden durch nicht erneuerbare Energie, was bedeutet, dass bspw die Beheizung mit Erdgas in der aktuellen Fassung nicht verboten ist, sofern nicht nationale Gesetze – wie beispielsweise das in Aussicht gestellte Erneuerbare-Wärme-Gesetz (EWG)[25], das den Ausstieg aus Öl- und Gasheizungen bis 2035 bzw 2040 im Neubau regeln soll – entgegenstehen. Bei Gebäuden mit einer Fläche von mehr als 5.000 m² sind noch weitere Anforderungen zu erfüllen (zB Lebenszyklus-Treibhauspotenzial). Zum Zweck der Errichtung einer Datenbank werden diese Daten EU-weit zusammengetragen. Sie sollen der späteren Ermittlung der zukünftigen Zielwerte dienen.[26]

Renovierung bestehender Gebäude (Punkt 7.2 der DelVO 2021/2139)

Ein wesentlicher Beitrag zum Umweltziel Klimaschutz in der Unterkategorie **Renovierung bestehender Gebäude** wird angenommen, wenn die Gebäuderenovierung den geltenden Anforderungen an größere Renovierungen entspricht oder alternativ zu einer Verringerung des Primärenergiebedarfs um mindestens 30 % führt. Ein Gebäude wird per Definition einer größeren Renovierung unterzogen, wenn über 25 % der Gebäudeoberfläche renoviert werden.

Die Klimaneutralisierung von Bestandsgebäuden stellt wohl den umfangreichsten Aspekt für den Immobiliensektor dar, da das von der Europäischen Union festgelegte Ziel eine 55%ige Emissionsminderung bei Bestandsgebäuden vorsieht. Denn derzeit wird bloß ein Anteil von 11 % der bestehenden Gebäude EU-weit jährlich saniert, wobei davon bloß 0,2 % der Sanierungen den Kriterien von Punkt 7.2 der DelVO entsprechen, nämlich bspw eine Renovierung von mehr als 25 % der Gebäudeoberfläche oder die Senkung des Primärenergiebedarf um mindestens 30 %, um damit zum Ziel der 55%igen Emissionsminderung einen Beitrag zu leisten.[27]

---

24 immolex 2021/177, 378.
25 Erneuerbare-Wärme-Gesetz (EWG), https://www.bmk.gv.at/themen/klima_umwelt/energiewende/waermestrategie/ewg.html (14.5.2023).
26 immolex 2022/73, 175.
27 Mitteilung der Kommission an das Europäische Parlament, den Rat, den Europäischen Wirtschafts- und Sozialausschuss und den Ausschuss der Regionen, Eine Renovierungswelle für Europa – umweltfreundlichere Gebäude, mehr Arbeitsplätze und bessere Lebensbedingungen, COM(2020) 662 final.

Zur Erreichung dieses Zieles werden insbesondere gebäudeabhängige Sanierungspläne mit thermisch-energetischem Schwerpunkt notwendig werden, weil diehohe Karbonisierung der Bestandsgebäude im Wesentlichen auf die schlechte Isolierung und den Verbrauch nicht erneuerbarer Energie zurückzuführen ist.[28] Bspw können Treibhausgasemissionen bei Gebäudesanierungen gesenkt werden, wenn für die dafür benötigten Baustoffe die Grundsätze der Kreislaufwirtschaft berücksichtigt werden.

Erwerb von Eigentum an Gebäuden (Punkt 7.7 der DelVO 2021/2139)

Für die Bewertung eines wesentlichen Beitrages zum Umweltziel Klimaschutz in der Unterkategorie **Erwerb von Eigentum an Gebäuden** muss zwischen Gebäuden unterschieden werden, die vor dem 31.12.2020 gebaut wurden, und solchen, die danach errichtet wurden.

Gebäude, die vor dem 31.12.2020 gebaut wurden, müssen entweder mindestens der Energieklasse A (*Energy Performance Certificate*, „EPC") entsprechen oder zu den oberen 15 % des nationalen Gebäudebestandes gehören. Der nationale Gebäudestandard richtet sich nach dem Primärenergiebedarf im Betrieb und wird anhand geeigneter Nachweise belegt, in denen mindestens die Energieeffizienz der betreffenden Immobilie und die Energieeffizienz des vor dem 31. Dezember 2020 gebauten nationalen Gebäudebestandes miteinander verglichen werden; weiters ist zwischen Wohngebäuden und Nichtwohngebäuden zu differenzieren.

Gebäude, die nach dem 31.12.2020 gebaut wurden, müssen die Kriterien für Neubauten laut Abschnitt 7.1 der DelVO 2021/2139 erfüllen (siehe oben die Ausführungen zum Neubau), und zwar betrachtet zum Zeitpunkt des Erwerbs.

Handelt es sich bei dem Gebäude um ein großes Nichtwohngebäude (mit einer Nennleistung für Heizungs-, Lüftungs- und Klimaanlagen von mehr als 290 Kilowatt), ist es durch Überwachung und Bewertung der Energieeffizienz effizient zu betreiben.

2.4.2. DNSH-Kriterien

Liegt ein wesentlicher Beitrag zum Umweltziel Klimaschutz vor, sind die technischen Bewertungskriterien zur Vermeidung erheblicher Beeinträchtigungen der anderen Umweltziele (**DNSH-Kriterien**) zu prüfen. Bis dato fehlen im DNSH-Kriterienkatalog für Kapitel 7 der DelVO 2021/2139 für einzelne Umweltziele vereinzelt noch technische Bewertungskriterien.

Vollständig ausgearbeitet wurden die DNSH-Kriterien zugunsten des Umweltzieles *Anpassung an den Klimawandel* in Anlage A. Sie enthält die Klassifikation sowohl von akuten Klimagefahren für Temperatur (zB Waldbrände), Wind (zB

---

28   ÖGNI 13.

Hurrikan), Wasser (zB Hochwasser) und Feststoffe (zB Lawine) als auch von chronischen Klimagefahren für Temperatur (zB Temperaturänderungen), Wind (zB Änderung der Wildverhältnisse), Wasser (zB Versauerung der Ozeane) und Feststoffe (zB Küstenerosionen). Die Liste der Klimagefahren ist nicht abschließend und stellt nur eine deklarative Auflistung der am häufigsten vorkommenden Gefahren dar, die in der Klimarisiko- und Vulnerabilitätsbewertung jedenfalls zu berücksichtigen sind. Zu beachten ist, dass die Anlage A ausschließlich für die Bewertung einer erheblichen Beeinträchtigung des Umweltzieles Anpassung an den Klimawandel Anwendung findet, wenn ein wesentlicher Beitrag zum Umweltziel Klimaschutz im Vorhinein bejaht wurde. Sobald und sofern DNSH-Kriterien zugunsten der übrigen Umweltziele vorliegen, sind auch diese bei einem wesentlichen Beitrag zum Umweltziel Klimaschutz zu prüfen.

Für die Unterkategorie Neubau (Punkt 7.1 der DelVO 2021/2139) liegen bei einem wesentlichen Beitrag zum Umweltziel Klimaschutz bereits sämtliche DNSH-Kriterien vor. So werden für die Vermeidung erheblicher Beeinträchtigungen des Umweltziels „Nachhaltige Nutzung und Schutz von Wasser- und Meeresressourcen" bspw die Beschränkung der literweisen Durchlaufmenge von Wasser durch sanitärtechnischen Geräte (wie zB Wasserhähne, Duschen, Toiletten)[29] definiert; für die Vermeidung erheblicher Beeinträchtigungen des Umweltziels „Schutz und Wiederherstellung der Biodiversität und der Ökosysteme" ist die Nichtbebauung bestimmter Flächen (wie Ackerflächen mit mittlerer bis hoher Bodenfruchtbarkeit, Wälder oder Lebensräume gefährdeter Tier- und Pflanzenarten) vorgesehen.

2.4.3. (Sozialer) Mindestschutz

Das bisher am wenigsten diskutierte Bewertungskriterium ist die Einhaltung des Mindestschutzes nach Artikel 3 lit d iVm Artikel 18 EU-TaxonomieVO. Neben den bereits erörterten Kriterien müssen die zu bewertenden Wirtschaftstätigkeiten auch die

(i) OECD-Leitsätze für multinationale Unternehmen,
(ii) die Leitprinzipien der Vereinten Nationen für Wirtschaft und Menschenrechte („UN Guiding Principles"),
(iii) die Grundprinzipien und Rechte aus den acht Kernübereinkommen der Internationalen Arbeitsorganisation (IAO) und der Internationalen Charta der Menschenrechte (UN-Charta)

erfüllen.

---

29 Beispiel dafür ist die Installation von Wasserhähnen mit einem maximalen Wasserdurchfluss von 6 Litern/min und von Duschen mit einem maximalen Durchfluss von 8 Litern/min. Bei Toiletten einschließlich WC-Anlagen, Becken und Spülkästen liegt die Grenze für ein volles Spülvolumen bei höchstens 6 Litern, wobei das durchschnittliche Spülvolumen höchstens 3,5 Liter umfassen darf. Die Nachweise können jeweils durch Produktdatenblätter oder Bauzertifikate erbracht werden.

Diese internationalen Regelungen adressieren unterschiedliche Zielgruppen, wie bspw multinationale Unternehmen oder auch die Regierungen der EU-Mitgliedstaaten und halten dazu an, die international anerkannten Menschen- und Arbeitsrechtsstandards einzuhalten und sich unseriöser Praktiken wie Bestechung, Korruption, Steuerhinterziehung und unlauteren Wettbewerbs zu enthalten.[30]

3. Wirtschaftliche Beurteilung der Regelungen und Anforderungen

Die EU-TaxonomieVO zieht wirtschaftliche Auswirkungen einerseits auf Ebene der Unternehmen und Vermieter (zB Projektentwickler, Immobilieneigentümer) und andererseits auf Ebene der *„Assets"* (also der Immobilie) nach sich.

- **Unternehmen und Vermieter** sind einem sich rapide wandelnden Marktumfeld ausgesetzt, eine ständige Anpassung der strategischen Ausrichtung auf Unternehmensebene im Umgang mit Nachhaltigkeit kann die mittel- und langfristige Überlebensfähigkeit aktiv beeinflussen und das Erkennen von ertragreichen Chancen sogar die Marktposition verbessern. Zu diesem Zweck muss die Thematik Nachhaltigkeit ganzheitlich mit allen ihren Zusammenhängen und Facetten verstanden werden, um die effektivsten Hebelpunkte des Unternehmens zu identifizieren. Dabei spielt die **„doppelte Wesentlichkeit"** eine zentrale Rolle: *Welche Auswirkungen hat das Unternehmen auf Umwelt und Klimawandel und wie ist es umgekehrt?* Das ESG-Risikomanagement und die ESG-Bewertung gewinnen dadurch in der Praxis massiv an Bedeutung und stellen Unternehmen und Vermieter vor neue Herausforderungen. Die doppelte Wesentlichkeit ist ein zentraler Baustein in vielen neuen ESG-Regeln[31] und betrifft einerseits die Auswirkungen des eigenen Geschäftsbetriebs auf Mensch und Umwelt (*Inside-out*-Betrachtung) und andererseits die Auswirkungen von Nachhaltigkeitsaspekten auf das Unternehmen selbst (*Outside-in*-Betrachtung; siehe dazu auch 4.1.); umfasst sind dabei jeweils die finanzielle und die ökologische und soziale Wesentlichkeit.[32]
- Die relevanten **Assets** sind insbesondere Gebäude, die als physische Lebens- und Arbeitsräume in einer nachhaltigkeitsorientierten Welt eine wichtige

---

30 *Schönauer/Aschauer*, Welche Kriterien müssen für den „Mindestschutz" des Artikel 18 der EU-Taxonomie erfüllt werden? https://insights.controller-institut.at/welche-kriterien-muessen-fuer-den-mindestschutz-des-artikel-18-der-eu-taxonomie-erfuellt-werden/ (17.4.2023).

31 Ua nehmen darauf Bezug die OffenlegungsVO, die Corporate Sustainability Due Diligence Directive (*„Nachhaltigkeitsberichterstattung"*) und die Corporate Sustainability Due Diligence Directive (*„Lieferketten"*).

32 Die finanzielle Wesentlichkeit bezieht sich auf den Geschäftsverlauf, das Geschäftsergebnis und die Lage des Unternehmens (Wert des Unternehmens). Die ökologische und soziale Wesentlichkeit betrifft die Auswirkungen der jeweiligen Wirtschaftstätigkeiten eines Unternehmens. Siehe Mitteilung der Kommission, Leitlinien für die Berichterstattung über nichtfinanzielle Informationen: Nachtrag zur klimabezogenen Berichterstattung, C_2019209DE.01000101.xml, https://eur-lex.europa.eu/legal-content/DE/TXT/HTML/?uri=CELEX:52019XC0620(01) (19.8.2023).

Rolle einnehmen, dieser in der Praxis aber oft nicht gerecht werden. Grund dafür ist, dass große Teile des Gebäudebestandes unabhängig von ihrer Nutzung noch nicht unter den Vorgaben der EU-TaxonomieVO errichtet wurden und daher einer umfassenden energetischen Sanierung und Neugestaltung unterzogen werden müssten, um Nachhaltigkeitsanforderungen zu entsprechen. Gleichzeitig ändern sich durch den demografischen und sozialen Wandel die Verhaltensmuster der Mieter und Nutzer von Gebäuden sowie der Käufer und Investoren, welche erst über den Zeitverlauf greifbar werden. Daraus ergeben sich neue Anforderungsprofile an Gebäude, deren flächendeckende Umsetzung noch nicht die notwendige finanzielle Ertragsreife erreicht hat.

Die Effekte gesetzlicher und regulatorisch verankerter Anforderungen an die Nachhaltigkeit – und zwar in Form einer finanziellen Rentabilität von Nachrüstungen und Veränderungen an Immobilien – werden sich erst einstellen, wenn diese Anforderungen allgemein akzeptiert sind und effektiv umgesetzt werden können. Um die Zukunftsfähigkeit von einzelnen Immobilien sicherzustellen, besteht aber bereits im Jetzt Entscheidungs- und Handlungsbedarf. Dieses Paradox – nämlich, dass einerseits Veränderungen zwar zwingend notwendig sind, um klimatischen und sozialen Veränderungen zu entsprechen, dass sich diese andererseits aber in den meisten Fällen monetär noch nicht rechnen – bedeutet für die Immobilienwirtschaft in der Praxis, dass Vermieter und Unternehmen in Vorleistung gehen müssen. Dabei werden sie darauf vertrauen müssen, dass einerseitsdie aktuelle (und absehbare zukünftige) Gesetzgebung die Nachfrage nach nachhaltigen Immobilien gewinnbringend beeinflusst, und andererseits, dass die eigenen Entscheidungen des Unternehmens und die darauf aufbauenden Investitionen in einzelne Objekte sich langfristig als richtig und ausreichend herausstellen werden.

Gemeinsamer Nenner in der Umsetzung der neuen gesetzlichen Bestimmungen und für das Treffen von Investitionsentscheidungen ist dabei die **Verfügbarkeit relevanter und qualitätsgesicherter Daten und Kennzahlen**. Solche Daten und Kennzahlen sind notwendig; abgestimmt auf die eigene Strategie müssen **messbare Ziele für Bestandsgebäude und Entwicklungen definiert** werden, welche die gewünschte Erfüllung und den Erfüllungsgrad der Regulatorik widerspiegeln. Diese Ziele müssen auf Einzelobjektebene gesetzt werden und erfordern nicht nur eine fundierte Kenntnis der anwendbaren Gesetze, sondern vor allem ein detailliertes bautechnisches und verbrauchsbezogenes Verständnis der jeweiligen Immobilie – unabhängig davon, ob sich diese in Planung, Bau oder Betrieb befindet. Das klingt vermeintlich selbstverständlich, die Auswirkungen sind aber weitreichend und stellen hohe Anforderungen einerseits an die Transparenz und Vergleichbarkeit von Daten und Information, andererseits an den abteilungs- und unternehmensübergreifenden Austausch ebendieser.

Die Beschaffung, Pflege und Analyse von Daten, aus welchen sich strategische Kennzahlen ableiten lassen und in der Folge als Grundlage für Investitionen und operative Maßnahmen dienen, erfolgt aufgrund der Komplexität von ESG-Anforderungen meist durch unternehmensweite Zusammenarbeit, häufig auch entlang der Wertschöpfungsketten. Bei **Bestandsgebäuden** betrifft dies im Betrieb vor allem ein abgestimmtes Handeln von Asset Management, Property Management und Facility Management. Der Datenfluss erfolgt dabei gemäß Instruktion größtenteils *bottom-up*, die praktische Umsetzung strategischer Vorgaben *top-down*. Dem Property Management und Facility Management kommt damit eine entscheidende Doppelrolle zu, einerseits eine strategische Entscheidungsgrundlage zu schaffen und andererseits die ESG-fördernden Maßnahmen der Immobilie voranzutreiben.

Beim Bau **neuer Immobilien** ist mit vorausschauender Planung auf zukünftig wahrscheinliche Anforderungen seitens der Eigentümer, Betreiber und Nutzer vorzugehen, was ebenfalls die Betrachtung des gesamten Lebenszyklus der Immobilie notwendig macht. Die dynamische und teilweise sogar radikale Veränderung der Regulatorik erschwert eine treffsichere Vorhersage der zukünftigen Bedingungen, weshalb zumindest der Dialog entlang der Wertschöpfungskette bereits heute aktiv eingefordert werden sollte, um aktuelle Bedürfnisse und technische Fortschritte und Lösungen bestmöglich zu erfassen und lebenszyklusorientiert umzusetzen.[33]

4. ESG im Akquisitionsprozess

Aufgrund neuer rechtlicher Rahmenbedingungen, wie der EU-TaxonomieVO, und daraus resultierender wirtschaftlicher Rahmenbedingungen (zB Auswirkungen auf die Ankaufsfinanzierung) wandelt sich das Kaufverhalten der Marktteilnehmer. Nachhaltige Immobilien sind daher mittlerweile wesentlich mehr als ein bloßes Marketinginstrument, denn mit der zunehmenden Formalisierung der **ESG-Kriterien** ergibt sich eine natürliche Notwendigkeit, diese **auch im Ankauf** für das eigene Portfolio zu berücksichtigen. Die daraus resultierende erhöhte Nachfrage nach nachhaltigen Immobilien zieht einen entsprechenden Handlungsbedarf der Wirtschaftsmarktteilnehmer – wie Immobilienentwickler oder Asset Manager und Property Manager – nach sich. Bereits in den vergangenen Jahren ist das Augenmerk auf nachhaltige Assets gestiegen, welchen mit anerkannten Green-Building-Zertifikaten – wie LEED, BREEAM oder DGNB (bzw ÖGNI in Österreich), die umweltfreundliche Aspekte wie bspw Energieeffizienz oder Verwendung nachhaltiger Baumaterialien nachweislich belegen – Rechnung getragen

---

33 Mitteilung der Kommission, Leitlinien für die Berichterstattung über nichtfinanzielle Informationen: Nachtrag zur klimabezogenen Berichterstattung, C_2019209DE.01000101.xml (europa.eu) (19.5.2023).

wurde.[34] Durch die zunehmend konkretisierende Gesetzgebung zu den Nachhaltigkeitskriterien werden auch die Anbieter von Gebäudezertifizierungen ihre Zertifizierungen entsprechend anpassen und ein vergleichbares Instrument am nationalen und internationalen Immobilienmarkt schaffen. Dadurch werden die Bewertung des Nachhaltigkeitsstatus eines Gebäudes und der Vergleich mit anderen Gebäuden bei der Kaufentscheidung vereinfacht.

Obwohl dieser Wandel im Ankaufverhalten noch am Anfang steht, sind nachhaltige Immobilien bei den Investoren „angekommen". Das liegt nicht nur am guten Image von nachhaltigen Immobilien, sondern auch an wirtschaftlichen Faktoren wie besserer Vermietbarkeit, Wertbeständigkeit oder besseren Finanzierungsbedingungen – oder umgekehrt: schlechteren Finanzierungsbedingungen bzw erschwerter Finanzierung von nicht nachhaltigen Immobilien! Der Trend zeigt, dass ESG-Kriterien einen tatsächlich finanziell messbaren Gegenwert entwickeln werden. Die zukünftige Bedeutung macht eine Umfrage unter Investoren und Eigentümern aus dem Jahr 2021 bewusst: Demnach nehmen 60 % der Befragten an, dass bei nicht-ESG-konformen Objekten mit Preisabschlägen zu rechnen sein wird, wobei 10 % sogar der Meinung waren, dass nicht-ESG-konforme Immobilien nahezu unverkäuflich sein werden.[35]

4.1. ESG Due Diligence

Mit den durch die EU-TaxonomieVO geänderten wirtschaftlichen Rahmenbedingungen und den Anforderungen an die Nachhaltigkeit von Immobilien muss sich auch der Ankaufsprozess und damit auch die Due Diligence verändern. Für Unternehmen, die eine klare Nachhaltigkeitsstrategie und einen Nachhaltigkeitskatalog haben, ist daher auch eine **ESG Due Diligence** jedenfalls zu empfehlen, also eine Prüfung, ob bzw inwieweit bspw eine Immobilie den eigenen Kriterien aus der Nachhaltigkeitsstrategie entspricht und welche Defizite bestehen bzw mit welchem Aufwand und welchen Kosten diese in der Nachhaltigkeit beseitigt werden können. Eine entsprechende ESG Due Diligence bietet aber auch eine gute und notwendige Absicherung für kapitalmarknahe Unternehmen gemäß der OffenlegungsVO (zB Banken, Versicherungsunternehmen, Investmentfonds), denn nur so kann sichergestellt werden, dass die Nachhaltigkeitseigenschaften der Immobilie tatsächlich den Investment-Richtlinien entsprechen. Seit 2021 sind diese Unternehmen verpflichtet, Informationen zur Nachhaltigkeit ihres Unternehmens und ihrer Produkte zu veröffentlichen. Die aus der ESG Due Diligence gewonnenen Daten sind daher häufig der beste Weg, um sicherzustellen, dass die Nachhaltigkeitsrichtlinien auch eingehalten werden.

---

34 BDO, ESG und die Auswirkungen auf Investitionsentscheidungen und Transaktionsprozesse im Bereich Real Estate, https://www.bdo.at/de-at/publikationen/esg-in-real-estate/esg-und-die-auswirkungen (26.7.2023).

35 Engel & Völkers Investment Consulting, Umfrage Rendite-Risiko-ESG: Wo steht die Branche? (2021).

Der Umfang einer ESG Due Diligence ist je nach zu erwerbendem Objekt immer im Einzelfall festzulegen und hängt vor allem davon ab, welche Bedeutung der Nachhaltigkeit aus Sicht des Erwerbers beigemessen wird. Dabei kann es auch sinnvoll sein, im Vorfeld jedenfalls schon ein Pre-Screening durchzuführen, um vorab zu prüfen, ob das Objekt grundsätzlich in die Nachhaltigkeitsstrategie eines Unternehmens passt. Um den Umfang der ESG Due Diligence sinnvoll festzulegen, sollte auch unterschieden werden, ob es sich bei dem Objekt um einen Neubau (Fertigstellung vor 31.12.2020) oder um ein Bestandsgebäude handelt (siehe dazu auch oben unter 2.4.1., Erwerb von Eigentum an Gebäuden). In der detaillierten ESG Due Diligence sind dann konkret auch die individuellen Nachhaltigkeits-kriterien und vom Erwerber festgelegten KPIs zu berücksichtigen, wobei in dieser Prüfung als Mindestmaß jedenfalls die Anforderungen der EU-TaxonomieVO und der DelVO zu beachten sind. Bei Änderungen dieser Vorgaben oder der Er-lassung weiterer delegierter Rechtsakte zu den weiteren Umweltzielen sind diese natürlich in die Prüfung mit einzubeziehen.[36]

In der EU sind Gebäude für 40 % des Energieverbrauchs verantwortlich, daher steht bei einer ESG Due Diligence der Punkt **Environmental** besonders im Fokus – schließlich soll durch die EU-TaxonomieVO der Energieverbrauch von Gebäuden reduziert werden.[37] In diesem Bereich ist daher zu prüfen, ob ein wesentlicher Bei-trag zu den Klimazielen (2.4.1.) geleistet wird und ob die DNSH-Kriterien (2.4.2.) erfüllt werden. Dabei sind zwei verschiedene Betrachtungsweisen relevant:[38]

- **Inside-out-Betrachtung:** Hier ist zu berücksichtigen, welche Auswirkung ein Gebäude auf seine direkte Umwelt hat. Zentrale Fragen sind hier, welche Bau-stoffe verwendet wurden, welche Energie bezogen wird, und die CO_2-Bilanz des Gebäudes, und weiters, ob die im Rahmen einer Transaktion übergehenden Mietverträge auch den definierten Anforderungen an **Green Leases** (siehe 5.) entsprechen.
- **Outside-in-Betrachtung:** Hier ist zu berücksichtigen, welchen Einfluss die Um-welt auf das Gebäude hat. Es sollen dadurch insbesondere Risiken durch poten-zielle physische Klimaziele identifiziert und vermieden werden (zB Stranded Assets).

Die Bereiche **Social** und **Governance** spielen bei einer ESG -Due Diligence von Immobilien eine weniger prominente Rolle als der Bereich Environmental, soll-ten aber dennoch nicht vernachlässigt werden. Während im Bereich Social zu-mindest die sozialen Mindeststandards eingehalten werden sollten (zB Gesund-heitsschutz, Sicherheitsstandards, Lieferkette/Wertschöpfungskette), bezieht sich die Governance-Prüfung auf das Verhalten des Eigentümers und des Manage-ments des Gebäudes.

---

36   *Artner/Richter-Schöller* in *Artner/Kohlmaier*, Praxishandbuch Immobilienrecht (2023)
37   *Veith/Conrads/Hackelberg*, ESG in der Immobilienwirtschaft (2021) 273.
38   *Veith/Conrads/Hackelberg*, ESG in der Immobilienwirtschaft (2021) 421.

4.2. Kaufvertragsklauseln

Der Kaufvertrag für den Erwerb einer Immobilie (bzw der Kauf- und Abtretungsvertrag im Fall eines Share Deal) soll idealerweise die wirtschaftliche Einigung der Vertragsparteien korrekt und vollständig umsetzen, und er soll die Ansprüche sowohl von Verkäufern als auch von Käufern entsprechend absichern. Wesentlich bei der Vertragsgestaltung ist daher gerade bezogen auf die Nachhaltigkeit des Gebäudes (der zu erwerbenden Projektgesellschaft), dass die Ansprüche des Käufers im Hinblick auf Taxonomie und ESG-Kriterien abgesichert und auch eventuelle Erkenntnisse aus der ESG Due Diligence berücksichtigt sind.

Für den Vertragserrichter bzw den den Käufer vertretenden Rechtsanwalt ist es daher zunächst wichtig, die strategischen Vorgaben und einzuhaltenden Kennzahlen zu kennen, damit diese auch im Kaufvertrag abgebildet werden können. In weiten Teilen, gerade bezüglich des „E" (Environment) in den ESG-Vorgaben, sind es technische Vorgaben, die typischerweise in der Definition des Kaufgegenstandes (technische Beschreibungen, Bau- und Ausstattungsbeschreibung etc) mit Unterstützung der technischen Experten und Berater geregelt werden. Weiters sind konkrete Eigenschaften aus allen ESG-Bereichen (bspw Zertifizierungen, Einhaltung bestimmter Compliance-Vorgaben, Vorgaben für die Lieferkette/Wertschöpfungskette, ie Beauftragung von Subauftragnehmern und Lieferanten, Bezugnahme auf zu erfüllende Regularien uvam) in den Gewährleistungszusagen, Garantien und Verpflichtungen des Verkäufers zu berücksichtigen. Wesentlich ist auch hier, die Erkenntnisse aus der Prüfung der übergehenden Mietverträge abzubilden; und Vorgaben für Mietverträge, die noch vom Verkäufer im Rahmen von bspw Forward-Purchase-Transaktionen geschlossen werden sollen, haben die vom Käufer definierten Anforderungen an Green Leases zu erfüllen.

5. Green Lease

Neben dem Ankauf des geeigneten Objekts sind auch die Nutzung und der Betrieb ausschlaggebend für die Nachhaltigkeit eines Gebäudes. Daher sollen die ESG-konforme Nutzung und Bewirtschaftung des Gebäudes in den Bestandverträgen für das betreffende Gebäude vereinbart werden. Solche nachhaltigen Bestandverträge werden in der Praxis als **Green Lease** bezeichnet. Es gibt verschiedene Definitionen und Gestaltungen von Green-Lease-Verträgen. Typischerweise enthält ein Green Lease Regelungen über:

- die nachhaltige Nutzung und Bewirtschaftung des Mietobjekts im laufenden Betrieb; darunter fallen bspw Klauseln über
  - eine Absichtserklärung der Parteien zur nachhaltigen Nutzung und Bewirtschaftung des Objektes (sog Programmklausel)
  - die Umlage von verbrauchs- und verursachungsabhängigen Betriebs- und Nebenkosten

- die ökologisch nachhaltige Reinigung des Objektes (zB mit ökologisch nachhaltigen Putzmitteln und -utensilien)
- Mülltrennung und -entsorgung (zB Müllsammelsysteme)
- die Förderung nachhaltiger Mobilität (zB Indoor-Fahrradstellplätze)
- ein Nachhaltigkeitshandbuch mit Hinweisen und Tipps zur nachhaltigen Nutzung und Bewirtschaftung;
- die Reduzierung von Abfällen, Verbräuchen und Emissionen durch
  - Generalklausel zum Austausch von Verbrauchsdaten
  - die Förderung ökologisch nachhaltiger Energiequellen
  - Einsparungskonzepte (zB durch energie-/wassersparende Geräte);
- die ökologisch unbedenkliche Durchführung von Erhaltungs-, Modernisierungs- und sonstigen Baumaßnahmen
  - Einrichtung und Ausstattung mit nachhaltigen Materialien und Geräten
  - Reparaturen und Renovierungen mit nachhaltigen Materialien und Geräten.[39]

Aus diesen Punkten wird ersichtlich, welche Ziele ein Green Lease verfolgt, denn es geht primär darum, die Ökobilanz des Gebäudes und dessen Bewirtschaftung zu optimieren.

Da es keine besonderen gesetzlichen Reglungen für grüne Mietverträge gibt, ist die Vertragsausgestaltung essenziell. Vorab sollte man sich jedenfalls dessen bewusst sein, welche Dimensionen der Mietvertrag umfassen soll (ökologische, ökonomische und soziale Dimension) und welche Ziele der Mietvertrag anstrebt. Es können bei der Vertragsgestaltung Regelungen von verschiedenstem Umfang aufgenommen werden. Das geht von bloßen Bemühensverpflichtungen – sowohl des Mieters als auch des Vermieters – bis hin zu einseitigen oder auch beidseitigen Verpflichtungen von Mieter oder Vermieter, deren Einhaltung und eventuelle Rechtsfolgen (Anspruch auf Erfüllung, Vertragsstrafen, Vereinbarung als Kündigungsgrund) vertraglich festgelegt werden. Der Inhalt der Verpflichtungen richtet sich natürlich nach der gesetzlichen Grundlage; so ist bei einem Green Lease, wie bei jedem anderen Mietvertrag in Österreich auch, zwischen den Besonderheiten des Voll- und Teilanwendungsbereichs des Mietrechtsgesetzes (MRG) sowie des Vollausnahmebereichs zu unterscheiden. Allerdings werden – anders als bei verbindlichen Verpflichtungen der Parteien zur Einhaltung der Nachhaltigkeitsklauseln – bei bloßen Bemühensverpflichtungen in der Regel gesetzliche Durchsetzungsmaßnahmen oder Sanktionen (wie zB Pönalen oder Vertragsstrafen) keine Anwendung finden.

5.1. Klauseln für Mietverträge

In diesem Kapitel werden jeweils, zT auszugsweise, Formulierungsvorschläge zu den drei oben in 5. genannten Aufzählungspunkten für Green-Lease-Vereinbarungen abgebildet:

---

39   *ZIA Die Immobilienwirtschaft*, Green Lease -- Der grüne Mietvertrag für Deutschland (2018) 11.

Nachhaltige Nutzung und Bewirtschaftung des Mietobjekts im laufenden Betrieb

Die einleitende Klausel der wechselseitigen oder auch einseitigen (Bemühungs-) Verpflichtungen hat meist keinen Regelungsinhalt per se, sondern dient dem Verständnis und der Festlegung des Zwecks der darauffolgenden Regelungen. Diese Klausel kann bereits in der Präambel des Mietvertrages oder unmittelbar als Einleitung im Vertragspunkt der Green-Lease-Vereinbarung aufgenommen werden.

Programmklausel

Die Parteien sind sich ihrer Verantwortung für den Schutz der natürlichen Lebensgrundlagen und des Klimas im Interesse der künftigen Generationen bewusst; sie sind sich darüber einig, dass sie die Durchführung des Mietverhältnisses an möglichst nachhaltigen Kriterien ausrichten wollen. Es ist daher insbesondere der Wunsch der Parteien, bei der Bewirtschaftung und Nutzung des Mietobjekts mit Ressourcen und Energie schonend und sparsam umzugehen, Emissionen zu vermeiden und konstruktiv zusammenzuarbeiten und dabei ökonomische, ökologische und soziale Aspekte gleichermaßen zu berücksichtigen. Die Parteien werden sich bemühen, ihre Mitarbeiter und Dienstleister zur Beachtung der Aspekte der nachhaltigen Nutzung und Bewirtschaftung anzuhalten.

Eine vor allem für Vermieter wichtige Klausel betrifft die Umlegung von Betriebs- und Nebenkosten auf die Mieter. Hierbei muss insbesondere berücksichtigt werden, ob das zu regelnde Mietverhältnis dem Voll- oder Teilanwendungsbereich oder sogar Vollausnahmebereich des MRG unterliegt. Die Umlegung von nachhaltigen Betriebs- und Nebenkosten auf den Mieter im Vollanwendungsbereich des MRG kann bloß im Rahmen der in den §§ 21 ff MRG abschließend aufgelisteten Betriebs- und Nebenkosten erfolgen. Im Teilanwendungs- oder Vollausnahmebereich hingegen sind die Grenzen der Rechts- und Sittenwidrigkeit aufgrund gesetzlicher Vorschiften zu beachten.

Umlegung von Betriebs- und Nebenkosten

Der Vermieter ist berechtigt, Bewirtschaftungsleistungen, deren Kosten auf den Mieter umgelegt werden, zur Förderung der nachhaltigen Nutzung und Bewirtschaftung des Mietobjektes in einer anderen, ökologischeren Art erbringen zu lassen als technisch und ökonomisch zwingend erforderlich; das Wirtschaftlichkeitsgebot findet daher nur insoweit Anwendung, als aus mehreren, gleich geeigneten und unter dem Gesichtspunkt der nachhaltigen Nutzung und Bewirtschaftung gleichwertigen Ausführungsarten der wirtschaftlicheren Ausführungsart der Vorzug zu geben ist, wobei der Mieter etwaige durch die nachhaltige Nutzung und Bewirtschaftung veranlasste Mehrkosten nur bis zu einem Betrag von EUR [_] zu tragen hat.

Die beiden wohl wichtigsten Maßnahmen in der praktischen Umsetzung der nachhaltigen Bewirtschaftung des Mietobjektes im laufenden Betrieb sind die Reinigung der Allgemeinflächen sowie die Abfallwirtschaft. Green-Lease-Klauseln betreffend die Reinigung enthalten üblicherweise die Verwendung von ökologisch nachhaltigen oder weniger umweltschädlichen Reinigungsmitteln und -utensilien. In puncto Abfall kann eine über das gesetzliche Maß hinausgehende Mülltrennung und -entsorgung vorgesehen werden, wofür entsprechende Einrichtungen vom Vermieter zur Verfügung zu stellen sind.

Für die Anwendbarkeit dieser Green-Lease-Vereinbarungen in der Praxis empfiehlt sich, dem Mietvertrag ein Nachhaltigkeitshandbuch als Anlage beizufügen, das Hinweise und Tipps zur Erfüllung der Nachhaltigkeitsverpflichtung oder -bemühungen geben kann.

Reduzierung von Abfällen, Verbräuchen und Emissionen

Für die tatsächliche Umsetzung von umwelt- und ressourcenschonenden Methoden zur CO_2-Einsparung ist insbesondere eine **vorgelagerte Datenerfassung der Verbrauchs- und Emissionswerte** notwendig, um eine für das Mietobjekt angepasste Nachhaltigkeitspraxis ausüben zu können. Diese Generalklausel zum Austausch von Daten kann als eigene Klausel oder gemeinsam mit den Regelungen zu den Nebenkosten im Mietvertrag umgesetzt werden. Ein Formulierungsvorschlag für eine Generalklausel zum Austausch von diesen Daten lautet:

Generalklausel zum Austausch von Daten

Die Parteien werden sich bemühen, einander folgende Informationen, Unterlagen und Dokumente („Daten") zur Verfügung zu stellen, die mit der nachhaltigen Nutzung und/oder Bewirtschaftung des Mietobjektes in Zusammenhang stehen:

- Daten des Energie- und Wasserverbrauchs,
- Daten des Abfallaufkommens,
- Daten, die für die Ermittlung der CO_2-Bilanz des Mietobjektes erforderlich sind (insbesondere alle Informationen, die von den jeweiligen Energielieferanten zur Verfügung gestellt werden),
- ggf weitere Daten (zB Zertifizierungen, Energie-Audits).

Hierzu werden sich die Parteien bemühen, einander regelmäßig diese Nachhaltigkeitsinformationen, die mit vorhandenen Messeinrichtungen erhoben oder ohne weitere Messeinrichtungen ermittelt werden können, in geeigneter Form (soweit vorhanden elektronisch) und in angemessener Frist nach Aufforderung der jeweils anderen Partei zu übermitteln. Der Vermieter wird diese Daten in der Regel einmal jährlich beim Mieter abfragen, sofern er sie nicht selbst im Rahmen der üblichen Bewirtschaftung des Mietobjekts ermittelt. Die Parteien sind verpflichtet, dabei die Erfüllung der jeweils anwendbaren gesetzlichen Anforderungen an Datenschutz, Datensicherheit und lauteren Wettbewerb sicherzustellen.

Die Förderung nachhaltiger Energiequellen betrifft insbesondere den Bezug elektrischer **Energie** und die **Wärmeversorgung.** Klauseln in diesem Zusammenhang können die jeweils beziehende Partei verpflichten oder zu Bemühungen anhalten, diese von nachhaltigen Energiequellen entsprechend den einschlägigen Gesetzen in einem technisch möglichen und wirtschaftlich zumutbaren Ausmaß zu beziehen.

Ein weiterer wichtiger Punkt, der in jeder Green-Lease-Vereinbarung geregelt werden sollte, sind **Maßnahmen zur Einsparung von Energie und Wasser** sowie zur **Reduzierung von Abfällen.** Maßnahmen zur Einsparung von Energie sind beispielsweise die Ausstattung des Mietobjektes mit energiesparenden Leuchtmitteln (zB Kompaktleuchtstoffleuchten oder LED-Leuchten), die Verwendung von Bewegungsmeldern oder die Reduzierung des Einbaus von elektrischen Geräten. Die Reduktion des Wasserverbrauchs kann mit dem Einbau wassersparender Geräte und Armaturen, der Verringerung des Wasserdrucks oder der Nutzung von Regenwasser für die Bewässerung von Grünflächen oder Reinigung der Außenanlagen erreicht werden. Beispiele für die Vermeidung oder das Recycling von Abfällen sind die Einrichtung von zentralen Abfallsammelstellen, die Verringerung des Papierverbrauchs in Büros durch elektronische Abspeicherung von Dokumenten oder Drucken auf recyceltem Papier.

Durchführung von Erhaltungs-, Modernisierungs- und sonstigen Baumaßnahmen

Nicht nur bei der erstmaligen Einrichtung und Ausstattung des Mietobjektes kann mit nachhaltigen und umweltschonenden Materialien und ressourcenschonenden Geräten die nachhaltige Nutzung und Bewirtschaftung des Mietobjektes gefördert werden, sondern auch im Zuge von (Schönheits-)Reparaturen und Renovierungsarbeiten.

Exkurs: Zertifizierungsspezifische Klauseln

Durch das Inkrafttreten der EU-TaxonomieVO und die steigende Nachfrage nach Gebäudezertifizierungen rücken entsprechende Regelungen immer weiter in den Vordergrund von Green-Lease-Vereinbarungen. In diesem Zusammenhang ist insbesondere zwischen Neubauzertifikaten und (Bestands-)Zertifikaten zu unterscheiden. Wird vom Vermieter eine künftige Zertifizierung eines Bestandsgebäudes angestrebt, empfiehlt es sich, folgende Regelung in den Mietvertrag aufzunehmen:

Anstreben eines (Bestands-)Zertifikates

Der Vermieter/Mieter strebt die erstmalige Zertifizierung des Mietobjektes und/oder Bewirtschaftung nach dem Zertifizierungssystem *[Name des Zertifizierungssystems]* durch die *[Name der Trägergesellschaft]* („Trägergesellschaft, zB ÖGNI") bis zum *[Datum]* an („Zertifizierung"). Hierzu werden die Parteien die in der Anlage *[___]* zu diesem Mietvertrag beschriebenen Maßnahmen gemäß der dort festgelegten Zuständigkeits- und Kostenverteilung in gegenseitiger Abstimmung vornehmen. Sie werden ferner alles unterlassen, was die angestrebte Zertifizierung gefährden würde.

Maßnahmen nach dieser Regelung sind so auszuführen, dass der Geschäftsbetrieb des Mieters und etwaiger anderer Mieter möglichst gering beeinträchtigt wird, soweit dies nicht zu einer erheblichen Erhöhung der Kosten der Maßnahmen führt. Soweit der Vermieter Maßnahmen nach dieser Regelung durchführt, hat der Mieter diese Maßnahmen zu dulden. Ein Recht des Mieters auf Mietzinsminderung oder Kündigung ist insoweit ausgeschlossen; sonstige Rechte des Mieters bleiben unberührt. Eine Duldungspflicht des Mieters besteht nur dannnicht, soweit die Durchführung der Maßnahmen für ihn eine unangemessene Härte bedeuten würde oder die Zertifizierung ohne Mehrkosten durch andere Maßnahmen erreicht werden kann.

Liegt bereits eine (Gebäude-)Zertifizierung vor, empfiehlt sich folgende Klausel:

Vorliegen eines (Bestands-)Zertifikates

Das Mietobjekt und/oder die Bewirtschaftung wurde nach dem Zertifizierungssystem *[Name des Zertifizierungssystems]* bewertet und hat aufgrund des Ergebnisses dieser Bewertung am *[Datum]* durch die *[Name der Trägergesellschaft]* („Trägergesellschaft") das *[Zertifizierung]* („Zertifizierung") in dem Exzellenzgrad *[Exzellenzgrad]* erhalten. Eine Kopie dieses Zertifikates einschließlich der Liste der zu erfüllenden Zertifizierungskriterien liegt diesem Mietvertrag als Anlage *[Anlage]* bei.

Die Parteien sind darüber einig, dass das Fortbestehen der Zertifizierung (insbesondere eine Rezertifizierung) eine wesentliche Eigenschaft des Mietobjektes darstellt. Dies gilt auch [je nach Vereinbarung: auch dann/nicht], wenn seitens der Trägergesellschaft zukünftig erhöhte Anforderungen an die Zertifizierung gestellt werden.[40]

---

[40]   Siehe dazu und zu weiteren Formulierungsvorschlägen: *ZIA, Die Immobilienwirtschaft*, Green Lease – Der grüne Mietvertrag für Deutschland (2018).

5.2. Verträge mit Dienstleistern und Lieferanten

Nicht bloß bei Miet- und Kaufverträgen, sondern auch bei Verträgen mit Dienstleistern ist eine enge Zusammenarbeit entlang der Wertschöpfungskette für das Erreichen von ESG-Zielen essenziell. Vertragliche Vereinbarungen schaffen die Grundlage für diese Zusammenarbeit und etablieren die genauen Ziele sowie deren Ausprägung und messbare Kennzahlen.

Es ist daher empfohlen, mit dem jeweiligen Dienstleister einen *Supplier Code of Conduct* zu vereinbaren (bspw als Anlage zum Vertrag), in dem ua die Erfüllung konkreter ESG-Verpflichtungen und ESG-Kennzahlen vereinbart wird; der Vertrag soll auch entsprechende Informationsrechte und andere Rechte enthalten, die es erlauben, die Einhaltung dieser Verpflichtungen zu monitoren und damit sicherzustellen.

In der Theorie erscheint die Bewältigung des Nachhaltigkeitsthemas klar, in der Praxis sind allerdings zum aktuellen Zeitpunkt noch viele Unklarheiten und potenziell enorme Kostentreiber in Vertragswerken zu vereinen. Die Sammlung und Auswertung einer Vielzahl von Daten aus unterschiedlichsten Quellen sowie die Ableitung und Umsetzung von Maßnahmen, die sich aus der Interpretation der Daten ergeben, ist vor allem im Betrieb eine Herausforderung für viele Unternehmen, besonders im Aufgabenbereich des Property und Facility Managements. In Planung und Bau ist das Einbinden der noch größeren Anzahl an Stakeholdern und deren aktueller und zukünftiger Anforderungen an das Gebäude, dessen Datenverfügbarkeit und -qualität ebenfalls eine Mammutaufgabe. In beiden Fällen kommt erschwerend hinzu, dass sich die Anforderungen in Art und Detailtiefe mit Sicherheit noch weiter verändern werden – wie genau, kann allerdings nur mit deutlicher Unsicherheit gesagt werden. Um diesem Umstand im gegenseitigen Interesse entgegenzuwirken, sollten ESG-Anforderungen in Dienstleistungsverträgen bestmöglich konkretisiert und dabei bereits feststehende Elemente von noch unsicheren Inhalten getrennt werden, um eine größtmögliche Planungssicherheit auf beiden Seiten zu schaffen. Rechtlich bestehen große Unsicherheiten vor allem beim Datenschutz (die benötigten Daten sind häufig besonders sensibel) und uU auch im Wettbewerbsrecht. Diese Punkte sollten in den Verträgen daher sorgfältig geregelt werden, tunlichst mit viel Erfahrung und Fingerspitzengefühl, weil sich noch kein Marktstandard herausgebildet hat und viele Fragen noch offen sind.

Lieferkettengesetz

Seit 23.2.2022 liegt der Entwurf einer „EU-Lieferketten-Richtlinie"[41] (Corporate Sustainability Due Diligence Directive, CSDDD) vor. Der Entwurf sieht eine Harmonisierung der Sorgfaltspflichten für Unternehmen ihrer sowohl vor- als auch

---

41 Vorschlag für eine Richtlinie des Europäischen Parlaments und des Rates über die Sorgfaltspflichten von Unternehmen im Hinblick auf Nachhaltigkeit und zur Änderung der Richtlinie (EU) 2019/1937, COM(2022) 71 final.

nachgelagerten Wertschöpfungsketten hinsichtlich Menschenrechten und Umwelt vor. Ziel ist es, sektorenübergreifende Sorgfaltspflichten – neben den sonst sektorspezifischen Pflichten – in einem Regelwerk zu vereinen. Die daraus resultierenden wechselseitigen Verpflichtungen der Vertragsparteien sind in immobilienbezogenen Verträgen mit Dienstleistern und Lieferanten zukünftig ebenso zu berücksichtigen.[42]

6. ESG im Rahmen von Immobilienfinanzierungen

Nachhaltigkeitskriterien und ESG-Ziele sind nicht nur auf Ebene des Gebäudes, sondern gerade auch auf Ebene der Unternehmen bzw Vermieter (zB Immobilieneigentümer bzw -erwerber, Asset Manager) wesentlich – und somit sowohl für **Akquisitionsfinanzierungen** als auch im Zuge von Umschuldungen bestehender Finanzierungen relevant. Dabei spielen sowohl die **Vorgaben des Unternehmens** selbst eine Rolle (sei dies aus gesetzlichen und regulatorischen Verpflichtungen oder aus der Selbstverpflichtung durch die gewählten Kriterien aus der Finanzierungs- und/oder Nachhaltigkeitsstrategie des Unternehmens) als auch die Vorgaben des **Kreditinstituts** oder des sonstigen finanzierenden Unternehmens, die eventuell ESG-Kriterien für eine Kreditvergabe vorsehen, um den eigenen Vorgaben und Verpflichtungen zu entsprechen.

Hier hat bspw die Loan Market Association (LMA) im November 2020 neue Leitlinien für die Anwendung der Grundsätze für grüne Kredite (**Green Loan Principles** – GLP) auf Finanzierungen im Immobiliensektor veröffentlicht, und zwar einerseits eine Leitlinie für die Anwendung der GLPs auf Immobilienfinanzierungen generell (Guidance on the application of the Green Loan Principles in the real estate finance [REF] investment lending context – Green buildings – Green Building Finance Guideline), andererseits eine Leitlinie für die Anwendung der GLPs auf Immobilienfinanzierungen im speziellen Kontext von Sanierungen bestehender Gebäude (Guidance on the application of the Green Loan Principles in the real estate finance [REF] lending context – Retrofit projects – Retrofit Projects Finance Guideline).[43]

Als eine der Vorreiterinnen unter den Banken in puncto nachhaltige Immobilienfinanzierungen kann die Berlin Hyp AG erwähnt werden, die bereits im April 2022 das von ihr entwickelte Sustainable Finance Framework (SFF) mit einem Klassifizierungssystem veröffentlicht hat. Mit dem Klassifizierungssystem des SFF sollen nachhaltige Finanzierungsprodukte anhand von Eignungskriterien eingeordnet und klassifiziert werden können. Dabei richtet sich das SFF einerseits nach den

---

42 Siehe dazu im Detail *Müller/Richter-Schöller*, Corporate Sustainability Due Diligence Directive: Der neue Rechtsrahmen rund um Lieferketten und Wertschöpfungsketten, in diesem Band 159.

43 Siehe dazu im Detail *Zahradnik/Varga/Choma/Auf*, European Green Bond Standards – Entwurf für eine Verordnung über europäische grüne Anleihen und aktuelle Rechtspraxis, in diesem Band 33.

Green Loan Principles (2021) der Loan Market Association (LMA) und andererseits nach der EU-TaxonomieVO und der DelVO 2021/2139 (der technischen Bewertungskriterien), welche dem Green Loan Portfolio der **Berlin Hyp AG** zugrunde gelegt werden. In diesem Rahmen hat die Berlin Hyp AG zwei grüne Kreditformen **(Green Loans)** herausgearbeitet, die bestimmte Eignungskriterien vorsehen und nur entsprechend diesen verwendet werden dürfen, nämlich den **„Energieeffizienz-Kredit"** sowie den **„Taxonomie-Kredit".** Beide Kreditformen sollen einen Beitrag zu den Sustainability Development Goals SDG 11 (Nachhaltige Städte und Gemeinden) bzw SDG 13 (Maßnahmen zu Klimaschutz) leisten, wobei auch DNSH-Kriterien definiert sind. Ein Anwendungsfall für einen Green Loan ist beispielsweise die Finanzierung von Umbauarbeiten oder sonstigen Maßnahmen zur Verbesserung der Energie- und Klimabilanz eines Gebäudes entsprechend den kreditspezifischen Eignungskriterien der Berlin Hyp AG. Der *Energieeffizienz-Kredit* wird ausschließlich dann vergeben, wenn er für den Neubau, den Erwerb oder die Renovierung von Geschäfts- und Wohngebäuden verwendet wird, eine Besicherung an energieeffizienten und umweltfreundlichen Gebäuden vorliegt, welche alternativ

(i)   bestimmte Schwellenwerte für den Gesamtenergiebedarf durch Heizen und Strom erfüllen (Tabelle 2 der SFF) und/oder
(ii)   einen Energieausweis der Energieklasse A vorweisen können und/oder
(iii)   externe Nachhaltigkeitszertifikate (LEED, BREEAM, DNGB, HQE) mit einem bestimmten Status besitzen.

Der *Taxonomie-Kredit* hingegen soll die Finanzierung von taxonomiekonformen Gebäuden und Bautätigkeiten (Neubau, Erwerb und Besitz sowie Renovierung von Geschäfts- und Wohngebäuden) fördern, die der EU-TaxonomieVO und den technischen Bewertungskriterien der DelVO (EU)/2021/2139 entsprechen. Das SFF sieht weiters auch taxonomie- oder LMA-konforme Bewertungs- und *Auswahlverfahren* der zu finanzierenden Projekte oder Berichterstattungsvorschriften vor.[44]

Ebenfalls zu beachten ist die Verordnung der EU zu Green Bonds („EuGB-VO"). Dieser **EU Green Bond Standard** zielt darauf ab, ein EU-weit harmonisiertes Rahmenwerk für die Bezeichnung „EU Green Bond" zu verwenden; vorgesehen ist ein auf EU-Ebene harmonisierter Standard für alle Emittenten „grüner Anleihen" sowohl des öffentlichen als auch des privaten Sektors (inklusive Finanzunternehmen wie Kreditinstitute, Wertpapierfirmen, Versicherungsunternehmen und Alternative Investmentfonds), die sich freiwillig dieser EuGB-VO unterwerfen wollen, um diese Bezeichnung nutzen zu können. Voraussetzung dafür ist, dass alle Erlöse in Wirtschaftstätigkeiten investiert werden, die mit der EU-TaxonomieVO übereinstimmen (für Sektoren, die noch nicht von der EU-TaxonomieVO abge-

---

44   Sustainable Finance Framework, https://www.berlinhyp.de/files/media/corporate/nachhaltigkeit/strategie/de/berlin-hyp-sustainable-finance-framework-dt-final.pdf (23.5.2023).

deckt sein sollten, und für bestimmte sonstige spezifische Wirtschaftstätigkeiten ist eine Flexibilitätsreserve von 15 % vorgesehen). Weiters soll neben einem Registrierungssystem auch ein Aufsichtsrahmen für externe Prüfer europäischer Green Bonds eingeführt werden. Für die Verhinderung von **Greenwashing** sieht die EuGB-VO auch freiwillige Offenlegungspflichten für andere ökologisch nachhaltige Anleihen und an Nachhaltigkeit gebundene Anleihen vor, die innerhalb der EU investiert werden.[45]

Grüne Immobilienfinanzierung aus Sicht der Praxis

54 % von 150 befragten professionellen Immobilien-Investoren (D, GB, F) geben an, dass sie planen, in klimafreundliche Projekte zu investieren.[46] In der Praxis stellt sich allerdings die Frage, in welche Unternehmensbereiche dies hineinspielt und welche Auswirkungen es daher sowohl für die Nachhaltigkeitsstrategie als auch deren operative Umsetzung hat.

Dem Interesse der Branche, die vereinheitlichten und gesteigerten ESG-Kriterien der neuen EU-Gesetzgebung erfüllen zu wollen, steht die ernüchternde Realität gegenüber, dass bisher nur sehr wenige Immobilien diese ESG-Kriterien, insbesondere die Kriterien der EU-TaxonomieVO, zur Gänze erfüllen bzw in naher Zukunft erfüllen werden können. Der Grund dafür liegt darin, dass sich die neuen baulichen und bautechnischen Anforderungen an Gebäude teilweise gravierend von jenen der Green-Building-Zertifikate unterscheiden, welche bei „grünen" Finanzierungen zumindest bisher häufig verwendet wurden. In der aktuellen Praxis fallen die Anforderungen der unterschiedlichen Finanzierer an ein Projekt, um als „grüne" Finanzierung kategorisiert zu werden, durchaus sehr unterschiedlich aus. Für manche Finanzierer genügen hierfür ein bestimmtes Green-Building-Zertifikat oder sonstige vom Finanzierer vorgeschriebene Anforderungen, die bestimmte umweltfreundliche Einzelmaßnahmen vorsehen (und für den Finanzierer in der Praxis einfach nachweisbar sind), um als „grüne Projektfinanzierung" von Gebäuden qualifiziert zu werden. Am anderen Ende der Skala sind bspw die oben schon erwähnten Green Loans der Berlin Hyp AG zu finden.

Durch die Neuausrichtung und Formalisierung der ESG-Kriterien auf Finanziererseite werden die von der EU-Gesetzgebung erhofften Lenkungseffekte in Richtung Nachhaltigkeit in der Immobilienbranche aber zunehmend materialisiert.

---

45   Sustainable finance: Provisional agreement reached on European green bonds, https://www.consilium.europa.eu/en/press/press-releases/2023/02/28/sustainable-finance-provisional-agreement-reached-on-european-green-bonds/ (28.2.2023) (19.5.2023). Im Detail dazu siehe *Zahradnik/Varga/Choma/Auf*, European Green Bond Standard – Entwurf für eine Verordnung über europäische grüne Anleihen und aktuelle Rechtspraxis, in diesem Band 33.

46   Studie: Immobilien-Investitionsklima in Europa, https://web.archive.org/web/20230327095705/https://realestate.union-investment.com/de/im-fokus/investitionsklimastudie_2_2021 (14.8.2023).

Immobilienunternehmen sind daher gefordert, ihr eigenes Portfolio einerseits auf grüne Gebäudezertifizierungen und andererseits auf Taxonomiekonformität zu überprüfen; zu bedenken ist aber, dass dies zwei gänzlich unterschiedliche Klassifizierungen sind, denn eine simple Umlegung von Green-Building-Zertifikaten auf die Erfüllung der ESG-Anforderungen gemäß EU-TaxonomieVO ist nicht möglich. Bei der Neukategorisierung des Portfolios in grüne und nicht grüne Immobilien kann es bspw auch passieren, dass ein älteres und nicht zertifiziertes Gebäude dennoch als taxonomiekonform einzustufen ist, weil zB gute Dämmung, effiziente Anlagesteuerung und moderne bzw nur wirklich notwendige Technik eingebaut wurden. Als Beispiel und Musterfall dient ein Wiener Altbau („Zinshaus"), welches im Jahr 2022 durch die ÖGNI als taxonomiekonform eingestuft wurde,[47] wovon modernste Bürotürme zT noch weit entfernt sein können.

Die neuen Erfordernisse an die Nachweiserbringung werden durch die ESG-Gesetzgebung deutlich komplexer werden, weshalb eine gute Dokumentation und Argumentation der Einstufung der Gebäude sowie die unternehmensinterne Verschränkung der finanziellen, kaufmännischen und technischen Perspektiven mit der ESG-Betrachtung unerlässlich sein wird, um abteilungsübergreifend ein einheitliches Verständnis zu schaffen, was zukünftig als „grün" gilt und welche Kriterien für das eigene Unternehmen und das jeweilige Projekt anzuwenden sind.

Und auch der Finanzierungsprozess wird durch die festgelegten Anforderungen vielschichtiger und der Betrachtungszeitraum von Maßnahmen länger. Dieser neuen Komplexität kann nur mit einer abgestimmten und verständlich definierten Vorgehensweise begegnet werden.

7. ESG in der regelmäßigen Bewertung von Immobilien

Wenn ESG zu einem Kernthema der Immobilienwirtschaft wird, muss dies zwangsläufig auch in der Bewertung von Immobilien Berücksichtigung finden. Zu erwarten ist, dass sich die Immobilienbewertung in Bezug auf Taxonomiekonformität insbesondere an zwei Faktoren orientieren wird, nämlich einerseits an den zu beobachtenden **Marktsignalen** und -trends und andererseits an den veränderten **Anforderungen von Finanzierern** und dem (potenziellen) **Wertverlust** nicht taxonomiekonformer Gebäude. Die Auswirkungen der verschärften Nachhaltigkeitsanforderungen auf die Bewertung von Immobilien können aktuell noch nicht mit Sicherheit abgeschätzt werden und werden auch erst in wenigen Jahren konkrete Auswirkungen zeigen. Eine von **RICS Deutschland** veröffentlichte Studie zu ESG bestätigt, dass noch viele Hürden in den Bereichen Datenverfügbarkeit, Personal, Standards und Prozesse zu überwinden sind; demnach beklagen 52 % der

---

47 Zinshaus der VIG ist erstes EU-taxonomiekonformes Altobjekt Österreichs, https://immobilien-redaktion.com/pressemeldung/zinshaus-der-vig-ist-erstes-eu-taxonomiekonformes-altobjekt-oesterreichs (19.5.2023).

Befragten die mangelhafte Verfügbarkeit von Verbrauchsdaten der Mieter, gefolgt von der Verfügbarkeit und fehlenden einheitlichen Standards für Gebäudedaten (12 %). Die Verfügbarkeit von Vergleichsdaten und deren Definition stellen die Branche ebenfalls vor große Herausforderungen. Umgekehrt bestätigen 94 % der Umfrageteilnehmer die hohe Relevanz des Themas ESG.[48]

Das **Positionspapier ESG** in der Immobilienwirtschaft[49], welches ua von **österreichischen Immobilienverbänden** herausgegeben wurde, betont, dass ESG insbesondere auf die Parameter Marktmiete und Kapitalisierungszinssatz Auswirkungen haben wird und aus Sicht des Kapitalmarkts eine Klassifizierung von Immobilien wie folgt sinnvoll sein könnte:

A) Immobilie mit gutem ESG-Rating: **Zinsabschlag** (dh Werterhöhung)
B) Immobilie mit durchschnittlichem ESG-Rating: unveränderter **Kapitalisierungszins**
C) Immobilie mit schlechtem ESG-Rating: **Zinsaufschlag** (dh Wertminderung)

Für die Einordnung eines zu bewertenden Objektes in diese drei unterschiedlichen Kategorien (A, B und C) wäre somit ein Tool zur Bestimmung des objektspezifischen ESG-Ratings notwendig, und nach Einordnung bzw erfolgtem Rating würde anhand der Kategorie der Kapitalisierungszinssatz entsprechend adjustiert.

Auch das **Klimarisiko-Exposure** oder der potenziell verpflichtende **Nachrüst- oder Ertüchtigungsbedarf** von Immobilien sind noch schwer einzupreisen, weil Ausmaß und Tragweite dieser Faktoren noch nicht abschließend bestimmt werden können. Bewerter und Immobilienunternehmen versuchen dabei, sich durch gegenseitigen Austausch und mit freiwilligen Fragebögen einer realistischen Einpreisung einiger weniger Kriterien zu nähern, allerdings derzeit meist ohne verbindlichen Charakter oder konkrete Auswirkungen auf die Bewertung selbst. Erwartungsgemäß wird der Bereich der Immobilienbewertung aber ähnlich tiefgreifende Veränderungen erleben wie die Finanzierung, wobei sich Finanzierer zumindest bereits mit einigen wenigen ESG-Kriterienkatalogen auseinandergesetzt haben, welche den aktuellen Wandlungsprozess vereinfachen. Während die Veränderungen im Finanzierungsbereich eher eine Evolution darstellen, könnten diese nach Ansicht der Autoren bei Immobilienbewertungen eventuell eine kleine Revolution auslösen, insbesondere wenn mehrere Faktoren gleichzeitig und gänzlich eingepreist werden, denen vorher keine quantitativen Auswirkungen zugekommen sind.

---

48   RICS veröffentlicht Studie zu ESG, https://www.build-ing.de/nachrichten/detail/rics-veroeffentlicht-studie-zu-esg/ (12.6.2023).

49   RICS-Studie zu ESG: Es gilt noch viele Hürden bei Daten, Personal, Standards und Prozessen zu überwinden, https://immobilien-redaktion.com/pressemeldung/rics-studie-zu-esg-es-gilt-noch-viele-huerden-bei-daten-personal-standards-und-prozessen-zu-ueberwinden (12.6.2023).

Um böse Überraschungen und **Stranded-Asset**-Events (ein Objekt verliert noch vor Ende der geplanten wirtschaftlichen Nutzungsdauer an Wert oder verursacht neue Verbindlichkeiten) hintanzuhalten, sollten Unternehmen daher auf Änderungen der Parameter in der Bewertung vorbereitet sein und mit einer genauen Analyse der eigenen Projekte in Vorleistungen gehen und nach Möglichkeit Gegenmaßnahmen an den Gebäuden einleiten, die eine zeitliche und betragliche Quantifizierung – und damit auch eine Berechenbarkeit für Bewerter – ermöglichen.

Schließlich ist das Thema der **Lebenszyklusbetrachtung** in der Immobilienbranche noch wenig greifbar und wird vor allem bei Bestandsobjekten noch nicht flächendeckend beachtet. Gerade der Vergleich von Treibhausgasbilanzen zwischen Bestands-, Sanierungs- und Neubauprojekten ist noch nicht stichhaltig und behindert eine ausgeglichene Abwägung zwischen den Optimierungsoptionen und vor allem eine adäquate Bewertung von bestehenden Objekten, bei denen eine Lebensdauerverlängerung oder alternativ ein Rückbau oder Abriss bevorsteht. Eine Einpreisung des bereits verbauten Treibhauspotenzials – und umgekehrt der zwingend erforderlichen Ertüchtigungsmaßnahmen – könnte durchaus richtungsweisende Auswirkungen auf die Bewertung älterer Bestandsgebäude haben.

8. Nachhaltigkeitsbericht und Reporting

Zur Steigerung der Transparenz wurden im Zuge der EU-TaxonomieVO sowohl **Finanzunternehmen** als auch **Nicht-Finanzunternehmen**, die über 500 Arbeitnehmer beschäftigen und von öffentlichem Interesse sind,[50] weitere Berichtpflichten als Ergänzung der schon seit Jahren bestehenden nichtfinanziellen Berichterstattung aufgrund der Non-Financial Reporting Directive (in Österreich umgesetzt durch das NaDiVeG) auferlegt. Artikel 8 der EU-TaxonomieVO sieht für Nicht-Finanzunternehmen nun vor, dass sie in ihren nichtfinanziellen Erklärungen ebenfalls Angaben darüber zu veröffentlichen haben, wie hoch der Anteil ihres Umsatzerlöses ist, der mit ökologisch nachhaltigen Wirtschaftstätigkeiten erwirtschaftet wurde, und wie hoch der Anteil ihrer im Zusammenhang mit ökologisch nachhaltigen Wirtschaftstätigkeiten getätigten Investitionsausgaben *(CapEx)* und ggf Betriebsausgaben *(OpEx)* von Vermögensgegenständen oder Prozessen ist.[51] Die bisherige nichtfinanzielle Berichterstattung wird durch die zukünftige Nachhaltigkeitsberichterstattung nach der Corporate Sustainability Reporting Directive (CSRD) ab dem Geschäftsjahr 2024 noch einmal massiv erweitert: Es werden deutlich mehr Unternehmen berichten müssen und die zu berichtenden Informationen werden viel umfangreicher sein.[52]

---

50 RL (EU) 2013/34 Artikel 19a und 29a.
51 immolex 2021/177, 379. Mit der Delegierten Verordnung (EU) 2021/2178 wurden für Nicht-Finanzunternehmen detaillierte Vorgaben bezüglich Inhalt und Darstellung für ihre Berichte geschaffen, nach denen sie sich zu richten haben.
52 Näher *Frey/Brogyányi*, Nachhaltigkeitsberichterstattung im Lichte der Corporate Sustainability Reporting Directive und deren Relevanz für Finanz- und Kapitalmärkte, in diesem Band 125.

Auch Finanzunternehmen, die Finanzprodukte nach der Sustainable Finance Disclosure Regulation (**SFDR**)[53] anbieten (das betrifft zB Kreditinstitute, Wertpapierfirmen, Versicherungsunternehmen, Fondsmanager und Versicherungsvermittler), werden verpflichtet, bei der Verfolgung nachhaltiger Investitionen sowie bei mit *„nachhaltigen Merkmalen"* beworbenen Finanzprodukten vorvertragliche Informationen und Berichte unter anderem über die mit dem Finanzprodukt verfolgte „Nachhaltigkeitseignung" und über die Art und den Umfang des Beitrags dazu offenzulegen. Mit der seit 1.1.2023 geltenden Delegierten Verordnung zur Ergänzung der SFDR[54] wurden nun auch nähere Vorgaben zu Inhalt und Darstellung für die Berichterstattung erlassen. Aus diesen vorvertraglichen Informationen und Berichten wird für die anderen Finanzmarktteilnehmern und Anleger eine transparente Entscheidungsgrundlage geschaffen. Beispielsweise sind Daten über die Anteilshöhe des ineffizienten Gebäudebestandes eines Immobilienportfolios offenzulegen.[55, 56]

Reporting eines Immobilienunternehmens aus Sicht der Praxis

Die EU-TaxonomieVO ist nicht die erste konkrete Anforderung an Immobilienunternehmen, Informationen zur Nachhaltigkeit ihrer Tätigkeiten oder Portfolien offenzulegen. Großen Unternehmen wurden – wie bereits oben erwähnt – bisher zB bereits gemäß dem österreichischen Nachhaltigkeits- und Diversitätsverbesserungsgesetz (NaDiVeG, einer nationalen Umsetzung der EU-weiten NFI-Richtlinie 2014/95) Verpflichtungen aufgelegt, **nichtfinanzielle Informationen** zu veröffentlichen, wobei die Umsetzung dem Unternehmen vor allem nach Wesentlichkeitserwägungen individuelle Gestaltungsspielräume lässt und folglich Umfang und Detailtiefe, wie zB beim Ausweisen zertifizierter Gebäude, kaum vergleichbar sind, gerade weil das Berichtswesen in konkreten und branchenspezifischen Fällen wie dem Immobiliensektor oft freiwillig ist. Anders hingegen ist die Berichterstattung im Zusammenhang mit der EU-TaxonomieVO – und

---

53 VO (EU) 2019/2088 des Europäischen Parlaments und des Rates vom 27. November 2019 über nachhaltigkeitsbezogene Offenlegungspflichten im Finanzdienstleistungssektor.

54 DelVO (EU) 2022/1288 der Kommission vom 6. April 2022 zur Ergänzung der Verordnung (EU) 2019/2088 des Europäischen Parlaments und des Rates im Hinblick auf technische Regulierungsstandards zur Festlegung der Einzelheiten des Inhalts und der Darstellung von Informationen in Zusammenhang mit dem Grundsatz der Vermeidung erheblicher Beeinträchtigungen, des Inhalts, der Methoden und der Darstellung von Informationen in Zusammenhang mit Nachhaltigkeitsindikatoren und nachteiligen Nachhaltigkeitsauswirkungen sowie des Inhalts und der Darstellung von Informationen in Zusammenhang mit der Bewerbung ökologischer oder sozialer Merkmale und nachhaltiger Investitionsziele in vorvertraglichen Dokumenten, auf Internetseiten und in regelmäßigen Berichten. Vgl dazu näher *Zahradnik/Richter-Schöller*, Bedeutung der Offenlegungs-VO für Kreditinstitute in Hysek, Nachhaltigkeitsrecht für Banken (in Druck).

55 Eine Delegierte Verordnung präzisiert ab 1.1.2023 praxisnahe, wie Finanzdienstleister nachhaltigkeitsbezogene Informationen offenzulegen haben (29.12.2022), https://www.fma.gv.at/eine-delegierte-verordnung-praezisiert-ab-1-jaenner-2023-praxisnahe-wie-finanzdienstleister-nachhaltigkeitsbezogene-informationen-offenzulegen-haben/#_ftn1 (6.6.2023).

56 Siehe im Detail dazu *Frey/Brogyányi* in diesem Band 125.

somit in mehrerlei Hinsicht Neuland für Immobilienunternehmen. Zum einen gibt es immobilienspezifische Daten und Kennzahlen, welche in einem einheitlichen Format erhoben und ausgewiesen werden müssen, und zum anderen verknüpfen die vorgegebenen Kennzahlen zwangsläufig nichtfinanzielle mit finanziellen Informationen innerhalb des Unternehmens, was einen oft gänzlich **neuen Abstimmungsbedarf** erfordert.

Um die notwendigen Leistungsindikatoren wie insbesondere Angaben über den Anteil der Umsatzerlöse der Investitionsausgaben *(CapEx)* oder der Betriebsausgaben *(OpEx)* im Zusammenhang mit ökologisch nachhaltigen Wirtschaftstätigkeiten[57] ausweisen zu können, müssen der gebäudespezifische Erfüllungsgrad der technischen Bewertungskriterien und die objektbezogenen Finanzzahlen (Umsatz, *CapEx* und *OpEx*) geaufgrundmäß der firmeneigenen Auslegung und Anwendung der EU-TaxonomieVO vorliegen und in ihrem Umfang kongruent sein. In der Praxis wird dem dahingehend Rechnung getragen werden, dass innerhalb eines Unternehmens ein abteilungsübergreifend einheitliches Verständnis darüber hergestellt wird, welche Projekte bzw welche Immobilien den Anforderungen der EU-TaxonomieVO entsprechen und entsprechend behandelt werden, sodass alle Daten und Kennzahlen auf der gleichen Grundgesamtheit basieren. Folglich sind gerade bei der erstmaligen Umsetzung systematische oder prozessuale Umstellungen notwendig, um diese firmeninterne Einheitlichkeit und in weiterer Folge auch die Nachvollziehbarkeit von Kennzahlen zu gewährleisten.

Neben den immobilien- und finanzierungsnahen Funktionen erfordern Themen wie das aktive Auseinandersetzen mit Klimarisiken und die Kriterien des (sozialen) Mindestschutzes auch die Einbeziehung weiterer Abteilungen, wie bspw des konzernweiten Risiko- und/oder Compliance Managements. Um ein aussagekräftiges und realitätsnahes Reporting zu ermöglichen, müssen daher auch diese Bereiche frühzeitig in die Berichtslegungsprozesse eingebunden werden.

Als Beispiel für die Umsetzung dieser neuen europäischen Reportingkriterien in Österreich kann die Wiener **S IMMO AG** genannt werden, die als Immobilien-Investmentunternehmen aufgrund ihrer Firmengröße sowohl unter die Berichtsanforderungen des NaDiVeG als auch diejenigen der EU-TaxonomieVO fällt. In ihrem für das Geschäftsjahr 2022 veröffentlichten Geschäftsbericht[58] weist die S IMMO AG die erforderlichen Kennzahlen zu den ökologisch nachhaltigen Anteilen an Umsatz, *CapEx* und *OpEx* im Sinne der EU-TaxonomieVO aus und geht außerdem auf die prozessuale und inhaltliche Umsetzung von Mindestschutz und Klimarisikomanagement ein. Der nichtfinanzielle Bericht stellt dabei die

---

57   VO (EU) 2020/852 ErwGr 22.
58   S Immo AG Geschäftsbericht 2022, https://www.simmoag.at/fileadmin/redakteur/Investor_Relations/ Berichte/2022/S-IMMO-AG-Geschaeftsbericht-2022.pdf (23.5.2023). Der Bericht umfasst ua Ausführungen zur ESG-Strategie, eine Darstellung des Energieverbrauchs und der Energiequellen, der Treibhausgasemissionen aus und enthält einen Abschnitt (ab 78) mit EU-Taxonomie-Kennzahlen.

ESG-Strategie und das **Nachhaltigkeitsmanagement** mit den entsprechenden ESG-Handlungsfeldern des Unternehmens dar, Kennzahlen zu Energieverbrauch und Treibhausgasemissionen sowie einen eigenen Abschnitt mit EU-Taxonomie-Kennzahlen.

9. Laufendes Controlling und Messung von ESG-Kriterien

Bedeutend für die Umsetzung der Nachhaltigkeitsstrategie eines Unternehmens ist, dass die entsprechenden qualitätsgesicherten Daten und Kennzahlen auch tatsächlich verfügbar sind, um die Erfüllung der eigenen strategischen Vorgaben messen – und die Maßnahmen zur Umsetzung im nötigen Ausmaß auch entsprechend anpassen zu können. Wichtig ist daher, diese **Daten**, welche in die strategischen Kennzahlen einfließen, **messbar, verfügbar und vergleichbar** zu machen. Nur so können letztlich valide Grundlagen für Investitionsentscheidungen und operative Maßnahmen geschaffen werden.

Ein wesentliches ESG-Kriterium, verstärkt auch durch eine öffentliche negative Wahrnehmung, ist der Ausstoß von **Treibhausgasen** wie Kohlendioxid (CO_2). Als Beschleuniger des Klimawandels und der damit einhergehenden Risiken und Veränderungen stehen Treibhausgasemissionen und deren Reduktion daher regelmäßig im Mittelpunkt, auch bei der Umsetzung der EU-TaxonomieVO. Bei der Berechnung von Treibhausgasemissionen unterscheidet man gemäß gängiger Praxis, beispielsweise dem **Greenhouse Gas Protocol**,[59] drei Emissionskreise, die sich in Scope 1 bis Scope 3 gliedern. Diese Gliederung ist auch für die Immobilienwirtschaft und für die Berechnung der Treibhausgasemissionen von Gebäuden relevant, wobei diese vereinfacht wie folgt dargestellt werden kann:

- **Scope 1** sind die **direkten** Treibhausgasemissionen, die unmittelbar unter der Kontrolle und Verantwortung des eigenen Unternehmens (zB des Gebäudeeigentümers) vor Ort entstehen, wie bspw eigene Energieerzeugungsanlagen in den Gebäuden des Unternehmens, insbesondere Gas- oder Ölheizungen, aber auch firmeneigene Fuhrparks;
- **Scope 2** sind die **indirekten** energiebedingten Treibhausgasemissionen aus Strom, Wärme und Kälte, die das eigene Unternehmen einkauft, welche aber unter der Kontrolle und Verantwortung Dritter produziert werden und bei denen Emissionen andernorts entstehen;
- **Scope 3** sind jene sonstige Treibhausgasemissionen, die sich aus den **Liefer- und Wertschöpfungsketten** des eigenen Unternehmens ergeben – im Immobilienbereich sind bspw Emissionen aus dem Energieverbrauch der Mieter, den Abfallströmen von Gebäuden oder Bau- und Sanierungstätigkeiten wesentlich; gerade in diesem Bereich ist – mangels eigener Kontrolle – für Daten-

---

59 https://ghgprotocol.org/about-us (9.6.2023).

erhebung und Monitoring wichtig, dass (zB aufgrund der Vereinbarungen in einem Green Lease) der Mieter dem Vermieter und Eigentümer die entsprechenden Daten auch zur Verfügung stellt.

Die genaue Zuteilung und Berechnung von Treibhausgasemissionen, auch bekannt als Carbon Accounting, erfolgt – genau wie in der finanziellen Buchhaltung – nach strengen Grundlagen und Regeln wie bspw jenen des Greenhouse Gas Protocols. Dieses sieht vor, dass sich Unternehmen auf einen von drei möglichen Ansätzen festlegen müssen, wonach Emissionen verbucht werden. Obliegt zB die Beschaffung der Gaszulieferung den Gebäudeeigentümern, können die Gasverbrauche der Mieter je nach gewähltem Ansatz sowohl Scope 1 als auch Scope 3 zugeordnet werden; in der Betrachtung des Gebäudes als Ganzes bleibt die Grundgesamtheit der Verbräuche dabei dieselbe.

Im Immobiliensektor ist für das Zusammenspiel zwischen Treibhausgasemissionen und Energieverbrauch eine detaillierte Kenntnis des Energieverbrauchs von Gebäuden unabdingbar. Die Verbesserung des Energieverbrauchs, vor allem auf den Quadratmeter als Energieintensität gerechnet, birgt einen der größten Hebel der Immobilienwirtschaft, Treibhausgasemissionen und weitere negative Einflüsse auf den Klimawandel zu begrenzen. Ein daraus errechneter verlässlicher **Energieintensitätswert** erlaubt es, Gebäude miteinander zu vergleichen und Optimierungspotenziale zu identifizieren, zB aus einem wesentlichen Unterschied der Verbrauchswerte zweier ähnlicher Gebäude. Dafür müssen zwei grundlegende Voraussetzungen gegeben sein:

(i)   Zum einen müssen die Verbrauchswerte die gleichen Verbrauchsarten im gleichen Umfang und bezogenen auf das gleiche Flächenmaß abbilden und

(ii) zum anderen müssen die Daten natürlich erst einmal vorhanden sein.

Denn trotz des technologischen Fortschritts ist es noch immer nicht selbstverständlich, dass zumindest der monatliche, vierteljährliche oder jährliche Energieverbrauch qualitätsgesichert und zeitnah verfügbar ist und auch das gesamte Gebäude umfasst. Die Gründe dafür sind vielfältig, wie bspw eine mieterseitige Energiebeschaffung ohne Übermittlung der Verbrauchsdaten an den Gebäudeeigentümer, veraltete Zähler und Zählerableseprozesse oder sogar das Übersehen eines Zählers. Diesem Problem können in der Praxis digitale Zähler und Mietverträge mit Green-Lease-Klauseln entgegenwirken, die eine regelmäßige Verbrauchsdatenübermittlung vorschreiben.

Bis zu einer verlässlichen Umsetzung der Datenbeschaffung muss weitestmöglich alles aus dem Status quo „herausgeholt" und müssen die vorhandenen Daten so gut wie möglich qualitätsgesichert und – gegebenenfalls unter Verwendung von Annahmen und Benchmarks – vervollständigt werden, um eine brauchbare Ausgangsbasis zu schaffen. Besonderes Augenmerk in der Bewirtschaftungskette von Immobilien ist daher vor allem auf ein inhaltliches Verständnis für das ESG-

Thema und seine Wichtigkeit im Asset, Property und Facility Management zu legen, weil jede der betreffenden Parteien bei der Datensammlung und Datenauswertung eine zentrale Rolle spielt. Auf Portfolioebene sind diese Daten dann für Berichtszwecke, va aber für die Ableitung von Maßnahmen (Steigerung der Energieeffizienz, Senkung der Treibhausgasemissionen) zusammenzuführen und entsprechend zu analysieren. Die Umsetzung der Maßnahmen erfolgt dann über den umgekehrten Weg zurück bis in das einzelne Objekt.

Dies ist jedoch nur ein kleiner Ausschnitt der ESG-Daten rund um Immobilien, denn das Thema ist deutlich umfassender. Ähnlich wie der Energieverbrauch spielt auch der Wasserverbrauch eine große Rolle, besonders in Regionen mit Wasserstress und Dürreanfälligkeit, wo zukünftig ua auch mit einer Rationierung oder gar Unterbrechung der Wasserversorgung zu rechnen sein kann. Auch Daten zu Gebäudetechnikanlagen, Energieausweisen, Zertifizierungen, sozialen Aspekten oder dem Klimarisiko-Exposure müssen jederzeit einschließlich Nachweisen verfügbar sein. Gerade aufgrund dieser Themenvielfalt ist es für das einzelne Unternehmen wichtig, strategisch und operativ festzulegen, welche Bereiche besonders wichtig sind, um damit einen Handlungsspielraum zu schaffen und die vielen notwendigen Maßnahmen gezielt zu lenken. Insbesondere die EU-TaxonomieVO wird dabei in Zukunft einen gestaltenden Anteil daran haben.

Stichwortverzeichnis